Dopingregeln im Pferdesport

Europäische Hochschulschriften

European University Studies

Publications Universitaires Européennes

Reihe II **Rechtswissenschaft**

Series II Law

Série II Droit

Band/Volume **5397**

Julia C. Dallmeier

Dopingregeln im Pferdesport

Unter besonderer Berücksichtigung des World Anti-Doping Code

PL ACADEMIC RESEARCH

Bibliografische Information der Deutschen Nationalbibliothek
Die Deutsche Nationalbibliothek verzeichnet diese Publikation in der Deutschen Nationalbibliografie; detaillierte bibliografische Daten sind im Internet über http://dnb.d-nb.de abrufbar.

Zugl.: Gießen, Univ., Fachbereich Rechtswissenschaft, Diss., 2012

D 26
ISSN 0531-7312
ISBN 978-3-631-63406-6

PL Academic Research ist ein Imprint der Peter Lang GmbH
Peter Lang – Frankfurt am Main · Bern · Bruxelles · New York · Oxford · Warszawa · Wien

www.peterlang.de

Meinen lieben Eltern

Vorwort

Die vorliegende Arbeit wurde vom Fachbereich Rechtswissenschaften der Justus-Liebig Universität Gießen im Sommersemester 2010 als Dissertation angenommen. Regelwerke, Rechtsprechung und Literatur konnten bis einschließlich Juni 2010 berücksichtigt werden.

In den verschiedenen Phasen dieser Arbeit wurde mir wertvolle Hilfe zu Teil. Dieses Vorwort gibt mir die Gelegenheit mich noch einmal herzlich bei all jenen zu bedanken, die die Entstehung dieser Arbeit gefördert und begleitet haben.

Zunächst sei meinem Doktorvater Herrn Prof. Dr. Jens Adolphsen für die Betreuung dieser Arbeit gedankt. Herr Prof. Dr. Adolphsen gab mir nicht nur die Anregung zu diesem interessanten Thema, sondern ließ mir auch bei der Erstellung der Arbeit jede erdenkliche Freiheit. Herrn Prof. Dr. Gutzeit danke ich für die zügige Erstellung des Zweitgutachtens.

Dr. Karolina Dallmeier-Zelger, Herrn Dr. Alexander Täumer und Frau Catherin Schulz, die sich mit großem Einsatz durch das Manuskript der ersten und zweiten Fassung gekämpft haben, bin ich sehr verbunden. Nicht vergessen möchte ich meine Familie, Freunde und Weggefährten, die diese Zeit mit Rat und Tat begleitetet haben und zu einer Besonderen werden ließen.

Mein inniger Dank gebührt meinen lieben Eltern, die mir durch ihre mannigfaltige Unterstützung eine unvergessliche Studien- und Promotionszeit ermöglichten und stets den Rücken stärkten. In tiefster Dankbarkeit und Anerkennung sei Ihnen diese Arbeit gewidmet.

Hamburg, im September 2012 — Dr. Julia C. Dallmeier

Inhaltsverzeichnis

Einleitung

A. Problemaufriss

Im vergangenen Jahrzehnt ist das Thema „Doping“ zunehmend in den Vordergrund getreten und sticht aus dem Kreis der negativen Begleiterscheinungen des Sports besonders hervor. Doping und Sport scheinen in einer untrennbaren Beziehung zueinander zu stehen. Ein Blick in den Sportteil der Tageszeitungen verdeutlicht dies. Getrieben von einer Öffentlichkeit, die nur dem Sieger huldigt und einer Wirtschaft, die nur den sportlichen Erfolg honoriert, blieb auch der Pferdesport von Negativschlagzeilen über gedopte Athleten – in diesem Fall in erster Linie die Pferde – nicht verschont.

Im Unterschied zum Humansport ist der tierische Athlet im Reitsport – der weltweit einzigen olympischen Sportart, bei der Mensch und Tier als Team gemeinsam um sportliche Erfolge kämpfen – als gleichberechtigter Sportpartner den künstlichen Leistungssteigerungen ohne Mitspracherecht ausgeliefert.[1] Unter der olympischen Devise „höher, schneller, weiter“ kann der kategorische Wunsch nach immer besseren Leistungen und möglichst kurzen Regenerationsphasen erkrankter Pferde schnell zu einer Leistungsmanipulation ausarten, die nicht nur die Glaubwürdigkeit und das Ansehen des Reitsports, sondern vor allem die Gesundheit der sportlich eingesetzten Pferde und die Zukunft der leistungsorientierten Pferdzucht bedroht.[2]

Mit den Meldungen über die Doping- und Medikationsvorfälle während der Olympischen Spiele 2008, als sechs Reiter aufgrund eines positiven Testergebnisses ihrer Pferde – darunter auch der deutsche Nationalreiter *Christian Ahlmann* – die Heimreise antreten mussten, schien der Höhepunkt in der Dopinggeschichte des Pferdesports erreicht.[3] Doch es folgten weitere Dopingvorwürfe,

---

1 Im Humansport vergleichbar sind künstliche Leistungsbeeinflussungen, die unter der Führung totalitärer Staatsregime, wie der ehemaligen DDR, ohne Wissen der betroffenen Sportler durchgeführt worden sind, vgl. hierzu *Giselher Spitzer*, Wunden und Verwundungen: Sportler als Opfer des DDR-Dopingsystems, Köln 2007.

2 *Schoene*, S. 5.

3 *Pochhammer, Gabriele*, „Es war die Pflegerin“, Süddeutsche Zeitung vom 05.05.2009, online abrufbar unter: http://www.sueddeutsche.de/sport/doping-im-pferdesport-es-war-die-pflegerin-1.446506 (Abruf 08.02.10); „Springreiter enttäuschen nach Dopingskandal“, WELT online vom

hier vor allem gegen namhafte deutsche Spring- und Dressurreiter.[4] Seither schienen die Schlagzeilen über Reiter und Trainer, die den eigenen Siegeswillen über die Gesundheit der Pferde stellen sowie Tierärzte und Funktionäre, die diese unlauteren Maßnahmen unterstützen bzw. tolerieren, kein Ende zu nehmen und der deutsche Reitsport durchlebte ein nahezu existenzgefährdendes Dopingszenario, das längst mit den Geschehnissen im Radsport verglichen wird.[5] Durch die Häufung der nationalen Dopingfälle und den Druck der öffentlich-rechtlichen Medienanstalten, die dem deutschen Spitzenverband des Pferdesports mit dem Abbruch der Verhandlungen über die Verlängerung des TV-Vertrages drohten, sah sich die Deutsche Reiterliche Vereinigung e.V. in einem bisher beispiellosen Akt veranlasst, sämtliche Kader in den Olympischen Reitsportdisziplinen aufzulösen und eine unabhängige Experten-Kommission einzusetzen, die ein umfangreiches Maßnahmenpaket für die Errichtung bzw. Wiederherstellung eines sauberen Pferdesports erarbeiten sollte.[6]

Obwohl sich auch die Juristen der Dopingproblematik mit wachsender Intensität angenommen haben, wirft ihre Bewältigung vielerlei rechtliche – aber auch tatsächliche sowie wissenschaftliche – Probleme auf.[7] Verstärkt wird die Problematik durch die nüchterne Erkenntnis, dass die totale Verbannung von Dopingvorfällen im Sport nicht realisierbar ist und es lediglich darum gehen kann, die Erfolgsquote entlarvter Dopingsünder zu steigern.[8]

Da die Dopingbekämpfung ein „Urthema" des Sport- und Verbandsrechts darstellt,[9] fällt die Aufgabe zur Dopingbekämpfung in den Kompetenzbereich der Sportverbände. Unter Berücksichtigung der hierarchisch-monopolistischen Sportstrukturen und dem maßgeblichen Einfluss des *World Anti-Doping Code* (Code der Welt-Anti-Doping-Agentur – WADA-Code), einem globalen Anti-Doping Regelwerk, das für den Humansport geschaffen und das zur Umsetzung im Pferdesport nur relativ unklare Vorgaben enthält, geben die Sportverbände nicht nur die eigenen Sport- und Spielregeln vor, sondern sind auch für die

---

21.08.2008, abrufbar unter: http://www.welt.de/sport/olympia/article2337509/Springreiter-enttaeuschen-nach-Dopingskandal.html (Abruf 08.02.10).

4 Sehr überschaubar die Chronologie der Ereignisse auf der Homepage der Deutschen Reiterlichen Vereinigung e.V., abrufbar unter http://www.pferd-aktuell.de/cms-aussen-spezial/external Views/ExternalViews.jsp?contentId=75910&printview=true (Abruf 12.08.2010).

5 Siehe Beitrag von ‚*Wehrmann*, „Alles Gute fängt mir „R" an, St. Georg vom 11.12.2009, abrufbar unter http://www.st-georg.de/blog/detail.php?objectID=6518 (Abruf am 12.08.2010)

6 Siehe Hamburger Abendblatt vom 29. Mai 2009, S. 20

7 *Seitz*, NJW 2002, 2838, 2839; *Summerer*, PHB Sportrecht, S. 189, Rn. 209 ff.

8 So die Einschätzung von *Adolphsen*, Internationale Dopingstrafen, S. 26 m. w. N.

9 Die Einordnung des Verbandsrechts in den Kontext des Sportrechts geht zurück auf *Reuter*, in: ders. (Hrsg.); Einbindung des nationalen Sportrechts in internationale Bezüge (1987), S. 3.

Sanktionierung etwaiger Verstöße gegen die selbst gesetzten Regeln verantwortlich.[10]

Um etwaige Regelverstöße der Sportler zu sanktionieren, bedarf es einer wirksamen Ermächtigungsgrundlage, die im Sportrecht anders als die allgemeingültigen Sanktionsnormen des Strafrechts, ihre Legitimation überwiegend durch einen gesonderten Bindungsakt im Wege der allgemeinen Vertragslehre erfährt. Deshalb haben die Sportverbände im Rahmen ihrer Verbandsgewalt zunächst dafür Sorge zu tragen, dass die Sportler wirksam an die Verbandsnormen gebunden sind. Neben einer Regelunterwerfung der Athleten bedarf es jedoch auch einer Regelerstreckung auf das Athletenumfeld. So haben vor allem die jüngsten Dopingvorfälle im Reitsport gezeigt, dass künstliche Leistungssteigerungen selten allein von einem Reiter vorgenommen werden, sondern weitere Personen in die Wettbewerbsverzerrungen zu Lasten der Pferde involviert sind.[11] In diesem Sinne setzt die effektive Bekämpfung des Dopings neben geeigneten Sanktionen vor allem einen flächendeckenden Bindungsmechanismus voraus, der sämtliche Personen in ein funktionierendes Dopingkontrollsystem eingliedert, die vermeintlich zum Vorteil des Athleten „Mensch" jedoch zum Nachteil des Spitzensportlers „Pferd" künstliche Leistungssteigerung vornehmen beziehungsweise solche unterstützen oder auch nur dulden.

Darüber hinaus führte ein Spitzensport im Umfeld starker wirtschaftlicher Interessen und als hoch bezahlte Arbeitsleistung der Athleten in der Vergangenheit immer wieder dazu, dass Sportler ihre Dopingsperren seltener akzeptierten und verstärkt Rechtsschutz außerhalb der verbandseigenen Gerichtsbarkeit suchten.[12] So wurde innerhalb des Spitzensports vor allem die Rechtsprechung der ordentlichen Gerichte zu einem Faktor, der letzten Endes über Sieg und Niederlage zu entscheiden hatte und ein erhebliches Spannungsverhältnis zwischen den privaten Verbandsgerichten und der staatlichen Gerichtsbarkeit bedeutete, da sich die nationalen und internationalen Sportverbände – darunter die Reiterlichen Vereinigungen – nicht selten dem Dilemma ausgesetzt sahen, dass die Durchsetzung ihrer Regelwerke scheiterte.[13] Der Globalisierungs- und Kommerzialisierungsprozess hat somit nicht nur die Landschaft des Sports verändert, sondern auch auf (sport-)verfahrensrechtlicher Ebene für neue Rahmenbedingungen gesorgt.[14] Dem weitreichenden Einfluss der staatlichen Gerichtsbarkeit in der Sportrecht-

---

10 Hierzu zählen auch die Anti-Dopingbestimmungen. Zur Definition und Qualifikation der Sport- und Spielregen siehe im 4. Kapitel; *Nolte*, Handbuch des Sportrechts, 2009.

11 Siehe dazu ausführlicher unten S. 33 ff.

12 *Kirschenhofer*, Sport als Beruf, 2002; *Reimann*, S. 21; *Weisemann/Spieker*, Rn. 3, 10.

13 *Adolphsen*, Internationale Dopingstrafen, S. 2; *Heß*, ZZPInt 1996, 371 ff.

14 *Baecker*, NJW 1984, 906 ff.; *Haas/Adolphsen*, NJW 1996, 2351, 2352; umfassender *Buchberger*, Überprüfbarkeit, S. 117 ff. sowie *Petri*, Dopingsanktionen, S. 94 ff.

sprechung soll nunmehr die vom *World Anti-Doping Code* protegierte Sportschiedsgerichtsbarkeit abhelfen, die den Sportlern den Gang zu den staatlichen Gerichten verwehren und für den erforderlichen Entscheidungseinklang in der (inter-)nationalen Sportrechtsprechung sorgen soll.

Im Zusammenhang mit einer möglichst flächendeckenden Bindung der beteiligten Akteure und einer Verbesserung der Dopingkontrollmaßnahmen, d.h. insbesondere einer Anpassung an internationale und sportartübergreifende Dopingbekämpfungsstandards hatten vor allem die Pferdesportverbände erhebliche Defizite auszugleichen. Im Zuge einer umfassenden Reform galt es die eigenen – zum Teil rudimentären – Dopingregeln an die Normen des WADA-Codes und des NADA-Codes anzupassen und ein einheitlicheres und transparenteres Dopingkontrollsystem zu schaffen.

Ziel dieser Arbeit ist es zu beleuchten, inwieweit die Regeln des WADA- und NADA-Codes, die in erster Linie für den Humansport konzipiert wurden und für den Pferdeport nur rudimentäre Regelungen enthalten, durch den nationalen und internationalen Pferdesportverband unter Beachtung des jeweils geltenden Rechts umsetzbar und etwaige Eingriffe in geschützte Grundrechtspositionen der Verantwortlichen zu rechtfertigen sind.

B. Gang der Darstellung

Der *erste Teil* dieser Arbeit widmet sich mit der Fragestellung, inwieweit die internationalen Vorgaben des WADA-Codes zur effizienteren Dopingbekämpfung auch im nationalen und internationalen Pferdesport zulässig umgesetzt und inwieweit möglich Eingriffe in den Schutzbereich von Sportlergrundrechten und der sonstigen Verantwortlichen im Hinblick auf einen effizienten Dopingkampf im Pferdesport gerechtfertigt werden können. Um sich dieser Problematik eingehend widmen zu können, ist es jedoch zunächst erforderlich, die Hintergründe des allgemeinen Dopingproblems im Pferdesport und die Rahmenbedingungen der Dopingregeln zu skizzieren, die wesentlich durch die hierarchisch-monopolistischen Strukturen im Sportverbandswesen und die Eingliederung des nationalen und internationalen Pferdesports in das Welt-Anti-Doping Programm der WADA beeinflusst werden.

Daran anknüpfend gibt das in verfahrensrechtlicher Hinsicht bereits erwähnte Spannungsverhältnis zwischen den privaten Verbands- sowie Schiedsgerichten und der staatlichen Gerichtsbarkeit Anlass zur weiteren Untersuchung, die Gegenstand des *zweiten Teils* sein wird und sich zunächst mit den allgemeinen Rechtsschutzoptionen eines des Dopings verdächtigen Reiters befasst. Mit Blick auf den wichtigen Entscheidungseinklang in der (inter-)nationalen Sportrechtsprechung, der die sportethischen Werte des *Fair Play* und der *Chancengleichheit* auch auf verfahrensrechtlicher Ebene garantieren soll, ist hierbei vor allem die umstrittene Frage zu prüfen, inwieweit die Zuständigkeit staatlicher Gerichte zugunsten der Schiedsgerichtsbarkeit insgesamt derogiert werden kann und welche Anforderungen an die Wirksamkeit einer Schiedsvereinbarung zu stellen sind, die die Zuständigkeit des Schiedsgerichts in nationalen und internationalen Dopingverfahren begründen soll. Unter den Aspekten „Entscheidungseinklang", „Fair Play" und „Chancengleichheit" wird schließlich auch der Frage nachzugehen sein, inwieweit eine im internationalen Pferdesport einzigartige – jedoch rechtlich fragwürdige – Doppelregelung, der sich die deutschen Spitzensportler innerhalb des internationalen Spitzenpferdesports ausgesetzt sehen, mit dem Verbot der Doppelbestrafung in Einklang steht und wie einer möglichen Gefahr der Rechtszersplitterung entgegenzuwirken ist, die mit der Verhängung doppelter Sanktionen auf Basis zweier Verbandsregelwerke (national und international) im Rahmen verschiedener Rechtsordnungen (Deutschland und Schweiz) einhergehen kann.

In einer abschließenden Untersuchung wird deshalb nach weiteren Lösungsansätzen zu suchen sein, um die gegenläufigen Interessen von Sportlern und Verbänden sowie der Verbände untereinander mithilfe der Stärkung nationaler Verbandskompetenzen und dem Einsatz der Sportschiedsgerichtsbarkeit in einen Interesseneinklang zu bringen, der losgelöst von der staatlichen Gerichtsbarkeit dem fortwährenden Globalisierungsprozess und dem notwendigen Entscheidungseinklang in der Sportrechtsprechung bestmöglich Rechnung trägt.

Erster Teil: Die allgemeine Dopingproblematik im Pferdesport

Erster Teil: Die allgemeine Dopingproblematik im Pferdesport

Doping wirksam zu bekämpfen, erfordert eine regelmäßige Kontrolle der Sportler, das heißt im Pferdesport vor allem eine Kontrolle der Pferde. Im Mittelpunkt der vorliegenden Arbeit steht die Untersuchung der Dopingproblematik des verbandsmäßig organisierten Pferdesports in der Bundesrepublik Deutschland unter dem Einfluss internationaler Reglungen. Unter der Bezeichnung „Reitsport" wird jedoch nicht nur der klassische Pferdesport in den Disziplinen Springen, Dressur, Vielseitigkeit, Distanz- und Westernreiten verstanden, sondern auch der Fahr- und Voltigiersport. Gegenstand der folgenden Untersuchung wird der sogenannte *Englische* Reitsport in den olympischen Disziplinen Dressur, Springen und Vielseitigkeit sein.[15]

Auf der Suche nach rechtlichen Lösungsansätzen zur Eindämmung des Dopingproblems kommt dem tatsächlichen Umfeld des Themas Doping besondere Bedeutung zu.[16] Aus diesem Grund ist zunächst ein kurzer Überblick über die allgemeinen Hintergründe der Dopingproblematik im Sport geboten, dem sich ein Streifzug durch die Geschichte der Dopingentwicklung im Pferdesport anschließt (1. Kapitel). Im Rahmen der weiteren Untersuchung sind die Grundstrukturen der für den Pferdesport geltenden Dopingregeln zu skizzieren, die sowohl eine Untersuchung der Verbandsstrukturen im nationalen und internationalen Pferdesport als auch einen Überblick über das Welt Anti-Doping Programm der *World Anti-Doping Agency* (Welt-Anti-Doping-Agentur – WADA) erforderlich machen (2. Kapitel).

Im Hinblick auf eine möglichst flächendeckende Geltung wirksamer Sanktionsnormen, die für eine erfolgreiche Dopingbekämpfung unabdingbar ist, gilt es nachfolgend die verschiedenen Bindungsmechanismen zu untersuchen, derer sich die WADA und die Pferdesportverbände zur Regelunterwerfung der Sportler bedienen. Elementar wird in diesem Zusammenhang die Frage sein, wie es den Verbänden im Wege der Regelerstreckung gelingen kann ihre Sanktionsgewalt auch auf das Athletenumfeld eines Pferdes auszudehnen (3. Kapitel).

---

15 In Deutschland betreiben schätzungsweise 1,6 bis 1,7 Millionen Menschen Pferdesport (Stand 2009); siehe hierzu die offiziellen Zahlen der Deutschen Reiterlichen Vereinigung, abrufbar unter: http://www.pferd-aktuell.de/Wir-ueber-uns/Zahlen-Fakten/-.96/Zahlen-Fak ten.htm (Abruf 08.02.10).

16 *Adolphsen*, Internationale Dopingstrafen, S. 2.

Im Fokus des 4. und letzten Kapitels des ersten Teils wird schließlich die „Generalüberholung“ des Anti-Doping Regelwerks der Deutschen Reiterlichen Vereinigung stehen, das nun ebenfalls maßgeblich durch internationalen Dopingvorschriften von WADA und NADA beeinflusst wurde und mit Wirkung zum 1. Januar 2010 erstmalig in Kraft getretenen ist. In diesem Zusammenhang ist zu prüfen, inwieweit die Pferdesportverbände die geltenden Bestimmungen unter Beachtung der Besonderheiten des Pferdesports übereinstimmend mit den Vorgaben des WADA- und NADA-Code umsetzen konnten und inwieweit die überarbeiteten nationalen und internationalen Verbandsnormen als Rechtsgrundlage für Dopingsanktionen, mit dem jeweils geltenden staatlichen Recht des Verbandssitzstaates vereinbar sind (4. Kapitel).

1. Kapitel: Grundlagen

A. Doping – Phänomen des Sports

Das Problem der künstlichen Leistungssteigerung ist so alt wie der Leistungsgedanke selbst. Schon immer gab es Versuche, körperliche oder geistige Fähigkeiten von Mensch und Tier durch Zuführung von Stoffen zu erhöhen.[17] Von den Olympischen Spielen der Antike über die Inka-Kultur bis hin zum staatlich verordneten Doping totalitärer Systeme im 20. Jahrhundert hat die Geschichte des Dopings eine jahrtausendlange Tradition.[18]

Dagegen ist der Hochleistungssport in seiner heutigen Form eine noch sehr junge Erscheinung.[19] Großen Anteil an dieser Entwicklung hat nicht zuletzt das stetig wachsende und vielgestaltige Publikumsinteresse. Durch eine immer ausgiebigere Berichterstattung der Massenmedien über Sportereignisse, einschließlich ihrer Vermarktung, entwickelte sich der Hochleistungssport in den vergangenen Jahren mehr denn je zu einem zentralen Thema in der Gesellschaft.[20] Entsprechend dieses Kreislaufs und den eigenen Selektionskriterien für berichtenswerte Nachrichten verlangen die Medien dem Leistungssport und seinen Akteuren immer spektakulärere Ergebnisse ab. So wird in einem Sport, in dem nur noch Siege und Erfolge im Vordergrund stehen und das sporttypische Motto eines *citius – altius – fortius* zur permanenten Steigerung der physischen Leistungen drängt, das Spannungsverhältnis zwischen dem schrankenlosen Siegescode

---

17 *Lenz*, S. 1.

18 Siehe zur Geschichte des Dopings im Humansport *Prokop*, Dopingverbote, S. 21 ff. *Schneider-Grohe*, S. 21 – 37.

19 Erst im 20. Jahrhundert hat sich der Sport zu einem beachtlichen Teilsystem der Gesellschaft entwickelt, das sich mit anderen Teilsystemen wie Erziehung, Wirtschaft, Recht und Politik in einem intensiven und vielfältigen Interessenaustausch befindet, siehe hierzu vertiefend *Digel/Dickhut*, S. 1.

20 Darüber hinaus bietet der heutige Leistungssport eine breite Bühne für Nebenakteure aus Politik und Wirtschaft, die vor allem sportliche Großereignisse dazu nutzen, um auf ihre wirtschafts-/politischen Interessen aufmerksam zu machen und versuchen diese ggf. mit dem Sport als Druckmittel durchzusetzen, so beispielsweise die Geschehnisse vor den Olympischen Spiele in China im Jahr 2008, siehe FAZ vom 16. März 2008, S. 2.

und den oftmals überforderten Körpern der Athleten – sei es Mensch oder Tier – zwangsläufig immer größer.[21]

Die ursprüngliche Idee vom Leistungssportler als Amateur, der in seiner Freizeit ohne Einkommens- und Karriereinteressen sportliche Erfolge anstrebt, ist damit längst obsolet geworden.[22] Neben der Befriedigung des persönlichen Ehrgeizes sind es in der Regel die großen Verdienstmöglichkeiten, die Sportler und die am Erfolg teilhabenden Personen (unter anderem Trainer, Sponsoren, Besitzer und Züchter) zur Einnahme, Verabreichung oder Verwendung leistungssteigernder Mittel veranlassen.

B. Doping im Pferdesport

I. Die Geschichte des Dopings im Pferdesport

Auch im Pferdesport ist das künstliche Steigern der Leistungsfähigkeit bzw. der -bereitschaft kein Phänomen der Neuzeit. Schon im antiken Rom wurde Doping von Pferden bei Wagenrennen zur Steigerung der Leistungsfähigkeit durch die Verabreichung eines Gemischs aus Honig und Wasser („Hydromel") betrieben; überführte Dopingsünder wurden damals durch Kreuzigung bestraft.[23]

1. Pferderennsport als Vorreiter

Eine negative Vorreiterrolle im Zusammenhang mit gedopten Tieren spielte vor allem der Trab- und Galopprennsport. Im englischen Galopprennsport war Doping mittels Anabolika lange Zeit erlaubt, bis das Vereinigte Königreich am 14. Juni 1666 ein Gesetz verabschiedete, das den Einsatz leistungssteigernder Substanzen verbot, ohne diese jedoch näher zu benennen. Bis zum Beginn des 19. Jahrhunderts blieb das leistungssteigernde Doping im Pferderennsport vorherrschend. Im darauf folgenden 20. Jahrhundert hielt schließlich auch das aus Amerika stammende Dopen mit Drogen auf europäischen Rennplätzen sukzessive Einzug, das teils zur künstlichen Leistungssteigerung aber auch zur Beruhigung nervöser Pferde eingesetzt wurde.[24]

Die erste Anti-Doping-Regelung in Deutschland erließ im Jahr 1904 der Union Club Berlin. Sechs Jahre später gelang in Österreich der erste wissenschaftli-

21 *Hilpert*, S. 309 ff.

22 *Bette/Schimanek*, S. 32.

23 *Schoene*, S. 10 m.w.N.

24 *Ditz*, S. 22; *Schoene*, S. 11.

che Nachweis von verbotenen Substanzen im Organismus eines Rennpferdes. Durch ein von einem russischen Chemiker entwickeltes Testverfahren konnten erstmalig Alkaloide im Pferdespeichel nachgewiesen werden.[25] In den Jahren 1910 und 1911 führten die Verbände bereits 218 Untersuchungen durch. Eine Verbotsnorm, die den Einsatz sämtlicher chemischer und mechanischer Mittel im deutschen Pferderennsport untersagte, führten schließlich erst die Nationalsozialisten im Jahr 1938 in die Rennordnung für den Trab und Galopprennsport des damaligen Deutschen Reichs ein.[26]

Entscheidenden Einfluss auf den Fortschritt der Dopingbekämpfung im Pferderennsport hatte letztlich erst eine internationale Dopingkonferenz im Jahre 1977, an der sämtliche führenden Fachleute des Pferderennsports teilnahmen. Während dieser Konferenz wurde die noch heute in ihren Grundzügen für den Rennsport geltende Dopingmittelliste erarbeitet.[27]

2. Doping im Englischen Reitsport

a. Kurzer Überblick über die Entwicklung des klassischen Englischen Reitsports

Vergleichsweise spät entwickelte sich der Leistungsvergleich im klassischen Pferdesport in den Disziplinen Springen, Dressur und Vielseitigkeit, der aus der Hochkultur des Reitens in den englischen Adelshäusern entstand und bis nach dem zweiten Weltkrieg ausschließlich vom Militär beherrscht wurde.[28] Entscheidender Faktor für die Entstehung des Turniersports in seiner heutigen Form war die Verknüpfung mit den Olympischen Spielen,[29] die für die Entstehung des internationalen Reitsports den entscheidenden Impuls gaben und den englischen Pferdesport am wachsenden Prestige der weltweiten Spiele teilhaben ließen.[30] Die ersten olympischen Reiterspiele fanden im Jahr 1912 in Stockholm statt, an denen zu jener Zeit ausnahmslos Offiziere des Militärs teilnahmen, die jedoch durch Zivilreiter abgelöst wurden.

---

25 Der erste Nachweis von Alkaloiden im Pferdespeichel gelang dem russischen Chemiker Bukowski, der seine Analysemethoden jedoch nicht preisgeben wollte. Daraufhin entwickelte der Wiener Universitätsprofessor Siegmund Fränkel ein eigenes Testverfahren, vgl. *Müller*, Doping, S. 13; *Prokop*, Dopingverbote, S. 21; *Schoene*, S. 13.

26 *Ditz*, S. 26.

27 *Ditz*, S. 29.

28 *Schoene*, S. 10 ff.

29 *Otte*, S. 125.

30 Im Gegensatz zu anderen internationalen Spitzenverbänden, die kurz nach den ersten Olympischen Spielen 1896 in Athen ins Leben gerufen wurden – Beispiel FIFA im Jahr 1904 – erfolgte die Gründung und die Anerkennung der FEI durch des IOC vergleichsweise spät, vgl. *Otte*, S. 124 f.

b. Erste tierschutzrechtliche Maßnahmen der Verbände und des Gesetzgebers

Ähnlich den Bestimmungen im Rennsport erlaubten zunächst auch die Regelwerke der Reitsportverbände die Verwendung leistungssteigernder Substanzen. Die erste verbandsrechtliche Regelung, die das Doping im klassischen Turniersport verbot, nahm der zuständige Verband im Jahr 1933 in die Leistungs-Prüfungs-Ordnung auf, die bis heute maßgebliche Sportordnung des deutschen Reitsports.[31] Neben der Verwendung chemischer Dopingmittel gestatteten die Verbände lange Zeit auch das sogenannte *physikalische* Doping.[32] Als es schließlich im Jahr 1990 um *Paul Schockemöhle* zu einem öffentlichen Skandal wegen des „Barrens" seiner Pferde kam, wurden von Seiten der Verbände – national wie international – erhebliche Anstrengungen unternommen, um Richtlinien zur artgerechten Behandlung des Pferdes im Turniersport zu entwickeln. So formulierte beispielsweise der Internationale Dachverband, die *Féderation Equèstre International* (FEI)[33] noch 1990 den *„Code of Conduct"*.[34] Die Deutsche Reiterliche Vereinigung e. V. (*Féderation Equestre Nationale* – FN)[35] zog nach und verabschiedete im darauf folgenden Jahr eine *„Resolution zur Haltung gegenüber dem Pferd"*, die sie 1994 in die von ihr erlassene Sportordnung des Pferdesports, die Leistungs-Prüfungs-Ordnung (LPO) aufnahm. Zusätzlich formulierte die FN im Jahr 1995 die sogenannten *Ethischen Grundsätze des Pferdefreundes.*

Schließlich erweckte die Dopingproblematik – insbesondere der in der Öffentlichkeit diskutierte Fall *Schockemöhle* – auch die besondere Aufmerksamkeit der Politik. So erfolgte im Jahr 1986 zunächst ein Eingreifen des Gesetzgebers mit der Einführung von § 3 Nr. 1 lit. b in das deutsche Tierschutzgesetz, der den Einsatz von Dopingmitteln bei Tieren verbietet.[36] Des Weiteren erarbeitete die im Jahre 1992 amtierende Bundesregierung Grundsätze für den Umgang mit dem Pferd im Sport, die sie schließlich als *Leitlinien zum Tierschutz im Pferdesport* veröffentlichte.[37]

---

31 Damals noch § 53 LPO, beschlossen am 7. Dezember 1932.

32 Hierunter sind Maßnahmen zu verstehen, die nicht durch Verabreichung chemischer Substanzen zu einer Leistungsbeeinflussung führen, sondern primär durch Gewalteinwirkung vollzogen werden.

33 Zu Struktur und Aufgaben der FEI siehe S. 44 ff.

34 *The FEI Code of Conduct for the Welfare of the horse*, abrufbar unter: http://fei.org/FEI/FEI_Organisation/Profile/Pages/Code_of_Conduct (Abruf 08.02.10).

35 Zur Organisation und den Aufgaben der FN siehe unten S. 45 ff.

36 Zum Schutz der Tiere wurde § 3 Nr.1 lit. a) TierSchG eingeführt, vgl. *Lorz/Metzger*, § 3 TierSchG, Rn. 11.

37 Siehe hierzu die Leitlinien des Bundesministeriums für Ernährung, Landwirtschaft und Forsten, zum Tierschutz im Pferdesport vom 1.11.1992.

II. Athen 2004, Hongkong 2008 und weitere Dopingfälle im deutschen Pferdesport

Dass das Dopingproblem (unter anderem) im Reitsport bis heute vorherrschend ist und deshalb die Rufe nach einem Einschreiten des Gesetzgebers in Form eines Anti-Doping-Gesetzes allgemein lauter werden,[38] ist neben den wohl bisher spektakulärsten Dopingfällen in Athen 2004 (*Ludger Beerbaum* und *Bettina Hoy*) sowie Hongkong 2008 (*Christian Ahlmann* und *Marco Kutscher*) einer Vielzahl weiterer Dopingvorwürfe gegen namhafte deutsche Reiter zu verdanken, die zu der Weltspitze des internationalen Pferdesports gehören.[39] Um die Dimensionen der Dopingproblematik im deutschen Pferdesport zu verdeutlichen, sollen an dieser Stelle jedoch nur einige Fälle exemplarisch genannt werden, ohne dabei eine wertende Betrachtung vornehmen zu wollen.

Am Anfang der Geschichte der jüngsten Dopingvorfälle im deutschen Pferdesport steht „Rusty“, das Pferd der deutschen Dressurreiterin *Ulla Salzgeber*, das die Dopingkontrolleure im Weltcupfinale der Dressurreiter in Göteborg im März 2003, also ein Jahr vor dem Skandal in Athen, auf einen unerlaubt erhöhten Testosteronspiegel testeten.[40] Kurze Zeit darauf führte eine Dopingprobe des Pferdes „Shutterfly“ im Rahmen des Weltcupfinales in Mailand, das von der Weltcupgewinnerin 2008, *Meredith Michaels-Beerbaum,* im internationalen Sport geritten wird, zu einem positiven Testergebnis.[41] Nicht anders erging es „Classic H“, dem Pferd von *Toni Hassmann*, das beim Weltcupturnier im französischen Bordeaux im Jahr 2006 ebenfalls positiv auf eine unerlaubte Substanz getestet werden konnte und die *Féderation Equèstre International* (FEI) dazu veranlasste, gegenüber dem Reiter eine zweimonatige Sperre zu verhängen. Im selben Jahr erhielt auch das Pferd der Springreiterin *Pia Luise Aufrecht* „Carriere Zwei“ während des Internationalen Springturniers im heimischen Affalterbach aufgrund erhöhter Testosteronwerte einen positiven Befund. Daraufhin wurde die Reiterin von allen Erfolgen bei diesem Turnier disqualifiziert und für die Dauer von sechs Monaten von allen weiteren internationalen Turnieren ge-

---

38 „Pro“ Anti-Doping-Gesetz u.a. *Prokop*, SpuRt 2006, 192; *Röwekamp/Bach*, ZRP 2006, 239; „contra“ *Krähe*, SpuRt 2006, 194.

39 Siehe hierzu insbesondere die Chronologie der Deutschen Reiterlichen Vereinigung e.V. (Fn. 4).

40 Vgl. den Bericht „Dressur-Reiterin Salzgeber darf auf EM-Teilnahme hoffen“, erschienen in der Netzeitung am 24.07.2003, abrufbar unter: http://www.netzeitung.de/sport/248476.html? Dressur-Reiterin_Salzgeber_darf_auf_EM-Teilnahme hoffen (Abruf 08.02.10).

41 Vgl. den Bericht „Doping auf vier Beinen“, erschienen im Tagesspiegel vom 04.10.2007, unter: http://www.tagesspiegel.de/sport/Reitsport;art272,2392542 (Abruf 08.02.10).

sperrt.[42] Gegen den ebenfalls im Springreitsport aktiven Reiter *Daniel Deußer* konnte dagegen trotz einer positiven A- und B-Probe seines Pferdes „Air Jordan Z", beim FEI-Weltcup in Los Angeles im April 2007 wegen eines Verfahrensfehlers keine Sanktion ausgesprochen werden.[43] Nur wenige Wochen später wiesen die internationalen Dopingkontrolleure bei der von *Deußers* Stute „Pristanna" während eines internationalen FEI-Turniers in Wellington/Florida die gleiche Dopingsubstanz wie bei „Air Jordan Z" nach, so dass sich die Disziplinarkommission der Deutschen Reiterlichen Vereinigung neben der Strafe des U.S.-amerikanischen Reitverbandes in einem nationalen Dopingverfahren dazu entschloss, dem Reiter für die folgende Turniersaison keine gültige Turnierlizenz auszustellen und ihn damit von der Teilnahme an sämtlichen Pferdeleistungsschauen auszuschließen.[44] Noch im selben Jahr gelang es den Dopingkontrolleuren im Rahmen des CHIO in Aachen auch bei *René Tebbels* „Idol de Reve" einen erhöhten Testosteronwert und bei *Jessica Kürtens* Stute „Castle Forbes Maike" („Maike") während des Super-League-Turniers im französischen La Baule 2007 die verbotene Substanz *Etoricoxib* nachzuweisen. Daraufhin wurde die irische Springreiterin von der FEI mit einer zweimonatigen Sperre belegt, die schließlich auch vom Internationalen Sportschiedsgericht (*Court of Arbitration for Sport* [CAS] oder auch *Tribunal Arbitral du Sport* [TAS] genannt) bestätigt wurde.[45] Für weiteres Aufsehen sorgte schließlich der Dopingfall um den Nationenpreisspringreiter *Marco Kutscher,* dessen Pferd „Cornet Obolensky" zwischen eines Umlaufs bei den Olympischen Spielen mit einer unangemeldeten Injektion aus *Arnica* und *Lactanase* behandelt wurde und trotz eines Zusammenbruchs in Folge der Medikation von den verantwortlichen Trainern und Funktionären in einen weiteren Umlauf geschickt wurde.[46] Aufgrund der besonderen Sachlage im Fall *Kutscher* sah die FEI jedoch von einer Sperre des Reiters ab und verhängte lediglich eine Geldstrafe.[47] Nicht so glimpflich wie *Marco Kutscher* kam die fünfmalige Olympiasiegerin im Dressurreiten *Isabell Werth* davon. Nachdem bei *Werths* Nachwuchspferd „Whisper" im Rahmen des Wiesba-

---

42 Vgl. „FN Aktuell" vom 24./28. November 2007, S. 4.

43 Siehe Artikel „Deußers Erfolg vor Gericht Startrecht für Hamburg" FAZ, vom 02.05.2008, S. 31.

44 Zum Fall Deußer siehe die Pressemitteilung der FN vom 01.08.2007 und vom 14.10.2008, Abruf unter: http://www.pferd-aktuell.de/Doc-..47454/d.htm bzw. http://www.pferd-aktuell.de/cms-aussen-spezial/externalViews/ExternalViews.jsp?contentId=67079&printview=true (Abruf 08.02.10).

45 Zum Dopingfall Kürten siehe Vgl. CAS 2008/A/1569 sowie unten S. 122 ff.

46 *Pochhammer,* „Es war die Pflegerin", SZ online vom 05.05.2009 (Fn. 3).

47 Siehe die Entscheidung des FEI-Tribunals vom 15.06.2010 – Case 2009/15, abrufbar unter: http://www.fei.org/sites/default/files/15%20-%20CORNET%20OBOLENSKY%20-%20Final%20Tribunal%20Decision%20dated%2015%20June%2020100.pdf (Abruf 05.08.10).

dener Pfingstturniers Ende Mai 2009 das Dopingpräparat *Fluphenazin* nachgewiesen werden konnte, das dem Tier zur „Behandlung" einer angeborenen Zitterkrankheit verabreicht wurde, wurde die Reiterin von der Internationalen Reiterlichen Vereinigung mit einer sechsmonatigen Sperre bestraft.[48] Die Deutsche Reiterliche Vereinigung, die sich zunächst die Einleitung eines eigenen Verfahrens gegen Werth vorbehielt, letzten Endes jedoch davon absah, schloss die Reiterin auf Empfehlung der DOSB-Expertenkommission für ein Jahr aus dem Championatskader aus.[49]

III. Wirtschaftsfaktor Pferdesport

Der Blick in die Geschichte des Pferdeleistungssports zeigt die wachsenden Bemühungen der Verbände und des Gesetzgebers, das Pferd im Allgemeinen und das Sportpferd im Besonderen besser vor unnatürlichen Eingriffen der Menschen zu schützen.[50] Doch auch im Pferdesport haben sich die wirtschaftlichen Interessen der Beteiligten zunehmend in den Vordergrund gedrängt. So werden für ein Pferd mit „guten Papieren" heutzutage überdurchschnittlich hohe Summen gezahlt.[51] Zudem bedeutet der Sieg auf einem großen nationalen oder internationalen Turnier nicht nur die Anerkennung des reiterlichen Könnens für den Pferdesportler, sondern zieht darüber hinaus die bestmögliche Form der Werbung für den Züchter des siegreichen Pferdes nach sich, der die Nachkommen aus erfolgreichen Sportpferdelinien weltweit vermarkten kann.

> Im Jahr 2008 wurden auf den Reitpferdeauktionen der Zuchtverbände 1.204 Reitpferde zu einem Durchschnittspreis von EUR 22.968 versteigert. Der Gesamtumsatz dieser Auktionen betrug EUR 27.653.472. Nach den Hochrechnungen der Deutschen Reiterlichen Vereinigung dürfte der Mindestumsatz bei Pferdeverkäufen in Deutschland im Jahr 2008 insgesamt bei mehr als EUR 500.000.000 gelegen haben.[52]

---

48 Siehe hierzu die Entscheidung des FEI-Tribunals vom 02.09.2009 unter: http://www.fei.org/sites/default/files/15%20-%20CORNET%20OBOLENSKY%20-%20Final%20Tribunal%20Decision%20dated%2015%20June%2020100.pdf (Abruf 05.08.10).

49 Siehe Pressemitteilung der FN vom 22.09.2009, abrufbar unter: http://www.pferd-aktuell.de/Doc-..80954/d.htm (Abruf 08.02.10).

50 *Ackermann*, S. 25.

51 Im Pferdesport spricht man von „guten Papieren", wenn ein Pferd über „Verwandte" aus erfolgreichen Sportpferdelinien verfügt. In diesem Fall steigt automatisch der Kaufpreis eines Pferdes ohne die Gewähr dafür, dass es an die sportlichen Leistungen seiner Ahnen anknüpfen kann. Zur Verfolgung der Abstammungslinien ist in den Papieren, die als Pferdepass bezeichnet werden, der Stammbaum des Pferdes enthalten, anhand dessen die Abstammung verfolgt werden kann.

52 Siehe hierzu die offiziellen Zahlen, die auf der Homepage der Deutschen Reiterlichen Vereinigung veröffentlicht sind, abrufbar unter: http://www.pferd-aktuell.de/Wir-ueber-uns/FN/Zah

Wie die offiziellen Umsatzzahlen der FN und die Darstellung deutscher Dopingfälle im nationalen und internationalen Pferdesport belegen, hat die stetig wachsende Kommerzialisierung und Globalisierung des Hochleistungssports auch den Pferdesport erreicht, die insbesondere im Profi-Pferdesport zu einer Eigendynamik führte, die durch die verantwortlichen Verbände nur noch schwer zu kontrollieren schien.[53] Schwierige Prüfungen auf großen – oftmals internationalen – Turnieren, die zahlreiche Einsätze und weite Transportstrecken mit sich bringen, lassen die Pferde schnell an die Grenzen ihrer natürlichen Leistungsfähigkeit stoßen. Dass nicht jedes Pferd diesem Druck standhält und so mancher Reiter, Besitzer oder Züchter um des Sieges Willen zu Mitteln der künstlichen Leistungssteigerung greift, ist mit den geschilderten Ereignissen in das Bewusstsein der gesamten Öffentlichkeit gerückt und eine Anpassung der Anti-Dopingbekämpfung im Pferdesport an internationale Anti-Dopingstandards wurde unumgänglich.

len-Fakten/-.96/Zahlen-Fakten.htm#WirtschaftsfaktorPferd (Abruf 08.02.10). Zum Vergleich: Im Jahr 2007 waren es 1.293 Reitpferde, zu einem Durchschnittspreis von 21.000 Euro und einem Gesamtumsatz von 24.000.000 Euro.

53 *Otte*, S. 126.

2. Kapitel: Der rechtliche Rahmen der Dopingregelungen

Für das Verständnis und die rechtliche Bewertung des Dopingkontrollsystems ist im Folgenden ein allgemeiner Blick auf die den Sport prägenden Organisationsstrukturen erforderlich. Die Organisation und Struktur des nationalen und internationalen Sports bildet nämlich nicht nur die prägende Grundlage für die Sportausübung der einzelnen Athleten (Reiter, Fahrer und Voltigierer), sondern bestimmt auch den institutionellen Rahmen, vor dessen Hintergrund die Dopingproblematik im (Pferde-)Sport betrachtet werden muss.[54]

A. Die Selbstorganisation des Sports

Die Organisation der Sportausübung als gesellschaftliches Teilsystem entwikkelte sich historisch vielerorts völlig unabhängig von staatlichen Einflüssen. Bestimmt vom Streben nach Selbstverwaltung, wird der Sport überwiegend durch autonome, nicht staatliche Einrichtungen verwaltet.[55] In Deutschland ist die Organisation des Sports insgesamt geprägt durch den Zusammenschluss der Sportbegeisterten in Vereinen (1.), die Existenz eines internationalen Spitzenfachverbands (2.), eine hierarchische Vereins und Verbandsordnung (3.) und das sogenannte *Ein-Platz-Prinzip* (4.). Sie präsentiert sich im Allgemeinen als ein verzweigtes System verschiedener sportartspezifischer und sportartübergreifender Sportinstitutionen.[56]

I. Die allgemeine Organisation des (Reit-)Sports in Vereinen und Verbänden

Die Organisation des deutschen Sports wird durch die Rechtsform des *nichtwirtschaftlichen Vereins* i. S. d. §§ 21 ff. BGB bestimmt. Diese Organisationsform verleiht den Vereinen und Verbänden als Subjekten des Privatrechts eine auto-

54 *Kotzenberg*, S. 21.
55 *Niese*, S. 14 f.; *Prokop*, Dopingverbote, S. 29 ff.
56 *Kern*, S. 13.

nome Stellung gegenüber dem Staat in Form der sogenannten *Vereinsautonomie.*[57] Die Vereinsautonomie findet ihre Wurzeln als zentrale Verfassungsgarantie in Art. 9 Abs. 1 des Grundgesetzes (GG). Sie beinhaltet neben dem Recht, sich Regeln zu setzen auch die Befugnis, sich selbst zu verwalten, zu regulieren sowie eigene Sozialwerte zu entwickeln.[58] Darüber hinaus gesteht Art. 9 Abs. 1 GG den Organisationen des Sports für ihre vereins- beziehungsweise verbandsinternen Angelegenheiten eine entsprechende Regelungs- und Sanktionskompetenz zu, die sogenannte *Vereinsgewalt,* die einen Sportverein oder -verband zur Verhängung von Vereins- oder Verbandsstrafen gegenüber seinen Mitgliedern berechtigt.[59] Zur Rechtsdurchsetzung und Entscheidungsüberprüfung ist es den Sportverbänden ferner gestattet eigene *Verbands- und Schiedsgerichte* einzurichten, sodass die Verhängung von Strafen bei großen Spitzenverbänden in der Regel in die Zuständigkeit der verbandseigenen Rechtsorgane fällt.[60] Indem Sportvereine und -verbände von ihrem umfassenden Selbstverwaltungsrecht regen Gebrauch machen, sorgen sie innerhalb des deutschen Vereins- und Verbandswesens für einen hohen Organisationsgrad.[61]

Die Anerkennung der Vereinsautonomie bedeutet jedoch nicht die Zubilligung einem völlig staatsfreien oder sogar rechtsfreien Herrschaftsbereichs der Verbände. Vielmehr ist auch das Selbstverständnis des Grundrechtsträgers Verein dem Staat und seinen Gerichten nicht unüberprüfbar vorgeschrieben.[62]

Aufgrund der historischen Entwicklung ist der deutsche Sport in sogenannten *Verbänden* organisiert.[63]

> Etymologisch bezeichnen die Worte *Verein* und *Verband* das gleiche, nämlich die Vereinigung oder Verbindung von Personen zur Erreichung eines gemeinsamen Zwecks. Die beiden Begriffe weisen daher grundsätzlich den gleichen sprachlichen Inhalt auf. In der Umgangssprache wird das Wort *Verband* jedoch nur überregionalen Vereinigungen oder Zusammenschlüssen mit einer größeren Zahl von natürlichen und juristischen Personen zugebilligt.[64]

---

57 *Schmidt-Bleibtreu/Klein*, GG, Art. 9 Rn. 3 ff.; Ausführlich hierzu *van Look*, S. 35 ff.

58 BGH, Urteil vom 27.02.1954 – Az.: II ZR 17/53 = NJW 1954, 833; BGH, Urteil vom 26.02.1959 – Az.: II ZR 137/57 BGHZ 29, 352, 355 = NJW 1959, 982; BGH: Urteil vom 27.02.1978 – Az.: II ZR 17/77 BGHZ 71, 126 = NJW 1978, 1370, 1371.

59 BGH, Urteil vom 28.11.1995 = BGHZ 128, 93, NJW 1995, 583, ZIP 1995, 752, NJW-RR 1995, 699, WM 1994, 802 (Reiter-Urteil); *Buchberger*, SpuRt 1996, S. 122; *Vieweg*, JuS 1983, S. 825, 826 sowie BGHZ 21, 370, 373; 29, 352, 355; 47, 172, 174; 71, 126, 128 (Fn. 58); Soergel/*Hadding*, BGB, vor § 21 Rn. 79.

60 *Soergel/Hadding*, § 25 Rn. 46 ff.

61 Maunz/Dürig/*Scholz*, GG, Art. 9 Rn. 1 ff.; *Kern*, S. 16.

62 BVerfG, Bahá'i Entscheidung vom 05.02.1991, BVerfGE 83, 341, 353 = NJW 1991, 2623, NVwZ 1991, 1072.

63 Zum Verbandsbegriff *Stommel*, S. 42 ff.

64 *Steinbeck*, S. 5.

Die Sportverbände formieren sich als sogenannte *Vereinsverbände* und unterscheiden sich vom Verein lediglich dadurch, dass Mitglieder der Verbände nicht die einzelnen Sportler der angeschlossenen Vereine, sondern die Sportvereine selbst sind.[65] Für die Vereinsverbände gilt das von Art. 9 Abs. 1 GG garantierte autonome Vereinsrecht in gleichem Maße.[66]

II. Die internationalen Sportverbände und das Internationale Olympische Komitee

1. International Federations

Durch die Schaffung der Voraussetzungen den sportlichen Leistungsvergleich auch mit anderen Nationen zu suchen nahm der Sport im Gegensatz zur wirtschaftlichen Globalisierung schon sehr früh internationale Dimensionen an.[67] Zur Verwirklichung der Durchführung eines internationalen Wettbewerbs um die besten sportlichen Leistungen unter Zugrundelegung einheitlicher Regeln gründeten die nationalen Spitzenverbände ihrerseits regionale (kontinentale) und internationale Spitzenfachverbände.[68] Die internationalen Spitzenfachverbände *(International Federations)* stehen an der Spitze einer jeden Verbandspyramide. Auf internationaler Ebene stellen sie neben dem Internationalen Olympischen Komitee (IOC) die in der sportspezifischen Hierarchie ranghöchste Organisation dar.[69]

Die internationalen Spitzenverbände organisieren die Ausübung ihrer jeweiligen Sportart und stehen als Dachorganisation aller nationalen Verbände für einen weltweit einheitlichen Leistungsvergleich ein. Sie sind körperschaftlich strukturiert, ohne dass ihnen eine Völkerrechtssubjektivität zugebilligt wird.[70] Aus Sicht des Völkerrechts handelt es sich bei internationalen Spitzensportverbänden um sogenannte *non-governmental organisations* (Nichtregierungsorganisationen – NGOs).[71] Definiert werden können sie als körperschaftlich strukturierte, gegenüber ihren Trägern verselbstständigte Organisationen, die keinem beherrschenden Einfluss von Staaten und/oder zwischenstaatlichen Organisationen unterlie-

65 *Prokop*, Dopingverbote, S. 39, *Vieweg*, Normsetzung und -anwendung, S. 23, *Schlosser*, Vereinsrecht, S. 28.

66 *Soergel/Hadding*, BGB, vor § 21, Rn. 54; *Vieweg*, Normsetzung und -anwendung, S. 151 ff.

67 *Vieweg*, Normsetzung und -anwendung, S. 53.

68 *Pfister*, PHB Sport, Einführung S. 12 Rn. 13.

69 *Kern*, S. 27; *Prokop*, Dopingverbote, S. 41.

70 *Adolphsen*, Internationale Dopingstrafen, S. 46; *Summerer*, Internationales Sportrecht, S. 8.

71 *Monheim*, S. 15 m. w. N.

gen, sondern vorwiegend von Privaten gegründet und getragen werden.[72] Unabhängig von ihrer genauen rechtlichen Qualifikation verfügen sie, wie alle deutschen Spitzenverbände, im Sinne von Art. 9 GG über eine Vereinsautonomie, die sie mit dem Recht ausstattet eigene Rechtsetzung zu betreiben und gegenüber Mitgliedern Verbandsstrafen zu verhängen.[73] Mitglieder der internationalen Spitzenverbände sind die jeweiligen Spitzenverbände der Länder.

2. International Olympic Comittee

Als Dachorganisation der Olympischen Bewegung verwaltet das *International Olympic Comittee* (IOC) monopolartig sämtliche Angelegenheiten, die mit den Olympischen Spielen im Zusammenhang stehen.[74] Mit Sitz in Lausanne ist es ebenfalls als Verein organisiert.[75] Mitglieder des IOC sind natürliche Personen aus Staaten, in denen ein Nationales Olympisches Komitee (NOK) existiert.[76] Die NOKs selbst sind keine Mitglieder des IOC, sondern juristische Personen, die erst der Anerkennung durch das IOC bedürfen, um sich als NOK bezeichnen zu können. Voraussetzung hierfür ist die ausdrückliche Unterwerfung des jeweiligen NOKs unter das Verbandsrecht des IOC.[77] Dementsprechend müssen die Spitzensportverbände, die olympische Sportarten repräsentieren, ihre Regelwerke den Vorgaben der vom IOC verfassten Olympischen Charta (OC) anpassen.[78] Da die Regeln der Olympischen Charta neben den Verbandsregelwerken des jeweiligen internationalen Spitzenverbandes jedoch nur im Zusammenhang mit der Teilnahme an Olympischen Spielen zusätzliche Beachtung finden, wird der welt-

72 Vgl. *Vieweg*, Normsetzung und -anwendung, S. 28 ff.

73 *Kotzenberg*, S. 25; *Baecker*, NJW 1984, 906; dies entspricht auch der im deutschen Grundgesetz in Art. 9 Abs. 1 GG normierten Vereinsautonomie.

74 Regel 2 Nr.1, 2, 13 Olympische Charta (2007).

75 Das IOC wurde nach Schweizerischem Recht gegründet. Nach der herrschenden Sitztheorie des EuGH, ist das Schweizer Vereinsrecht maßgeblich, da sich der effektive Verwaltungssitz des IOC in der Schweiz befindet; zur Sitztheorie siehe EuGH, Urteil vom 9.3.1999, Rs. C-212/97 (Centros) = NJW 1999, 2027. Die Schweiz folgt mit Art. 154 Abs. 1 IPRG dagegen primär der Gründungstheorie, siehe dazu auch die Grundsatzentscheidung BGE 117 II 494 sowie vertiefend Baseler Kommentar-IPRG/*von Planta/Eberhard* Art. 154 Rn 1 ff. Im Jahr 1981 verlieh der Schweizer Bundesrat dem Internationalen Olympischen Komitee den Status einer internationalen Organisation nach Schweizer Recht.

76 Siehe *Prokop*, Dopingverbote, S. 41; Regel 20 Olympische Charta (2007).

77 Regel 4 Olympische Charta (2007).

78 Regel 29 Abs. 2 Olympische Charta (2007); somit handelt es sich hier um eine Ausnahme des Prinzips, dass die Organisation einer Sportart ausschließlich in den Händen des jeweiligen Fachverbandes liegt.

weite Sportbetrieb weiterhin in erster Linie durch die internationalen Spitzenverbände geregelt.[79]

III. Hierarchische Organisationsstruktur

1. Die Erscheinungsformen der hierarchischen Ordnung

Dem Erfordernis einheitlicher Regelbindung im internationalen sowie nationalen Sport begegnet das Sportverbandswesen mit einem hierarchischen Aufbau in horizontaler und vertikaler Richtung. Vertikal ergibt sich hieraus eine Organisationskette, die beim Sportler als Mitglied des Sportvereins ihren Anfang findet, sich dann vom Verein über den Landesverband, vom Landesverband über den Bundesverband und vom Bundesverband bis hin zum internationalen Fachverband erstreckt.[80] Der einzelne Sportler ist demnach Mitglied eines Sportvereins, dieser Verein ist Mitglied des jeweiligen Landesverbands. Der Landesverband ist seinerseits Mitglied des Spitzenverbands des Bunds, der wiederum Mitglied des internationalen Spitzenverbands ist.[81]

Entsprechend dieses hierarchischen Aufbaus erfolgt die Normgebung in den Sportverbänden von oben nach unten. Jeder nachgeordnete Verband ist kraft Mitgliedschaft im höherrangigen Verband verpflichtet, die von diesem erlassenen Sportregelungen in seine Sportordnungen zu übernehmen.[82] Dieser Mechanismus trägt damit dem zwingenden Erfordernis der Vergleichbarkeit und Einheitlichkeit der Sportausübung Rechnung.[83] Die hierarchische Struktur folgt dem elementaren Prinzip des Sports, dass Leistungen weltweit vergleichbar sein müssen. Zwingende Voraussetzung hierfür sind grundsätzlich weltweit einheitlich geltende Regelwerke.[84]

Abweichungen innerhalb der Regelwerke sind jedoch nicht ausgeschlossen. So gelten im nationalen und internationalen Reitsport grundsätzlich die gleichen Bestimmungen, Abweichungen ergeben sich jedoch vor allem hinsichtlich der Dopingliste, die Kernbestandteil der Dopingdefinition ist. Ferner existieren Unterschiede im Bereich der alternativen Behandlungsmethoden und der Möglichkeit, eine Ausnahmegenehmigung trotz vorhandener Medikation zu erhalten.

---

79 *Prokop*, Dopingverbote, S. 41.

80 *Pfister*, PHB Sportrecht, Einführung S. 12 Rn. 14 ff.

81 *Haug*, Doping, S. 67 ff.

82 *Hohl*, S. 20.

83 *Pfister*, PHB Sportrecht, Einführung S. 12 Rn. 14 ff.

84 Einen guten Überblick über die bisherigen Unterschiede in den Anti-Doping Regelwerken des nationalen und internationalen Pferdesportverbandes bietet der Abschlussbericht der DOSB-Kommission Reiten, S. 25.

Diese Einheitlichkeit kann nur erreicht werden, wenn die Regeln zur Sportausübung von oben nach unten – also beginnend auf der obersten Ebene des Internationalen Spitzenverbandes – bestimmt werden. Die Hierarchie des Verbandsaufbaus bedeutet jedoch keine zentralistische Organisation im Sinne eines Über- und Unterordnungsverhältnisses. Die in Deutschland bestehenden Verbände sind, ebenso wie der Sportverein, eingetragene Vereine im Sinne der §§ 21 ff. BGB und damit rechtlich selbstständig. Der höherrangige Verband hat damit keine unmittelbare rechtliche Möglichkeit, Einfluss auf die Willensbildung des nachrangigen Verbands zu nehmen. Die Mitgliedschaft im jeweils höherrangigen Verband und die interessensmäßige Abhängigkeit, die sich aus der gleichartigen Ausübung der Sportart ergibt, lösen Verpflichtungen aus, berühren aber nicht die Selbstständigkeit der Verbände innerhalb der hierarchischen Ordnung.[85]

Außerhalb der vertikalen Gliederung bildeten lange Zeit der Deutsche Sportbund (DSB) mit Sitz in Berlin und das NOK mit Sitz in München die höchste horizontale Ebene des Sports im nationalen Bereich. Im Mai 2006 erfolgte die Vereinigung von DSB und dem deutschem NOK zum Deutschen Olympischen Sportbund (DOSB), der in Frankfurt am Main ansässig ist. Seither vertritt der DOSB als NOK die deutschen Interessen des IOC.[86] Auch die in horizontaler Richtung gebildeten Verbände (IOC/DOSB) haben keine unmittelbare rechtliche Möglichkeit, Einfluss auf die Willensbildung der internationalen/ nationalen Sportverbände zu nehmen.

2. Konsequenzen der Hierarchie für die Sportler

Die hierarchische Ordnung der Verbandsorganisation zwingt die Sportler als kleinstes Glied der Kette, sich sowohl den Regeln ihres Vereins als auch den Regeln des inter-/nationalen Spitzenfachverbands zu unterwerfen, sofern sie an (inter-)nationalen Wettkämpfen teilnehmen möchten. Sind sie hierzu nicht bereit, sind sie zur Teilnahme am organisierten Sport nicht berechtigt.[87] Da sich die deutschen Sportverbände überwiegend nur auf korporative Mitglieder – Vereine und nachrangige Verbände – beschränken, also die Sportler in der Regel nicht Mitglied des Spitzenfachverbands sind, werden diese schon strukturbedingt in ihrer Sportausübung durch die Verbände reglementiert, auf deren Willensbildung sie keinen Einfluss nehmen können.[88] Die Sportler als die eigentlich Interessierten und Betroffenen haben somit kaum Einfluss auf die Rahmenbedingungen der

85 *Prokop*, Dopingverbote, S. 43.

86 Zur Mitgliedsstruktur und weiteren Fakten siehe Homepage des DOSB unter www.dosb.de (Abruf 08.02.10).

87 *Pfister*, PHB Sportrecht, Einführung S. 15 Rn. 16 ff.

88 *Prokop*, Dopingverbote, S. 44 f.

Sportausübung. Je mehr Stufen der Verbandsaufbau aufweist, desto größer wird die Distanz zwischen dem Vereinsmitglied an der Basis und dem jeweiligen internationalen Fachverband an der Spitze. Aus diesem Grund haben sich in den Verbänden basierend auf satzungsrechtlicher oder vertraglicher Grundlage Mitbestimmungsmöglichkeiten gebildet, in denen sogenannte Aktivensprecher die Interessen der Athleten innerhalb der Verbände und Ausschüssen vertreten.[89]

Aufgrund der machtstarken Stellung von Vereinen gegenüber den einzelnen Sportlern wird das Rechtsverhältnis auch oftmals mit dem Verhältnis zwischen Staat und Bürger verglichen, dem das Prinzip der Über- und Unterordnung zugrunde liegt.[90] Der Zwang der Regelunterwerfung folgt jedoch nicht allein aus mitgliedschaftlichen Rechtsbeziehungen zwischen dem Sportler und seinem Verein, sondern besteht auch dann, wenn Nichtmitglieder vertraglich in die Sportorganisation mit eingebunden werden.[91] Wer also am organisierten Sport teilnehmen möchte, muss sich entweder im Mitgliedschafts- oder Vertragsverhältnis den Verbandsvorschriften unterwerfen.[92]

IV. Ein-Platz-Prinzip

Das Ziel der Schaffung und Erhaltung weltweit einheitlicher Bedingungen zur Sportausübung wird schließlich durch das sogenannte *Ein-Platz-Prinzip*[93] erreicht.[94] Das Ein-Platz-Prinzip stellt eine tragende Maxime des nationalen und internationalen Sportverbandswesens dar[95] und ergänzt die hierarchische Ordnung in der Sportorganisation um ein monopolistisches Element.[96] Nach dem Ein-Platz-Prinzip gibt es für jede Sportart grundsätzlich nur einen Weltverband, der für ein bestimmtes Territorium nur einen nationalen Spitzenverband aufnimmt.[97] Die Weltverbände fordern von ihren Mitgliedern, den Spitzenverbänden der Länder, dass sie für ihren räumlichen Zuständigkeitsbereich ebenfalls das Ein-Platz-Prinzip durchsetzen. Dies hat zur Folge, dass in den Mitgliedsländern

89 *Fritzweiler*, PHB Sportrecht, S. 272 Rn. 55.

90 *Kern*, S. 26.

91 Reiter-Urteil, BGH NJW.1995, 583 ff. (Fn. 59) Ausführlich zum Bindungsmechanismus von Nicht-Vereinsmitgliedern siehe S. 63 ff.

92 Die Hierarchie der Verbandsorganisation zählt aus diesem Grund zu einem der juristischen Kernprobleme des Sports, so *Prokop*, Dopingverbote, S. 45.

93 Von *Vieweg* als „Ein-Verbands-Prinzip" bezeichnet in: Normsetzung und -anwendung, S. 61.

94 *Prokop*, Dopingverbote, S. 45 ff.; *Nolte*, S. 26; *Lenz*, S. 4.

95 *Kotzenberg*, S. 26.

96 *Pfister*, in: FS Lorenz, S. 172.

97 *Vieweg*, Normsetzung und -anwendung, S. 61; ders. JuS 1983, 825, 826; *Pfister*, PHB Sportrecht, Einführung S. 12 Rn. 14 ff.

nur ein nationaler Spitzenverband existiert.[98] Die gleichen Anforderungen stellt das IOC an alle olympischen Sportarten[99] und der DOSB an alle deutschen Spitzenverbände. Auf diesem Wege wird die Geltung der hierarchischen Struktur gewährleistet, in der die Rechtssetzung innerhalb der Verbandspyramide – auch im Bereich der Dopingregelungen – von oben nach unten erfolgen kann.[100]

Weil sich die hierarchische Organisationsstruktur und das Ein-Platz-Prinzip als organisatorisch unabdingbare Notwendigkeit im Sportwesen erweisen, muss im Gegenzug dafür Sorge getragen werden, dass der einzelne Sportler die Möglichkeit eines umfassenden Rechtsschutzes erhält. Dies wird gewährleistet, indem rechtsstaatliche Grundsätze auch im Sportwesen Geltung beanspruchen.[101] Hierbei gilt es jedoch zu beachten, dass der Sport selbst bestimmt, nach welchen Regeln ein Verfahren zur Sanktionierung eines möglichen Fehlverhaltens von Sportlern und sonstigen Verantwortlichen abzulaufen hat und unter welchen Voraussetzungen es als „fair" zu bezeichnen ist.[102] Die vereinsautonome Kompetenzlage bürdet den Vereinen somit ein hohes Maß an Verantwortung auf und entlastet den Staat, von dem die (zwangsweise) Durchsetzung sportethischer Vorstellungen mit staatlichen Mitteln oder die Beteiligung an laufenden Verfahren nicht gefordert werden kann.[103]

B. Die Organisationsstruktur des national und international organisierten Pferdesports

Entsprechend den geschilderten Organisationsstrukturen stellt sich auch die Organisation des Pferdesports dar.

I. Die Internationale Reiterliche Vereinigung – *Féderation Equèstre Internationale* (FEI)

Auf internationaler Ebene ist die Internationale Reiterliche Vereinigung (FEI) Interessenvertreter aller am Pferdesport Beteiligten und Wortführer der nationa-

---

98 *Adolphsen*, Internationale Dopingstrafen, S. 43, *Kern*, S. 22.

99 Vgl. dazu Regel 31 Ziff. 3; 32 Ziff. 1.2 und Regel 51 Olympische Charta (2007).

100 *Vieweg*, JuS 1983, 825, 826.

101 *Kern*, S. 25.

102 Zu Fairness als Rechtsbegriff, *Tettinger*, S. 39 ff.

103 Zur Kompetenz-Verteilung bei der Ausgestaltung des Fair-Play-Prinzips zwischen Staat und autonomer Sportorganisation siehe *Steiner*, NJW 1991, 2729, 2733.

len Spitzenverbände.[104] Das selbst erklärte Ziel der FEI ist die Förderung des weltweiten Pferdesports durch Verwaltung, Reglementierung und Veranstaltung eines internationalen Leistungsvergleichs in den anerkannten Reitsportdisziplinen, der von Menschlichkeit und Sportsgeist aller getragen werden soll.[105] Ferner hat es sich der Verband zur Aufgabe gemacht, für eine faire und schonende Behandlung des Sportkameraden Pferd – vor allem im Leistungssport – Sorge zu tragen.[106]

Die FEI mit Sitz in Lausanne wurde am 24. und 25. November 1921 in Paris in der Rechtsform eines Schweizer Vereins gegründet.[107] An ihrer Gründung waren die Länder Belgien, Dänemark, Frankreich, Japan, Norwegen, Schweden und die USA beteiligt. Deutschland trat der Vereinigung im Jahr 1927 bei. Mit den neuen Mitgliedstaaten Kaimaninseln (2004), Kamerun und Madagaskar (2005) gehören der FEI derzeit insgesamt 133 verschiedene Nationen an.

In ihrer Funktion als internationaler Spitzenverband obliegt der FEI die Entscheidungsbefugnis über sämtliche Wettkampf- und Qualifikationsregeln im internationalen Turniersport.[108] Dies gilt auch für die Turniere, die im Rahmen der Olympischen Sommerspiele ausgetragen werden.[109]

II. Die Deutsche Reiterliche Vereinigung – *Fédération Equèstre Nationale* (FN)

Die Aufgabe der FN ist die Organisation des Pferdesports als Turnier- und Breitensport sowie die Pferdezucht und -haltung in Deutschland. Neben der Koordinierung dieser Gebiete befasst sie sich außerdem mit den Bereichen Tierschutz, Naturschutz und Landschaftspflege sowie der ideellen Pflege und der Bewahrung des Kulturguts „Pferd“. Die FN ist zuständig für alle Fragen, die direkt oder

---

104 Vgl. Art 1.6 und 1.7 FEI-Satzung.

105 Siehe Einleitung der FEI-Satzung.

106 In diesem Zusammenhang stellte die FEI beispielsweise im Jahr 1990 einen Verhaltenskodex, den *Code of Conduct* auf, der seither, neben den übrigen Regelwerken, allgemeine Geltung beansprucht, vgl. Art. 1.4 FEI Satzung

107 Vgl. Art. 4 FEI-Satzung. Nach der herrschenden Sitztheorie des EuGH ist für die Anwendbarkeit des Rechts der effektive Verwaltungssitz des Vereins und nicht der Ort seiner Gründung maßgeblich. Als effektiver Sitz der internationalen Sportverbände ist deshalb der Ort des Generalsekretariats, durch das die internationalen Sportverbände ständig erreichbar sind, anzusehen. Dagegen folgt die Schweiz der Gründungstheorie. Unabhängig davon sind im Fall der FEI die Art. 60 ff. des Schweizerischen Zivilgesetzbuchs als das maßgeblich anzuwendende (Vereins-) Recht, vgl. statt vieler *Staudinger/Großfeld*, Rn. 529 m.w.N.

108 Vgl. Art. 1.1 und 1.2 FEI-Satzung.

109 Hier bedarf es jedoch zusätzlich der Beachtung der Regeln der Olympischen Charta.

indirekt mit dem Pferd, seiner Zucht, Haltung und Ausrüstung, seiner Ausbildung und Nutzung durch die Menschen zu tun haben. Der Verband entwickelt und koordiniert die Maßnahmen der Reiter, Fahrer und Züchter, Pferdebesitzer und Veranstalter sowie der Vereine und Mitgliedsverbände.[110]

Die Deutsche Reiterliche Vereinigung e. V. – nach ihrer internationalen Bezeichnung *Fédération Equèstre Nationale* (FN) genannt – ist der Bundesverband für Pferdezucht und Pferdesport in Deutschland mit Sitz in Warendorf. Als einer der traditionellsten Sportverbände Deutschlands wurde die FN im Jahr 1905 in Berlin als „Verband deutscher Halbblutzüchter" gegründet.

Weltweit ist die Deutsche Reiterliche Vereinigung die größte Pferdesportvereinigung. Seit seiner Gründung hat sich der Verband stetig vergrößert. Im Jahr 2008 zählt die Deutsche Reiterliche Vereinigung insgesamt 16 Landesverbände mit 403 Kreisverbänden und 7.673 Reit- und Fahrvereinen zu ihren Mitgliedern. Innerhalb des Deutschen Olympischen Sportbunds (DOSB) ist die FN mit mehr als 753.004 Mitgliedern in den Reitvereinen der achtgrößte Mitgliedsverband.[111]

Weitere Mitgliedsverbände der FN sind 26 Zuchtverbände, das Deutsche Olympiade Komitee für Reiterei (DOKR), der Deutsche Reiter und Fahrerverband (DRFV) und die Deutsche Richtervereinigung (DRV).[112] Ferner verfügt der deutsche Dachverband über sogenannte *Anschlussverbände*, die ebenfalls Mitglied der FN sind.[113] Schließlich sind in Deutschland mehr als 3.400 Pferdebetriebe und über 50.000 persönliche Mitglieder an die FN angeschlossen.

Mit dem Pferdesport vertritt die FN Deutschlands bisher erfolgreichste Sportart. Im internationalen Leistungsvergleich stand Deutschland jahrzehntelang als erfolgreichste Pferdesport- und Sportpferdezuchtnation an der Spitze.[114]

III. Landesverbände/Landeskommissionen und Reitvereine

Entsprechend der korporativen Mitgliederstrukturen im Sportverbandswesen sind lediglich die 16 Landesverbände mitgliedschaftlich an die FN angegliedert. Im Pferdesport führen die Landesverbände die Bezeichnung „Kommission für

110 Vgl. § 3 und § 4 der FN-Satzung (Stand 2008).

111 Siehe FN Homepage, abrufbar unter: http://www.pferd-aktuell.de/Wir-ueber-uns/FN/Zahlen-Fakten/-96/Zahlen-Fakten.htm (Abruf 08.02.10).

112 Vgl. § 5 FN-Satzung (Stand 2008).

113 Zu den weiteren Mitgliedsverbänden aus anderen Reitsportarten, siehe: http://www. pferd-aktuell.de/Wir-ueber-uns/Weitere-Verbaende/Anschlussverbaende/-102/Anschlussverbaende.htm (Abruf 08.02.10).

114 Allerdings scheint die Erfolgsserie der Dressurequipe mit den Europameisterschaften im englischen Windsor im August 2009 ihr vorläufiges Ende gefunden zu haben, siehe hierzu „Dressur-Enttäuschung bei EM: So schlecht wie nie", Hamburger Abendblatt vom 26.08.2009, S. 21

Pferdeleistungsprüfungen oder auch Landeskommission (LK)".[115] In der sportstrukturellen Verbandspyramide sind sie zwischen der FN und den örtlichen Reit- und Fahrvereinen angesiedelt. In dieser Position übernehmen sie naturgemäß die Organisation des Sports auf Landesebene. Jeder Landesfachsportverband verfügt auf seinem Gebiet wiederum über mehrere Bezirks- oder Kreisreiterbünde, deren Anzahl von der Größe des jeweiligen Landesverbandes abhängig ist.[116] Hierbei handelt es sich um regionale Zusammenschlüsse der Vereine, um gemeinsame regionalsportliche Interessen effektiver verwalten sowie regionale Sportveranstaltungen oder Turniere besser aufeinander abstimmen zu können.

Die föderalistische Staatsform der Bundesrepublik führt dazu, dass auf Landesebene eine größere Anzahl von Vereins- und Verbandsmitgliedschaften existiert, als dies in zentralistisch organisierten Ländern der Fall ist.[117] Auf diese Weise organisieren sich auf Landesebene viele Sportarten – so auch der Pferdesport – durch sogenannte *Doppelmitgliedschaften.* Der örtliche Reit- und Fahrverein ist in vertikaler Richtung Mitglied in einem Bezirks- oder Kreisreiterbund (Regionalverband) und durch diesen wiederum Mitglied in einem der 16 Landesfachsportverbände, die der FN unter geordnet sind. Am Ende der Verbandspyramide steht schließlich der einzelne Pferdesportler, der als Mitglied seines Reit- und Fahrvereins dort seinem Hobby oder Beruf nachgeht.

C. Dopingbekämpfung durch Verbände, Anti-Doping Organisationen und den Staat – Die verschiedenen Abkommen im Kampf gegen Doping

I. Dopingbekämpfung – Kernbereich deutscher Verbände

Wie die Ausführungen zur Organisation des Sports verdeutlicht haben, präsentiert sich der Sport im Allgemeinen als ein verzweigtes und verflochtenes System verschiedener Sport-/Organisationen, die in ihrem Wirkungskreis sportartspezifisch oder auch sportartübergreifend tätig sind.

115 In Hessen ist beispielsweise jeder dort ansässige Reitverein Mitglied der Landeskommission (LK) Hessen mit Sitz in Dillenburg, vgl. § 4 Satzung des HRFV.

116 Die LKs sind beispielsweise für die Veranstaltung von Lehrgängen und weiteren Fortbildungsmaßnahmen auf Landesebene verantwortlich; *Summerer*, PHB Sportrecht, S. 113 Rn. 24.

117 So beispielsweise die Länder Frankreich, Niederlande, Portugal, Luxemburg, die ebenfalls Mitgliedsnationen der FEI sind.

Die durch Art. 9 Abs. 1 GG garantierte Vereinsautonomie vermittelt dem verbands- und vereinsorganisierten Sport die Primärkompetenz zur Bestimmung des Begriffs „Sport“ unter sportfachlichen und sportethischen Gesichtspunkten.[118] Da Anti-Doping-Vorschriften neben der Gesundheit der Athleten auch dem Schutz des regelgerechten, fairen Ablaufs sportlicher Wettkämpfe dienen und damit die zentralen und sinngebenden sportethischen Werte des Sports tangieren, fällt die Kompetenz zur Dopingbekämpfung zunächst in den Kernbereich der Verbände. Als Kehrseite der deutschen Vereinsautonomie liegt somit nicht nur die Lust, sondern auch die Last an der „Sportgesetzgebung“ grundsätzlich bei Vereinen und Verbänden.[119]

II. Das Europäische Übereinkommen gegen Doping im Sport

Doch auch staatliche Stellen sind in den Kampf um einen dopingfreien Sport involviert. So errichtete der Europarat bereits im Jahre 1963 eine Kommission, die sich mit dem Dopingproblem auseinander setzen sollte und im weiteren Verlauf ihrer Tätigkeit die erste Dopingdefinition erarbeitete. In Form eines Staatsvertrages verabschiedete der Europarat schließlich im Jahr 1989 das erste *„Europäische Übereinkommen gegen Doping im Sport“*.[120] Dieser Staatsvertrag ist geprägt von der gemeinsamen Verantwortung von Staat und privaten Sportorganisationen zur länderübergreifenden Bekämpfung des Dopings innerhalb und außerhalb von Wettkämpfen.

Das Übereinkommen gegen Doping im Sport sieht den Schwerpunkt staatlicher Verantwortung im Bereich der Sportförderung;[121] außerhalb dieser Förderung räumt es den Sportverbänden auf nationaler und internationaler Ebene eine weitgehende Regelungsautonomie im Kampf gegen Doping ein, zu deren Achtung sich die Staaten mit der Unterzeichnung des Staatsvertrages verpflichteten.[122] Nach seiner Unterzeichnung durch die Bundesregierung im Mai 1992 stimmte der Bundestag mit Gesetz vom 1. Juni 1994 der Umsetzung zu und

118 Zur Verbandsautonomie siehe bereits S. 37 ff.

119 *Steiner*, NJW 1991, 2729, 2730.

120 Abgedruckt in *Haas/Haug/Reschke*, Handbuch des Sportrechts, Teil C I.1.

121 Aus diesem Grund enthalten sämtliche Zuwendungsbescheide staatlicher Sportfördermittel seit mehreren Jahren Auflagen zur Einhaltung von Anti-Dopingbestimmungen, siehe Abschlussbericht der vom BMI eingerichteten Projektgruppe Sonderprüfung Doping vom 19. Dezember 2007.

122 *Haas*, Das Übereinkommen des Europarats gegen Doping, SpuRt 1996, 107; *Feiden/Blasius*, S. 66 ff.

setzte das Europäische Übereinkommen gegen Doping im Sport mit sofortiger Wirkung in das deutsche geltende Recht um.[123]

Das Übereinkommen aus dem Jahr 1989 regelte jedoch nicht die gegenseitige Durchführung und Anerkennung von Dopingkontrollen zwischen den einzelnen Vertragsstaaten. Dies veranlasste den Europarat dazu im Jahre 2002 in Warschau ein Zusatzprotokoll zu verabschieden, das die deutsche Bundesregierung am 15. Januar 2008 ratifizierte.[124] Ziel des Protokolls ist die gegenseitige Anerkennung von Dopingkontrollen und eine wirksamere Anwendung des Übereinkommens.[125] Zu diesem Zweck stellt das Protokoll sicher, dass die Vertragsstaaten die auf ihrem Gebiet an Sportlern und Sportlerinnen aus anderen Vertragsstaaten vorgenommen Dopingkontrollen anerkennen. Dadurch soll eine Vielzahl von zweiseitigen Vereinbarungen vermieden und die Wirkung von Anti-Dopingkontrollen verstärkt werden.[126] Das Protokoll stellt die erste verbindliche Vereinbarung des Völkerrechts dar, mit der die Zuständigkeit der WADA zur Vornahme von Kontrollen auch außerhalb von Wettkämpfen anerkannt wird.[127] Damit zählt das Übereinkommen gegen Doping im Sport zu den ganz wenigen internationalen Übereinkommen, die mit einem verbindlichen Kontrollverfahren ausgestattet sind.

III. Die UNESCO Konvention

Ein weiterer rechtlicher Rahmen für die weltweite Dopingbekämpfung auf *staatlicher* Ebene wurde am 19. Oktober 2005 durch das „*Internationale Übereinkommen gegen Doping im Sport*" geschaffen, das die sportlichen Anti-Doping Regelungen auch von staatlicher Seite übernimmt.

Als weltweit einziges Organ auf Regierungsebene beschäftigt sich der Sportausschuss der Organisation der Vereinten Nationen für Erziehung, Wissenschaft und Kultur (*United Nations*

---

123 Bekanntmachung vom 1. Juli 1994, BGBl 1994 II, 1250; Gesetz vom 2. März 1994, BGBl II 1994, S. 334 ff.

124 In Deutschland ist das Gesetz ist seit dem 1. Mai 2008 in Kraft, siehe BGBl 2008, Nr.13, S. 571.

125 Siehe die Motive des Zusatzprotokolls, vgl. Bundesgesetzblatt 2007 Teil II, Nr. 15, S. 707.

126 Art. 1 Abs.1 des Zusatzprotokolls, vgl. Bundesgesetzblatt 2007 Teil II, Nr. 15, S. 707.

127 Art. 1 Abs. 3 des Zusatzprotokolls, vgl. Bundesgesetzblatt 2007 Teil II, Nr. 15, S. 708; Art. 23.4 WADA-Code 2009.

Educational, Scientific and Cultural Organization, UNESCO)[128] mit Angelegenheiten des Sports.[129]

Bis zum Inkrafttreten des UNESCO-Übereinkommens war das Europaratsübereinkommen das einzige völkerrechtlich verbindliche Instrument gegen Doping im Sport. Der räumliche Geltungsbereich des Übereinkommens von 1989 war allerdings auf die 46 Vertragsstaaten des Europarates begrenzt. Somit war die Ausarbeitung eines weltweit verbindlichen Übereinkommens geboten, das für die Sport- und die Anti-Doping Organisationen durch die Unterzeichnung des WADA-Codes geltenden Standards für die Dopingbekämpfung auch auf staatlicher Ebene verbindlich machen soll.[130]

Bestandteil des Übereinkommens ist zudem eine Liste verbotener Substanzen, womit erstmals auch hinsichtlich der Dopinglisten globale Standards gesetzt werden.[131] Der wichtige Artikel 12 des UNESCO-Vertragswerkes sieht vor, dass Doping-Kontrollen überall und ungehindert möglich sein sollen. Von den Staaten, die der Konvention jetzt beitreten können, werden auch „finanzielle Sanktionen" gegen Doping-Sünder und Aufklärungsprogramme für Sportler verlangt, um dem Missbrauch von Substanzen künftig besser vorzubeugen.

IV. Das Welt-Anti-Doping-Programm von WADA und NADA und sein Einfluss auf dem Pferdesport

Um die Kräfte der verschiedenen Organisationen, die den Kampf gegen Doping aufgenommen haben, zu bündeln und unter dem Dach eines weltweit wirksamen Anti-Doping-Programms zu vereinen, wurde 1999 die *World Anti-Doping Agency* (WADA) als Stiftung Schweizerischen Rechts mit Sitz in Lausanne gegründet.[132]

---

128 Bei der UNESCO handelt es sich um eine Sonderorganisationen, die als rechtlich selbständige Internationale Organisation durch Abkommen mit den Vereinten Nationen verbunden ist. Der Sportausschuss trägt die offizielle Bezeichnung „CIGEPS" Komitee für zwischenstaatliche Leibeserziehung und Sport. Siehe Homepage unter: http://www.unesco.org/confgen/en/about/election/ subodies/cigeps.htm (Abruf am 21.09.2009).

129 Siehe hierzu Teil 3 des 9. Sportberichts der Bundesregierung, BT-Drs. 591/99, abgedruckt in SpuRt 2001, 63.

130 Siehe die Motive des UNESCO-Übereinkommen gegen Doping im Sport, in der Originalfassung, Abruf unter: http://www.pferd%20aktuell.de/Doc-73187/doc.htm (Abruf 08.02.10).

131 Siehe das UNESCO-Übereinkommen gegen Doping ist abgedruckt in *Haas/Haug/Reschke*, Sportrecht, Teil C.I.4.

132 Den ersten Grundstein zur Gründung einer weltweit agierenden Anti-Doping Organisation legte die *Lausanner Deklaration zum Doping im Sport*, die im Rahmen der Welt-Doping-Konferenz im Februar 1999 in Lausanne – beeinflusst durch die Geschehnisse der Tour de France 1998 –

Die WADA strebt eine Koordinierung und Vereinheitlichung der Bemühungen im Kampf gegen Doping von staatlichen und selbst verwalteten Stellen einerseits und der privaten Sportorganisationen untereinander an.[133] Diese Aufgabe erfüllt die Organisation in erster Linie durch den Erlass und die stetige Überarbeitung von Anti-Doping-Vorschriften, die Errichtung eines effektiven Dopingkontrollsystems innerhalb und außerhalb der Wettkämpfe sowie die Weiterentwicklung der Dopingforschung und der Aufklärung über die mit dem Doping einhergehenden Gefahren.[134] Zu diesem Zweck verbreitet die Organisation sportethische Grundsätze eines dopingfreien Sports und erarbeitet – unter regelmäßiger Aktualisierung – eine verbindliche Liste, die sämtliche im Sport verbotenen Substanzen und Methoden beinhaltet. Darüber hinaus koordiniert sie die Durchführung von Trainingskontrollen mit den zuständigen Sportverbänden und nationalen Einrichtungen. Sie setzt einheitliche Standards für die Dopinganalytik sowie die Akkreditierung der Kontrolllabore ein und harmonisiert die Disziplinarverfahren einschließlich der Strafrahmen gegen die betroffenen Sportler.

1. Das Drei-Stufen-Modell der WADA

Das Welt-Anti-Doping-Programm der WADA besteht aus drei wesentlichen hierarchisch aufgebauten Elementen. Dabei handelt es sich um den bereits erwähnten *World Anti-Doping Code (WADA-Code)* (Stufe 1), die *International Standards* (Stufe 2) sowie die *Models of Best Practice* (Stufe 3). Der Aufbau des WADA-Codes setzt die Maßstäbe, die aus juristischer Sicht in der internationalen Dopingbekämpfung zu gelten haben. Die drei Stufen des Welt-Anti-Doping-Programms sollen im Folgenden kurz vorgestellt werden:

a. Der World Anti-Doping Code (WADA-Code)

Auf der Welt Anti-Doping-Konferenz der *World Anti-Doping Agency* in Kopenhagen 2003 wurde der Welt-Anti-Doping-Code ins Leben gerufen, der nach dem Europäischen Übereinkommen gegen Doping im Sport den entscheidenden Schritt für die weltweite Koordinierung der Anti-Doping Maßnahmen einleitete.

Mit Wirkung zum 1. April 2004 löste der *World-Anti-Doping-Code* (WADA-Code) den bisher geltenden Anti-Doping Code (ADC) des IOC als Rahmenre-

---

von Regierungsvertretern und Vertretern verschiedener Sportorganisationen gemeinsam erarbeitet wurde, siehe hierzu *Dicke*, S. 491, 600 ff.

133 Der Stiftungsverfassung der WADA kommt eine Koordinierungs- und Kooperationsfunktion zwischen den an der Dopingbekämpfung Beteiligten staatlichen und privaten Organisationen zu, vgl. Art. 4 Abs.1 Ziff. 1 WADA-Satzung.

134 WADA Annual Report 2002, S. 15 ff.

gelwerk ab und stellt seither das allein maßgebliche Anti-Doping-Regelwerk dar.[135] Bis Ende 2004 haben nahezu alle internationalen Sportverbände der Olympischen Bewegung, die Nationalen Olympischen Komitees und die Nationale Anti-Doping-Organisationen den WADA-Code angenommen und sich zu seiner Umsetzung verpflichtet. Zur Welt-Anti-Doping-Konferenz in Madrid 2007 wurde der Code nochmals überarbeitet und trat in seiner neuen Fassung zum 1. Januar 2009 in Kraft.[136] Die Akzeptanz des Codes stellt für alle olympischen Verbände eine Teilnahmevoraussetzung für die Olympischen Spiele dar.[137]

Nach Art. 4 Abs. 2 der Stiftungssatzung verfügt die WADA über das Recht, Pläne hinsichtlich einer möglichen Strukturänderung auf Grundlage völkerrechtlicher Bestimmungen zu entwickeln. Die in der Stiftungssatzung angelegte Möglichkeit der Umwandlung in ein Völkerrechtssubjekt hat die WADA jedoch bisher nicht wahrgenommen. Somit bleibt sie privatrechtlicher Natur und demzufolge zur Rechtsetzung gegenüber Dritten grundsätzlich unbefugt.

Vor dem Hintergrund der durch die Privatautonomie geprägten Sportorganisation handelt es sich bei dem WADA-Code um ein privatrechtliches Abkommen, das die unterzeichnenden Organisationen mit der WADA durch eine rechtsgeschäftliche Willensäußerung im Wege der Zustimmung abschließen.[138] Somit steht auch im Bereich der Dopingbekämpfung in Zusammenarbeit mit der WADA die – national und international gleichermaßen anerkannte – Privatautonomie im Vordergrund, in deren Mittelpunkt ein Vertrag als Kern dezentraler und autonomer Regulierung unter dem Grundsatz *pacta sunt servanda* steht.[139] Vertragspartner der WADA sind neben dem IOC und den NOKs auch die Nationalen Anti-Doping Organisationen sowie die Veranstalter großer Sportwettkämpfe.[140]

Nach Art. 23.2 WADC setzen die Unterzeichner und Regierungen die anwendbaren Vorschriften des Codes durch Strategien, Satzungen, Regeln oder Vorschriften gemäß ihrer Zuständigkeit und innerhalb ihrer jeweiligen Zuständigkeitsbereiche um. Damit stellt Art. 23.2.1 WADC noch einmal klar, dass die Regeln des Code nicht unmittelbare Verbindlichkeit erlangen, sondern weitere Maßnahmen seitens der Unterzeichner innerhalb ihres Zuständigkeitsbereiches notwendig sind, so dass sie schließlich auch gegenüber ihren Unterorganisatio-

---

135 *Netzle*, SpuRt 2003, 186 ff. Dies gilt auch für die olympischen Spiele, vgl. Regel 44 der Olympischen Charta.

136 Siehe Homepage der WADA: http://www.wada-ama.org/en/World-Anti-Doping-Program/Sports-and-Anti-Doping-Organizations/The-Code/ (Abruf 08.02.10).

137 Siehe Durchführungsbestimmung zu Regel 45 der Olympischen Charta.

138 Vgl. Art. 23.1 WADC.

139 *Kern*, S. 265; *Schweizer*, S. 240 ff.

140 Vgl. Art. 23.1.1 WADC.

nen und letztlich gegenüber dem einzelnen Athleten einschließlich ihres Umfeldes rechtliche Verbindlichkeit erlangen.

b. International Standards

Bestandteil des Regelwerks sind zudem die *International Standards*, auf die der WADA-Code ausdrücklich durch Verweisung Bezug nimmt. Für die unterzeichnenden Organisationen stellen sie ebenfalls verbindliche Regeln dar. Sinn und Zweck der *International Standards* ist die Harmonisierung zwischen den für die speziellen fachlichen und operativen Teile des Anti-Doping-Programms verantwortlichen Organisationen.[141] Die *International Standards* enthalten einen Großteil der technischen Details, die zur Umsetzung des WADA-Codes erforderlich sind.[142] Sie sind jedoch nicht in den WADA-Code aufgenommen worden, da die detailliert umfassenden Regeln zu einer Überfrachtung des Regelwerks geführt hätten. Dies hat den Vorteil, dass die *International Standards* – um den aktuellen Erfordernissen der Dopingbekämpfung zu entsprechen – in Absprache mit den unterzeichnenden Sportorganisationen und Regierungen von einer Expertengruppe der WADA überarbeitet werden können, ohne dass es hierzu eigens einer Änderung des WADA-Codes bedarf. Eine stetige und regelmäßige Aktualisierung der *International Standards* wäre andernfalls nur schwer zu erreichen. Derzeit bestehen Bestimmungen in Form von *International Standards* hinsichtlich der Verbotsliste, der Durchführung des Dopingkontrollverfahrens, der akkreditierten Analyselabore sowie im Hinblick auf die therapeutischen Ausnahmen vom Dopingverbot.[143]

c. Models of Best Practice and Guidelines

Auf der dritten Stufe im System des WADA-Codes stehen die *Models of Best Practice*. Dabei handelt es sich um von der WADA erarbeitete Empfehlungen an die Unterzeichner für die bestmögliche praktische Umsetzung des Codes. Dies geschieht in Form von Anti-Doping-Mustervorschlägen für die Formulierung und Abfassung der Anti-Doping-Regelwerke der verschiedenen (Sport-)Organisationen, die den unterzeichnenden Organisationen von der WADA zur Verfügung gestellt werden. Diese sind darüber hinaus auf die jeweiligen Bedürfnisse der verschiedenen am Dopingkampf beteiligten Stellen (*International Federa-*

---

141 Siehe Einleitung der *International Standards*, S. 6 ff., abrufbar unter: http:// www.wada-ama.org/rtecontent/document/IST_January2009_FINALGERWord.pdf (Abruf 08.02.10).

142 Hierzu gehören beispielsweise die detaillierten Anforderungen für die Probenahme, die Laboranalyse und die Akkreditierung der Labore, vgl. Einleitung, S. 6 ff.

143 Siehe Einleitung zum WADA-Code (2009), S. 6.

tions für Einzel- oder Mannschaftssportarten und Nationale Anti-Doping Organisationen [NADOs] abgestimmt. Die den Verbänden an die Hand gegebenen Muster für ihre Anti-Doping-Regelwerke basieren naturgemäß auf dem WADA-Code. Abgesehen von den in Art. 23.2.2 WADC benannten Vorschriften, die von den Unterzeichnern ohne wesentliche Veränderungen umzusetzen sind (notwendige unwesentliche redaktionelle Veränderungen sprachlicher Natur sind zulässig),[144] bleibt es den Verbänden und Organisationen überlassen, ob sie sich für die wortgetreue Anwendung der Musterregeln oder eine Umsetzung der Modelle in abgeänderter Form entscheiden. Auch die Entwicklung eigener Regeln steht ihnen frei, solange sie mit den allgemeinen Grundsätzen und spezifischen Anforderungen des WADA-Codes übereinstimmen.

Je zahlreicher die Verbände und die Anti-Doping-Organisationen von den Vorschlägen der WADA in Form der *Models of Best Practice* und *Guidelines* Gebrauch machen, desto erfolgreicher verläuft denklogisch der Harmonisierungsprozess und die Vereinheitlichung des (inter-)nationalen Dopingkampfs im Sport.

2. Die Nationale Anti-Doping Agentur (NADA)

a. Funktion und Aufgaben

Die Aufgabe der Umsetzung eines einheitlichen Dopingkontrollsystems für Deutschland obliegt seit dem 1. Januar 2004 der Nationalen Anti-Doping Agentur (NADA). Sie ist ebenfalls eine private Stiftung und damit eine unabhängige Einrichtung, die sich allein dem Ziel der Dopingbekämpfung gewidmet hat.[145] Kernaufgabe der NADA ist die Umsetzung eines einheitlichen Dopingkontrollsystems für Deutschland. Hierzu gehören unter anderem die Erteilung Medizinischer Ausnahmegenehmigungen, die Beantwortung von Medikationsfragen, die Rechtsberatung der Verbände sowie die Einrichtung eines unabhängigen Sportschiedsgerichts.

b. Der Nationale Anti-Doping Code (NADA-Code)

Mit der Unterzeichnung des WADA-Codes im Dezember 2003 hat sich die deutsche NADA verpflichtet, den Code als allgemein gültiges Regelwerk auch in

144 Siehe Einleitung Absatz 3 der *Models of Best Practice, Model Rules for International Federations*, Version 5.0 (2010).

145 Die NADA wird nach einem Stakeholder-Modell durch Sport, Wirtschaft und Staat finanziert. Bei Ausführung ihrer Tätigkeit ist sie aber weisungsunabhängig. Siehe Homepage der NADA unter: http://www.nada-bonn.de (Abruf 08.02.10).

Deutschland umzusetzen. Naturgemäß basiert der von der NADA erlassene NADA-Code auf dem WADA-Code und den für die Praxis relevanten *„International Standards"*. Er ist das nationale Pendant zum internationalen Anti-Doping Code. Für die Dopingbekämpfung im deutschen Sport ist der NADA-Code damit das wichtigste sportartübergreifende Regelwerk.

Wie der WADA-Code ist auch der NADA-Code kein allgemein gültiges Regelwerk, sondern setzt zur Erlangung seiner Wirksamkeit die Umsetzung durch die im nationalen Dopingkampf involvierten Organisationen voraus. So ist der NADA-Code ebenfalls nur für diejenigen nationalen Sportfachverbände und Landessportbünde verbindlich, die eine vertragliche Vereinbarung (eine sogenannte *Trainingskontrollvereinbarung*) mit der NADA abgeschlossen haben.[146] Mit der Unterzeichnung der Trainingskontrollvereinbarung erkennen die nationalen Sportfachverbände und Landessportbünde den NADA-Code und alle auf seiner Grundlage in Übereinstimmung mit seinen Bestimmungen getroffenen Entscheidungen als verbindlich an und verpflichten sich gegenüber der NADA die Vorschriften des NADA-Codes innerhalb ihres Zuständigkeitsbereichs durch entsprechende Satzungen und/oder Regelwerke umzusetzen.[147]

3. Regelanerkennung durch die FEI und die FN

a. Bindung der FEI

aa. WADA-Code

Als *Anti-Doping Organizations* führt der WADA-Code beispielhaft sowohl Sport- sowie Anti-Doping-Organisationen auf, die außerhalb der pyramidalen Sportorganisation in vertikaler Richtung angesiedelt sind (IOC und DOSB), als auch die *International Federations*, die höchste Ebene innerhalb der vertikal strukturierten Verbandspyramide.[148] Hierzu zählt auch die FEI als internationaler Spitzenverband des Pferdesports.

Mit Beschluss des FEI-Bureau im Rahmen eines Mitgliedertreffens vom 26. bis 27. April 2003 in Madrid und mit Zustimmung der im darauf folgenden Jahr stattfindenden Mitgliederhauptversammlung in der Zeit vom 20. bis 21. April 2004 in Paris nahm die FEI den WADA-Code mit Wirkung zum 1. Juni 2004 als *Signatory* an. Mit der Unterzeichnung des WADA-Codes ver-

146 Siehe dazu Teil I – Allgemeiner Teil sowie Art. 15 Abs. 1 des NADA-Codes 2009.

147 Vgl. Art. 15.2 NADA-Code 2009.

148 Neben den *International Federations* führt Artikel 23.1.1 WADC explizit auch die Nationalen Anti-Doping Agenturen und die NOKs auf.

pflichtete sich somit auch die FEI zur Anerkennung und Inkorporation der Regelungen des WADA-Codes innerhalb ihres organisatorischen Kompetenzbereichs. Sie ist damit vertraglich an die Vorgaben des Code, insbesondere an die aus Art. 16 WADC[149] resultierende Verpflichtung gebunden, für die Tiere, die an der jeweiligen Sportart beteiligt sind, eigene Anti-Doping-Bestimmungen festzulegen und umzusetzen sowie ein dem WADA-Code entsprechendes Kontrollsystem zu schaffen.[150]

bb. Olympische Charta

Eine Bindung der *International Federations* und der NOKs beziehungsweise des DOSB an den WADA-Code leitet sich zudem aus der Pflicht zur Beachtung der Regeln der Olympischen Charta ab.[151]

> Die Bindung durch die Olympische Charta ist vor allem dann von Bedeutung, wenn ein internationaler Spitzenfachverband von der Unterzeichnung der Annahmeerklärung des WADA-Codes keinen Gebrauch gemacht hat und es an einer anderweitigen auslegungsfähigen Erklärung fehlt oder dieser kein rechtlicher Bindungswillen hinsichtlich der Umsetzungsverpflichtung des WADA-Codes in das eigene Verbandsreglement zu entnehmen ist.[152]

Nach Art. 26 Abs. 1 OC kann das IOC auch internationale nicht staatliche Organisationen, die eine oder mehrere Sportarten auf weltweiter Ebene verwalten, als *International Federations* anerkennen. Durch diese Anerkennung wird die Olympische Charta für die betreffenden Sportorganisationen verbindlich. Eine besondere Pflicht der *International Federations,* die Regeln des WADA-Codes im eigenen Verbandsregelwerk umzusetzen, ergibt sich schließlich aus Art. 26 Abs. 2 OC,[153] wonach der die Regelwerke und die Regelanwendung der vom

---

149 Art. 16 WADC wurde eigens auf die FEI, als Repräsentantin der weltweit einzigen Sportart, die in Zusammenarbeit mit Tieren ausgeübt wird, zugeschnitten.

150 Inwieweit die FEI ihrer Verpflichtung aus Art. 16 WADC nachgekommen ist, dazu unten S. 101 ff.

151 Die Olympische Charta legt die grundlegenden Prinzipien und unabdingbaren Werte des Olympismus fest. Sie dient dem IOC als Satzung und regelt die wichtigsten gegenseitigen Rechte und Pflichten der drei Säulen der Olympischen Bewegung, siehe Einführung zur Olympischen Charta (2007).

152 So beispielsweise der Fall, der dem rechtlich unverbindlichen Gutachten des CAS im April 2006 zugrunde lag. Entstanden war ein juristischer Konflikt zwischen der FIFA und der WADA über die zulässige Dauer von Dopingsperren für Erstsünder. Fraglich war auch die Bindung der FIFA an den WADA-Code und die damit verbundene Implementierungspflicht. Siehe hierzu ausführlich *Advisory Opinion* vom 21. April 2006, CAS 2005/976 & 986, FIFA & WADA.

153 Wörtlich heißt es in Art. 26 Abs. 2 OC: „... *Die Statuten, Gepflogenheiten und Aktivitäten der International Federations innerhalb der Olympischen Bewegung müssen in Übereinstimmung mit der Olympischen Charta, einschließlich der Annahme und Umsetzung des World Anti-*

IOC anerkannten internationalen Sportverbände mit den Bestimmungen der Olympischen Charta sowie mit dem WADA-Code in Einklang zu stehen haben.[154]

Da die FEI bereits kurz nach ihrer Gründung durch das IOC im Jahr 1921 als internationaler Spitzenverband des Pferdesports anerkannt und mit den Disziplinen Springen, Dressur und Vielseitigkeit in die Olympische Familie aufgenommen wurde,[155] ist die FEI als Repräsentant der Olympischen Sportart „Pferdesport" grundsätzlich auch nach Art. 26 OC verpflichtet, die Regeln des WADA-Codes in ihre Regelwerke zu implementieren und diesen Folge zu leisten.

b. Bindung der FN und der Landesverbände

aa. Bindung an den WADA-Code im Wege des Satzungsrechts

Auf nationaler Ebene müssen neben der NADA auch die nationalen Spitzensportverbände an die Vorgaben des Code gebunden und auf die Achtung und Anwendung des weltweiten Anti-Doping-Kontrollsystems innerhalb ihres jeweiligen Kompetenzbereichs verpflichtet werden.[156] Da eine Mitgliedschaft der *National Federations* in der WADA bereits daran scheitert, dass Mitgliedsverhältnisse bei Stiftungen nicht möglich sind, nehmen die Vorschriften des WADA-Codes auf die bereits bestehenden mitgliedschaftlichen Beziehungen zwischen den *International Fedeations* und „ihren" *National Federations* Bezug.[157]

So werden verbandsinterne Beziehungen zwischen internationalen Sportverbänden und ihren nationalen Mitgliedsverbänden wesentlich durch die in den Satzungen und Nebenordnungen geregelten Rechte und Pflichten der Mitgliedsverbände geprägt. Sie kennzeichnen Richtung und Ausmaß der verbandsinternen

---

Doping Code stehen. Unbeschadet des Vorstehenden, bewahrt jede International Federation ihre Unabhängigkeit und Autonomie in der Verwaltung ihrer Sportart" (Hervorhebung durch die Verfasserin); Übersetzung von Vedder/Lämmer: http://www.dosb. de/fileadmin/fm-dosb/down loads/Olympische_Charta_7.07.07_DE.pdf (Abruf 08.02.10).

154 So schließlich auch das Ergebnis der *Advisory Opinion* des CAS, siehe CAS 2005/976 & 986, FIFA & WADA.

155 Siehe zur Geschichte der Entwicklung des Reitsports in der Olympischen Bewegung die Homepage der FEI unter: http://www.fei.org/olympics/history/Pages/history.aspx (Abruf 08.02.10).

156 Vgl. Art. 20.3 WADC.

157 Die in diesem Zusammenhang einschlägige Vorschrift des WADA-Codes (Art. 20.3.2) normiert: unter „Aufgaben und Zuständigkeiten der internationalen Sportfachverbände" [...] *von nationalen Sportfachverbänden als Bedingung für die Aufnahme als Mitglied zu fordern, dass sie den Code in ihren Strategien, Regeln und Programmen einhalten* [..].

Einflussnahme.[158] Die Satzungen und Vereinsordnungen der internationalen Sportverbände können sehr unterschiedlich ausgestaltet sein und lassen das Bestreben der internationalen Verbände erkennen, auf die Aktivitäten ihrer Mitglieder – zum Teil weitreichenden – Einfluss nehmen zu können.[159] In diesem Sinne werden auch die vom internationalen Verband erlassenen Regeln – damit auch die Anti-Doping-Bestimmungen – an die *nächst tiefere* Stufe, die nationalen Spitzensportverbände, entweder vollumfänglich oder beschränkt auf einen gewissen Sachbereich, weitergeleitet und die übergeordneten Verbände stellen auf diese Weise sicher, dass zumindest bis zur Ebene der *National Federations* ähnliche oder gar gleich lautende (Anti-Doping-) Bestimmungen gelten.[160]

Den *National Federations* wiederum obliegt die Aufgabe, diesen Gleichklang der Regelbindung gegenüber ihren Mitgliedern, den Landesverbänden, aber auch gegenüber den dort angeschlossenen Reitvereinen, bis hin zum Sportler durchzusetzen.[161]

Die Bindung des nationalen Fachverbandes an den WADA-Code vollzieht sich im Gegensatz zum internationalen Verband also nicht im Wege der vertraglichen Abrede, sondern vielmehr durch eine mitgliedschaftlich *verbandsnormative* Bindung, die für die weltweit einheitliche Sportausübung von zentraler Bedeutung ist.[162]

So beinhalten auch die *Statutes* und Vereinsordnungen der FEI Regelungen, nach denen sich ihre 133 Mitgliedsverbände zu richten haben. Nach Art. 2.6 FEI-Statutes haben sich alle nationalen Reiterlichen Vereinigungen damit einverstanden zu erklären, bei der Ausrichtung internationaler (FEI-) Turniere, die *Statutes,* die *General Regulations* und *Sport Rules* als das maßgebliche Recht zu achten und an die rechtlichen Vorgaben der FEI gebunden zu sein.[163] Diese Regelung

---

158 Vgl. hierzu ausführlich *Steinbeck*, S. 154 ff.

159 Aufgrund ihres unterschiedlichen Regelungsgehalts sind Satzungen und Nebenordnungen allerdings strikt voneinander abzugrenzen, ausführlich *Steinbeck*, S. 154 ff.

160 *Adolphsen*, Internationale Dopingstrafen, S. 70 ff.

161 Wie sich die Bindung wiederum der nächst tieferen Stufen – Reitvereine und Sportler – vollzieht, stellt der WADA-Code ins Ermessen der *International Federations*. Zur Bindung der Athleten im Pferdesport siehe unten S. 63 ff.

162 *Vieweg*, Normsetzung und -anwendung, S. 67.

163 Wörtlich heißt es in Art. 2.6 FEI-Statutes: *„The National Federations agree to comply with, and be bound by, the Statutes, General Regulations, Sport Rules and any Decision issued by the authorized bodies of the FEI in relation to the conduct of international equestrian Events, all of which shall also bind Organizing Committees, Officials, horse Owners, Persons Responsible, Athletes, team officials and other individuals and bodies involved in FEI Events. National Federations are granted an exclusive license to use, modify, print and distribute as appropriate the documents referred to in this Article, which are FEI property, for the purpose of regulating horse sport within their national territory."* (Hervorhebung durch die Verfasserin).

begründet jedoch lediglich eine *satzungsmäßige Befolgungspflicht* der FN,[164] ohne dass die Satzung und/oder die Vereinsordnungen der FEI und damit auch die *EADCMRs* zum unmittelbaren Bestandteil des Regelwerks des nationalen Verbands werden. Ferner ist diese Pflicht allein auf die Ausrichtung internationaler Turniere beschränkt, die nach FEI-Standards abzuhalten sind. Demzufolge scheint die Einflussnahmemöglichkeit des internationalen Verbandes auf die Deutsche Reiterliche Vereinigung von lediglich geringem Ausmaß.

Mit der Reform der Equine Anti-Doping and Medication Controls Rules (EADCMRs), die seit dem 5. April 2010 als *Equine Anti-Doping and Controlled Medication Regulations (EADCM Regulations)* in Kraft sind, hat die FEI hinsichtlich der Dopingregelungen allerdings eine konkrete Anpassungspflicht eingeführt, die Nationalverbände wie die deutsche FN dazu verpflichtet, Teile der *EADCMRs* zu übernehmen und das nationale Anti-Doping-Regelwerk, die FN-Anti-Doping- und Medikamentenkontrollregeln (ADMRs), entsprechend anzupassen.[165] Sofern dies mit ihrem jeweils nationalstaatlichen Recht vereinbar ist. sind nunmehr sämtliche Mitgliedsnationen der FEI dazu verpflichtet, besondere Bestimmungen der EADCMRs – dies betrifft im Einzelnen Art. 2, 3, 4, 8.2 und Art. 10 EADCMRs – ohne wesentliche Abweichungen in ihre eigenen Anti-Doping Regelwerke zu inkorporieren.[166] Allerdings beschränkt sich diese Inkorporationspflicht nur auf die Disziplinen, die von der FEI als dem internationalen Weltverband des Pferdesports repräsentiert werden.[167]

bb. Die Bindung an den NADA-Code durch Trainingskontrollvereinbarung

Neben der satzungsrechtlichen Befolgungspflicht der FN, die grundsätzlich aus ihrer Mitgliedschaft in der FEI resultiert, ergibt sich auf nationaler Ebene eine weitere Verpflichtung, die Vorschriften des Welt Anti-Doping Programms in das eigene Regelwerk zu implementieren. Dies geschieht durch eine vertragliche Vereinbarung mit der NADA, die sich auf gleiche Weise auf internationaler Ebene zwischen der FEI und der WADA stattfindet. Als deutscher Spitzenverband des Reitsports gehört auch die FN zum Adressatenkreis des NADA-Codes. Dementsprechend schloss die FN mit der NADA eine Trainingskontrollvereinbarung ab, mit der sie grundsätzlich den NADA-Code als das maßgebliche Anti-Doping-Regelwerk des deutschen Sports anerkennt.

---

164 Zur satzungsmäßigen Befolgungspflicht ausführlicher *Vieweg*, Normsetzung und -anwendung, S. 68.

165 Vgl. Art. 13.1 *EADCMRs*.

166 Dies entspricht sinngemäß Art. 20.2.3 WADC. Vertiefend zum Wesen der verbandsrechtlichen Inkorporationspflicht *Steinbeck*, S. 155.

167 Art 13.1 *EADCMRs: „For FEI Disciplines only.....“.*

Im Hinblick auf den nationalen Dopingkampf im Pferdesport, der Dopingkontrollen in erster Linie – wenn nicht ausschließlich – bei den Pferden erforderlich macht, war der Begriff „Trainingskontrollvereinbarung" lange Zeit irreführend, da sich die Durchführung von Kontrollen nach den vereinheitlichten WADA- bzw. NADA-Standards bis zur Reform mit Wirkung zum 1. Januar 2010 nur auf die Reiter beschränkte. Dies ist auf den Umstand zurückzuführen, dass der NADA-Code eine dem Art. 16 WADC entsprechende Regelung bis zur Novelle 2009 nicht enthielt, mit der Folge, dass der deutsche Dachverband des Pferdesports nicht dazu verpflichtet war, ein an die Vorgaben von WADA und NADA angepasstes Anti-Doping Regelwerk für den deutschen Pferdesport zu schaffen.[168] Die bis dato in der Leistungs-Prüfungs-Ordnung (LPO) als Wettkampfordnung des deutschen Pferdesports verankerten allgemeinen Dopingbestimmungen wurden nicht von den Vorgaben des WADA- beziehungsweise NADA-Code beeinflusst und sahen die Durchführung von Trainingskontrollen bei Pferden ebenfalls nicht vor.

Mit Inkrafttreten des neuen NADA-Code 2009 sollte sich dies jedoch ändern. Losgelöst von der reformbedingten *verbandsnormativen* Anpassungspflicht, ist nunmehr auch die FN aufgrund vertraglicher Basis dazu verpflichtet, international beeinflusste Anti-Doping-Bestimmungen in ihre Sportordnung aufzunehmen, die im Wesentlichen den Standards des WADA-Codes beziehungsweise der *EADCMRs* entsprechen.

D. Zusammenfassung

Bestimmt vom Streben nach Selbstverwaltung wird der Sport überwiegend durch autonome, nicht staatliche Einrichtungen verwaltet. Der Erlass und die Durchführung von Anti-Doping-Vorschriften, die die sportethischen Werte des Sports tangieren, fällt daher zunächst in den Kompetenzbereich der Sportverbände, die als Subjekte des Privatrechts weltweit in einer hierarchisch-monopolistischen sowie pyramidialen Verbandsstruktur organisiert sind. Zur Wahrung der verfassungsrechtlich geschützten Vereins- und Regelungsautonomie der Sportverbände beschränken die staatsvertraglichen Übereinkommen, die in den vergangenen Jahrzehnten im Kampf gegen Doping zunächst auf europarechtlicher und später auch auf weltweiter Ebene abgeschlossen wurden (*Europäische Übereinkommen gegen Doping im Sport* und die *UNESCO-Konvention*) den Schwerpunkt staatli-

168 Auf Nachfrage der Verfasserin bei der NADA teilte diese mit, dass dieser Umstand auf einem schlichten Redaktionsversehen beruht. Zu den daraus resultierenden Konsequenzen und der Reformierung des deutschen Verbandsregelwerks siehe S. 126 ff.

cher Verantwortung auf den Bereich der Sportförderung bzw. der Aufklärung und Prävention.

Um die Einhaltung der privaten Dopingregeln und den dahinter stehenden sportethischen Grundsätzen des *Fair Play* und der *Chancengleichheit* zu gewährleisten, musste weltweit für ein weitgehend einheitliches und flächendekkendes Kontrollsystem gesorgt werden, das mögliche Verstöße gegen Anti-Doping-Bestimmungen aufdeckt und entsprechend sanktioniert. Durch die Einführung des WADA-Codes ist innerhalb der internationalen Sportrechtsbeziehungen eine verpflichtende Rechtsordnung der zur globalen Vereinheitlichung der Dopingbekämpfung und damit ein Konsens über die Anwendung eines weltweit geltenden Anti-Doping-Regelwerks geschaffen worden. Dem System standardisierter Dopingbekämpfung haben sich auch die Pferdesportverbände angeschlossen und sich mit der Unterzeichnung des WADA-Codes (FEI) und des NADA-Code (FN) vertraglich zu einer Einführung international einheitlicher Dopingbekämpfungsstandards verpflichtet. Nach Art. 23.2 WADC setzen die Unterzeichner die anwendbaren Vorschriften des Codes durch Strategien, Satzungen, Regeln oder Vorschriften innerhalb ihrer jeweiligen Zuständigkeitsbereiche um. Damit stellt Art. 23.2.1 WADC noch einmal klar, dass die Regeln des Code nicht unmittelbare Verbindlichkeit erlangen, sondern weitere Maßnahmen seitens der FEI innerhalb ihres Zuständigkeitsbereiches notwendig sind, so dass die internationalen Anti-Dopingstandards schließlich auch gegenüber der FN und letztlich gegenüber dem einzelnen Athleten einschließlich ihres Umfeldes Verbindlichkeit erlangen.

3. Kapitel: Bindungsmechanismen des Welt-Anti-Doping-Programms

Eine wesentliche Kernaufgabe des WADA-Codes ist die Einbindung sämtlicher *Athleten* in ein weltweit agierendes Dopingkontrollprogramm. Ausschließlich durch die Bindung des Sportlers an konkrete Dopingbestimmungen ist dieser zur Duldung von Dopingkontrollen bei sich oder bei dem von ihm in einer Leistungsprüfung vorgestellten Pferd verpflichtet und nur auf dieser Grundlage lassen sich im Falle eines Verstoßes gegen ein Dopingverbot Sanktionen verhängen. Dies gilt auch für involvierte Personen aus dem Athletenumfeld, die Dopingmaßnahmen unterstützen.[169]

Wie bereits erläutert, erlangt das internationale Anti-Doping-Regelwerk der WADA mit der Unterzeichnung des Abkommens jedoch nur Verbindlichkeit gegenüber denjenigen Anti-Doping-Organisationen, die sich mit ihrer Unterschrift dazu verpflichten, die Regeln des Codes innerhalb ihres eigenen Verantwortungsbereichs umzusetzen.[170] Als Unterzeichner des Codes ist damit lediglich die FEI als *International Federation* und oberstes Glied in der Verbandskette vertraglich zur Implementierung des WADA-Codes in die eigenen Regelwerke verpflichtet. Insofern stellt sich die Frage, wie sich die Bindung der den *International* und *National Federations* untergeordneten nationalen Sportverbände an den WADA-Code innerhalb der Verbandspyramide vollzieht, insbesondere, ob und inwieweit der Reiter einschließlich seines Umfeldes dem Regelwerken von FN und FEI sowie dem WADA- beziehungsweise NADA-Code unterworfen ist.

A. Bindung der Athleten

I. Athletenbegriff des WADA-Codes und der *EADCMRs*

Als *Athlet* qualifiziert der WADA-Code all jene Personen, die im Sinne der Dopingkontrolle auf internationaler Ebene (von den Internationalen Sportverbänden festgelegt) oder nationaler Ebene (von den *Nationalen Anti-Doping Organisationen* festgelegt) an organisierten Sportveranstaltungen partizipieren, sowie jene

169 Siehe dazu eingehend unten S. 73 ff.

170 So bereits oben S. 55ff.

Person, die auf einer niedrigeren Ebene an Sportveranstaltungen teilnehmen und von der *Nationalen Anti-Doping Organisation* als zu kontrollierender *Athlet* benannt werden.[171] Da hinsichtlich des Pferdes eine Zuordnung zu den Rechtspersönlichkeiten, die Träger von Rechten und Pflichten sein können, nicht stattfindet,[172] gilt es zunächst, den Reiter als *Athleten* und damit als hauptverantwortliche Person den Regeln des WADA- beziehungsweise NADA-Code respektive der Verbandsregelwerke zu unterwerfen. In der Vergangenheit hat der Versuch einer zivilrechtlichen Bindung der Sportler an Normen des übergeordneten Verbands und vor allem an die internationalen Anti-Doping-Bestimmungen allerdings vielfach praktische Probleme aufgeworfen.[173] Im Folgenden soll deshalb untersucht werden, welche Bindungsmechanismen den Anti-Doping- beziehungsweise Sportorganisationen des Pferdesports zur Verfügung stehen, um eine umfassende Bindung aller *Athleten* zu erreichen, die am organisierten Sportbetrieb teilnehmen und wie sich die Bindung der Reiter an Verbandsregeln respektive den dort zum Teil implementierten Vorgaben von WADA/NADA-Code im nationalen und internationalen Pferdesport konkret vollzieht.

II. Arten der Regelerstreckung

Da mit der Monopolstellung der internationalen Verbände das Ziel der Konformität der Regelwerke innerhalb der jeweiligen Sportart verbunden ist, setzt der WADA-Code hinsichtlich der weiteren Regelerstreckung zunächst auf die organisatorisch gewachsenen Verbandsstrukturen, in denen die Normsetzung unter der Prämisse des hierarchisch-monopolistischen Elements von oben nach unten erfolgt.[174] Dies gilt auch für die Anti-Doping-Bestimmungen, die als Sportregeln gegenüber sämtlichen Beteiligten gleichsam Wirkung entfalten müssen. In diesem Sinne schreibt Absatz vier der Einleitung zum WADA-Code vor, dass jede unterzeichnende Anti-Doping-Organisation durch die Aufstellung von Regeln und Verfahrensweisen dafür Sorge zu tragen hat, dass jeder *Teilnehmer* innerhalb ihres Zuständigkeitsbereichs und dem Zuständigkeitsbereich ihrer Mitgliedsorganisationen – im Pferdesport also die 133 nationalen Reiterlichen Ver-

---

171 Siehe hierzu die Definition in Anhang 1 – Begriffsbestimmungen des WADA-Codes, S. 88 f.

172 MüKo-BGB/*Holch*, § 90 a Rn. 2.

173 Zumindest im Bereich der Dopingbekämpfung können diese zum Teil als noch ungelöst bezeichnet werden. Vgl. hierzu die ausführliche Darstellung bei *Brinkmann*, S. 16 ff. und *Kotzenberg*, S. 32 ff.; insbesondere vor dem Hintergrund des neuen Anti-Doping Code 2009, der eine umfassendere Einbindung weiterer Beteiligter fordert, wird die Prämisse zivilrechtlicher Bindungsmechanismen besonders deutlich, siehe unten S. 73 ff.

174 Siehe hierzu bereits S. 37 ff.

einigungen der FEI – über die geltenden Anti-Doping-Bestimmungen informiert sind und darüber hinaus ihrer Bindung an diese Regeln zustimmen, ohne jedoch eine konkrete Art der Bindung vorzugeben. Vielmehr regelt der WADA-Code im Wege einer richtlinienartigen Zielvorgabe unter Benennung mehrerer Bindungsmöglichkeiten, welche Mittel zum Zwecke einer vollumfänglichen Regelunterwerfung der Sportler durch die Anti-Doping-Organisationen zu ergreifen sind und stellt dabei die Umsetzung letztlich in den Ermessens- und Kompetenzbereich eines jeden Unterzeichners.[175]

Der WADA-Code benennt insgesamt drei Bindungsmöglichkeiten: Dies sind 1. die Akkreditierung (*Lizenzlösung*), 2. die Teilnahme an einem Wettkampf (*Nennungslösung*) und 3. die Mitgliedschaft (*Satzungslösung*).[176]

1. Vertragliche Regelunterwerfung im deutschen Reitsport

Zur rechtsgeschäftlichen Bindung der Sportler an das nationale und/oder internationale Verbandsregelwerk stehen den Verbänden und Vereinen in der sportrechtlichen Praxis neben individuellen[177] – insbesondere schriftlichen – Vertragsabschlüssen zwischen dem Verband und dem einzelnen Sporttreibenden zwei aus rechtlicher Sicht grundsätzlich unbedenkliche Wege zur Verfügung. Hierbei handelt es sich zum einen um die sogenannte *Lizenzlösung* und zum anderen um die sogenannte *Nennungslösung*. Beide Modelle unterscheiden sich vor allem im Hinblick auf die Dauer der von den Verträgen ausgehenden Bindungswirkung.[178]

a. Lizenz (Lizenzlösung)

Eine Form rechtsgeschäftlicher Unterwerfung besteht darin, dass der Sportler auf Antrag bei dem für seine Sportart zuständigen Bundes- oder Landesfachverband eine generelle Start- oder Spielerlaubnis erwirbt, bei deren Erhalt er verspricht, im Verlauf seiner sportlichen Betätigung die von dem Verband für die Ausübung dieser Sportart aufgestellten Regeln zu beachten und sich im Falle von Regelverstößen dessen Sanktionen zu unterwerfen.[179]

---

175 *Kern*, S. 246 ff.

176 Siehe Einleitung WADA-Code 2009.

177 Ein Beispiel für eine Individualvereinbarung im Reitsport wäre allenfalls die Kadervereinbarung, die mit dem Sportler unter Berücksichtigung besonderer Auflagen abgeschlossen wird. Vgl. dazu die Fälle der Reiter *Beerbaum*, *Kutscher* und *Deußer*, in FN aktuell vom 22. September 2009, S. 2 ff.

178 *Adolphsen*, Internationale Dopingstrafen, S. 88.

179 *Fenn*, SpuRt 1997, S. 77, 78; *Eufe*, S. 19.

Das Zustandekommen einer solchen vertraglichen Unterwerfungsvereinbarung zwischen Athlet und Regel aufstellendem Verband richtet sich im deutschen Recht allein nach §§ 145 ff. BGB. Dies gilt unabhängig davon, welchen Rechtscharakter das Regelwerk hat (Satzung oder satzungsergänzende Nebenordnung). Die Unterwerfungsvereinbarung bedarf keiner bestimmten Form. Ferner spielt es für die Wirksamkeit des Vertragsschlusses auch keine Rolle, ob der Sportler vom Inhalt des Verbandsregelwerks Kenntnis hat. Ausreichend ist, dass dem Sportler die Kenntnisnahme durch den Verband auf zumutbare Weise ermöglicht wird.[180] Angesichts der zahlreichen aktiven Sportler, die in Deutschland am organisierten Sportbetrieb teilnehmen, verleihen die oben genannten Grundsätze der Unterwerfungsvereinbarung den Charakter eines „Massengeschäfts des täglichen Lebens".[181]

aa. Reiterausweis

Auch die Deutsche Reiterliche Vereinigung macht zur Regelunterwerfung der Pferdesportler vom Lizenzsystem Gebrauch. Hierzu stellt sie den Reitern[182] sogenannte *Jahresturnierlizenzen* in Form eines *Reiterausweises* aus, der für die gesamte Turniersaison (Kalenderjahr) gültig ist.[183] Der Besitz eines solchen Reiterausweises wird von der FN als Voraussetzung für die Teilnahme am organisierten Sportbetrieb in den gehobeneren Kategorien vorausgesetzt.[184] Der Antrag auf Erstausstellung einer FN-Jahresturnierlizenz enthält folgenden Passus:

> *„Ich erkläre, dass ich die Leistungs-Prüfungs-Ordnung (LPO) samt ihrer Rechtsordnung der Deutschen Reiterlichen Vereinigung e. V. (FN) in der zur Zeit. gültigen Fassung als verbindlich anerkenne und verpflichte mich stets – auch außerhalb von Turnieren – die anerkannten Ausbildungssätze, Richtlinien und Beschlüsse der FN zu befolgen, insbesondere mein Pferd nicht unreiterlich zu behandeln. Verstöße können den Entzug dieser Lizenz zur Folge haben (§ 20 LPO) oder können mit Ordnungsmaßnahmen (§§ 920 ff. LPO) geahndet werden."*

Mit der Unterzeichnung des Antragsformulars nimmt der jeweilige Reiter mit der Folge, dass das Regelwerk für ihn verbindlich wird, das Angebot der FN an. Wie bereits ausgeführt, ist eine entsprechende Gegenzeichnung der FN mangels

180 „Reiter-Urteil" des BGH, BGHZ 128, S. 93, 95, 104 = NJW 1995, 583, 585.

181 *Haas/Adolphsen,* NJW 1996, 2351 ff.

182 Mit diesem Begriff sind ebenfalls die Fahrer und Voltigierer gemeint.

183 Vgl. § 20 LPO.

184 Für die Turniersaison im Jahr 2007 stellte die FN ca. 82.000 Jahresturnierlizenzen für die in den schwereren Kategorien (A und B) startenden Reiter aus. Darüber hinaus gingen schätzungsweise 45.000 – 50.000 vorwiegend jugendliche Reiter in den Prüfungen der Kategorie C an den Start.

Schriftformerfordernis nicht erforderlich.[185] Dem Erfordernis der zumutbaren Kenntnisnahme trägt die FN dadurch Rechnung, dass jedem Reiter bei der erstmaligen Ausstellung des Reiterausweises eine Abschrift der LPO zugesandt wird.

Am Ende einer Turniersaison versendet die FN automatisch einen Antrag auf Wiederausstellung der Jahresturnierlizenz an alle bisherigen Inhaber eines Reiterausweises. Mit nunmehr erneuter ausdrücklicher Bezugnahme auf die LPO muss der Reiter in jährlichen Abständen unter erneuter Antragstellung versichern, die Regeln der LPO zu wahren.[186] Auf diese Weise erklären sich die Reiter in einer den speziellen Bedingungen des Sportbetriebs angepassten und einer Rahmenvereinbarung ähnlichen Form ausdrücklich damit einverstanden, dass ihre künftige reitsportliche Betätigung, hier insbesondere die Teilnahme an Turnieren, im Sinne der LPO stattfinden soll.

bb. Umfang der Unterwerfungsvereinbarung

Die oben genannte Klausel im Antrag auf Erteilung oder Verlängerung eines Reiterausweises bezieht sich nach ihrem Wortlaut nicht nur auf eine Unterwerfung während der Teilnahme an Turnieren, sondern auch auf die Phasen des Trainings. Ob eine derartige Ausweitung der Bindung aufgrund der Monopolstellung der FN zulässig ist, könnte fraglich sein. Im Fall der ehemaligen Sprinterin *Katrin Zimmermann* (geb. *Krabbe*)[187] stellte das Oberlandesgericht München in Übereinstimmung mit der höchstrichterlichen Rechtsprechung des Bundesgerichtshofs[188] jedoch fest, dass sich Unterwerfungsvereinbarungen in Form von Start- oder Athletenpässen als vertragliche Unterwerfung unter das Verbandsregelwerk grundsätzlich auch auf die Trainingsphasen erstrecken können. Mithilfe des Lizenzsystems – und darin besteht sein klarer Vorteil – können die *Athleten* (Reiter) folglich nicht nur während des Turniers, sondern auch für einen längeren Zeitraum, also auch während der Trainingsphasen, an das Verbandsre-

185 OLG München, Urt. v. 28.3.1996 – Az.: U (K) 3424/95 = NJWE-VHR 1996, 96, NJW 1996, 2382, ebenfalls abgedruckt in: *Haas/Haug/Reschke*, 13 24 20.

186 In den Jahren zuvor mussten die Reiter ohne ausdrückliche Bezugnahme auf die LPO, lediglich versichern, dass ihre in dem Erstantrag abgegebenen Erklärungen weiterhin Gültigkeit besitzen. Siehe „Reiter-Urteil“ des BGH, BGHZ 128, S. 93, 95, 104 = NJW 1995, 583, 585.

187 OLG München, Urt. v. 28.3.1996 – Az.: U (K) 3424/95 = NJWE-VHR 1996, 96; NJW 1996, 2382.

188 „Reiter-Urteil“ des BGH, BGHZ 128, S. 93 ff. = NJW 1995, 583 ff.

gelwerk gebunden werden. Welche Maßnahmen dies allerdings im Einzelnen umfasst, hatte die Rechtsprechung im konkreten Fall nicht zu klären.[189]

b. Meldung zum Turnier (Nennungslösung)

Eine andere zusätzliche gebräuchliche Form der Unterwerfung besteht darin, dass der Sportler seine Meldung zu einem konkreten Wettbewerb abgibt, der ausdrücklich nach der Wettkampf- und Disziplinarordnung des für die betreffende Sportart verantwortlich zeichnenden Verbandes ausgeschrieben ist. In diesem Fall erklärt der Sportler durch seine Meldung ausdrücklich oder auch *konkludent*, dass er die nach diesen Ordnungen für die Durchführung des betreffenden Wettbewerbs geltenden Regeln und die für den Fall ihrer Verletzung angedrohten Sanktionen des zuständigen Verbandes als auch für sich verbindlich anerkennt.[190]

Diese Form der Bindung ist vor allem dann bedeutsam, wenn die Sportler nicht durch Lizenz- oder Reiterausweis dem Regelwerk des Verbandes unterworfen sind. Der nicht vereinsangehörige Reiter ohne Reiterausweis schließt mit dem Veranstalter als Stellvertreter für die FEI oder der FN einen Vertrag über die Teilnahme am Turnier ab. Auf diese Weise werden auch die Dopingregelungen, sofern sie in der Wettkampfausschreibung selbst enthalten sind oder diese auf die Dopingbestimmungen verweist, nach allgemeinen Grundsätzen Vertragsbestandteil und somit bindend für die Reiter.[191]

Der große Nachteil dieser Form der vertraglichen Bindung an das Verbandsregelwerk liegt indessen in der zeitlich beschränkten Bindungsdauer.[192] Dopingkontrollen im Vorfeld von Turnieren, insbesondere Trainingskontrollen, werden durch diese Form der vertraglichen Bindung – auch bedingt durch die vielfach kurzen Meldepflichten oder *late entry*-Ausschreibungen[193] – in aller Regel nicht ermöglicht.[194]

c. Verhältnis der rechtsgeschäftlichen Unterwerfungen

Die aufgezeigten Wege rechtsgeschäftlicher Unterwerfung schließen sich gegenseitig nicht aus. Sie können vielmehr auch parallel beschritten werden. Beide Lö-

---

189 Zur Einführung und Ausgestaltung von Trainingskontrollen einschließlich der Verschärfung von Meldepflichten nach dem Vorbild des WADA-Codes siehe oben S. 136 ff.

190 „Reiter-Urteil" des BGH, BGHZ 128, S. 93, 95 = NJW 1995, 583, 585.

191 *Vieweg*, NJW 1991, 1511, 1516.

192 *Reimann*, S. 46; *Adolphsen*, Internationale Dopingstrafen, S. 89.

193 Anders als beim gängigen Nennverfahren, kann die Nennung zur Leistungsprüfung bei sogenannten *late entry*-Turnieren noch bis kurz vor Beginn dieser Prüfung erklärt werden.

194 *Brinkmann*, S. 26; *Reimann*, S. 46.

sungen decken sich weitgehend, aber eben nicht vollständig in ihren Rechtswirkungen.[195] Da nicht alle Teilnehmer des organisierten Reitsports über einen Reiterausweis verfügen, da dieser nur für die Teilnahme an gehobenen Leistungsklassen Voraussetzung ist, macht die FN, unabhängig von ihrem Lizenzsystem, ergänzend vom Nennungsverfahren Gebrauch. Auf diese Weise wird grundsätzlich eine umfassende Bindung der Reiter ermöglicht.

2. Die Ausgestaltung vertraglicher Bindung im internationalen Pferdesport

Ist der Sportler nicht Mitglied im sanktionierenden Sportverband, so wie dies im Reitsport der Fall ist, ist für die Bindung an die zum Teil weitreichenden Verbandsnormen ebenfalls eine rechtsgeschäftlichen Grundlage erforderlich.[196] Nur wenn sich der Betroffene wirksam durch Vertrag in Form einer sogenannten Unterwerfungserklärung dem Verbandsregelwerk unterworfen hat, ist auch nach Maßgabe des Schweizer Rechts außerhalb mitgliedschaftlicher Beziehungen eine Legitimationsgrundlage für Sanktionen des Verbandes vorhanden. [197]

Für die Teilnahme an internationalen Turnieren müssen Reiter und Pferde über ein besonderes Formular durch die FN in eine Datenbank der FEI aufgenommen werden. Diese Registrierung innerhalb der FEI-Datenbank muss jährlich erneuert werden. Hierzu haben die betreffenden Reiter, die auf internationalen Turnieren starten wollen, bei der FN für sich und ihr/e Pferd/e einen Antrag zu stellen. Anders als der Antrag auf die Erstausstellung des nationalen Reiterausweises enthält der Antrag zur Registrierung bei der FEI keinen Hinweis auf die Regelunterwerfung unter das internationale Reglement der FEI. Ein solcher Hinweis befindet sich lediglich im Regelwerk der LPO, auf das im Antrag auf Ausstellung des Ausweises verwiesen wird. Allerdings werden die internationalen Turniere ausdrücklich unter dem Hinweis auf die Geltung der FEI-Regeln einschließlich der *EADCMRs* ausgeschrieben, sodass hier vorwiegend die allgemein anerkannte Nennungslösung zur Geltung kommt und die geforderte Legitimationsgrundlage existiert.

3. Bindung durch Mitgliedschaft (Satzungslösung)

Neben der vertraglichen Bindung sieht der WADA-Code auch die Satzungslösung vor, die auf dem Mitgliedschaftsverhältnis des Sportlers basiert. Die Sat-

---

195 *Fenn*, SpuRt 1997, 77, 80.

196 So *Kummer*, S. 62.

197 Streitig ist, ob diese ausdrücklich zu erfolgen hat, oder Konkludenz im Einzelfall genügt. Eine Ausdrücklichkeit fordern z.B. *Heini/Scherrer*, Baseler Kommentar – ZGB, Art. 70, Rn. 19.

zung eines Verbandes oder Vereins bindet seine Mitglieder und hat zur Folge, dass diese die Verbandsbestimmungen beachten müssen und der Verbandsgewalt unterworfen sind.[198] Dazu müsste der Sportler entweder Mitglied im nationalen oder internationalen Dachverband oder aber der Einsatz von *dynamischen Satzungsklauseln* zulässig sein, die die von den Spitzenverbänden erlassenen Vorschriften über die in der Verbandspyramide jeweils nachgeordneten Ebenen bis hinab zu den Vereinen, in denen der Sportler Mitglied ist, verbindlich erklären.

a. Möglichkeit einer unmittelbaren Verbandsmitgliedschaft des Reiters

Wenngleich eine Einzelmitgliedschaft des Reiters im nationalen Dachverband oder gar im internationalen Spitzenverband aus rechtlicher Sicht grundsätzlich möglich ist, lassen die Satzungen der meisten Spitzenfachverbände – so auch die der FN und der FEI – eine Mitgliedschaft natürlicher Personen nicht zu.[199] Ob nach dem Beispiel des Bundes Deutscher Radfahrer (BDR) und der Deutschen Triathlon Union (DTU), die eine Einzelmitgliedschaft von Sportlern im nationalen oder internationalen Dachverband vorsehen, auch im Reitsport praktikabel wäre, erscheint fraglich.[200]

Weniger von rechtlicher als vielmehr von enormer praktischer Bedeutung sind die Konsequenzen der Bindung der Pferdesportler an die Anti-Dopingbestimmungen des WADA/NADA-Codes respektive der *EADCMRs*/ADMR durch Begründung einer Vollmitgliedschaft eines jeden Reiters in der FN oder der FEI. Durch die unmittelbare Mitgliedschaft beispielsweise aller im Pferdesport aktiven Personen in Deutschland, die Zahl bewegt sich aktuell bei etwa 750.000, würde die Mitgliederzahl der FN sprunghaft steigen. Dies würde zunächst die Beschlussfassung in den Führungsgremien und die Durchführung von Mitgliederversammlungen stark beeinträchtigen, auf denen auch regelmäßig über die Aktualisierung der Verbandssatzung abgestimmt wird. Die Folge wäre der Verlust von Flexibilität innerhalb des Verbands, die jedoch aufgrund der sich stetig ändernden Bedingungen im Sport – besonders im Hinblick auf die Anti-Doping-Liste – unerlässlich ist. Zudem ist zu erheblichen Entscheidungen eines Verbands oder möglichen Satzungsänderungen grundsätzlich die Mitgliederversammlung einzuberufen. Allein das Abhalten einer solchen Versammlung würde einen Verband wie die FN vor einen enormen Personal- und Verwaltungsaufwand stellen. Ob dies den Interessen der Reiter entspricht, erscheint genauso

---

198 Palandt/*Ellenberger*, BGB, § 25 Rn. 3.

199 Eine Ausnahme ist die persönliche Mitgliedschaft in der Deutschen Reiterlichen Vereinigung, die jedoch keine Verbandsmitgliedschaft im eigentliche Sinne darstellt, siehe dazu die Homepage der FN: http://www.pferd-aktuell.de/PM/-.4702/PM.htm (Abruf 08.02.10).

200 *Haug*, S. 84; *Hohl*, S, 64; *Bergemann*, S. 23; *Vieweg*, NJW 1991, 1511, 1514.

fraglich wie die Tatsache, dass für den Sportler zumeist nur ein kleiner Teil der Satzungsregelungen von Bedeutung ist und eine Bindung an den gesamten Normenkatalog aus diesem Grund unzweckmäßig erscheint.

b. Vereinsmitgliedschaft des Reiters im örtlichen Reitverein

Um die Sportler dauerhaft an die Regelwerke des nationalen beziehungsweise internationalen Sportfachverbands zu binden, wurde in der sportrechtlichen Literatur vielfach die Verwendung *satzungsmäßiger Verweisungsketten* diskutiert.[201]

Mit Hilfe dynamischer Satzungsklauseln können die Dopingregeln der FEI – eine Beschränkung auf die Geltung der *Equine Prohobited List* wäre denkbar – automatisch in ihrer jeweils gültigen Fassung für diejenigen nationalen Dachverbände/Vereine gelten, sofern diese eine dynamische Verweisungsnorm in ihre Satzung aufgenommen haben.[202] Vereinsangehörige Reiter wären aufgrund ihrer Vereinsmitgliedschaft damit nicht nur an die von dem Verein ursprünglich im Wege der Vereinsautonomie selbst gesetzten Regeln, sondern unmittelbar auch an die in die Verbandsregeln des internationalen Verbandes (so z.B. auch die Anti-Doping-Bestimmungen – *EADCMRs*) gebunden.[203]

Gegen die Zulässigkeit der dynamischen Verweisungstechnik wurden jedoch vielfach rechtliche Bedenken geäußert.[204] Mit dem Verweis auf formell- und materiell-rechtliche Zulässigkeitsbedenken nimmt allen voran die Rechtsprechung in Deutschland eine ablehnende Haltung gegenüber dynamischen Satzungsklauseln in Verbandsregelwerken ein.[205]

In formeller Hinsicht führen die Vertreter der h. M. im Wesentlichen an, dass Satzungsänderungen nach § 33 BGB durch die Mitgliederversammlung beschlossen werden und zu ihrer Wirksamkeit gemäß der Vorschrift des § 71 Abs. 1 S. 1 BGB in das Vereinsregister eingetragen werden müssen. Bei der Verwendung dynamischer Satzungsklauseln werde eine mögliche Änderung der Satzung jedoch nicht im Vereinsregister eingetragen, sodass ein Verstoß gegen § 71 Abs. 1 S. 1 BGB gegeben ist. Zudem verlange das Gesetz die Vorlage des

---

201 *Grunewald*, ZHR 152, 242, 248; *Reuter*, ZHR 148, 523, 529; *Lukes*, NJW 1972, 121, 128.; *Adolphsen*, Internationale Dopingstrafen, S. 76 ff.; *Reimann*, S. 105 ff.; *Kotzenberg*, S. 41 ff.

202 Vgl. hierzu ausführlich *Adolphsen*, Internationale Dopingstrafen, S. 72; *Summerer*, PHB Sportrecht, S. 169 Rn. 153.

203 BGH NJW 1995, 583, 585; OLG Frankfurt SpuRt 1994, 87, 88; *Kotzenberg*, S. 37; *Lindemann*, SpuRt 1994, 17, 20; *Hohl*, S. 70.

204 Palandt/*Ellenberger*, BGB, § 25 Rn 2; MüKo-BGB/*Reuter*, Vor § 21 Rn. 125, *Petri*, SpuRt 2003, 183 ff.; *Prokop*, Dopingverbote, S. 225 f.; *Fenn*, SpuRt 1997, 77, 78; *Heermann*, NZG 1999, 325, 326.

205 Zu diesem Schluss kommt insbesondere der BGH in NJW 95, 583 sowie bereits zuvor BGH NJW-RR, 1989, 376. So schließlich auch OLG Hamm NJW-RR 1998 183, 184.

satzungsändernden Beschlusses der Mitgliederversammlung beim Registergericht. Da ein solcher Beschluss bei der dynamischen Verweisungstechnik jedoch nicht ergehe, sei ebenfalls ein Verstoß gegen § 71 Abs. 1 S. 3 BGB begründet.

Materielle Zulässigkeitsbedenken werden in erster Linie hinsichtlich eines Verstoßes gegen die Vereinsautonomie oder gegen hieraus erwachsende Garantien geäußert. So werde durch dynamische Verweisungen in Vereins- und Verbandssatzungen beispielsweise das Recht zur Satzungsänderung von der Mitgliederversammlung des verweisenden Vereins in vollem Umfang auf einen vereinsfremden Dritten (beispielsweise dem internationalen Verband) übertragen, sodass dadurch ein Verstoß gegen die Satzungshoheit des verweisenden Vereins vorliege.[206] Dies begründe eine mit der Privatautonomie nicht zu vereinbarende Regelungsmacht zu Lasten Dritter, also der dem verweisenden Verein/Verband angehörenden Mitglieder.[207] Zudem erfasse die Vereinsautonomie neben der Freiheit zur gemeinschaftlichen Entscheidung über den Vereinszweck, den Vereinsnamen, die Vereinsorganisation und die Entwicklung eigener sportethischer Vorstellungen auch die Freiheit, die selbst gestellten Aufgaben in eigener Kompetenz zu erfüllen.[208] Diese Kompetenz sei durch die Aufnahme dynamischer Verweisungen in unzulässiger Weise eingeschränkt.[209]

Obwohl gute Gründe dafür sprechen, dass dynamische Verweisungen im Bereich sportrechtlicher Dopingregeln weder gegen die materielle Vereinsautonomie noch gegen die formellen Vorschriften des BGB verstoßen,[210] da durch die Begrenzung des Dritteinflusses auf einen eindeutig bestimmten Sachbereich – die Dopingregeln und die Liste verbotener Substanzen des internationalen Verbandes – verhindert wird, dass der verweisende Verein zur bloßen Verwaltungsstelle des Dachverbandes wird sowie aufgrund der Tatsache, dass die von § 71 Abs. 1 S. 1 BGB geforderte Publizität in der heutigen Vereins- und Ver-

---

206 Die Rechtsprechung geht davon aus, dass die Grenze der zulässigen Einschränkung der Vereinsautonomie dort erreicht ist, wo die Selbstentscheidung und Selbstverwaltung des Vereins nicht nur in bestimmter Hinsicht, sondern in weitem Umfang ausgeschlossen werden, sodass der Verein nicht mehr vornehmlich von dem Willen seiner Mitglieder getragen wird, sondern zur bloßen Verwaltungsstelle eines anderen wird, siehe hierzu BVerfG, NJW 1991, 2623, 2626.

207 MüKo-BGB/*Reuter*, Vor § 21 Rn. 125.

208 Vgl. hierzu zusammenfassend BverfGE 80, 244, 252, *Schmidt-Bleibtreu*, GG, Art. 9 Rn. 5; *Brinkmann*, S. 24 f.

209 BGH NJW 1995, 583; OLG Hamm NJW-RR 1998, 184; *Prokop*, Dopingverbote, S. 225, 226; dagegen zur Zulässigkeit tendierend: *Reimann*, S. 104; *Schmidt*, Gesellschaftsrecht, § 5 I 3; ähnlich auch *Vieweg*, Normsetzung und -anwendung, S. 347, der eine dynamische Verweisung für zulässig erachtet, wenn die Vereinssatzung, die diese Verweisung beinhaltet, einer gerichtlichen Inhaltskontrolle nach § 242 BGB standhält.

210 Schon immer kritisch gegen die h. M: *Adolphsen*, Internationale Dopingstrafen, S. 76 ff.; so auch *Reimann*, S. 105 ff. und neuerdings *Kotzenberg*, S. 41 ff.

bandspraxis keine nennenswerte Funktion mehr hat[211] und die §§ 33, § 71 Abs. 1 S. 3 BGB aufgrund des offenen Wortlauts von § 40 BGB (Nachgiebige Vorschriften) vollständig abdingbar sind,[212] wird der Weg des dynamischen Verweises in der Praxis kaum beschritten. Zum einen ist dies freilich auf die ablehnende Haltung seitens des BGH zurückzuführen. Zum anderen kann sich die Überwachung von Satzungsketten, die von den internationalen Verbänden bis zur Ebene des Sportlers geschlossen sein müssen – als Nachteil tatsächlicher Art – außerordentlich aufwendig gestalten.[213] Derweil bleibt es auch im Bereich der Dopingregeln bei der Bindung der Reiter aus einer Kombination von Lizenz- und Nennungslösung.

B. Ausweitung der Bindung auf das Athletenumfeld

Nicht nur der das Pferd dopende Reiter, sondern auch derjenige, der – gleichgültig, ob zur Leistungssteigerung oder Wiederherstellung der körperlichen Integrität – einem Pferd Dopingmittel verabreicht oder einen anderen zum Einsatz von Dopingmitteln im Pferdesport veranlasst, verstößt gegen das *Fair Play*-Prinzip des Sports. Auf die Erkenntnis, dass Doping nur dann erfolgreich bekämpft werden kann, wenn möglichst viele Beteiligte und potenziell Verantwortliche an die geltenden Anti-Doping-Bestimmungen gebunden werden, stützen sich die Novellen des WADA-Codes 2009 und der *EADCMRs*/ADMR 2010, die jeweils vorsehen das Athletenumfeld stärker mit einzubeziehen.[214] Neben dem Sportler soll künftig auch sein personelles Umfeld in die Verantwortung genommen und den verschärften Pflichten, Kontrollen und Sanktionen des Code beziehungsweise der Verbandsregelwerke unterworfen werden. Besonders im Pferdesport kommt mit Rücksicht auf den Tierschutzgedanken einer Regelerstreckung auf verantwortlich handelnde Dritte eine herausragende Bedeutung zu, da das Pferd der Leistungsmanipulation (auch durch Dritte) hilflos ausgeliefert ist.

---

211 *Heß*, Rechtsfragen des Sports, S. 1, 18, (Fn. 95); *Adolphsen*, Internationale Dopingstrafen, S. 85.

212 *Steinbeck*, S. 173; dem folgend *Reimann*, S. 112. Zur Diskussion um die formellen Zulässigkeitsbedenken siehe die ausführliche Argumentation von *Kotzenberg*, S. 55 f .Im Ergebnis ebenfalls gegen formelle Zulässigkeitsbedenken *Grunewald*, ZHR 152, 242, 248; *Reuter*, ZHR 148, 523, 529; *Lukes*, NJW 1972, 121, 128.

213 *Reimann*, S. 87; *Fenn*, SpuRt, 1997, 77, 78; *Lindemann*, SpuRt 1994, 17, 18; *Adolphsen*, Internationale Dopingstrafen, S. 86, *Summerer*, PHB Sportrecht, S. 170 Rn. 157.

214 Siehe Präambel des WADA-Codes 2009, S. 8, Einleitung, S. 10, Art. 2.6.2 WADC, Art 10.3.2 WADC, Kommentar zu Art. 10.10.2, Art. 20.3.3 WADC, Art. 20.3.5 WADC, Art. 20.3.9 WADC, Art. 20.4.5 WADC, Art. 20.4.6 sowie Art. 20.4.8 WADC, Art. 20.6.4 WADC, Art. 21.1 WADC, Kommentar zu Art. 23.3 WADC.

Dass Doping auch im Pferdesport durch die Unterstützung des Athletenumfeldes erfolgt, verdeutlichen im Besonderen die bisher spektakulärsten Dopingfälle der Springreiter Ludger Beerbaum (2004) und Marco Kutscher (2008) sowie der Fall der Dressurreiterin Isabell Werth (2009), in denen Dritte als vermeintlich eigenverantwortlich handelnde Personen involviert waren.

Zunächst wurde die verbotene Medikation an Beerbaums Pferd „Goldfever" während der Olympischen Spiele 2004, die schließlich zur Aberkennung des Mannschafts-Olympiagolds führte, von Beerbaum's Pferdepflegerin aufgetragen, die eigens für die Spitzenpferde Beerbaums während des Turniers zuständig ist. Dieselbe Pferdepflegerin setzte vier Jahre später Marco Kutscher's Pferd „Cornet Obolensky" die Spritze mit dem Lactanase-Extrakt, die schließlich zum Zusammenbruch des Pferdes und zum Ausschluss Kutschers führte.[215] Aus tierschutzrechtlicher und berufsethischer Sicht besonders verwerflich ist die Beteiligung eines in der „Dopingszene" bekannten Tierarztes im Dopingfall der Dressurreitern Werth, der als Gast in vielen Spitzenställen in der Dopingszene bekannt ist und mit weiteren Dopingfällen (Ulla Salzgeber und Toni Hassmann) als behandelnder Tierarzt in Verbindung gebracht werden konnte.[216]

Sollen Anti-Dopingvorschriften nach dem Willen der Anti-Doping Organisationen künftig auch für das Athletenumfeld verbindlich sein, muss ein Weg gefunden werden, mittels dessen die private Verbandsgewalt auch gegenüber Dritten Geltung beanspruchen kann.[217] Dies bedeutet in erster Linie sich mit der Erstreckung der Verbandsgewalt zu beschäftigen, die für die Dopingbekämpfung innerhalb ihres Kompetenzbereiches zuständig sind. In diesem Sinne gilt es zu klären, ob die Erstreckung der Verbandsgewalt auf Dritte, die nicht aktiv am Sportgeschehen teilnehmen, zulässig ist und wie sie gegebenenfalls rechtlich und tatsächlich ausgestaltet werden kann. Dabei wird sich die folgende Prüfung vorwiegend auf die Unterwerfung unter die Verbandsregeln der Reiterlichen Vereinigung in Deutschland beziehen, deren Regelwerk im Rahmen internationaler Turniere auch auf die Geltung des FEI-Reglements verweist.[218]

---

215 Siehe St. Georg 09/2009, S. 26.

216 Zum Fall Hassmann siehe Urteil des FEI-Tribunals vom 27.09.2008, abrufbar unter: http://fei.wearevi.com/sites/default/files/02%20CLASSIC%20H%20Tribunal%20Decision%20 28.09.07.pdf (Abruf am 07.08.2010), sowie zum Fall Werth Urteil des FEI-Tribunals vom 02.09.2009, abrufbar unter: http://fei.wearevi.com/sites/default/files/18%20-%20WHISPER %20156%20-%20Final%20Tribunal%20Decision%20dated%202%20September%202009.pdf (Abruf am 07.08.2010) sowie „Ikone in Not", St. Georg 08/2009, S. 25.

217 *Janßen*, S. 47.

218 Zur Vereinbarkeit der Doppelregelung in der LPO mit höherrangigem Recht siehe unten S. 202 ff.

I. Definition des Athletenumfeldes im nationalen und internationalen Anti-Doping-Regelwerk der Pferdesportverbände

Entsprechend den für die FEI verbindlichen Vorgaben des WADA-Codes, sehen die *EADCMRs* vor, dass jede *Person Responsible*[219] den *EADCM Rules* kraft ihrer Annahme der Mitgliedschaft, ihrer Akkreditierung oder ihrer Beteiligung in der FEI oder den NFs sowie aufgrund ihrer Teilnahme an sportlichen Wettkampfveranstaltungen unterworfen sein soll. Hinsichtlich der Bestimmung der *Person Responsible* unterscheiden die *EADCMRs* zwischen Kontrollmaßnahmen, die innerhalb und außerhalb von Wettkampfveranstaltungen stattfinden.

Sofern es sich um die Durchführung einer Wettkampfkontrolle handelt, verweist die Definition zur Konkretisierung des unbestimmten Rechtsbegriffs der *Person Responsible* auf die *General Regulations* in ihrer jeweils gültigen Fassung.[220] Dort normiert Art. 118 Abs. 3 GRs, dass derjenige Reiter, der das Pferd in einer Pferdeleistungsprüfung vorstellt, als *verantwortliche Person* anzusehen ist. Des Weiteren können nach dem Verständnis dieser Norm auch der Eigentümer und weitere Hilfspersonen einschließlich – jedoch nicht beschränkt auf – Pfleger und Tierärzte zusätzlich als *Verantwortliche* herangezogen werden, sofern sie während der Turnierveranstaltung anwesend sind oder im Vorfeld relevante Entscheidungsgewalt über das Pferd besaßen.[221] Handelt es sich dagegen nicht um eine Wettkampfkontrolle, soll der Pferdebesitzer als Hauptverantwortlicher herangezogen werden können.[222] Eine dem internationalen Regelwerk vergleichbare Regelung ist auch im Anti-Doping Code der FN sowie in der LPO zu finden, die hinsichtlich der Begriffsbestimmung bislang jedoch nicht zwischen der Art der vorzunehmenden Kontrolle unterscheiden. Im Zusammenhang mit der Verwendung verbotener Substanzen während einer Pferdeleistungsschau beziehen auch Art. 2.1.1 ADMR und § 920 Abs. 1 und Abs. 2 LPO Teilnehmer, Besitzer und Pfleger in den Kreis der möglichen Verantwortlichen mit ein.[223]

---

219 Art. 2 *EADCMRs* a. F. sprach von „*Paticipant*".

220 Vgl. Appendix I *EADCMRs – Definitions*, S. 34.

221 Ob die vorhandenen Regeln vor dem Hintergrund des neuen WADA-Code (2009), der eine stärkere Einbindung der Beteiligten fordert, eine ausreichende Bindung gewährleisten, wird im Folgenden zu prüfen sein, siehe S. 80 ff., S. 86 ff.

222 Vgl. Appendix I *EADCMRs – Definitions*, S. 34.

223 Art. 2.1.1 ADMR: „Es ist die persönliche Pflicht eines jeden Verantwortlichen (Reiter, Fahrer, Longenführer, Besitzer oder Eigentümer), dafür Sorge zu tragen, dass keine verbotenen Substanzen in den Organismus seines Pferdes gelangen."

II. Beziehung des zu untersuchenden Athletenumfeldes zu Vereinen und Verbänden – Abgrenzung vom Außenstehenden zum mittelbaren Mitglied

Wie der Reiter, für den die Mitgliedschaft zur Teilnahme am organisierten Turniersport obligatorisch ist, können auch Trainer, Besitzer, Pfleger und/oder der behandelnde Tierarzt Mitglied in einem Reitverein sein. Durch ihre Mitgliedschaft sind sie – wie der Reiter, den sie betreuen – auf gewisse Weise in den Verbandskomplex eingebunden. Ihre *mitgliedschaftsähnliche* Rechtsstellung gegenüber der FN (und den Landeskommissionen) entspricht damit der des obligatorisch vereinsgebundenen Reiters. Der vereinsrechtlichen Literatur zufolge kann also auch der vereinsgebundene Athletenbetreuer gegenüber dem Dachverband als sogenanntes *mittelbares Mitglied* bezeichnet werden, obwohl gerade keine Form der Mitgliedschaft besteht.[224]

Es kann aber auch vorkommen, dass Athletenbetreuer völlig außerhalb der Verbandsstruktur stehen und damit nicht nur rein sprachlich, sondern auch rechtlich als *Außenstehende* zu betrachten sind.

Aber wie kann nun ein Pferdesportverband eine Person seinem Regelwerk unterwerfen, die weder über einen Reiterausweis verfügt noch aktiv an einem Turnier teilnimmt und unter Umständen auch nicht Mitglied eines Reitvereins ist? Für diese Fragestellung gilt es im folgenden Abschnitt eine Antwort zu finden. Diesbezüglich kommt der Einbindung der Tierärzte jedoch nicht nur aus berufsständischen und ethischen Gründen eine Sonderrolle zu. Deswegen wird die mögliche Regelunterwerfung von Tierärzten in einem gesonderten Abschnitt (C.) untersucht.

III. Möglichkeiten rechtlicher und tatsächlicher Regelerstreckung auf Besitzer, Trainer und Pferdepfleger

In Fällen, in denen eine persönliche, mündliche oder schriftliche Unterwerfungserklärung von einer Person aus dem Athletenumfeld – etwa in Form einer Antragstellung – nicht abgegeben wird und weder zum Dachverband noch zu einem Reitverein ein mitgliedschaftliches Verhältnis besteht, lässt sich die Bindung – vergleichbar mit der Situation eines nicht vereinsgebundenen Sportlers – allein mit Mitteln der allgemeinen Rechtsgeschäftslehre begründen.[225] Das Zustandekommen der vertraglichen Unterwerfungsvereinbarung zwischen beteiligtem

224 *Mogk*, S. 166; *Edenfeld*, S. 48.

225 *Bergermann*, S. 38 ff.

Dritten und Regeln aufstellendem Verband richtet sich somit ebenfalls nach den für das Zustandekommen von Verträgen maßgeblichen allgemeinen Vorschriften der §§ 145 ff. BGB. Eine bestimmte Form für derartige Unterwerfungserklärungen ist, vorbehaltlich strengerer Erfordernisse der aufgestellten Verbandsstatuten, nicht einzuhalten.

In diesem Sinne versucht auch die FN das Athletenumfeld im Wege der Wirkungserstreckung ihrer Sportordnung zu unterwerfen. Bisher befand sich auf dem Nennungsscheck (Kategorie A und B) sowie dem Nennungsformular (Kategorie C), die zur Meldung eines Turniers ausgefüllt und dem Veranstalter zugesandt werden müssen, folgender Passus:

> *„Mit der Abgabe der Nennung werden zugleich für alle an der Turnierteilnahme der Pferde beteiligten Personen (z. B. Besitzer, Ausbilder, Reiter, Fahrer, Longenführer, Voltigierer, Pfleger)*[226] *die LPO (Deutschland)/die TO (Luxemburg), die Ausschreibung sowie die für diese Veranstaltung gültigen Allgemeinen und Besonderen Bestimmungen als verbindlich anerkannt.“*

Wie sich die Bindung dieser Personen aber nun rechtlich und tatsächlich vollziehen soll, ist der (vermeintlichen) Unterwerfungserklärung nicht zu entnehmen und demnach klärungsbedürftig.

1. Regelerstreckung im Wege der Stellvertretung

Zunächst gibt nur der Reiter eine persönliche Erklärung in Form des Nennungsschecks ab. Eine Bindung durch Regelunterwerfung für das Athletenumfeld des Pferdes sowie des Reiters kommt damit allenfalls in Form eines Stellvertretergeschäfts in Betracht. Im Wege der Stellvertretung würde jeder Reiter, der an einem Turnier teilnehmen möchte, mit der Unterzeichnung und Einreichung des Nennungsschecks beim Veranstalter, der als Empfangsbote der FN fungiert, stellvertretend für das Betreuerumfeld des Pferdes eine Unterwerfungserklärung abgeben und diese Personen damit (stellvertretend) an das Regelwerk binden.

Bei der Stellvertretung handelt es sich, im Unterschied zu anderen Fällen der Zurechnung von Drittverhalten, um rechtsgeschäftliches Handeln in fremdem Namen.[227] Sie erfordert die Abgabe oder den Empfang einer Willenserklärung im Namen des Vertretenen. Durch das Handeln im Namen des Vertretenen legt der Vertreter das Vertretungsverhältnis offen und macht deutlich, dass die Rechtsfolgen der von ihm abgegebenen Erklärung (auch) einen anderen treffen sollen (sogenanntes *Offenkundigkeitsprinzip*).[228] Dass die Person des Vertretenen zum

226 Hervorhebung durch die Verfasserin.

227 *Jauernig*, BGB, § 164 Rn. 1.

228 MüKo-BGB/*Schramm*, § 164 Rn. 14.

Zeitpunkt der Vornahme des Vertretergeschäfts dem Erklärungsempfänger unbekannt ist, steht einer wirksamen Stellvertretung nicht entgegen. Mit der Rechtsfigur des *offenen Geschäfts für den, den es angeht,* schadet die Unbestimmtheit der Person, die vertreten werden soll, dem Geschäftsabschluss nicht.[229] Vielmehr kann sich der Vertreter vorbehalten, die Person des Vertretenen noch nachträglich zu bestimmen. Das Offenkundigkeitsprinzip ist insoweit gewahrt, auch wenn offen bleibt, in wessen Namen der Vertreter handelt.[230] Damit ist die Rechtsfigur des *offenen Geschäfts für den, den es angeht,* im Nennungsverfahren des organisierten Turniersports von erheblicher Bedeutung. Außerdem muss der Vertreter mit Vertretungsmacht handeln.[231]

Im Fall der Regelerstreckung auf das Athletenumfeld kommt die (gewillkürte) Stellvertretung durch die Erteilung einer Vollmacht des Vertretenen, also des jeweiligen Trainers, Pflegers, Tierarztes oder Pferdebesitzers, im Sinne des § 167 Abs. 1 BGB in Betracht. Als einseitiges Rechtsgeschäft bedarf die Vollmacht jedoch einer ausdrücklichen oder zumindest konkludenten Willenserklärung seitens des Vollmachtgebers (Trainer, Pfleger, Pferdebesitzer).[232] Das bedeutet, dass die betreffende Begleitperson zum Zeitpunkt der Nennung dem Reiter ausdrücklich oder zumindest konkludent ihre Vollmacht dafür erteilt haben muss, sich stellvertretend nicht nur den Regeln der LPO/ADMR, sondern auch der Verbandsgewalt der FN unterwerfen zu lassen.

aa. Regelerstreckungsvertrag mit dem Pferdeeigentümer

Hinsichtlich des Pferdeeigentümers sind gleich zwei mögliche Wege zur wirksamen Regelerstreckung denkbar.

Die erste Alternative ist der Abschluss eines eigenen Regelerstreckungsvertrages mit der FN. Zu Beginn einer jeden Turniersaison werden den Pferdeeigentümern die für die Nennung erforderlichen Nennungsschecks – auf denen sich auch der jeweilige Name des Eigentümers befindet – per Post zugesandt oder er kann die Fortschreibung des Pferdes via Internetregistrierung in elektronischer Form bei der FN beantragen.[233] Auf diese Weise erhält der Eigentümer die Gelegenheit, die Unterwerfungserklärung auf dem Formular oder der Internetseite der FN zur Kenntnis zu nehmen. Meldet er das Pferd selbst zu einem Turnier an, kommt gemäß §§ 145 ff. BGB durch Angebot und Annahme ein Regelanerkennungsvertrag mit der FN zustande (Nennungslösung).

229 *Larenz/Wolf,* S. 878, § 46 Rn. 79 f.
230 Staudinger/*Schilken*, BGB (2004), § 164 Rn. 1.
231 Palandt/*Ellenberger*, BGB, § 164 Rn. 13 f.
232 MüKo-BGB/*Schramm*, § 167 Rn. 4.
233 Siehe http://www.fn-neon.de (Abruf 08.02.10).

Der Pferdeeigentümer kann sich aber auch dafür entscheiden, die Nennungsschecks zu Beginn der Saison dem Reiter seines Pferdes zu übergeben oder ihm die Zugangsdaten für das eigens für Nennungen errichtete Internetportal der FN zu übermitteln, so dass dieser selbst – auch ohne vorherige Absprache mit dem Eigentümer – die sportlichen Einsätze des Pferdes bestimmen kann.

Ein ähnliches Bild ergibt sich bei Berufsreitern und Profis im nationalen und internationalen Spitzensport. Hier werden den meisten Reitern die Spitzenpferde – entweder im Wege des Sponsorings oder eines Mäzenatentums – zur Verfügung gestellt.

In der Übergabe der Nennungsschecks beziehungsweise der Weitergabe der Zugangsdaten ist dann die Vollmacht des Reiters im Sinne des § 167 Abs. 1 BGB zu sehen, die ihn dazu legitimiert, den Eigentümer, so wie auf dem (Online-)Formular aufgeführt, dem Regelwerk der LPO/ADMR zu unterwerfen.

bb. Bevollmächtigung durch Trainer oder Pfleger

Hinsichtlich der übrigen Personen im Athletenumfeld lässt sich eine wirksame Stellvertretung im Wege der rechtsgeschäftlichen Vollmachtserteilung jedoch nicht begründen. Hier mangelt es schon von vornherein an der erforderlichen Willenserklärung zur Vollmachtserteilung an den Reiter sich stellvertretend durch den Reiter zum Zeitpunkt der Nennung des Turniers dem Regelwerk der LPO/ADMR unterwerfen lassen zu wollen. In den meisten Fällen bestimmt der Reiter oder der Pferdeeigentümer selbst bei welchen Turnieren ihr Pferd eingesetzt werden soll, ohne dies vorher mit den betreffenden Personen abzustimmen. Allenfalls findet eine Absprache mit dem Trainer und/oder dem Tierarzt statt, ob er einen Einsatz des Pferdes in einer bestimmten Pferdeleistungsprüfung befürwortet. Dennoch geht der betreffende Personenkreis nicht davon aus, mit der Einreichung der Nennung durch den Reiter im Wege der Vollmacht durch Stellvertretung an das Regelwerk gebunden zu sein.

2. Unzulässiger Vertrag zu Lasten Dritter

Ferner steht dem von der FN anvisierten Regelerstreckungsvertrag mit den übrigen Begleitpersonen des Reiters das Verbot des *Vertrages zu Lasten Dritter* entgegen.[234] Ein Vertragspartner kann sich zwar verpflichten, eine Leistung durch einen Dritten bewirken zu lassen. Die Vertragsparteien (Reiter und FN) können aber nicht vereinbaren, dass aus dem von ihnen im eigenen Namen abgeschlos-

234 So bereits *Adolphsen*, Internationale Dopingstrafen, S. 89; dazu allgemein *Schlosser*, Vereinsrecht, S. 78 ff.

senen Vertrag unmittelbar ein Dritter verpflichtet werden soll.[235] Ohne eine Mitwirkung des Dritten würde eine derartige Verpflichtung seine rechtsgeschäftliche Willens- und Handlungsfreiheit in einer nicht zu rechtfertigenden Weise binden und stünde in unüberbrückbarem Gegensatz zu dem Grundsatz der Privatautonomie und zur allgemeinen Handlungsfreiheit.[236] Eine solche nicht zu rechtfertigende Bindung von Begleitpersonen wäre jedoch die Folge der Regelerstreckung durch die Stellvertretung: Die Begleitperson wäre dem Reglement der LPO in gleicher Weise unterworfen wie der Reiter. Anders als der Reiter und der Eigentümer nutzt das Athletenumfeld jedoch nicht die Institution Pferdesport durch einen hierdurch erst entstehenden direkten Leistungsvergleich der Pferde. Dieser ist unmittelbar nur für den Reiter und den Pferdeeigentümer von Interesse.

Auch eine analoge Anwendung der Vorschrift des § 333 BGB, nach der dem Dritten ein Zurückweisungsrecht bezüglich der aus dem Vertrag zwischen Reiter und FN begründeten Pflichten zustehen würde und diese Pflicht als nicht begründet anzusehen wäre, brächte keine ausreichende Abhilfe, da sie den Dritten zum Handeln zwänge, um eine Belastung zu vermeiden.[237] Auch dann liegt eine unzulässige Einschränkung der Freiheit der Person und der Privatautonomie vor.

3. Zwischenergebnis

Der Pferdeeigentümer, der die Nennung seines Pferdes selbst vornimmt, ist im Wege der Nennungslösung den Regelwerken der FN gleichermaßen unterworfen wie der Reiter. Überlässt er dagegen seinem Reiter die Nennung der Turniere und überreicht ihm zu diesem Zweck die Nennungsschecks seiner/-s Pferde/-s beziehungsweise teilt ihm die Zugangsdaten für das Online-Nennungsverfahren mit, so erteilt er diesem zugleich eine (zumindest) konkludente Vollmacht, mit der FN im Wege des Stellvertretergeschäfts einen Regelerstreckungsvertrag abzuschließen. Einen Vertrag zu Lasten Dritter stellt diese rechtliche Konstellation nicht dar.

Eine andere Beurteilung der Klausel ist jedoch hinsichtlich der versuchten Regelwerkerstreckung auf die anderen Begleitpersonen geboten. Eine solche verstößt gegen das Verbot des Vertrags zu Lasten Dritter. Die Klausel, der sich die FN bisher bediente, ist damit zum Teil rechtswidrig.

---

235 BVerfG 73, 270 f.; BGHZ 54, 145, 147 = NJW 1970, 2157; 58, 216, 219 = NJW 1972, 942; 61, 359, 361 = NJW 1974, 96.; Jauernig/*Stadler*, BGB, § 328 Rn. 8; Erman/*Westermann*, BGB, vor § 328 Rn. 10; MüKo-BGB/ *Gottwald*, § 328 Rn. 188 ff.

236 BGH, Urteil vom 14.07.1995 – Az.: V ZR 31/94 (München) = NJW 1995, 3183, 3184; *Martens*, AcP 177 (1977), 113, 139; Staudinger/*Jagmann*, BGB, Vor § 328 Rn. 42 ff.

237 MüKo-BGB/*Gottwald*, § 328 Rn. 188.

4. Verpflichtungserklärung im Spitzensport

In Anbetracht des unwirksamen Vertrages zu Lasten Dritter galt es für die FN eine konstruktive Lösung zu finden, die den Anforderungen einer Rechtsmäßigkeitskontrolle standhält und zugleich praktikabel umsetzbar ist.

Eine vertragliche Lösung des Problems konnte schließlich durch die Einführung von sogenannten *Verpflichtungserklärungen* erreicht werden. In Anbetracht der hohen Anzahl aktiver Pferdesportler in Deutschland drängte sich allerdings die Frage ihrer praktischen Umsetzung auf. Der Personenkreis, der sich im Amateursport im Umfeld eines Pferdes bewegt, ist in der Regel nur schwer überschaubar. Anders als im Spitzensport verfügen Amateure in der Regel nicht über professionelle Pfleger in einem Anstellungsverhältnis. Selbst wenn man auch im Amateursport künftig für sämtliche Begleitpersonen Verpflichtungserklärungen einfordern würde – was in der Praxis kaum umsetzbar sein dürfe – bedarf es für die Glaubwürdigkeit und den Erfolg einer effektiven Dopingbekämpfung mehr als nur der Bindung an Verbandsregelwerke. Vielmehr müssen Kontrollen und Sanktionen in einem ausgewogenen Verhältnis stehen: Je mehr Personen an die Anti-Doping Regelwerke der Verbände gebunden sind, desto mehr Kontrollen müssten auf den Turnierplätzen durchgeführt und Sanktionen bei positiven Testergebnissen verhängt werden. Ohne eine entsprechende Sanktionierung liefe ein ausgedehntes Bindungssystem ins Leere. Findet keine ausreichende Sanktionierung statt, werden die Regeln der Verbände letztlich nicht mehr ernst genommen.

Infolge dessen stellt die Verpflichtungserklärung zunächst nur eine Alternative für den Spitzensport dar. Hier ist der Kreis der Personen – anders als im Breitensport – überschaubar. Mithilfe der Eingrenzung des verantwortlichen Personenkreises kann das zwingend angemessene Verhältnis zwischen der Anzahl von Kontrollen, der Vielzahl der zu kontrollierenden Pferde und den entsprechenden Sanktionen für Verstöße hergestellt werden. Wären derartige Verpflichtungserklärungen bereits Bestandteil der Akkreditierung zum Zeitpunkt der Olympischen Spiele in Athen 2004 gewesen, hätte man aller Voraussicht davon abgesehen, eine Pflegerin zu engagieren, die in zwei der spektakulärsten Dopingfälle in Deutschland mit außerordentlicher – da olympischer – Medienpräsenz (*Beerbaum* und *Kutscher*) involviert war.[238] In diesem Fall wäre es für die Beteiligten kaum zu begründen gewesen, eine des Dopings überführte Pferdepflegerin erneut als Betreuerin der Olympia-Pferde einzusetzen.

---

238 Zu diesen Fällen s. o. S. 33ff., 73 f. sowie „Es war die Pflegerin", SZ online vom 05.05.2009 (Fn. 46).

5. Bindung durch konkludentes Verhalten

In Anbetracht der Vielzahl von Turnieren, an denen neben den Reitern auch deren Helfer zugegen und damit Teil des Athletenumfeldes eines Sportpferdes sind, stellt sich allerdings die Frage, ob nicht auch außerhalb des Abschlusses eines Regelanerkennungsvertrages eine Regelunterwerfung weiterer Personen unter die Anti-Doping-Bestimmungen der FN zumindest für die Dauer einer Turnierveranstaltung stattfinden kann. Da eine ausdrückliche Erklärung des gesamten Athletenumfeldes, das sich auf deutschen Turnierplätzen bewegt, in der Praxis nur im Spitzensport umsetzen lässt, könnte eine Bindung sämtlicher Turnierbegleiter allenfalls durch *konkludentes Verhalten* begründet werden.

Konkludentes Verhalten ist dadurch gekennzeichnet, dass es isoliert betrachtet keinen bestimmten Sinn enthält, sondern verschiedene Deutungen zulässt.[239] In bestimmten Situationen und in Verbindung mit anderen Umständen kann aber ein bestimmter Sinn daraus erschlossen werden. Man spricht deshalb auch von schlüssigem Verhalten, in dem sich eine Willenserklärung manifestiert.[240] Insofern stellt sich die Frage, ob nicht das schlichte Begleiten eines Pferdes während einer Turnierveranstaltung durch die Pfleger oder Trainer als konkludente Regelunterwerfung gedeutet werden kann.

Doch auch der Vertragsschluss durch *konkludentes Verhalten* bedarf einer rechtlichen Verankerung in der Rechtgeschäftslehre. Nur auf diese Weise kann eine Vorhersehbarkeit und zuverlässige Bestimmbarkeit der Eingriffsbefugnisse des Verbandes gewährleistet werden.[241] Um eine in der Sportpraxis taugliche Unterordnung Dritter zu begründen, sind folglich auch bei einer womöglich konkludenten Unterwerfung die anerkannten Grundsätze der allgemeinen Rechtsgeschäftslehre heranzuziehen.[242] Die stillschweigende Unterwerfung unter die Strafgewalt des Verbands ist jedoch weitaus problematischer als die ausdrückliche. Wie die nachfolgende Darstellung zeigt, kann ihre Feststellung in Bezug auf das Athletenumfeld durchaus Schwierigkeiten bereiten.

---

239 Staudinger/*Knothe*, BGB (2004), Vor §§ 116–144, Rn. 53 – 54.

240 Soergel/*Hefermehl*, BGB, vor § 116 Rn. 31; Palandt/*Ellenberger*, BGB, Einf v § 116 Rn. 6. Vielfach wird gleichbedeutend auch der Begriff „stillschweigende Willenserklärung" gebraucht. Der Begriff ist freilich missverständlich. Eine stillschweigende Willenserklärung ist keine Erklärung durch Schweigen, sondern ein (aktives oder passives) Verhalten, aus dem sich auf einen Rechtsfolgewillen schließen lässt, vgl. dazu MüKo-BGB/*Kramer,* Vor § 116 Rn. 2 ff.

241 *Lukes*, FS für H. Westermann 1974, S. 325, 333; *Heermann*, NZG 1999, S. 325, 330.

242 *Pfister*, Anm. zu BGH NJW 1995, 583, in: JZ 1995, 464, 465; *Lindemann*, SpuRt 1994, 17, 21. Auf die Grundsätze der allgemeinen Rechtsgeschäftslehre wurde bereits Bezug genommen. Für sportspezifische Rechtskonstruktionen besteht in diesem Zusammenhang keinerlei Veranlassung, insoweit etwas missverständlich die Rechtsprechung des BGH NJW 1995, 583 ff.

a. Angebot des Verbandes

Zunächst schreibt die Deutsche Reiterliche Vereinigung den Veranstaltern von Pferdeleistungsschauen vor, in die jeweiligen Ausschreibungen auf die Verbindlichkeit der LPO für *alle beteiligten Personen* ausdrücklich hinzuweisen.[243] Auf eine weite Auslegung des Beteiligtenbegriffs deuten auch verschiedene Normen aus den ADMR sowie der LPO, insbesondere § 920 Abs. 1 und 2 lit. e LPO, die sich im Rahmen der Ahndung von Verstößen gegen das Wohl des Pferdes neben den Teilnehmern auch an Besitzer und Pfleger richten. Durch die Bezugnahme auf Dritte im Verbandsregelwerk und den Verweis auf die Geltung der LPO/ADMR in der jeweiligen Ausschreibung ist der generelle Wille der FN zu erkennen, auch die Begleitpersonen an die Regelwerke zu binden. In der Bereitstellung und Organisation der Institution Turniersport, die ohne sportliche Regeln und ihrer Durchsetzung nicht auskommt, ist ein (zumindest) *konkludentes* Angebot der FN zu sehen, das sich auch an Personen aus dem Athletenumfeld richtet.

b. Willenserklärung des Dritten – Annahme

Der im Zusammenhang mit Verbandsregelwerken oft anzutreffende Begriff der „Unterwerfung" darf nicht den Blick dafür trüben, dass auch vonseiten des Dritten stets eine Willenserklärung erforderlich ist. Wie der Reiter muss also auch der von der Vereins- und Verbandsgewalt Drittbetroffene als Nichtmitglied die Bindung an das Verbandsregelwerk in rechtsgeschäftlichen Formen anerkennen, selbst wenn die Voraussetzungen dafür unter Umständen – wie im Fall der konkludenten Bindung – minimalisiert sind.[244]

Ob eine Annahme der jeweiligen Begleitperson zum Abschluss eines Regelerstreckungsvertrages vorliegt, ist im Wege der Auslegung (§§ 133, 157 BGB) zu ermitteln.[245] Zu beachten ist, dass ein Vertrag auch dann zustande kommt, wenn eine Erklärung der Annahme nach der Verkehrssitte nicht zu erwarten ist oder der Antragende auf sie verzichtet hat. Erforderlich ist aber, dass ein Annahmewille nach außen unzweideutig in Erscheinung tritt; ein bloßer innerer Annahmewille genügt nicht.[246] Vor diesem Hintergrund kann beispielsweise auch die konkludente Unterwerfung des Sportlers unter das Verbandsregelwerk durch

243 Siehe § 23.1.11 LPO (2008).

244 *Edenfeld*, S. 199; *Lukes*, S. 325, 331 f.

245 Vgl hierzu *Lüderitz*, S. 25; *Larenz/Wolf*, § 24 II 1 Rn. 3; Palandt/*Ellenberger*, BGB, Einf. V. § 116 Rn. 5.

246 Staudinger/*Bork*, BGB (2003), § 151 Rn. 14.

die Teilnahme an Sportveranstaltungen als Annahmehandlung im Sinne des § 151 BGB gedeutet werden.

Die Grenzziehung des erforderlichen Rechtsbindungswillens des Erklärenden zu faktischen Bindungen wirtschaftlicher, gesellschaftlicher oder moralischer Art ist bei sozialtypischem Verhalten oder stillschweigenden Willenserklärungen in Form von schlüssigem Verhalten jedoch nicht immer einfach.[247] Zur Frage der Unterwerfung von Nichtmitgliedern unter die Regelwerke der Verbände setzten sich BGH und Literatur bislang ausschließlich mit der Einbindung des Sportlers auseinander, die Unterwerfung Dritter blieb dagegen unberücksichtigt.[248] Gegenstand der folgenden Prüfung ist daher die Auslegung des (willentlichen) Verhaltens des Athletenumfelds unter dem Gesichtspunkt, ob das Begleiten eines Betreuers während eines Turniers als Ausdruck eines Rechtsfolgewillens zu qualifizieren ist, sich den Regeln der LPO/ADMR und gegebenenfalls der *EADCMRs* unterwerfen zu wollen.

c. Rechtsprechung des BGH

Hinsichtlich des *Sportlers* als Nichtmitglied sind sich Rechtsprechung[249] und Literatur[250] einig, dass in Fällen, in denen weder eine schriftliche Anmeldung (Nennungslösung) noch eine wirksame Lizenz (Lizenzlösung) vorliegt, auch in der bloßen Teilnahme an einer Veranstaltung oder in der Nutzung der Einrichtungen eine *konkludente* Unterwerfung unter das Verbandsregelwerk während und außerhalb des Wettkampfs stattfinden kann. Zur Möglichkeit der konkludenten Unterwerfung unter das Verbandsregelwerk führt der BGH in der viel zitierten Reiter-Entscheidung aus dem Jahre 1994 aus,[251] dass es insoweit nicht auf den inneren, unerkennbar gebliebenen Willen des Athleten ankomme, sich den zum Teil strikten Verbandsvorschriften – zum Bespiel hinsichtlich der Durchführung von Dopingkontrollen – nicht unterwerfen zu wollen, vielmehr sei mangels einer ausdrücklichen, dem anderen Teil (Verband) erkennbaren Erklärung aufgrund der gesamten Umstände und der Interessenlage der Beteiligten zu ermit-

---

247 Palandt/*Ellenberger*, BGB, Einf v § 116 Rn. 4.

248 So vor allem der BGH im „Reiter-Urteil", BGH v. 28.11.1994, NJW 1995, 583 ff.

249 Urteil vom 28.11.1994 – II ZR 11/94 = BGHZ 128, S. 93 ff. = NJW 1995, S. 583 ff.; OLG Düsseldorf, Urteil vom 30.3.1989 – U (Kart) 30/88 = SpuRt 1995, 171, 172; so auch das Urteil des OLG München im Fall der Leichtathletin *Krabbe*, Urteil v. 28. 3. 1996 – U (K) 3424/95, NJWE-VHR 1996, 96 = NJW 1996, 2382.

250 *Adolphsen*, Internationale Dopingstrafen, S. 92 ff.; *Haas/Adolphsen*, NJW 1995, 2146, 2147 f. unter Beschränkung auf die leistungsorientierte Sportausübung; ohne eine solche Einschränkung in diesem Sinne *Lukes*, FS für H. Westermann 1974, S. 325, 333; *Ernst*, S. 78 f., 83; *Lindemann*, SpuRt 1994, 17, 21.

251 Vgl. BGH NJW 1995, 583, 586.

teln, ob bei vernünftiger Würdigung unter Beachtung der Verkehrssitte im Wege der Auslegung ein rechtlicher Bindungswille anzunehmen ist oder nicht.[252] Gliedere sich der Sportler in die Verbandsorganisation ein und/oder nutze er deren Einrichtungen, so sei ihm auch bewusst, dass er damit dem Regelungs- und – insbesondere bei Pflichtverletzungen – dem Sanktionskatalog des Verbands unterliege. Das Wissen um solche Regelungen müsse im Einzelfalle nicht einmal nachgewiesen, vielmehr könne es vermutet werden.[253] Und so muss nach Ansicht des BGH „jeder aktive Sportler ohne Weiteres davon ausgehen, dass für den von ihm ausgeübten Sport von dem zuständigen Verband aufgestellte schriftliche Regelungen gelten, die von allen Teilnehmern am organisierten Sport gleichermaßen zu beachten sind".

d. Auslegung des Verhaltens von Begleitpersonen

Unter Zugrundelegung der BGH-Rechtsprechung ist im Folgenden die Frage des erforderlichen Rechtsbindungswillens mangels einer ausdrücklichen, dem anderen Teil (Verband) erkennbaren Erklärung aufgrund der gesamten Umstände und der Interessenlage der Beteiligten unter Beachtung der Verkehrssitte im Wege der Auslegung zu ermitteln. Auf einen Rechtsbindungswillen der Begleitperson könnte demnach zu schließen sein, wenn in der bloßen Unterstützungshandlung zugunsten der Reiter ebenfalls eine Nutzung der Verbandseinrichtung „organisiertes Sportgeschehen" zu sehen ist.

Für diese Schlussfolgerung könnte zunächst sprechen, dass auch den Personen aus dem Athletenumfeld eines Reiters und seines Pferdes die Institution Turniersport zumindest mittelbar zugutekommt. Zum einen schafft der professionell betriebene Pferdesport Arbeitsplätze für Pferdepfleger und Trainer, die auch im Rahmen der Turnierveranstaltungen ihrem Beruf nachgehen können; zum anderen profitieren Pferdebesitzer und Züchter, die im Rahmen der nationalen und internationalen „Pferdeleistungsschauen" regelmäßig ihre Pferde präsentieren lassen, um bestenfalls gewinnbringend zu verkaufen. Zudem besitzen auch die Athletenbetreuer (Pfleger, Trainer und Pferdebesitzer), die für einen (Berufs-) Reiter tätig sind, Kenntnis darüber, dass Turniere nach festen Regeln ablaufen und Sanktionen bei Regelverstößen die Folge sein können.

Doch unabhängig von dem Faktor, dass der Sport Arbeitsplätze schafft und die Möglichkeit bietet eine berufliche Tätigkeit im Sportbetrieb auszuüben, gilt es den Wesenskern des Sports zu beachten, dem das Ringen um die besten

252 BGH, Urteil vom 06.07.1995 – Az.: III ZR 176/94 (Düsseldorf) = BGH NJW 1995, 3389; *Larenz/Wolf*, § 22 Rn. 27.

253 OLG Düsseldorf, Urteil vom 30.3.1989 – U (Kart) 30/88 = SpuRt 1995, 171, 172.

sportlichen Leistungen zugrunde liegt. Nur aus diesem Grund werden Wettbewerbe veranstaltet. Dass diese mittelbar auch der Ausübung einer beruflichen Tätigkeit dienen, ist als Nebeneffekt zu bewerten, der einer Nutzung der Einrichtung Sport nicht gleich gestellt werden kann.

Anders als der Reiter, der aktiv am organisierten Sport teilnimmt und sich dem direkten Leistungsvergleich mit anderen stellt, wirken die Begleitpersonen lediglich im Hintergrund, indem sie für eine gute Vor- sowie Nachbereitung (in erster Linie) der tierischen Athleten sorgen. Den schlichten Betreuungs- und Unterstützungshandlungen von Begleitpersonen lässt sich der Charakter einer rechtserheblichen Handlung, die konkludent den vermeintlichen Willen zum Ausdruck bringt, sich den Regeln und möglichen Sanktionen der FN konkret unterwerfen zu wollen, aber nur entnehmen, wenn diese beruflich als Pferdepfleger oder Turnierbetreuer arbeiten. Nur in diesem Fall kann zulässigerweise auf die Kenntnis oder das Kennenmüssen von Verbandsregeln geschlossen werden. Wird die Unterstützungshandlung während des Wettbewerbs dagegen in Form eines sogenannten Gefälligkeitsverhältnisses angeboten – dies wird überwiegend im Breitensport der Fall sein – kann nicht auf einen Rechtsbindungswillen durch konkludente Willensbetätigung der betreffenden Person geschlossen werden. Eine verbandsfreundliche Auslegung zugunsten der FN/FEI ginge in diesem Fall zu weit., denn nur die professionelle Nutzung der Verbandseinrichtungen „Pferdeleistungsschau“ durch einen Dritten rechtfertigt unter Berücksichtigung der Verkehrssitte die Ausweitung einer Bindung im Wege einer konkludenten Unterwerfung.

e. Zwischenergebnis

Die Untersuchung hat gezeigt, dass es in der Hand der FN als zuständigem Verband für den deutschen Pferdesport liegt, künftig dafür Sorge zu tragen, dass das Athletenumfeld ausdrücklich in die Geltung der Anti-Doping-Bestimmungen mit einbezogen und die aufgezeigten Bindungslücken geschlossen werden.

Begleitet eine Person aus dem Athletenumfeld Reiter und Pferd zu einem Turnier, so findet im deutschen Rechtskreis eine konkludente Unterwerfung unter das Verbandsregelwerk der FN/FEI nur statt, wenn die Begleitperson dies zu beruflichen Zwecken oder wiederholt in einer bestimmten Regelmäßigkeit tut. In Gefälligkeitsverhältnissen ist in der bloßen Unterstützungshandlung dagegen keine Nutzung der Verbandseinrichtung vergleichbar der sportlichen Teilnahme durch den Athleten zu sehen. Auch ein anderweitiger Rechtsbindungswille liegt in diesem Verhalten nicht begründet.

C. Regelerstreckung auf die Tierärzte

Die Geschichte des Dopings hat in der Vergangenheit immer wieder gezeigt, dass es für die Anwendung bestimmter Dopingmittel fachkundiger Hilfe bedarf.[254] Besonders im Hinblick auf die Komplexität der Zusammensetzung medizinischer Wirkstoffe, ihrer Wirkungsweisen, Nachweiszeiten und möglichen Wechselwirkungen mit anderen Medikamenten ist das moderne Doping ohne (tier-) ärztlichen Beistand heute kaum mehr denkbar.[255]

Im internationalen Pferdespitzensport werden die Topathleten von einer Handvoll spezialisierter Tierärzte betreut. In Anbetracht des Wertes ihrer Patienten spielen weite Distanzen und hohe Veterinärkosten keine Rolle. Während in der Vergangenheit ein sogenannter *Toptierarzt* oft mehrere Pferdesportteams gleichzeitig betreute, hat sich dies im Verlauf der letzten Jahre geändert.[256] Die Geheimniskrämerei um Medikationen und Behandlungsmethoden nahm im Spitzensport derart zu, dass viele Reiter befürchteten, die Tierärzte könnten dazu verleitet werden, besondere „Behandlungsmethoden" preiszugeben und damit auch die Konkurrenz von ihren Erfahrungen profitieren lassen. Dies führte zu dem Trend, dass die Reiter im europäischen Spitzensport nur noch einen, den „eigenen", Tierarzt zu Rate ziehen.[257]

I. Die Sonderrolle des Tierarztes

In der pferdeportrechtlichen Dopingproblematik nimmt der Tierarzt – wie im Humansport der Sportmediziner – jedoch nicht nur im Hinblick auf sein fachliches „Know-how", sondern auch bezüglich seiner sanktionellen Erreichbarkeit für die Dopingkontrollbehörden eine besondere Rolle ein. Die Tierärzteschaft ist wesentlich in die Handhabung der Regelwerke eingebunden, wenngleich sie ih-

---

254 Auch aus (veterinär-)medizinischer Sicht ist Doping ein komplexes Thema, vgl. etwa die Darstellungen von *Düe/Kietzmann/Machnik*, Praktischer Tierarzt 2006, S. 698 ff.

255 Siehe nur die Involvierung der Freiburger Sportmediziner im Radsport „Vorwürfe gegen Team T-Mobile – Mediziner sollen systematisches Dopingprogramm betrieben haben" Siegel-online vom 25.04.2009 sowie „Doping an Uniklinik Freiburg – Das ist Wahnsinn", Spiegel-online vom 28.04.2009, abrufbar unter: http://www.spiegel.de/sport/sonst/0,1518,621656,00. html bzw. http://www.spiegel.de/sport/sonst/0,1518,621083,00.html (Abruf 08.02.10).

256 So *Cronau*, Pferdesport wohin, S. 105 ff.

257 *Cronau*, Pferdesport wohin, S. 105 ff. Exemplarisch der Dopingfall Werth, die einen Schweizer Veterinärmediziner als behandelnden Tierarzt für ihre Spitzenpferde hat, siehe hierzu ebenfalls die Entscheidung des FEI-Tribunals vom 02.09.2009, S. 4 (Fn. 48).

nen nicht unmittelbar unterworfen sind.[258] Vertraglich ist der Tierarzt einzig mit dem Pferdeeigentümer verbunden, der ihn mit der Behandlung seines Pferdes beauftragt hat. Nur diesem gegenüber ist der Tierarzt in einem unbeabsichtigten Dopingfall wegen unzureichender oder irrtümlicher Aufklärung über Abbauzeiten von verbotenen Medikationen haftbar.[259] Hat der Tierarzt dagegen sogar im Auftrag des Eigentümers gedopt oder das Pferd auf sonstige Weise unlauter behandelt, so ist der Tierbehandlungsvertrag nach § 134 BGB nichtig.

Infolge der mangelnden Ahnungsmöglichkeiten durch die Verbände hatte der Tierarzt in der Vergangenheit keine nennenswerten oder gar abschreckenden Konsequenzen zu befürchten. Dies führte häufig dazu, dass sich der Tierarzt zugunsten eines des Dopings oder der Verwendung einer regelwidrigen Medikation beschuldigten Reiters oder Eigentümers als sogenannter *Alibi-Tierarzt* zur Verfügung stellte und sich der eigentlich Verantwortliche am Ende hinsichtlich des ihm zur Last gelegten Dopingvergehens exkulpieren konnte.[260] Die Einbindung der Tierärzte erschien daher eine wesentliche Maßnahme zur Lösung der derzeit bestehenden Dopingproblematik im Pferdesport zu sein.

II. Verhältnismäßigkeit der Haftung

Der behandelnde Tierarzt, der Kenntnis von der beabsichtigten Turnierteilnahme des Pferdes hat, muss bei der Behandlung eines sportlich eingesetzten Pferdes zwingend darauf achten, dass die Verabreichung eines Medikaments, das eine verbotene Substanz enthält, zeitlich nicht zu nah vor einem Wettkampf geschieht. Soweit bei den Abbauzeiten Unsicherheiten bestehen, muss er diese der

---

258 So die Feststellung der DOSB-Kommission Reiten zur Situation der Tierärzte, vgl. Abschlussbericht S. 17.

259 Wer einen Tierarzt zur Behandlung seines Pferdes bestellt, schließt mit ihm einen Vertrag über eine Leistung, die der Tierarzt zu erbringen und der Auftraggeber zu bezahlen hat. Der Tierarzt hat mit dem Vertrag meist keine Erfolgsgarantie für seine Arbeit abgegeben, der Behandlungsvertrag ist in der Regel ein Dienstvertrag, in dessen Rahmen Tätigkeit, aber kein bestimmter Erfolg geschuldet wird, vgl. BGHZ 76, 259, 261 = NJW 1980, 1452, 1453; sowie Urteil des OLG Saarbrücken vom 17.01.1989 – 7 U 138/87; *Schulze,* S. 10 f.; MüKo-BGB/*Busche,* § 631 Rn. 243. Anders sah dies das OLG Karlsruhe (Urteil vom 11.08.1980, AZ: 6 U 232/79), sodass die rechtliche Einordnung des Tierarztvertrags nicht zuletzt von dem konkreten Auftrag an den Tierarzt abhängt, so im Ergebnis schließlich auch BGH, Urteil vom 05.05.1983 – Az.: VII ZR 174/81 (Hamm) = BGHZ 87, 239, 241 ff. = NJW 1983, 2078.

260 Im Kampf gegen Doping besteht jedoch nach Ansicht der meisten Veterinärmediziner eine Gruppenverantwortung. Diese schließe auch – oder vor allem – die Tierärzte mit ein, da sie den regelgerechten Zugang zu den Dopingsubstanzen haben und durchaus in den Kreis der Mittäter mit eingeschlossen werden können, siehe *Cronau,* BvT, Doping im Pferdesport, S. 640, 641.

für das Pferd verantwortlichen Person mitteilen und sie auf das Risiko entsprechender Unabwägbarkeiten hinweisen.[261]

Die meisten Hersteller von Produkten für das Pferd können jedoch keine umfassenden Angaben zu Abbauzeiten der einzelnen Wirkstoffe machen, da Studien zur Bestimmung dieser Zeiten teuer sind und sie sich solche Untersuchungen aufgrund der Tatsache, dass der Markt für Pferdeprodukte relativ klein ist, nicht leisten können. Deshalb hat beispielsweise der internationale Pferdesportverband in Zusammenarbeit mit mehreren Experten aus verschiedenen Ländern für bestimmte Wirkstoffe reguläre Abbauzeiten ermittelt, die in der sogenannten *Medicine Box* veröffentlicht werden.[262] Doch auch die von der FEI ermittelten Zeitspannen können nicht als „universell" angesehen werden, weil die Resorption von Wirkstoffen durch unterschiedliche Faktoren beeinflusst wird.[263] Deshalb muss der behandelnde Tierarzt all diese Faktoren mit einkalkulieren und zusätzlich einen Sicherheitsrahmen hinzu addieren. Trifft der Tierarzt einmal nicht die richtige Entscheidung und wird das Pferd auf eine verbotene Substanz positiv getestet, kann er nicht die FEI und deren festgesetzte Zeitspannen dafür verantwortlich machen. Diese Faktoren machen es dem redlich praktizierenden Veterinärmediziner oft schwer, jegliche Folgewirkungen einer Arzneimittelanwendung im Hinblick auf die Einhaltung der Dopingbestimmungen zu überblicken.

Die Herausforderung besteht folglich darin, den unredlich handelnden „risikobereiten" Tierarzt, der dem Pferd vorsätzlich auf unlautere Art und Weise zu einer Leistungssteigerung verhilft, zur Verantwortung zu ziehen und den Dopingsanktionen in gleichem Ausmaß zu unterwerfen, wie die übrigen verantwortlichen Personen im Umfeld des Athleten Pferd. Auf der anderen Seite gilt es diejenigen Tierärzte nicht in unverhältnismäßigem Maße zur Verantwortung zu ziehen, die der tragenden Bedeutung der Arzneitherapie in der Pferdepraxis, der fast unüberschaubaren Vielfalt des Arzneimittelmarkts und der nicht eindeutig kalkulierbaren Abbauzeiten vor allem unter Leistungsbeanspruchung des Pferdes unterworfen sind und ihre Patienten nach bestem Wissen und Gewissen behandeln.

---

261 *Hirt*, Tierärztliche Praxis, S. 244, 247.

262 Siehe zur *Medicine Box* der FEI, siehe unter: http://www.fei.org/Athletes_AND_Horses/Medication_Control_AND_Antidoping/Horses/Documents/InformationforTreatingTeamVeterinariansonMedicineBox-Final.pdf (Abruf 08.02.10).

263 Zu diesen Faktoren zählen z. B. die Größe des Pferdes, die Art der Medikamentenverabreichung, die Zusammensetzung des Medikaments, die verabreichte Menge und individuelle Faktoren, wie der Stoffwechsel des Pferdes, vgl. hierzu die ausführlichen Darstellungen bei *Düe/Kietzmann/Machnik*, S. 698 ff.

III. Praktische Umsetzung der Regelunterwerfung eines Tierarztes

1. Spitzensport

a. Pool von Tierärzten für Kaderreiter

Im Hinblick auf den Spitzensport soll die Einbindung der Tierärzte künftig über einen besonderen *Tierärztepool für Kaderreiter* erreicht werden. In den sieben Kadern des deutschen Pferdesports befinden sich stetig rund 250 registrierte Reiter, die mit dem DOKR eine Rahmenvereinbarung zur Kaderberufung abgeschlossen haben. Mit Unterzeichnung dieser Vereinbarung verpflichtet sich der Berufene, die geltenden Bestimmungen der LPO und des FEI-Reglements anzuerkennen.[264]

b. Rechtliche Zulässigkeit

Mit Blick auf die allgemeine Handlungsfreiheit der Betroffenen im Sinne des Art. 2 Abs. 1 GG stellt sich jedoch die Frage, ob die Reiter im Rahmen der Kadervereinbarung auch dazu verpflichtet werden können, ihre Spitzenpferde nur noch von einem der Kadertierärzte behandeln zu lassen.

Die Pflicht der kaderangehörigen Reiter ihre Spitzenpferde nur noch von Tierärzten aus einem registrierten Tierärztepool behandeln zu lassen stellt in Anbetracht des hohen Schutzguts, des Tierschutzes, zunächst keine unzulässige Beeinträchtigung dar. Diese Einschränkung ist jedoch nur gerechtfertigt, solange eine erstklassige veterinärmedizinische Versorgung der Pferde auch in Notfällen gewährleistet werden kann. Damit eine ausreichende und zeitnahe Versorgung der Kaderpferde gesichert ist, hat die FN daher zwingend für eine flächendeckende und ausreichende Versorgung der Pferde zu sorgen. Kann der Kadertierarzt selbst nicht rechtzeitig vor Ort sein, muss daher die Behandlung des Pferdes auch durch einen anderen Tierarzt, der im Notfall vor Ort sein kann, möglich bleiben, ohne dass der Reiter mit Konsequenzen zu rechnen hat.

Aufgrund der besonderen Bedeutung des integeren Tierarztes in der mittlerweile existenzgefährdenden Dopingproblematik erscheint der Eingriff in die allgemeine Handlungsfreiheit der Betroffenen (Reiter und Pferdebesitzer) unter der Prämisse der ausreichend gewährleisteten Versorgung erkrankter Spitzenpferde, gerechtfertigt.

---

264 So der allgemeine Passus in der Kadervereinbarung zwischen FN und Kadermitglied, die der Verfasserin vorliegt.

2. Breitensport

a. Lösungsansatz der FN

Nach § 920 LPO n. F. soll nunmehr auch der Haustierarzt in die Verantwortung genommen werden können, wenn er in einen positiven Doping- oder Medikationsfall verwickelt ist. Anders als im Fall der Kadertierärzte sieht das Reglement jedoch keine individuelle Regelunterwerfung vor, die aufgrund der großen Anzahl von Pferde behandelnden Haustierärzten praktisch kaum umsetzbar wäre. Vielmehr soll sich der behandelnde Haustierarzt im Rahmen seines Vertragsverhältnisses mit dem Pferdeeigentümer den Regeln der LPO und der ADMR unterwerfen.

Um eine Sanktionsgewalt des Verbandes zu begründen, soll der Pferdeeigentümer stellvertretend für die FN mit dem Tierarzt einen gesonderten Regelerstreckungsvertrag abschließen. Dass die Person des Vertretenen zum Zeitpunkt der Vornahme des Vertretergeschäfts dem Erklärungsempfänger unbekannt ist, steht einer wirksamen Stellvertretung nicht entgegen. Mit der Rechtsfigur des *offenen Geschäfts für den, den es angeht,* schadet die Unbestimmtheit der zu vertretenen Person dem Geschäftsabschluss nicht.[265]

Nur wenn sich der Tierarzt den Regeln der LPO und der ADMR unterwirft, kann sich der Eigentümer eines positiv getesteten Pferdes gegebenenfalls mit Verweis auf die mangelnde tierärztliche Berichts- und Dokumentationspflicht exkulpieren. Andernfalls stehen Reiter sowie Pferdebesitzer weiterhin als Alleinverantwortliche dar. Aus diesem Grunde wird derjenige Reiter oder Pferdebesitzer, der am organisierten (inter-)nationalen Turniersport teilnimmt, ein Interesse an einer Regelerstreckung haben und auf diese hinwirken. Hat der Tierarzt im Auftrag des Eigentümers gedopt oder das Pferd auf sonstige Weise sanktionswürdig behandelt, so wird der Regelerstreckungsvertrag als abstraktes Rechtsgeschäft von der Nichtigkeit des Tierbehandlungsvertrages nach § 134 BGB nicht berührt.[266]

Diese Konstellation vertraglicher Regelerstreckung zu Lasten der Tierärzte mithilfe der Pferdebesitzer, die vertretend für die FN das Vertragsverhältnis zwischen Tierarzt und FN begründen, stellt eine rechtlich und praktisch adäquate Lösung dar. Fraglich ist jedoch, ob dies der einzig gangbare Weg ist, um eine flächendeckende Bindung aller Pferdeveterinärmediziner zu erreichen.

---

265 *Larenz/Wolf,* S. 878, § 46 Rn. 79 f.; MüKo-BGB/*Schramm,* § 164 Rn. 14.

266 Zur Nichtigkeit des Tierbehandlungsvertrags, s. o. S. 87 sowie Fn. 259.

b. Lösungsalternative: Registrierung der Tierärzte durch Akkreditierung

Alternativ könnte über die Einführung eines speziellen verbandsrechtlichen Akkreditierungssystems nachgedacht werden. Mithilfe der Registrierung und Akkreditierung der in Deutschland Sportpferde behandelnden Tierärzte könnte der FN unter Umständen ein weiteres Instrument an die Hand gegeben werden, mittels dessen sie auch die Tierärzteschaft an das Anti-Doping Regelwerk – einschließlich seiner Sanktionsmöglichkeiten – direkt und somit ohne Mithilfe der Reiter binden kann. So könnte für die tierärztliche Versorgung der bei der FN registrierten Sportpferde beispielsweise nur ein Tierarzt eingesetzt werden, der auf einer Liste der jeweiligen Landeskommission als sogenannter *Turniertierarzt* registriert ist.[267] Dies entspricht den internationalen Standards der FEI, die ebenfalls eine Liste mit akkreditierten Turniertierärzten verwaltet.[268]

aa. Freiwilligkeit der Tierärzte

Eine Pflicht sämtlicher Tierärzte, sich an dem Akkreditierungsverfahren zu beteiligen, darf die FN als juristische Person des Privatrechts zunächst mangels staatlicher oder staatsähnlicher Hoheitsrechte nicht durchsetzen. Aus diesem Grund kann die Akkreditierung seitens der Tierärzte nur auf freiwilliger Basis erfolgen. Jedoch wirft auch ein freiwilliges Akkreditierungssystem, das eine Empfehlung seitens des Verbandes impliziert, Sportpferde nur noch durch die registrierten Tierärzte behandeln zu lassen, die Frage auf, ob dies nicht eine unzulässige Beschränkung der Berufsfreiheit der Tierärzteschaft darstellt. Rechtliche Bedenken könnten sich unter Umständen daraus ergeben, dass trotz Freiwilligkeit ein faktischer Zwang der Tierärzteschaft begründet wird, sich bei der FN registrieren zu lassen, um weiterhin zur Behandlung eines Sportpferdes in Anspruch genommen zu werden.

bb. Der Schutz der Berufsfreiheit unter Privaten

Das Grundrecht des Art. 12 GG besitzt zunächst prinzipiell keine Drittwirkung; es verpflichtet also nur die öffentliche Gewalt (Art. 1 Abs. 3 GG) und nicht den Privaten.[269] Wie bereits erläutert stellt das Grundgesetz jedoch auch für das Sportverbandswesen einen verbindlichen verfassungsrechtlichen Rahmen auf,

267 Vgl. § 40.2 LPO
268 Siehe Art. 1002 VRs (2009).
269 Maunz/Düring/*Scholz,* Art. 12 GG, Rn. 76 ff.

der den Verbänden die Beeinträchtigung der Grundrechte Dritter nur erlaubt, soweit dies zur Aufrechterhaltung des Sportbetriebs zwingend notwendig ist.[270]

(1.) Schutzbereich und Eingriff

Die Tätigkeit des Tierarztes im Bereich der veterinärmedizinischen Behandlung von Pferden, die am organisierten Sportbetrieb teilnehmen, ist als berufliche Tätigkeit vom Schutzbereich des Art. 12 GG umfasst.[271] Mit dem Akkreditierungssystem der FN wird in diesen Schutzbereich eingegriffen. Auch wenn das primäre Ziel der Akkreditierung die Ausdehnung der Regelunterwerfung auf die Tierärzte ist, entsteht ein faktischer Zwang zur Registrierung. Dies gilt insbesondere dann, wenn die FN den am organisierten Sportbetrieb teilnehmenden Reitern und Pferdebesitzern ausdrücklich oder auch nur inzident aufgibt, ihre Pferde nur noch von akkreditierten Tierärzten behandeln zu lassen.

(2.) Eingriff unter Gesetzesvorbehalt?

Gemäß Art. 12 Abs. 1 S. 2 GG kann die Berufsfreiheit „durch Gesetz oder auf Grund eines Gesetzes“ geregelt und zulässigerweise eingeschränkt werden. Diese Einschränkung kann nach der Rechtsprechung des BVerfG auch auf einer untergesetzlichen Stufe durch Rechtsverordnungen und Satzungen geschehen, sofern sie den Voraussetzungen des Regelungsvorbehalts im Sinne von Art. 12 Abs. 1 S. 2 GG genügen. Allerdings sind die Satzungen von Subjekten des Privatrechts nach Maßgabe der *Wesentlichkeitstheorie* von diesem Gesetzesvorbehalt von vornherein nicht erfasst.[272]

Im Bereich des Berufsverbands- bzw. Berufsorganisationsrechts erkennt das BVerfG die Verleihung von Satzungsautonomie an, weil es einen „guten Sinn“ hat, „gesellschaftliche Kräfte zu aktivieren, den entsprechenden gesellschaftlichen Gruppen die Regelung solcher Angelegenheiten, die sie selbst betreffen und die sie in überschaubaren Bereichen am sachkundigsten beurteilen können, eigenverantwortlich zu überlassen und dadurch den Abstand zwischen Normgeber und Normadressat zu verringern“.[273] Dieser Ansatz könnte sicherlich auch im Bereich des Pferdeports gelten, da der Verband mit der Problematik der tierärztlichen Behand-

---

270 *Lenz*, S. 31 ff.; *Nolte/Polzin*, NZG 2001, 838, 841, *Fritzweiler/von Coelln*, PHB Sportrecht, S. 34 ff.

271 Maunz/Düring/*Scholz*, Art. 12 GG, Rn. 350.

272 Maunz/Düring/*Scholz*, Art. 12 GG, Rn. 324 ff.

273 Die strenge Anforderungen hinsichtlich des Satzungsinhalts und den dahinter stehenden Satzungsgeber hat das BVerfG vor allem im Facharzt-Beschluss (BVerfG, Beschluss vom 09.05.1972 – 1 BvR 518/62 BVerfGE 33, 125 (158f.) = JuS 1972, 666) und im „Numerus-clausus-Urteil“ (BVerfG, Urteil vom 18. 7. 1972 – 1 BvL 32/70 und 25/71, abgedruckt in NJW 1972, 1561) noch einmal verdeutlicht.

lung im Leistungssport am besten vertraut sein dürfte. Allerdings handelt es sich bei den Berufskammern um eine berufsständische Körperschaft des öffentlichen Rechts, die wiederum meist landesrechtlich organisiert sind und Aufgaben der berufsständischen Selbstverwaltung wahrnehmen.

Aus diesem Grund obliegen der FN im Bereich der Tierärzteakkreditierung keinerlei Regelungskompetenzen. Ein Akkreditierungssystem, das faktisch einen Zwang zur Registrierung begründet, ist somit nicht durchführbar und allein der Tierärztekammer als zuständigem Berufsverband vorbehalten.

D. Zusammenfassung

Mangels Durchgriffswirkung des höheren Verbandsrechts auf nachrangiges Vereinsrecht und das einzelne Vereinsmitglied bindet die FN sämtliche Reiter als Nichtmitglieder des Verbandes durch vertragliche Vereinbarung in Form eines *Reiterausweises* an ihre Satzungsbestimmungen und Nebenordnungen, der zur Teilnahme am organisierten Pferdesport in den gehobenen Klassen obligatorisch ist. Da nicht alle Teilnehmer des organisierten Reitsports über einen solchen Reiterausweis verfügen müssen, machen die Pferdesportverbände, unabhängig vom nationalen Lizenzsystem der FN, ergänzend von der Nennungslösung Gebrauch. Auf diese Weise wird grundsätzlich eine umfassende Bindung aller Reiter ermöglicht, die am organisierten Sportbetrieb teilnehmen möchten. Die Untersuchung zu verbandsnormativen Bindungsalternativen bezüglich nationaler und internationaler Anti-Doping-Bestimmungen hat gezeigt, dass eine (Doppel-) Mitgliedschaft im nationalen und/oder internationalen Verband zwar rechtlich möglich, aufgrund der Interessenlage der Beteiligten und den historisch gewachsenen Sportstrukturen im (Pferde-)Sport allerdings nicht praktikabel ist.

Hinsichtlich der Regelerstreckung des Verbandsrechts einschließlich der Sanktionsgewalt auf Dritte hat die Prüfung der derzeitigen Rechtslage ergeben, dass die Klausel der FN, die auf den Meldeformularen abgedruckt ist und auf die Einbindung des Athletenumfeldes von Reiter und Pferd Bezug nimmt, gegen das Verbot des Vertrags zu Lasten Dritter verstößt. Mit Vornahme der Nennung durch den Reiter lässt sich lediglich eine Bindung des Pferdeeigentümers im Wege der Stellvertretung (§§ 164 ff. BGB) begründen. Eine konkludente Regelunterwerfung des Athletenumfeldes nach den Grundsätzen der allgemeinen Rechtsgeschäftslehre findet nur begrenzt und nicht im Rahmen eines reinen Gefälligkeitsverhältnisses zwischen Reiter und Athletenbetreuer statt. Mit Blick auf die Novellierung der *EADCMRs* 2010, die künftig eine stärkere Einbindung des Athletenumfeldes fordern, scheint der derzeit einzig gangbare Weg, der die organisatorischen und personellen Unterschiede im Spitzen- und Amateursport entsprechend berücksichtigt, das Athletenumfeld mittels der Abgabe einer Verpflichtungserklärung an die Verbandsregeln zu binden. In Anbetracht der Vielzahl an Turnieren stellt dies jedoch zunächst nur eine Alternative für den Spitzensport dar.

Innerhalb der aktuellen Dopingproblematik nimmt der Tierarzt eine besondere Rolle ein. Unter Wahrung der allgemeinen Handlungsfreiheit der für das betroffene Sportpferd verantwortlichen Personen können die berufenen Reiter im Rahmen der Kadervereinbarung seitens des Verbandes dazu verpflichtet werden, ihre Spitzendpferde nur von einem registrierten Tierarzt aus dem Pool behandeln zu lassen. Allerdings hat die FN Ausnahmen zuzulassen, wenn eine rechtzeitige Versorgung des Pferdes durch den Kadertierarzt nicht gewährleistet ist.

Die Regelunterwerfung der Haustierärzte aufgrund vertraglicher Regelerstreckung durch die Pferdebesitzer, die stellvertretend für die FN das Vertragsverhältnis zwischen Tierarzt und FN begründen, stellt derzeit die einzige rechtlich und praktisch adäquate Lösung dar. Die Einführung eines Akkreditierungssystems, das berufsregelnde Tendenzen aufweist und einen faktischen Zwang zur Registrierung der Tierärzte begründet, ist mangels Regelungskompetenz der FN als juristische Person des Privatrechts dagegen rechtswidrig.

4. Kapitel: Das (reformierte) Dopingkontrollsystem

Das Dopingkontrollsystem der WADA stellt das Kernstück der nationalen und internationalen Dopingbekämpfung im Sport dar. Seine Basis bilden die Dopingbestimmungen und Richtlinien des WADA- und NADA-Code, die heute auch Eingang in die Sportordnungen des nationalen und internationalen Pferdesportverbandes gefunden haben.[274] Das folgende Kapitel widmet sich den Dopingkontrollsystemen im nationalen und internationalen Pferdesport, die mit Blick auf die Vorgaben innerhalb der Dopingbekämpfung durch WADA und NADA umfassenden Reformmaßnahmen unterzogen wurden. Hierbei interessieren nicht nur Gemeinsamkeiten und Unterschiede im Vergleich zum humansportlichen Dopingverbot, sondern auch die Frage, inwieweit die Pferdesportverbände die ursprünglich für den Humansport entwickelten Kontrollsysteme übereinstimmend oder (zwingendermaßen) abweichend vom WADA und NADA-Code umgesetzt haben. In Zusammenhang mit der Einführung Umsetzung internationaler Standards in der Dopingbekämpfung ist der Blick schließlich auch auf die Vereinbarkeit der Maßnahmen mit dem jeweils geltenden staatlichen Recht zu richten und danach zu fragen, ob die Verbandsnormen, auf die Dopingsanktionen gestützt werden, einer Rechtmäßigkeitskontrolle nach Maßgabe der nationalen Rechtsordnung standhalten.

A. Einschlägige Normen für den Pferdesport

I. Internationale Regelung im WADA-Code

Naturgemäß lässt sich der WADA-Code, der ursprünglich für den Humansport konzipiert wurde, nicht „eins zu eins“ im Pferdesport, bei dem das Dopen von Tieren im Vordergrund steht, umsetzen. Aus diesem Grund fügten die Verfasser des Code Art. 16 WADC ein, eine Norm die der FEI als internationalem Spitzenverband des Pferdesports bei der Umsetzung der internationalen Anti-Dopingstandards mehr Gestaltungsspielraum belässt, als dies bei anderen Verbänden der Fall ist.

274 *Haug*, S. 147.

Art. 16.1 WADC: *Bei jeder Sportart, in der Tiere an Wettkämpfen teilnehmen, legt der Internationale Sportfachverband dieser Sportart für die Tiere, die an der jeweiligen Sportart beteiligt sind, Anti-Doping-Bestimmungen fest und setzt diese um. Die Anti-Doping-Bestimmungen beinhalten eine Liste verbotener Wirkstoffe, geeignete Kontrollverfahren und eine Liste anerkannter Labors für die Analyse von Proben.*

Die besondere Behandlung des Pferdesports in der internationalen Dopingbekämpfung ist auf die Einzigartigkeit dieser Sportart zurückzuführen, bei der Mensch und Tier gemeinsam um den sportlichen Erfolg kämpfen und die in dieser Form als einzige Tiersportart olympisch ist. Nach der Intention des Art. 16 WADC steht daher als Athlet das Tier im Vordergrund, das naturgemäß anderen Formen der künstlichen Leistungssteigerung ausgesetzt sein kann als ein Humansportler. Darüber hinaus fehlte der WADA die erforderliche Fachkenntnis, um spezielle Vorgaben für ein Anti-Doping-Regelwerk im Pferdesport aufzustellen, so dass sie diese Aufgabe in den Verantwortungsbereich des internationalen Pferdesportverbands der FEI legte.

Die Einbeziehung der Pferde in das internationale Anti-Doping-Kontrollsystem regeln die eigens für den Pferdesport konzipierten *Equine Anti-Doping and Controlled Medication Regulations* (*EADCM Regulations*), die mit Wirkung zum 5. April 2010 die bisherigen *Equine Anti-Doping and Medication Control Rules* (*EADMCRs*) abgelöst haben.[275] Die *EADCM Regulations* stellen *das* Anti-Doping-Regelwerk des internationalen Pferdesports dar und entsprechen vor allem seit ihrer neuerlichen Reformierung im Wesentlichen dem System des WADA-Codes.

II. Nationale Regelung des NADA-Codes

Anders als der WADA-Code enthielt der NADA-Code bis zu seiner Novellierung, die seit dem 1. Januar 2009 in Kraft ist, keine Norm, die zumindest sinngemäß der Regelung in Art. 16.1 WADC entsprach. So schloss die FN zwar eine Trainingskontrollvereinbarung mit der NADA ab, die sie zur Anerkennung und Implementierung der Vorgaben des NADA-Codes verpflichtete. Diese Verpflichtung beschränkte sich jedoch nur auf den humansportlichen Bereich, sodass Dopingkontrollen nach den *International Standards*, an denen sich der NADA-Code und die entsprechend modifizierten Verbandsregelwerke orientieren, ausschließlich an den Reitern durchgeführt wurden.[276] Zu einer Implementie-

---

275 Zu den wesentlichen Änderungen im Vergleich zu den bisher geltenden *EADMCRs* siehe S. 101 ff.

276 Vgl. § 22 Nr. 5 Satzung-FN (2008): „*Die FN nimmt an dem Dopingkontrollsystem für Sportler der World Anti-Doping Agency (WADA) und an der Nationalen Anti-Doping-Agentur (NADA)*

rung des NADA-Codes auch für den Bereich des Dopings an den eigentlichen Leistungsträgern, den Pferden, war der deutsche Dachverband des Pferdesports daher bis zur Einführung des neuen Art. 16 NADC nicht verpflichtet. Aus diesem Grund wurde die dringend notwendige Reform des nationalen Anti-Doping-Regelwerks der FN erst im Laufe des Jahres 2009 auf den Weg gebracht. Seit dem 1. Januar 2010 ist das neue Anti-Doping Regelwerk der FN, die FN Anti-Doping und Medikationskontrollregeln für den Pferdesport (ADMR) unter Anpassung an uniformierte Anti-Dopingstandards nach Maßgabe des WADA- bzw. NADA-Codes in Kraft.

B. Unterschiede zum Doping im Humansport

I. Die Null-Lösung

Anders als im Humansport gilt im Pferdesport eine strikte *Null-Lösung* (Nulltoleranz), die als Ausfluss des elementaren Tierschutzgedankens zu sehen ist, der allgemein im Schweizer (Art. 4 Abs.1) und in besonderer Ausprägung im deutschen Tierschutzgesetz (§ 3 Nr. 1 lit.b) verankert ist.[277] Nach Maßgabe der *Null-Lösung* dürfen sich zum Zeitpunkt eines Wettkampes keine körperfremden Substanzen im Organismus des Pferdes befinden. Aus diesem Grund müssen Pferde, die auf einem nationalen oder internationalen Turnier an den Start gehen, nicht nur frei von leistungsfördernden Substanzen, sondern auch frei von nahezu jeglicher Medikation sein.[278] Jeder Nachweis eines *verbotenen* Stoffes stellt grundsätzlich einen Verstoß entweder gegen Doping- oder Medikationsbestimmungen dar.[279] Ausreichend für die Feststellung des Verstoßes ist damit allein ein qualitativer Nachweis eines entsprechenden Wirkstoffs im Pferdekörper, unabhängig von der vorgefundenen Konzentration.[280] Mit dieser strikten Regelung soll verhindert werden, dass Pferde trotz bestehender Gesundheitsprobleme an Turnieren teilnehmen.

---

teil. Die FN kann der NADA das Recht zur Durchführung von Dopingkontrollen innerhalb und außerhalb von Wettkämpfen übertragen. Die FN sanktioniert die Sportler auf der Grundlage der jeweils gültigen Fassung des World Anti-Doping Code (WADA-Code), der jeweils gültigen nationalen Anti-Doping-Regelungen der NADA (NADA-Code) sowie der jeweils gültigen Liste verbotener Wirkstoffe und Methoden." (Hervorhebung durch die Verfasserin)

277 Zum Dopingverbot im Sinne von § 3 Nr. 1 lit. b TierSchG siehe unten S. 128 ff.

278 *Kietzmann/Düe/Machnik*, Praktischer Tierarzt 2006, S. 698 ff.; *Kluge*, Der praktische Tierarzt 2008, 845, 847.

279 *Düe*, Doping bei Pferden, Dtsch. Tierärztl. Wschr., S. 114.

280 *Kietzmann/Düe/Machnik*, Praktischer Tierarzt 2006, S. 698 ff.

Um der Problematik unerwünschter Stoffe endogenen Ursprungs zu begegnen, die auch auf natürliche Art und Weise im Körper des Pferdes produziert werden (so z.B. die Hormone Cortisol oder Testosteron), haben die Pferdesportverbände für besondere Wirkstoffe sog. Schwellenwerte, d.h. Grenzwerte ermittelt, in deren Rahmen ein Vorkommen im Körper des Pferdes keine Auswirkungen auf die sportliche Leistung hat und im Ergebnis kein positiver Befund hervorgerufen wird.[281] Dies gilt ferner auch für Wirkstoffe, die in Pflanzen enthalten sind, die üblicherweise zur Gewinnung des Pferdefutters dienen oder für den Fall, dass Pferdefutter trotz seines ordnungsgemäßen Anbaus, der Verarbeitung, Transports und/oder Lagerung kontaminiert wird.[282]

II. Differenzierung zwischen Doping und kontrollierter Medikation

Ein weiterer wesentlicher Unterschied im Vergleich zum WADA/NADA-Code im Humansport besteht darin, dass die Regelwerke des nationalen und internationalen Pferdesportverbands eine Unterscheidung zwischen *Doping* und der sogenannten *kontrollierten Medikation* vornehmen. Diese Unterscheidung dient als Ausgleich zur strengen Null-Lösung und wird durch die Liste der verbotenen Substanzen der FN (national) beziehungsweise die *Equine Prohibited List* der FEI (international) bestimmt, die die verbotenen Wirkstoffe in die zwei oben genannten Kategorien einteilt.[283] Werden danach Substanzen im Pferdeorganismus vorgefunden, die aufgrund der Verbotsliste als *Dopingsubstanz* eingestuft werden, gilt dies als Dopingverstoß. Handelt es sich dagegen um Wirkstoffe, die die Verbotsliste der Gruppe der *kontrollierten Medikationen* zuordnet, wird dies (lediglich) als Verletzung der jeweiligen Medikationsbestimmung bewertet und gegebenenfalls mit einer entsprechend geringeren Strafe geahndet.[284]

---

281 Die sogenannte Grenzwertliste ist Teil der *Veterinary Regulations* der FEI, diese sind abrufbar unter: http://www.feicleansport.org/Veterinary Regulations 12th edition effec tive 5 April 2010 final.pdf (Abruf 04.08.10); vertiefend zu Grenzwerten im Doping siehe *Paul*, S. 1 ff.

282 Vgl. Annex II der Veterinary Regulations, S. 41.

283 Anders als die neue Fassung des internationalen Anti-Doping-Regelwerks der FEI, die *EADCM Regulations,* nahmen die *EADMC Rules* im Bereich der kontrollierten Medikationen eine zusätzliche Unterteilung in die Medikationsgruppen A und B vor, die sich in der Wirkungsintensität unterschieden und mit unterschiedlichen Strafrahmen versehen wurden, vgl. *EADMC Regulations* 2007.

284 Zur Auswirkung der Unterscheidung Doping/kontrollierte Medikation auf der Rechtsfolgenseite siehe Art. 10 *EACDMRs*/Art. 10 ADMR.

C. Rechtmäßige Umsetzung der Anti-Dopingvorschriften des WADA-Codes im internationalen Pferdesport

I. Allgemeines zur Dopingbekämpfung im internationalen Pferdesport

1. Das allgemeine Definitionsproblem: Doping

Ein grundlegendes Problem, das den Kampf gegen Doping jahrelang begleitete, war die fehlende Konkretisierung der „unerlaubten Leistungsmanipulation" und die damit fehlende Möglichkeit einer Grenzziehung zwischen erlaubter Substitution und unerlaubter Manipulation. Um verbindlich zu klären, wann von einem Dopingfall gesprochen werden kann, erfolgten im Laufe der Dopinggeschichte zahlreiche Versuche, praktikable Lösungen durch teleologische Bestimmungen festzulegen.[285] Eine Harmonisierung des Dopingbegriffs einschließlich des Verfahrens zur Dopingbekämpfung brachte schließlich erst der WADA-Code im Jahre 2004.

Weil eine abstrakte medizinisch-rechtliche Definition des Dopingbegriffs aufgrund der Vielfalt der Dopingmöglichkeiten kaum möglich ist, legt der WADA-Code unter dem Verzicht auf eine allgemeine Dopingdefinition den Dopingbegriff durch eine abschließende Aufzählung von Verboten fest, die mittels einer sogenannten *Liste der verbotenen Substanzen und Methoden* weiter konkretisiert werden.[286] Die Liste bildet das Kernstück aller Dopingtatbestände, denn Substanzen und Methoden beziehungsweise die für sie festgelegten Grenzwerte sind mitentscheidend für das Vorliegen oder Nichtvorliegen eines Doping- beziehungsweise Medikationsverstoßes. Aus diesem Grund spielen auch die Kriterien, die für die Aufnahme der Substanzen und Methoden in die Liste maßgeblich sind, für die Dopingdefinition und das daraus resultierende Dopingverbot eine konstitutive Rolle.[287]

a. Dopingdefinition der Equine Anti-Doping and Controlled Medication Regulations

Nach dem Vorbild des WADA-Codes definieren auch die *EADCMRs* als das maßgebliche Anti-Doping-Regelwerk des internationalen Pferdesports „Doping"

---

285 Einen Überblick über die bedeutsamsten Beispiele liefert *Haug*, S. 28 ff.

286 *Petri*, SpuRt 2003, 183; zur ausführlichen Definition siehe Anhang I.

287 *Kern*, S. 344. Zu den Kriterien, die eine Substanz oder Methode als Verbot im Sinne der Liste einstufen, siehe *Netzle*, SpuRt 2003, 186, 187.

nicht im Wege einer allgemeinen Umschreibung, sondern legen den Doping- beziehungsweise Medikationsbegriff durch die abschließende Aufzählung von Verboten in Form der Dopingliste und Methoden fest. Im System der *Equine Anti-Doping and Controlled Medication Regulations (EADCMRs)*, die sich dem Problem des Dopings *(EAD Rules)* und der kontrollierten Medikationen *(ECM Rules)* neuerdings in zwei unterschiedlichen Kapiteln widmen, schreiben insgesamt *zwölf* Verbote einen Verhaltenskodex der regelunterworfenen Personen vor; sie formen den Tatbestand des Dopings respektive des Medikationsverstoßes.[288]

Im Sinne von Art. 1 und 2 *EAD Rules* beziehungsweise *ECM Rule*s liegt ein solcher Verstoß vor, wenn:

1. eine verbotene Substanz *(banned Substance – EAD Rules)* oder *controlled Medication – ECM Rules)* im Körper des Pferdes nachgewiesen wird;
2. eine verbotene Substanz oder eine verbotene Methode (*banned substance/method* oder *controlled medication substance/method*) gebraucht oder der Versuch des Gebrauchs unternommen wird;
3. die Probeentnahme ohne zwingenden Grund vereitelt oder verweigert wird;
4. Doping- und Medikationskontrollen verfälscht werden oder versucht wird, diese zu fälschen;
5. verbotene Wirkstoffe und verbotener Methoden im Besitz sind;
6. mit verbotenen Substanzen oder Methoden Handel betrieben wird;
7. ein sonstiges täterschaftliches Verhalten oder Teilnahmehandlungen im Zusammenhang mit Dopingverstößen oder Verstößen gegen kontrollierte Medikationen vorliegen.

Gemäß Art. 2.1 *EAD Rules* muss der Organismus des Pferdes, das an einer internationalen Pferdeleistungsprüfung der FEI teilnimmt, frei von jeglichen *Dopingsubstanzen* sein. Andernfalls ist der Tatbestand des Dopings erfüllt. Dagegen ist lediglich ein Verstoß gegen die Medikationsbestimmungen, d.h. der *ECM Rules*, anzunehmen, wenn eine Substanz aus dem Bereich der *controlled Medications* im Pferdeorganismus nachgewiesen wird.[289] Grundsätzlich spielt die Quantität der vorgefunden Substanz keine Rolle, es sei denn, es existieren zulässige Grenzwerte, die im jeweiligen Fall nicht überschritten worden sind.[290]

Nach Art. 2.2 wird ferner auch ein Verhalten der verantwortlichen Person als Dopingverstoß oder Verstoß gegen kontrollierte Medikationen gewertet, das durch die *EADMC Rules* als *Verwendung* verbotener Substanzen oder verbotener Methoden (*EAD Rules*) beziehungsweise als Verwendung kontrollierter Substanzen oder Methoden (*ECM Rules*) qualifiziert wird.[291] In Abgrenzung zu Art. 2.1

---

288 Vgl. im Übrigen Anhang III (Dopingdefinition der *EADCMRs*).

289 Zu den Medikationsklassen der *Equine Prohibited List* sogleich, S. 104 ff.

290 Zu Grenzwerten siehe bereits S. 99 f.

291 Vgl. Art. 2.2 *EAD/ECM Rules: „Use or Attempted Use of a Banned Substance or a Banned Method"*.

erfasst Art. 2.2 diejenigen Doping- oder Medikationsverstöße durch verbotene Methoden, die nicht im Körper des Pferdes nachweisbar sind, sodass der Tatbestandsvariante des Art. 2.2 eine selbstständige Bedeutung zukommt. Entgegen Art. 2.2 *EADCMRs* a. F. ist nun auch der Versuch des Gebrauchs einer verbotenen Substanz, einer kontrollierten Medikation oder einer verbotenen Methode mit Strafe bedroht.

Als Doping- oder Medikationsverstoß wird ferner nach Art. 2.3 *EAD Rules/ ECM Rules* auch die Verweigerung der Abgabe einer Dopingprobe oder die sonstige Vereitelung der Entnahme einer analysefähigen Dopingprobe des von der verantwortlichen Person betreuten Pferdes gewertet. Als sonstige Vereitelung kommt beispielsweise das Verstecken des Pferdes vor dem Dopingkontrolleur in Betracht. Durch Sanktionierung dieses Verhaltens soll den beteiligten Personen keine Möglichkeit verbleiben, das betroffene Pferd dem Kontrollsystem der FEI zu entziehen.

Nach Art. 2.4 *EAD Rules/ECM Rules* wird das Verfälschen sowie das versuchte Verfälschen von Dopingkontrollen ebenso als Doping- oder Verstoß gegen kontrollierte Medikationen bestraft, je nachdem, welche Substanzen der zwei Klassen involviert sind. Diese Tatbestandsvariante spielt in der pferdesportrechtlichen Doping- und Medikationspraxis jedoch bisher keine nennenswerte Rolle.

Der mit der Novelle neu eingeführte Art. 2.5 *EAD Rules* verbietet nunmehr auch den Besitz von Wirkstoffen, die der Wirkstoffgruppe der Dopingsubstanzen zuzuordnen sind.[292] Dass der Besitz von verbotenen Wirkstoffen im internationalen Pferdesport bis zu Novellierung der *EADCMRs* 2010 nicht unter Strafe gestellt war, ist darauf zurückzuführen, dass im Pferdesport bislang keine Trainingskontrollen durchgeführt wurden, die den Besitz dopingrelevanter Medikamente aufdecken konnten. Da außerhalb des Turnierbetriebs jedoch therapeutisch veranlasste Behandlungen erforderlich sind, um die Gesundheit eines Pferdes zu erhalten, bezieht sich das Verbot des Besitzes nur auf *Dopingsubstanzen*, die in ihrer Eigenschaft als solche gesundheitliche Schäden beim Pferd hervorrufen können. Anders als im Humansport kann der Besitz von Medikamenten im Pferdesport damit nicht sanktioniert werden. Befindet sich eine Person im Umfeld eines Sportpferdes im Besitz eines Dopingpräparats oder werden entsprechende Dopingmittel beziehungsweise Utensilien in der Reise- oder Stallapotheke vorgefunden, kann die verantwortliche Person nach Art. 2.5 *EAD Rules* verbandsnormativ belangt werden.

Im Anwendungsbereich ausschließlich der *EAD Rules* ist ferner nach Art. 2.6 *EADCMRs* der Handel mit verbotenen Substanzen und Methoden unter-

292 Eine Ausnahme besteht dann, wenn der Athlet eine annehmbare Begründung für den Besitz der Dopingsubstanzen nachweisen kann, vgl. Art. 2.5 *EAD Rules*.

sagt. Dieser Tatbestand spielte im Pferdesport bislang eine untergeordnete Rolle. Neben dem Reiter werden mit diesem Tatbestand in erster Linie Personen aus dem Athletenumfeld angesprochen, insbesondere Trainer und Tierärzte.[293]

Schließlich sind auch Mittäterschaft und Teilnahme im Zusammenhang mit Doping- und Medikationsverstößen nach den Bestimmungen der *EADCMRs* als Doping- beziehungsweise Medikationsverstoß einzustufen, Art. 2.7 *EAD Rules* und Art. 2.5 *ECM Rules*). Danach soll sowohl die Anstiftung als auch die Beihilfe zur Begehung eines Dopingverstoßes, einschließlich jedweder Form der Komplizenschaft, Sanktionen nach sich ziehen können. Auch hier sind als Adressaten vornehmlich Personen aus dem Athletenumfeld angesprochen, die sich künftig – zumindest im Spitzensport – den Anti-Doping-Regeln zu unterwerfen haben.

b. Die Equine Prohibited Substances List

Das Pendant zur *Prohibited Substances List* des WADA-Codes im Humansport stellt im internationalen Pferdesport die *Equine Prohibited Substances List* dar. Bedingt durch die geltende Null-Lösung und einem vielfältigeren Einsatz verschiedenster Wirkstoffe im Pferdesport, ist die *Equine Prohibited List* der FEI deutlich länger und besteht – wie eingangs bereits erläutert – aus zwei unterschiedlichen Komponenten.

Aufgrund der Vielfalt und der stetigen Entwicklung immer neuer Präparate auf dem pharmazeutischen Markt ist die Aufzählung aller Medikamente, die zur künstlichen Leistungssteigerung eingesetzt werden können auch bzw. besonders im Pferdesport nahezu unmöglich. Aus diesem Grund beschränkte sich die FEI bis zur Reformierung ihrer Anti-Doping Vorschriften auf die Aufzählung von sogenannten *Wirkstoffgruppen*. Diese Vorgehensweise stieß bei Athleten und Athletenbetreuern (in erster Linie den Tierärzten) auf heftige Kritik.[294] So äußerten die Sportler und betreuenden Tierärzte das Bedürfnis möglichst einfach und übersichtlich Kenntnis darüber zu erlangen, mit welchen Wirkstoffen ihre Pferde im Vorfeld oder auch während eines Turniers behandelt werden können beziehungsweise wie lange es dauert, bis etwaige Substanzen wieder abgebaut sind.[295] Die Dopingregeln sollten für die Normadressaten einfach verständlich sein.

---

293 Zur Regelunterwerfung des Athletenumfelds siehe unten. S. 73 ff.

294 So unter anderem die Presseerklärung des *International Jumpers Riders Club* vom 1. Oktober 2008, abrufbar unter: http://www.ijrc.org/index.php?id=11&doc=3590 (Abruf 08.09.10).

295 CAS Urteil vom 23.5.1995 – CAS 94/129; CAS 2008/A/1557 Nr.6.15; so auch die Forderung der Reiter im deutschen Spitzensport, siehe dazu den Abschlussbericht der DOSB-Kommission Reiten, S. 8, 13.

In dem Bemühen um eine bessere Definition überarbeitete die FEI die *Equine Prohibited List* und zählt nunmehr neben den Wirkstoffgruppen auch Medikamente auf, in denen die jeweils verbotenen Wirkstoffe enthalten sind.[296] Weiterhin werden jedoch auch solche Wirkstoffe als Doping- oder verbotene Medikationssubstanz qualifiziert, die sich nicht explizit auf der Liste der verbotenen Substanzen befinden, die in ihrem chemischen Aufbau oder ihrer biologischen Wirkung einer solchen jedoch entsprechen. Hier wird jedoch die *Prohibited Substance Database* Abhilfe schaffen und den Reitern als weiteres Hilfsmittel an die Hand gegeben. Es handelt sich um eine Datenbank, auf der circa 1.200 Substanzen und Wirkstoffe registriert sind, die über eine Suchmaske von jedem Interessierten abgefragt werden können und dementsprechend Auskunft über die Klassifizierung der jeweiligen Substanz geben.[297] Die Datenbank der FEI trägt als solches zur notwendigen Transparenz bei, die von den Betroffenen gefordert wird. Mögliche Einschränkungen und Informationspflichten der verantwortlichen Personen bezüglich Wirkungsweisen und Abbauzeiten bestimmter Medikationen werden dadurch erheblich verringert und die heftig diskutierte Frage der ausreichenden Bestimmtheit bzw. Bestimmbarkeit obsolet.

2. Wettkampf- und Trainingskontrollen

Nach dem Vorbild des WADA-Codes gliedert sich das Dopingkontrollsystem in verschiedene Kontrollarten, sogenannte *Wettkampfkontrollen (Competition Controls)*, die während eines Wettbewerbs vorzunehmen sind[298] und sogenannte *Trainingskontrollen (Out-of-Competition Controls)*, die sinngemäß außerhalb von Wettkämpfen vorgenommen werden und den zu kontrollierenden Athleten neben der Duldung der Kontrolle zusätzliche Pflichten gegenüber der Anti-Doping-Organisation auferlegen. Bis zum Inkrafttreten der reformierten *EADCMRs* 2010 kam die FEI ihren vertraglichen Pflichten gegenüber der WADA, die Wettkampf- *und* Trainingskontrollen nach Maßgabe internationaler WADA-Standards durchzuführen, vollständig jedoch nur hinsichtlich der Reiter nach. In Bezug auf den Athleten „Pferd“ beschränkte sich das ehemalige Dopingkontrollsystem auf die Durchführung von Wettkampfkontrollen und war damit im Sinne von Art. 2.4 WADA-Code grundsätzlich vertragswidrig.[299]

---

296 Siehe dazu die überarbeitete *Prohibited Substance List*, abrufbar unter: http://www.feicleansport.org/ProhibitedSubstancesList_Jan2010.pdf (Abruf am 04.08.2010).

297 Siehe unter: http://prohibitedsubstancesdatabase.feicleansport.org/ (Abruf 20.08.10).

298 Siehe Einleitung/Geltungsbereich der *EADCMRs* a. F.: *"The EADMC Rules shall apply to all Doping Controls and Medication Controls at FEI Events."*

299 Zum Erfordernis der Einführung von Trainingskontrollen auch bei Pferden, siehe unten S. 134 ff.

So haben sich die Reiter Trainingskontrollen zu unterziehen.[300] Da es im Pferdesport allerdings in erster Linie auf den physischen Zustand des Pferdes ankommt und eine durch Medikamente gesteigerte Leistung des Menschen im Reitsport keine nennenswerten Auswirkungen auf den sportlichen Gesamterfolg des Paares „Reiter-Pferd" hat,[301] erscheint diese Regelung mehr als sinnwidrig. Sie basiert auf dem Fairnessgebot, das eine Gleichbehandlung aller Sportler gebietet und sportartübergreifend Geltung beansprucht.

Eine Regelung, die die Durchführung von Trainingskontrollen auch bei international aktiven Sportpferden zum Inhalt hat und die nach Art. 20.3.2 WADC zu den zwingend zu implementierenden Vorschriften der *International Federations* gehört, hat mit der Reformierung der Anti-Dopingbekämpfung im Pferdesport nun jedoch Eingang in die neu formulierten *EADCM Regulations* gefunden.[302] Allerdings lässt der Wortlaut der Norm *„All Horses registered with the FEI or a National Federation shall be subject to intelligence based Out-of-Competition Testing by the FEI"* darauf schließen, dass die FEI die Durchführung von Trainingskontrollen nur für den Fall vorsieht, dass bereits ein konkreter Verdacht eines Dopingverstoßes besteht. So werden durch den internationalen Verband auch in Zukunft keine Trainingskontrollen an den Spitzenpferden vorgenommen. Dies bleibt vielmehr den nationalen Mitgliedsverbänden überlassen. [303]

3. *EADCMRs Therapeutic Use Exemptions* (TUEs) für Pferde

Auch für Pferde sieht das internationale Reglement der FEI die Möglichkeit zur Erteilung von therapeutischen Ausnahmegenehmigungen vor,[304] sofern der Top-

---

300 Mit der Aufnahme in einen *Test Pool* werden die Reiter dazu verpflichtet, sogenannte *whereabouts*, das heißt Informationen zur ihrem Aufenthaltsort an die FEI mittels eines eigens hierzu geschaffenen Programms, dem sogenannten *Anti-Doping Administration & Management System* (ADAMS) weiterzuleiten, vgl. Kommentar zu Art. 11.3 *International Standards* des WADA-Codes. Im Bereich des Springsports werden die 40 besten Reiter in den *Testpool* der FEI aufgenommen, für den Dressur- und den Vielseitigkeitssport die besten 30 der jeweiligen Weltrangliste. Siehe Anhang der III der FEI *Anti-Doping Rules for Human Athletes*, S. 49, sowie die Weltrangliste der FEI, unter: http://www.fei.org/Disciplines/Jum ping/Results/Pages/Online_Rankings.aspx.

301 *Dworsky*, S. 46 ff.

302 Vgl. Art. 5.2 *EAD Rules*: *„All Horses registered with the FEI or a National Federation shall be subject to intelligence based Out-of-Competition Testing by the FEI. Nothing in these Rules shall preclude any National Federation from adopting its own Out-of-Competition Testing protocols, subject to Article 13.1."*

303 Die Präsidentin der FEI sieht die Verantwortung zur Durchführung von Trainingskontrollen bei den jeweiligen *National Ferderations*. Siehe dazu „Lascher Dopingkampf im Reitsport – Weltverband gelobt Besserung" von *Michael Rossmann*, abrufbar unter: http://www.n-tv.de/sport/Weltverband-gelobt-Besserung-article393995.html (Abruf 04.08.10).

304 Zur Erteilung von *Therapeutic Use Exemptions* für Reiter siehe Art. 5.2 FEI *Anti-Doping Rules for Human Athletes* sowie die die *International Standards for Therapeutic Use Exemptions*,

athlet „Pferd" während eines FEI-Turniers mithilfe einer *Controlled Medication* einmal medizinisch versorgt werden muss.[305] Das System zur Erteilung von Ausnahmegenehmigungen ist an die *International Standard for Therapeutic Use Exemptions* (TUE) des WADA-Codes angelehnt. Soll ein Pferd im Vorfeld oder während des Wettbewerbs mit einer Substanz behandelt werden, die auf der Medikationskontrollliste der FEI steht – der Einsatz von Dopingsubstanzen ist per se verboten – muss der Reiter oder sein behandelnder Tierarzt eine *Equine Therapeutic Use Exemption* (ETUE) beantragen. [306] Dies kann auch noch kurz vor dem beabsichtigten Start bei einem FEI-Event geschehen.[307]

II. Rechtmäßigkeitskontrolle

Die materiellen und formellen Instrumente, derer sich die Sportverbände im Bereich der Dopingbekämpfung bedienen, müssen den geltenden rechtsstaatlichen Prinzipien entsprechen. Auch in der Schweiz als Sitzstaat der FEI werden der umfassenden Vereinsautonomie durch das zwingende staatliche Recht Grenzen gesetzt, die es zugunsten der Sportler zu beachten gilt, Art. 63 Abs. 2 ZGB.[308]

Da sich die Gerichte mit der Frage der Vereinbarkeit der Verbandsnormen der FEI mit dem geltenden Schweizer Recht soweit ersichtlich bisher nur rudimentär befasst haben, soll im Folgenden der Frage nachgegangen werden, inwieweit die Dopingregelungen der *EADCMRs* einer Rechtmäßigkeitskontrolle am Maßstab des Schweizer Rechts standhalten.[309] In diesem Zusammenhang sahen sich in der Vergangenheit vor allem die Bestimmtheit der Dopingdefinition, die *strict liability*-Regelung und die zweijährige Regelsperre rechtlichen Bedenken ausgesetzt.[310]

---

unter: http:// www.wada-ama.org/rtecontent/document/Standard_TUE_ ger.pdf (Abruf 08.02. 10).

305 Vgl. Artikel 4.4 *ECM Rules* in Verbindung mit den *Veterinary Regulations* der FEI.

306 Dies unterließ beispielsweise der verantwortliche deutsche Mannschaftstierarzt im Dopingfall um *Marco Kutschers* Pferd „Cornet Obolensky", dem während zwei Umläufen eine Injektion aus *Lactanase* und *Arnika* verabreicht wurde. *Lactanase* ist kein zugelassenes Medikament und führte zu heftigen Nebenwirkungen, siehe „Es war die Pflegerin", SZ vom 05.05.2009 (Fn. 46).

307 Aus Gründen der Fürsorgepflicht gegenüber dem Pferd muss sich der verantwortliche FEI Tierarzt, bevor er die *Medication Form* unterzeichnet, vergewissern, dass das Pferd teilnahmefähig ist und dass das Fairnessgebot durch Genehmigung bei der beantragten Medikation nicht wettbewerbswidrig beeinträchtigt wird, vgl. Art. 1026 VRs.

308 *Heini*, ZGB, Art. 63 Rn. 3 ff.

309 Inwieweit Unterschiede zu einer Inhaltskontrolle nach deutschen Rechtsgrundsätzen existieren, wird ebenfalls zu untersuchen sein, siehe S. 127 ff.

310 *Teitler*, S. 395, 405.

Im internationalen Sportgeschehen beansprucht das Schweizer Recht weitreichende Geltung. So haben nicht nur zahlreiche internationale Sportverbände wie die FEI ihren Sitz in der Schweiz, sondern auch der Internationale Sportgerichtshof (CAS), der sofern keine abweichende Parteivereinbarung zu Grunde liegt, ebenfalls das Schweizer Recht als Kontrollmaßstab heranzieht.[311] Zudem hat auch das international zuständige deutsche Gericht eine Dopingsanktion der FEI gegenüber einem Reiter ebenfalls anhand des Schweizer Sachrechts zu überprüfen, sofern der Klage nicht ausschließlich wettbewerbsrechtliche Ansprüche (zwingendes Recht) zugrunde gelegt werden.[312] Aufgrund der Sachnähe zum Mitgliedschaftsverhältnis in einem Verein/Verband ist das mitgliedschaftsähnliche Rechtsverhältnis zwischen Sportler und (internationalem) Verband kollisionsrechtlich dem Gesellschaftsstatut zu unterstellen. Auf das Recht einer Gesellschaft wird das Recht des Registerortes angewandt.[313]

1. Umfang der richterlichen Kontrolle

Bei den zu überprüfenden Anti-Dopingvorschriften, auf die der internationale Pferdesportverband seine Sanktionen gegenüber Betroffenen stützt, handelt es sich grundsätzlich um sog. Spiel- oder auch Sportregeln, die vom Verband autonom bestimmt werden.[314] Sie haben den Spiel- bzw. Turnierverlauf zum Gegenstand und bestimmen darüber, welcher Sportler unter bestimmten Umständen gewinnt bzw. verliert und gehören als Spielregeln *im engeren Sinne* zu den ureigensten Angelegenheiten der Verbände. Hinsichtlich ihrer Anwendung durch die Sportverbände sind sie von einer richterlichen Überprüfung ausgeschlossen.[315] Vor allem bei technischen Sachverhaltsfragen und Ermessensentscheidungen der Verbände ist eine gewisse Zurückhaltung der richterlichen Kontrolle geboten.[316] Sofern Verbandsregeln jedoch auch über den Sportplatz/Parcours ihre Wirkungen entfalten, werden die geschützten Interessen der Sportler tangiert.[317] Dies betrifft vor allem die Sanktionsregeln als Spielregeln *im weiteren Sinne*, die den Verband zu Eingriffen berechtigen und deswegen einer klaren statuarischen

---

311 Siehe dazu R CAS-Code sowie unten S. 164 ff.

312 Zur internationalen Zuständigkeit der deutschen ordentlichen Gerichtsbarkeit in internationalen Dopingrechtsstreitigkeiten zwischen einem deutschen Reiter und der FEI siehe unten S. 169 ff.

313 Dazu vertiefend *Adolphsen*, Internationale Dopingstrafen, S. 267 ff.

314 Zur Charakterisierung der Spielregel als Rechtsregeln ausführlich *Kummer*, S. 15 ff.

315 BGE 120 II 369 mit Nachweisen auf frühere Entscheidungen. Zur Abgrenzung von Spiel- und Rechtsregel eingehend *Kummer*, S. 15 ff.; eine zum Teil ablehnende Haltung herrscht dagegen in Deutschland, siehe hierzu *Haas/Haug/Reschke*, Handbuch des Sportrechts, *Pfister*, SpuRt 1998, 221 ff.; *Vieweg* FS Röhricht, S. 1261.

316 Siehe BGE 134 III 193, 199; so hat sich der Richter zum Beispiel bei unbestimmten Normtatbeständen in der Subsumtionskontrolle zurück zu nehmen. Dagegen ist zweifelhaft, ob ein Gericht eine vom Verband verhängte Sperre, die es zwar grundsätzlich für berechtigt hält, verkürzen (so CAS 92/74) oder nur insgesamt aufheben darf, um die konkrete Festlegung im Rahmen der gezogenen Schranken erneut dem Verband zu überlassen (Verbandsautonomie).

317 *Pfister*, PHB Sportrecht, Einführung Rn. 20 ff, S. 17.

Grundlage bedürfen.[318] Sanktionsregeln, die zwar mittelbar auch die Sportausübung betreffen, entfalten ihre Wirkungen in erster Linie außerhalb des Spielfelds/Parcours, da sie – wie im weiteren noch zu prüfen ist – insbesondere zu Einkommenseinbußen des Athleten führen können. [319] Aus diesem Grund können auch die Sanktionsregeln der FEI Gegenstand gerichtlicher Entscheidungen sein und unterliegen einer vollen Überprüfungsbefugnis.[320]

2. Prüfungsmaßstab

a. Das allgemeine Persönlichkeitsrecht

Anders als in Deutschland ergibt sich in der Schweiz der Anspruch des Betroffenen auf Überprüfung der verbandsrechtlichen Sanktion und der Rechtsgrundlage auf der sie beruhen, aus dem in Art. 28 ZGB verankerten *Persönlichkeitsrecht.*[321] Aus diesem Grund ist im Schweizer Recht danach zu fragen, ob der Sportler durch die vom Verband auferlegte Sanktion in seinem Persönlichkeitsrecht verletzt wird.[322]

aa. Schutzbereich

Im Bereich des Spitzensports umfasst der Persönlichkeitsschutz in erster Linie den Anspruch auf körperliche Integrität und Gesundheit des Sportlers.[323] Zudem wird die wirtschaftliche Entfaltung geschützt, sofern die sportliche Betätigung auch zu Erwerbszwecken ausgeübt wird.[324] Danach kann jeder Sportler den Richter oder Schiedsrichter anrufen, der sich in seiner Persönlichkeit widerrechtlich verletzt sieht. [325]

Eine Verletzung der Persönlichkeitsrechte ist grundsätzlich widerrechtlich. Dies ist auf den Charakter des Persönlichkeitsrechts als absolutes Recht zurückzuführen.[326] Die Verletzung lässt sich jedoch durch eine Einwilligung des Verletzten oder ein überwiegendes privates oder öffentliches Interesse rechtferti-

---

318 Baseler Kommentar/*Riemer*, N 210; *Heini/Portmann*, Rn. 316.

319 BGE 125 II 643 E. 4 a, S. 652 = URP 14/2000, S. 337 ff; BGE 125 II 86 E. 6 S. 98.

320 BGE 120 II 369 ff.; BGE 134 III 193, 199; *Heini*, FS Meier- Hayoz ,S. 230 f.; *Baddeley*, S. 41.

321 Zum Prüfungsmaßstab im deutschen Recht siehe S. 126 ff.

322 CaS 2006, S. 50 ff.; CaS 2004, S. 38 ff. ; *Scherrer*, Sportrecht, S. 54 ff.

323 Zum physischen Schutzbereich des Art. 28 ZGB, Baseler Kommentar-ZGB/*Meili*, Art. 28 Rn. 17.

324 *Baddeley*, Le sportif, sujet ou objet?, S. 135, 163 ff. ; *Hausherr/Aebi-Müller*, ZBJV 137/2001.

325 *Heini*, in: FS Meier-Hayoz, S. 230 f.

326 *Baddeley*, Dopingsperren, S. 9, 12.

gen.[327] Ob das Verbandsinteresse an einer effizienten Dopingbekämpfung im Einzelfall überwiegt, wird im Schweizer Rechtskreis im Wege einer *Interessenabwägung* ermittelt und ist abhängig von der Eingriffsqualität der betreffenden Sanktion.

bb. Eingriffsqualität der Sanktionen

(a.) Disqualifikation

Im Rahmen der Disqualifikation, die rückwirkend der Ausschaltung irregulärer Vorteile dient und die nach Art. 9 EADCMRs zu einer Annulierung der erzielten Ergebnisse während der gesamten Pferdeleistungsschau sowie zur Aberkennung der erlangten Punkte, Preise und Medaillen führt, kommt die Verletzung der Vermögensrechte des Reiters im Sinne des Art. 28 Abs. 1 ZGB in Betracht, sofern er das gewonnene Preisgeld, an dem er in der Regel anteilig beteiligt ist, zurück erstatten muss. Insofern kann auch die Disqualifikation im internationalen Pferdesport, die als solche eigentlich keinen disziplinarischen Charakter hat,[328] einen Eingriff in die Vermögensrechte des Reiters darstellen, der im Schweizer Rechtssystem durch ein überwiegendes Verbandsinteresse gerechtfertigt werden muss. [329]

(b.) Suspendierung

Auch die zentrale Sanktionsmaßnahme im Kampf um einen dopingfreien Sport, die Sperre als Strafe mit längerfristiger Wirkung, kann das Persönlichkeitsrecht des betroffenen Sportlers verletzen und somit der richterlichen Kontrolle unterworfen sein.[330] Anders als die Disqualifikation dient die Sperre nicht nur der Wiederherstellung gleicher Wettbewerbsbedingungen, sondern geht in ihren Wirkungen über die bloße Beseitigung des regelwidrig erlangten Wettbewerbsvorteils hinaus.[331] Im Grundsatz stellen Dopingsperren immer eine Verletzung

327 Vgl. Art. 28 Abs. 2 ZGB.

328 Zum Strafcharakter der Disqualifikation *Adolphsen*; SpuRt 2000, S. 97; kritisch *Baddeley*, Staat und Sportorganisation S. 127 f.

329 BGE 119 II 281 sowie BGE 134 III 193 = SpuRt 2009, S. 25 ff. Das Schweizerische Galopp-Renn-Reglement sieht ebenfalls eine automatische Disqualifikation eines positiv getesteten Pferdes vor, vgl. § 176 Ziff. 3.20 GRR.

330 BGE 118 II 12 ; Bern Richteramt III = SJZ 1988, 85; KGer SG SJZ 1991, 284.

331 *Baddeley*, Le sportif, sujet ou objet ?, S. 135, 183 ff.; *Bodmer*, S. 93 ff.

des Rechts des Sportlers auf Ausübung seines Sports als Amateur oder als Profi dar.[332]

(c.) Vorläufige Suspendierung

Der Dopingsperre vorgeschaltet ist die vorläufige Suspendierung. Bei der Suspendierung handelt es sich um eine vorläufige Wettkampfsperre, die verhängt wird, bis über eine Sperre endgültig entschieden werden kann.[333] Danach kann die FEI im Fall eines positiven Testergebnisses der A-Probe unter Beachtung weiterer Verfahrensrechte[334] den Reiter und/oder sein Pferd vorläufig vom Wettkampf und darüber hinaus ausschließen, bis das Ergebnis der B-Probe vorliegt.[335] Aufgrund ihrer andauernden Wirkung ist auch die Suspendierung dazu geeignet, das Persönlichkeitsrecht eines Reiters zu verletzen, der in der Zwischenzeit von der Teilnahme an weiteren Turnieren ausgeschlossen ist. Im Berufssport ist die wirtschaftliche Entfaltung ebenfalls von Art. 28 ZGB geschützt.[336] Zudem kann schon die Suspendierung des Reiters zu einem Ansehensverlust im Sport führen, da ein Doping- oder Medikationsverstoß automatisch im Raum steht.[337]

b. Fazit

Da Verbandssanktionen, wie die Disqualifikation, Suspendierung und die Sperre in das Persönlichkeitsrecht des betroffen Sportlers eingreifen, unterliegen die Sanktionen der FEI samt der Rechtsnormen auf denen sie beruhen, der umfassenden staats- oder schiedsrichterlichen Kontrolle. Bei Eingriffen in das allgemeine Persönlichkeitsrecht eines Sportlers wird die Verbandsautonomie der Sportverbände durch das gesamte staatliche Recht begrenzt. Eine Einschränkung der richterlichen Überprüfungsbefugnis findet allenfalls im Bereich der Ermessensentscheidungen statt. Im Einzelfall richtet sich die Frage, ob eine Dopingvorschrift einschließlich ihrer Durchsetzung rechtmäßig ist danach, ob die Vorschrift verhältnismäßig ist. Ob das Verbandsinteresse im Einzelfall zugunsten ei-

332 *Baddeley*, Dopingsperren, S. 20.

333 *Petri*, SpuRt 2003, S. 183, 184.

334 Die FEI muss prüfen, ob es sich unter Umständen um eine zulässige *Equine Therapeutic Use Exemptions* (ETUE) handelt und ob unzulässige Abweichungen im Verfahren der Probeentnahme und/oder der sich anschließenden Laboranalyse aufgetreten sind. Eine Anhörung des Reiters ist ebenfalls durchzuführen. Die Einhaltung dieser Verfahrensprinzipien ist nach Art. 7 und 8 WADC zwingend vorgeschrieben.

335 Vgl. Art. 7.2 EADMCRs.

336 *Hausherr/Aebi-Müller*, ZBJV 137/2001.

337 Von einer Ehrverletzung spricht auch BGE 134 III 193, S. 200; ebenso *Deschenaux/Steinauer*, N. 558; *Baddeley*, Le sportif, sujet ou objet?, S. 184 ff.

ner effizienten Dopingbekämpfung überwiegt, ist im Schweizer Rechtskreis im Wege einer *Interessenabwägung* zu ermitteln.

3. Verschulden: Die *strict liability*-Regel

a. Objektive Zustandshaftung

Für heftige Diskussionen in der Fachliteratur sorgte im System des WADA-Codes ferner die Regelung zur Schuld beziehungsweise des Schuldnachweises. Hinsichtlich der Verschuldensfrage übernehmen der Code und die Anti-Doping Regeln der FEI ausdrücklich den vom CAS entwickelten Grundsatz der *strict liability*.[338] Mit der Intention einer möglichst effektiven Bekämpfung des Dopings im Sport wird nach dem Prinzip der *strict liability* ein zu sanktionierender Dopingverstoß schon dann angenommen, wenn ein verbotener Wirkstoff im Körper des Athleten vorgefunden wird.[339] Ein mögliches Verschulden des Athleten bleibt (zunächst) unberücksichtigt. Nach diesem aus dem Haftpflichtrecht stammenden Prinzip[340] wird folglich nicht das Verhalten des Athleten, sondern ausschließlich der objektiv messbare und vorliegende Dopingwert im Sinne einer Zustandshaftung beurteilt.[341]

Durch das Anknüpfen der Sanktion allein an die Präsenz einer verbotenen Substanz im Körper des Athleten Mensch bzw. Pferd wollen sich die Anti-Doping Organisationen vor den zu erwartenden Entschuldigungs- und Rechtfertigungsgründen des Reiters oder sonstigen Verantwortlichen im Falle eines positiven Dopingbefundes schützen. Andererseits haben die Sportverbände im Rahmen ihrer Verbandsgewalt auch die rechtsstaatlichen Grundsätze zu beachten (Art. 63 Abs. 2 ZGB). Dementsprechend muss auch die *strict liability* Regelung im Verbandsregelwerk der FEI, die untrennbar mit der Frage der Rechtmäßigkeit von Verbandssanktionen und ihrer Strafqualität verbunden ist, mit dem geltenden Schweizer Recht vereinbar sein. Dazu müsste sie durch ein überwiegend öffentliches Interesse gerechtfertigt werden können. Allerdings ist nach dem allgemeinen Schweizer Rechtverständnis zur Erfüllung von (Straf-) Tatbeständen grundsätzlich ein Verschulden des Betroffenen erforderlich.[342] Ob eine Ver-

---

338 Siehe zur *strict liabilty*: OLG Frankfurt a.M., NJW-RR 2000, 1117 = SpuRt 2000, 197; OLG Frankfurt: Urteil vom 18.04.2001 – 13 U 66/01 = SpuRt 2001, 159; *Graf v. Westphalen,* § 109, Rn. 1; *Nesemann*, NJW 2007, 2083, 2085; *Petri*, SpuRt 2003, 183 ff.

339 *Prokop*, Vorschläge zu Reform der Doping-Regelungen des IAAF, S. 86.

340 Siehe vergleichsweise zur Produzentenhaftung statt vieler MüKo-BGB/*Wagner*, § 823 Rn. 592 ff. m. w. N.

341 *Eufe*, S. 37.

342 *Strathenwerth*; S. 32 Rn. 3 ff.; Baseler Kommentar-ZGB/*Heini/Scherrer*, Art. 70 Rn. 21.

bandsvorschrift, die auf das Erfordernis des Verschuldens auf Tatbestandsseite strikt verzichtet, mit dem geltenden Schweizer Recht vereinbar ist und der Prüfung durch ein ordentliches Zivilgericht oder alternativ das internationale Sportschiedsgericht standhält, erscheint daher zunächst fraglich.

b. Einschränkung auf der Rechtsfolgenseite

Allerdings erfährt der Grundsatz der Verschuldensunabhängigkeit auf der Rechtsfolgenseite eine erhebliche Einschränkung. Im Rahmen der Strafzumessung sehen sowohl der WADA-Code als auch die *EADCMRs* der FEI die Möglichkeit vor, die jeweiligen Sanktionen bei geringer oder gar fehlender Schuld des Reiters aufzuheben beziehungsweise verhältnismäßig zu mindern.[343] Zählt das Schweizer Rechtssystem das Verschulden zum Tatbestand einer Norm und ordnet es als „haftungsbegründend" ein, möchte das System des WADA-Codes die Schuld auf der „haftungsausfüllenden" Rechtsfolgenseite berücksichtigt wissen. Folglich spielt die persönliche Schuld trotz Geltung des *strict liabilty* Grundsatzes bei der Feststellung des Dopingtatbestands nach Art. 2 EADCMRs eine Rolle.

Auch wenn grundsätzlich ein Unterschied zwischen haftungsbegründendem und haftungsausfüllendem Tatbestandmerkmal besteht, ist der Streit um das Verschuldenserfordernis im System des WADA-Codes letztlich rein dogmatischer Natur. Da im Ergebnis sowohl WADA-Code als auch die die Anti-Doping Vorschriften der FEI einen individuellen Schuldvorwurf unter Betrachtung des Einzelfalls zulassen und eine erhebliche Reduzierung der Strafe bis zu ihrer Aufhebung möglich ist, wird dem rechtsstaatlichen Verschuldenserfordernis unter Berücksichtigung der „rechtlichen Sonderrolle" des Sports ausreichend Rechnung getragen.

c. Rechtsprechung des Schweizer Bundesgerichts

Mit der Frage des zulässigen Verzichts auf den Verschuldensnachweis hatte sich schließlich auch das Schweizer Bundesgericht zu befassen. In einem Rechtsstreit zwischen dem Schweizer Springreiter *Elmar Gundel* und dem internationalen Pferdesportverband, in dem es um die Verhängung einer Dopingsperre und ihrer Bestätigung durch das Sportschiedsgericht (SSG) in Lausanne ging, urteilte das durch den Springreiter angerufene Bundesgericht zugunsten des Verbandes und hielt fest, dass die Unschuldsvermutung im Privatrecht nicht so streng zu hand-

343 Vgl. Art. 10.5 WADC, Art. 10.5 *EADCMRs*.

haben sei wie im Strafrecht.[344] Das Bundesgericht sah keinen Verstoß gegen den im Ausgangsverfahren (Schiedsverfahren) geltenden *ordre public* und wertete auch die Umkehrung der Beweislast im Sinne eines zu rechtfertigenden Eingriffs in das Persönlichkeitsrecht des Reiters als regelkonform.[345] In seiner Entscheidung hielt es fest, dass das *strict liability*-Prinzip mit dem *ordre public* generell vereinbar sei. Hierzu führte es aus:

> *„[...] Sofern die Ausführungen des Beschwerdeführers dahingehend zu verstehen sind, dass das Verschuldensprinzip ein fundamentaler, dem ordre public angehörender Grundsatz sei, der in Dopingverfahren beachtet werden müsse und gegen das strict liability Prinzip verstoße, so ist ihm nicht zu folgen [...] Das Bundesgericht hat bereits entschieden, dass die Regel, wonach bei einem positiven Befund verbotener Substanzen ohne weiteres ein Dopingvergehen angenommen wird, nicht gegen den ordre public verstößt [...]".*

In einer Entscheidung zum Pferderennsport ging das Bundesgericht schließlich auch unter Zugrundelegung des staatlichen Rechts davon aus, dass die Disqualifikation eines Rennpferdes im Rahmen eines Regelsystems, welches ein Dopingvergehen ahndet, sobald eine verbotene Substanz nachgewiesen wird, ohne dass der tatsächliche Einfluss der Substanz auf die Leistung des Pferdes und das Verschulden der verantwortlichen Person berücksichtigt werden, durch das überwiegende öffentliche Interesse an einer wirksamen Dopingbekämpfung gerechtfertigt sei.[346] Die Rechtmäßigkeit der strengen Zustandshaftung ist schließlich mehrfach durch die Rechtsprechung des CAS bestätigt worden, der zuletzt im Fall *Hansen./.FEI* noch einmal betonte, dass die Notwendigkeit einer Kausalhaftung im Interesse eines fairen Wettkampfes liegt, die auch im Einklang mit dem Schweizer Recht steht und vom Schweizer Bundesgericht mehrfach bestätigt worden ist.[347]

d. Fazit

Aus Sicht des allgemein als verbandsfreundlich geltenden Schweizer Rechts wird dem öffentlichen Interesse an einem dopingfreien Sport der Vorzug gegeben. Infolge der eindeutigen Aussage zugunsten der Zustandshaftung in dopingrechtlichen Streitigkeiten bestehen gegen die Umsetzung der *strict liablility* Re-

344 Entscheidung des Schweizer Bundesgerichts vom 15. März 1993 – Az.: 4P.217/1992 BGE 119 II 271 = ASA Bulletin 1993, S. 398. Diese Ausführungen befinden sich allerdings im unveröffentlichten Teil des Urteils, S. 21.

345 Weil das Ausgangsverfahren vor einem Schiedsgericht verhandelt wurde, musste das Bundesgericht nicht direkt zu der Frage Stellung nehmen, ob das Prinzip der *strict liability* auch einer Prüfung anhand des staatlichen Schweizer Rechts standhält.

346 BGer Lausanne, Urteil vom 23.08.2007 – 5 C.248/06.

347 Siehe BGE 134 III 193.

gelung im internationalen Pferdesportbetrieb daher keine rechtlichen Bedenken. Dies gilt sowohl unter Zugrundelegung staatlicher Rechtsnormen der Schweiz als auch bei Anwendung des *ordre public*.

4. Fragen des Beweisrechts im internationalen Dopingverfahren

Von der Frage des Verschuldenserfordernisses zu unterscheiden ist die Frage, wer im Einzelfall das Verschulden zu beweisen hat. Abhängig von der Rechtskultur und der Art des Verfahrens gestaltet sich der Vorgang der Wahrheitsfindung unterschiedlich, hingegen sind die Instrumente dazu universell.[348]

a. Instrumente des Common law *und ihre Vereinbarkeit mit dem Schweizer Recht*

Hinsichtlich des Nachweises eines Doping- oder Medikationsfalls durch Anti-Doping-Organisationen gilt im System des WADA-Codes und der *EADMCRs* ein höherer Standard als für Entlastungsnachweise, die durch die betroffenen Athleten oder sonstigen Verantwortlichen zu führen sind.[349] Zunächst muss die FEI überzeugend darlegen, dass sie einen Verstoß gegen Anti-Doping- und Medikationsbestimmungen der *EADMCRs* festgestellt hat, wobei die Schwere der Behauptungen zu berücksichtigen ist: „*The standard of proof shall be whether the FEI has established an EAD Rule violation to the comfortable satisfaction of the Hearing Panel bearing in mind the seriousness of the allegation which is made. This standard of proof in all cases is greater than a mere balance of probability but less than proof beyond a reasonable doubt.*“ Die Anforderungen an das Beweismaß sind nach Art. 3 *EADMCRs* damit also höher als die gleich hohe Wahrscheinlichkeit, jedoch geringer als ein Beweis, der jeden Zweifel ausschließt.

Obliegt dagegen die Beweislast zur Führung eines Gegenbeweises der zu widerlegenden Vermutung oder der Nachweis außergewöhnlicher Umstände sowie Tatsachen dem Reiter oder einer anderen Person, so liegen die Anforderungen an das Beweismaß in der gleich hohen Wahrscheinlichkeit: „*Where these EAD Rules place the burden of proof upon the Persons Responsible and/or member of their Support Personnel to rebut a presumption or establish specified facts or circumstances, the standard of proof shall be by a balance of probability, except where a different standard of proof is specifically identified.*“

348 *Walter*, S. 601, 602.

349 Art. 3.1 *EADMCRs* a.F. wie n.F. sind an Art. 3 WADC angelehnt, der die Regelung von *Beweislast* und *Beweismaß* im Dopingverfahren als durch die FEI zwingend umzusetzende Kernbestimmung vorsieht. vgl. Art. 23.3.2 WADC.

Die unterschiedlichen Beweismaßanforderungen auf Seiten des Verbandes und der Sportler erscheint als weiteres Korrektiv zur strengen *strict liablity* Regelung. Bei der Umsetzung der beweisrechtlichen Verfahrensregeln des WADA-Codes drängt sich allerdings die Frage auf, wie diese – offensichtlich von angloamerikanischen Rechtsauffassungen und Begriffen geprägten Regeln mit dem Schweizer – kontinentaleuropäisch beeinflussten – Rechtssystem in Einklang zu bringen sind.[350]

b. Beweislast und Beweismaß

Die *Beweislast*[351] im Schweizer Rechtssystem ist in Art. 8 ZGB niedergelegt. Art. 8 ZGB findet auf alle dem Bundeszivilrecht angehörenden Rechte und Rechtsverhältnisse – auch innerhalb der Schweizer Schiedsgerichtsbarkeit soweit das Bundeszivilrecht der Schweiz wie in Dopingrechtsangelegenheiten der FEI die Entscheidungsgrundlage darstellt – Anwendung.[352] Da die Beweislast auch Fragen des dem Rechtsstreit zugrunde liegenden Anspruchs, d.h. materielle Rechtsfragen betrifft, richtet sich die Regelung der Beweislastverteilung nach dem auf den konkreten Fall anzuwendenden Recht.[353] Demnach sind Dopingfällen gegen deutsche Reiter die Regeln der FEI unter Berücksichtigung ihrer Konformität mit dem Schweizer Recht maßgeblich.

Dagegen ist die Zuordnung des *Beweismaßes,*[354] das im deutschen Zivilprozessrecht dem Verfahrensrecht zugeordnet wird, im Schweizer Recht umstritten. Streitig ist, ob das Beweismaß ebenfalls aus Art. 8 ZGB abzuleiten ist und zum Kreis der ungeschriebenen zivilprozessualen Normen im Schweizer Bundesrecht gehört oder es sich aus dem übrigen Bundeszivilrecht der Schweiz, d.h. aus der

350 Die Schwierigkeit besteht jedoch nicht nur darin, dass die Vorgaben aus dem Bereich des *Common Law* stammen, sondern auch in der Kombination aus strafrechtlichen und zivilrechtlichen Begriffen, so *Walter*, S. 601, 602.

351 Die *Beweislast* legt fest, welche Partei die für eine Entscheidung erforderlichen Tatsachen vortragen muss und zu wessen Lasten sich die Ungewissheit im Fall ihrer Nichtnachweisbarkeit auswirkt. Können demnach einzelne Voraussetzungen des Dopingtatbestands im Rechtsstreit zwischen Verband und Sportler nicht bewiesen werden (*non liquet* in der Tatfrage), bestimmt die Beweislast, zu wessen Gunsten oder Ungunsten sich die offen gebliebenen Beweisfragen auswirken. Zum Schweizer Recht allgemein: CHK-*Breitschmid*, Art. 8 ZGB Rn. 1 ff.; zum deutschen Recht: Musielak/*Foerste*, ZPO, § 286 Rn. 32.

352 BGE 124 II 134 E. 2 bb; 123 III 35 E. 2 d; Baseler Kommentar-ZGB/*Kummer*, Art. 8 N 48 ff.

353 Baseler Kommentar-ZGB/*Kummer*, Art. 8 N 48 ff.

354 Das Beweismaß ist der Grad der richterlichen Erkenntnis, der erreicht sein muss, damit der Beweis gelingt. Es besagt, ob das Gericht die Behauptung mit überwiegender, mit hoher oder mit höchster Wahrscheinlichkeit oder gar mit naturwissenschaftlicher Sicherheit für wahr halten muss. Insofern kann das Beweismaß auch als Objekt richterlicher Überzeugung gelten, dazu HK-ZPO/*Saenger*, § 286 Rn. 13 ff.

jeweils zu Anwendung gelangenden Rechtsnorm ergibt.[355] Die wohl herrschende Meinung in der Schweiz ist der Ansicht, dass das Beweismaß nicht aus Art. 8 ZGB abzuleiten ist, sondern anhand der konkret zur Anwendung gelangenden materiellen Norm bestimmt wird.[356] Verschiedentlich spricht das Gesetz von *Sicherheit* oder *Gewissheit* (z.B. Art. 34 ZGB), eine Stufe darunter liegt die an *Sicherheit grenzende Wahrscheinlichkeit*, welche sich jedoch von der Stufe der Gewissheit nur wenig unterscheidet. Als Regelbeweismaß gilt im Schweizer Rechtskreis der Beweis als erbracht, wenn der Richter aufgrund objektiver Gesichtspunkte von der Verwirklichung einer Tatsache überzeugt ist und mögliche Zweifel nicht als erheblich erscheinen, was deutlich mehr sein muss als eine *bloß überwiegende Wahrscheinlichkeit*.[357] Aus der Natur der Sache kann sich auch ergeben, dass mit einer aus der Lebenserfahrung beruhenden *überwiegenden Wahrscheinlichkeit* begnügen muss.[358]

Angesichts der in der Schweiz anerkannten Herleitung des Beweismaßes aus den zugrunde liegenden materiellen Normen, bestehen gegen die Beweimaßregeln des WADA-Codes und der *EADMCRs* keine rechtlichen Bedenken. In diesem Zusammenhang hielt der CAS in seiner aktuellen Rechtsprechung zum Dopingfall der deutschen Eisschnellläuferin *Claudia Pechstein* noch einmal fest, dass ein Beweis der jeden Zweifel ausschließt zu Lasten des Verbandes nicht erforderlich ist. Dieser ursprünglich aus dem Strafrecht stammende Standard des Beweismaßes sei in dieser Strenge nicht auf Anti-Dopingfälle übertragbar, da diese privatrechtlicher Natur seien und gerade keine strafrechtliche Verfolgung darstellen.[359] Das dopingrechtliche Beweismaß, das zum Nachweis eines Dopingvergehens höher ist, als die gleich hohe Wahrscheinlichkeit, jedoch geringer als ein Beweis, der jeden Zweifel ausschließt, bewegt sich demnach im Rahmen des Zulässigen.

5. Die Regelsperre und das Prinzip der Verhältnismäßigkeit

a. Dauer einer Sperre

Obwohl heute in der Sportwelt das Interesse an einem dopingfreien Sport dominiert, dürfen verbandsinterne Sanktionen nicht gegen das *Verhältnismäßigkeits-*

355 Siehe BGE 124 III 5 E. 4; 115 II 440 E. 6a; *Hohl*, in FS Vogel, S. 146 ff. *Meier* BJM 1989, 57.; a.A. wohl *Walter*, S. 601, 611.

356 Baseler Kommentar-ZGB/*Schmid*, Art. 8 Rn. 16.

357 Siehe BGE 130 III 321 E. 3.2; 218 III 271 E. 2 B7aa; *Meier*, BJM 1989, 60 ff.

358 Vgl. BGE 130 III 321 E. 3.2; 218 III 271 E. 2 B7aa.

359 Siehe CAS 2009/A/1912-1913, S. 31 f.

prinzip[360] verstoßen.[361] Das Prinzip der Verhältnismäßigkeit wird von der Rechtsprechung des CAS und des Schweizer Verfassungsgericht als eine allgemeingültige Rechtsmaxime betrachtet, die bei der Verhängung von Disziplinarmaßnahmen in besonderem Maße Geltung beansprucht.[362] Auch der WADA-Code schenkt dem Prinzip der Verhältnismäßigkeit Beachtung, wendet dieses Prinzip jedoch sehr restriktiv an. Nach Art. 10.2 WADC wird gegenüber dem Sportler eine zweijährige Regelsperre verhängt. Nur wenn der Athlet in einem Einzelfall nachweist, dass ihn weder grobes Verschulden noch grobe Nachlässigkeit trifft, kann die Dauer der Sperre gemindert werden, allerdings darf die geminderte Dauer der Sperre nicht weniger als die Hälfte der ansonsten anwendbaren Mindestdauer der Sperre (also ein Jahr) betragen (Art. 10.5 WADC).

Entsprechendes ordnet das internationale Anti-Doping Regelwerk der FEI im Zusammenhang mit der Verwendung von Dopingsubstanzen an. Danach wird bei erstmaligem Pflichtverstoß, der im Zusammenhang mit einer *Dopingsubstanz* steht (Art. 2.1 und 2.2 *EAD Rules)* ebenfalls eine Sperre des Reiters von zwei Jahren (sowie eine Geldstrafe an) angeordnet. Die Dauer der Sperre kann nach dem Vorbild von Art. 10.5 WADC entsprechend gemindert werden, darf jedoch ebenfalls nicht weniger als ein Jahr (Art. 10.5.2 WADC) betragen. Für den Nachweis von *Controlled Substances* ist dagegen nur eine Sperre *von bis zu* einem Jahr (und eine Geldstrafe) vorgesehen (Art. 10.2 *ECM Rules*). [363] Die Sperre kann ebenfalls gemindert werden, wenn der Athlet nachweist, dass ihn weder grobes Verschulden noch grobe Nachlässigkeit hinsichtlich der verbotenen Medikation seines Pferdes trifft (Art. 10.4.2 *ECM Rules*).

---

360 Ob dieses Prinzip dem Straf-, Verwaltungs- oder dem Privatrecht entstammt, wird in der Schweizer Fachliteratur kontrovers diskutiert. Es kann letztlich jedoch dahinstehen, da für das Prinzip der Verhältnismäßigkeit in allen Rechtsbereichen ähnliche Anforderungen gelten, vgl. dazu *Fuchs*, S. 111 ff.; *Bodmer*, S. 100 ff.

361 *Baddeley,* Staat und Sportorganisation, S. 128; *Teilter*, S. 395, 405.

362 *Rigozzi*, L'Arbitrage, Rn. 1278.

363 Entgegen der wortgetreuen Umsetzungsverpflichtung enthielt Art. 10 *EADMCRs* die Formulierung „bis zu". Diese nur geringe Abweichung im Wortlaut führte im Ergebnis zu einem wesentlichen – gar systemwidrigen – Unterschied im Hinblick auf das Regelsanktionsmaß und dem Prinzip der *strict liabilty* Regelung. So war nach dem Wortlaut des FEI-Regelwerks die zweijährige Sperre als Höchstmaß und damit eine gerade keine Regelsperre nach Vorbild des WADA-Codes vorgesehen. Im alten Strafsystem der FEI erfolgte die Festlegung des Strafmaßes demnach „von unten nach oben", im Sanktionssystem des WADC dagegen von „oben nach unten". Diese als Redaktionsversehen einzustufende Abweichung war im Zuge einer Novellierung des Regelwerks zwingend zu ändern.

b. Rechtsprechung

Zeit ihres Bestehens sieht sich die zweijährige Regelsperre heftiger Kritik ausgesetzt und war immer wieder Gegenstand sportrechtlicher Entscheidungen.[364] Die Frage der Verhältnismäßigkeit von Anti-Dopingsperren führt im jeweiligen Einzelfall zu einer Abwägung zwischen den allgemeinen Interessen an einem korrekten, manipulationsfreien Sport und den betroffenen Persönlichkeitsrechten des Sportlers, der sich durch die Sanktion ungerecht behandelt fühlt. In den bisher bekannten Fällen kam die Rechtsprechung jedoch zu dem Ergebnis, dass die Regelsperre und auch die Mindestsperrfrist im Rahmen von Art. 10.5.2 WADC mit dem Prinzip der Verhältnismäßigkeit vereinbar sind und in den jeweiligen Einzelfällen nicht gegen übergeordnetes Schweizer Recht verstoßen haben.

In einem Dopingfall aus dem Schwimmsport kam zunächst das Schweizer Bundesgericht[365] zu dem Ergebnis, dass die Frage der Verhältnismäßigkeit einer Sanktion nicht danach zu bewerten ist, ob durch die Verhängung einer Regelsperre im Sinne des Art. 10.2 WADC/*EADCMRs* in unverhältnismäßigem Maße in die Rechte des Sportlers eingegriffen werde, sondern vielmehr danach zu fragen ist, ob es dem Beschuldigen gelingt, schuldmindernde Umstände zu beweisen, die den Richter unter Beachtung des Verhältnismäßigkeitsgrundsatzes dazu zwingen, die Sanktion gemessen am Grad des Verschuldens zu reduzieren.[366]

Die Rechtsprechung des Bundesgerichts, die der *strict liability* Regelung, das heißt dem Anknüpfen an objektive Tatsachenvoraussetzungen, Rechnung trägt, wurde schließlich auch durch den CAS in zahlreichen Entscheidungen bestätigt.[367] Sowohl im *Fall Knauss v. Fis* als auch im Fall *Hondo v. UCI, Swiss Olympic und WADA* kam der CAS zu dem Ergebnis, dass Art. 10.5 WADC das Verhältnismäßigkeitsprinzip in ausreichendem Maße beachtet.[368] Das CAS begründet seine Rechtsprechung mit der Aufrechterhaltung einer möglichst effektiven Bekämpfung von Doping im Sport, die ohne strenge Maßstäbe wie die *strict liability* Regelung und einer Regelsperre nicht durchführbar wäre. Eine weite Auslegung des Verhältnismäßigkeitsprinzips, die eine Minderung des Sanktionsrahmens auch ohne die in Art. 10.5 WADC/Art. 10.5 *EADMCRs* genannten Voraussetzungen (kein grobes Verschulden bzw. grobe Fahrlässigkeit) erlaubt, kön-

364 So das Resümee von *Niggli/Sieveking*, Jusletter vom 20. Februar 2006.

365 Das Bundesgericht wurde durch die Sportler angerufen, da der WADA-Code seinerzeit noch nicht in Kraft war, vgl. W. v/FINA 5P.83/1999

366 W. v/FINA 5P.83/1999

367 CAS 2004/A/690 Hipperdinger v/ ATP; CAS 2005/A/847 Knaus v. FIS; 2005/A/830 Squizzato v. FINA, CAS 2009/A/2012 Doping Authority Netherlands v. Zuijkerbuijk (B.73.)

368 CAS 2005/A/847, Knauss v. FIS (20.07.2005), c. 7.2 ss.; CAS 2005/A/922,923,926, Hondo v. UCI, Swiss Olympic and WADA (10.01.2006).

ne die einheitliche und damit effektive Geltung des Anti-Doping Programms gefährden.[369] Diese verbandsfreundliche Rechtsprechung fand schließlich auch in der Schweizer Literatur Zustimmung.[370]

Dagegen führen die Gegner der Regelsperre an, dass Dopingsperren nicht ein Ausmaß annehmen dürften – insbesondere nicht bei Erstvergehen – die dem Sportler einen Wiedereinstieg in den Spitzensport faktisch verwehren.[371] In Anbetracht der Kürze mancher Sportlerkarrieren und des Alters der Athleten sei eine zweijährige Sperre aus Sicht des Schweizer Persönlichkeitsrechts, Art. 28 ZGB, nicht haltbar; vielmehr sei eine lediglich einjährige Sperre als Maximalstrafe für Erstvergehen ausreichend und verhältnismäßig.[372]

c. *Verhältnismäßigkeit im Reitsport*

Die Diskussion um die Altersproblematik und die damit verbundenen Wiedereinstiegsmöglichkeiten nach Ablauf der Sperre bezieht sich in erster Linie auf Sportarten, in denen das Alter des Sportlers und der damit verbundene Leistungszenit für die Sportausübung von entscheidender Bedeutung sind. Anders als in den meisten Humansportarten spielt das Alter eines Reiters im Pferdesport eine eher untergeordnete Rolle.[373] Vielmehr ist für die erfolgreiche Ausübung des Pferdesports das Alter der Pferde maßgeblich, die nunmehr ebenfalls mit einer Sperre belegt werden können.[374] Insofern kann eine zweijährige Dopingsperre für einen Reiter im Spitzensport erhebliche wirtschaftliche und berufliche Einbußen bedeuten. Im Hinblick auf das Interesse an einem dopingfreien Sport, den Tierschutz und die guten Wiedereinstiegsmöglichkeiten im Pferdeport ist eine zweijährige Regelsperre jedoch nicht als unverhältnismäßiger Eingriff in das Persönlichkeitsrecht der sanktionierten Reitsportler zu werten. Zudem hat jeder Reiter die Möglichkeit, einen Entlastungsbeweis zu führen, so dass die Regelsperre, die nach den Feststellungen des Bundesgerichts und des CAS keine starre Sperre ist, entsprechend Art. 10.5.2 *EAD Rules* gemindert werden kann.

---

369 Hondo v. UCI, Swiss Olympic and WADA (10.01.2006).

370 Advisory Opinion CAS 2005/C/976 & 986 FIFA & WADA sowie das Gutachten Prof. G. Kaufmann-Kohler, Antonio Rigozzi und Giorgio Malinverni (Legal Opinion on the Conformity of Certain Provisions of the Draft World Anti-Doping Code with Commonly Accepted Principles of International Law), vom 26. Februar 2003.

371 Nach Ansicht *Baddeleys* lassen die Normen so mancher Sportorganisation am Maßstab des Schweizer Rechts Zweifel aufkommen, siehe *Baddeley*, Dopingsperren, S. 9, 20.

372 So *Baddeley*, Dopingsperren, S. 9, 18, 21.

373 Wie das Bespiel des Springreiters *Hugo Simon* zeigt, kann der Reitsport über mehrere Jahrzehnte auf professionellem Niveau ausgeübt werden.

374 Vgl. 10.1.2 *EADCMR*s n. F. sowie Art. 10.6 und 10.7 ADMRs (S. 140 ff.).

Auch Art. 10.2 *ECM Rules*, der für einen Medikationsverstoß eine Sperre von *bis zu* einem Jahr vorsieht und eine Sperre sogar auf Null reduziert werden kann (Art. 10.4.2 *ECM Rules*), gefährdet nach dem Vorbild des WADA-Codes und der Ansicht der Rechtsprechung des CAS nicht die effektive Geltung einheitlicher Regeln. Da diese Regelung auf die Besonderheiten des Pferdesports als „Sondersportart" zurückzuführen ist, konnte sie im Sinne von Art. 16.2 WADC abweichend von Art. 23.2 WADC umgesetzt werden. Sie trägt der im Pferdesport einzigartigen Unterscheidung der Tatbestände Doping und kontrollierter Medikation Rechnung, die auf der tierschutzrechtlichen Null-Lösung basiert.[375] So unterscheiden sich im Pferdesport nicht nur die Tatbestände Doping- oder Medikationsverstoß, sondern auch die dazugehörigen Strafrahmen, je nachdem welcher Kategorie die im Pferdeorganismus vorgefundene Substanz zuzuordnen ist. In Anbetracht der strengen Sorgfaltspflichten, die den Reitern im Zusammenhang mit dem Tatbestand der kontrollierten Medikationen aufgebürdet werden, trägt Art. 10.4.2. *ECM Rules* dem Prinzip der Verhältnismäßigkeit in besonderem Maße Rechnung.

6. Verteidigungsmittel der Sportler im Beweisverfahren der Dopinganalyse

In einer abschließenden Untersuchung zur Vereinbarkeit der *EADCMRs* mit dem maßgeblichen Schweizer Recht gilt es, die Verteidigungsmittel der Sportler im Rahmen des Beweisverfahrens unter die Lupe zu nehmen, die im Wege der *Clean Sport* Reform eine erhebliche Veränderung zugunsten der Sportler erfahren haben.

Im Beweisverfahren um das Vorliegen eines Doping- oder Medikationsverstoßes kommt vor allem der Dopinganalyse entscheidende – wenn nicht sogar die entscheidende – Bedeutung zu. Letztlich entscheidet die Analyse der Proben darüber, ob ein Doping- oder ein Medikationsvergehen verübt worden ist. Deshalb sind vor allem die Sportlerrechte zur Überwachung und Einflussnahme auf die verbandsrechtlich veranlasste Dopinganalytik von enormer Bedeutung. Sie stellen in der Regel das einzige Verteidigungsmittel der Sportler zur Führung eines Entlastungsbeweises im Rahmen der strengen Zustandshaftung dar. Bis zur Novelle der *EADCMRs* wurden sie im internationalen Pferdesport jedoch abweichend vom WADA-Code zulasten der Sportler geregelt.

375 Zur Null-Lösung und der Differenzierung zwischen Doping und kontrollierter Medikation siehe oben S. 99 ff.

a. Ausgangslage

aa. Regelung im WADA-Code

Im Ermittlungsverfahren um die Frage, ob ein Pferd mit kontrollierten Medikationen oder sogar Dopingsubstanzen behandelt worden ist, ist zur Feststellung eines positiven Befunds häufig die B-Proben-Analyse von Relevanz. Sie dient dem Verband nicht selten als letzte Grundlage für die spätere Verurteilung der beschuldigten Personen. Nach Art. 3.2.1 WADC wird zu Lasten des Athleten widerlegbar vermutet, dass die akkreditierten Labors die Analysen der Proben gemäß dem *International Standard for Laboratories* durchgeführt und die Proben entsprechend gelagert und aufbewahrt haben. Der Athlet oder eine andere Person kann diese Vermutung widerlegen, indem er, beziehungsweise sie, eine Abweichung vom Internationalen Standard für Labors nachweist, die nach vernünftigem Ermessen ein von der Norm abweichendes Analyseergebnis verursacht haben könnte. Zu diesem Zwecke wird dem Sportler gemäß Art. 7.2 lit. e WADC das Recht eingeräumt, selbst oder vertreten durch seinen sogenannten *Witnessing Analyst* bei der *Öffnung* und *Analyse* der B-Probe zugegen zu sein.

bb. Abweichende Regelung in den *EADMCRs*

Abweichend vom WADA-Code beschränkt Art. 7.1.3 lit. d *EADCMRs* a. F. das Anwesenheitsrecht des Zeugen lediglich auf die *Öffnung* der Probe; die Anwesenheit während des gesamten Analyseverfahrens war dagegen ausgeschlossen. Neben der Benennung eines *Witnessing Analyst* mehrten sich die Stimmen unter den Sportlern, die zur weiteren Erleichterung ihrer Beweisführungslast die Möglichkeit forderten, die Untersuchung von A- und B-Probe in unterschiedlichen Labors veranlassen zu können, um das Risiko von fehlerhaften Analysen zu verringern. Dieser Forderung kam die FEI schließlich mit der Überarbeitung von Art. 7.1.3 lit.d *EADMCRs* nach und passte die Vorschrift an den Inhalt des WADA-Codes an. Nunmehr gestattet auch die FEI die Anwesenheit des *Witnessing Analyst* während des gesamten Analyseverfahrens und ermöglicht die Untersuchung der Proben in unterschiedlichen Labors.

b. Anwesenheit des Witnessing Analyst

Zur Rechtfertigung der Beschränkung von Athletenrechten im Analyseverfahren berief sich die FEI auf die bis dato geltenden Richtlinien der von ihr akkreditieren Labore, die einen Zugang Dritter und damit die Offenlegung ihrer Analysetechniken nur ungern zuließen.[376] So sah auch die Richtlinie der *International Standards of Laboratories*, die im Zusammenhang mit dem WADA-Code stehen, vor, dass der Zugang zu den Testräumen aus Sicherheitsgründen beschränkt werden kann.[377]

Dem gegenüber stand die Tatsache, dass die Kontrolle des Analyseverfahrens durch den *Witnessing Analyst* für den Reiter mitunter die einzige Möglichkeit darstellt, eventuelle Fehler in der Dopinganalytik des jeweiligen Testlabors, die zu unterschiedlichen oder gar falschen Testergebnissen führen können, aufzudecken und sich vom Dopingvorwurf zu entlasten. Wie dem Sportler der Entlastungsbeweis im Sinne des Art. 3 *EADCMRs/EADMCRs* allerdings gelingen sollte, wenn der von ihm berufene *Witnessing Analyst* nicht das gesamte Analyseverfahren im Labor überwachen durfte, erschien fraglich.

aa. Rechtsprechung des CAS

Mit der Frage, ob es seitens der FEI gerechtfertigt ist, das Anwesenheitsrecht des Sportlers beziehungsweise seines *Witnessing Analyst* auf die Öffnung der B-Probe zu beschränken, hatte sich der CAS bisher nur rudimentär auseinanderzusetzen. Insbesondere der Fall der irischen Springreiterin *Jessica Kürten* warf die Frage auf, ob die Person des *Witnessing Analyst* von dem betroffenen Sportler frei wählbar ist oder nur Mitglieder einer bestimmten (unabhängigen) Expertengruppe als Zeugen der Analyse benannt werden können.[378]

Als im Urin von *Jessica Kürtens* Stute Castle Forbes Maike im Rahmen eines *target testing* Rückstände des Medikaments Etoricoxib vorgefunden wurden, das der Medikationsklasse A zuzuordnen war, offerierte die FEI der Top-Ten Reiterin, das Verfahren gegen Zahlung einer Geldbuße in Höhe von CHF 750 einzustellen (*Fast Track*-Verfahren). *Kürten* lehnte ab und machte geltend, dass es sich um eine Fehlanalyse handeln müsse. Die Reiterin entsandte den bekannten und fachkundigen Züricher Universitätsprofessor Dr. Laurent Bigler als *Witnessing Analyst* zur Überwachung der Analyse ins Dopinglabor. Dort zeigte man dem *Witnessing Analyst* zwar die B-Probe, öffnete sie in seiner Anwesenheit, ließ ihn jedoch das Analyseverfahren – mit der Begründung, dies sei weder erwünscht noch zulässig, – nicht überwachen.[379]

---

376 Vgl. Sachverhalt zum Urteil des CAS vom 02.02.2009, CAS 2008/A/1569 *Kürten* ./. FEI, (2.28), S. 5.

377 Art. 5.2.4.3.2.6 *International Standards for Laboratories*: „*The Laboratory Director may limit the number of individuals in Controlled Zones of the Laboratory based on safety or security considerations.*“ Abruf unter: http://www.wada -ama.org/Documents/World_Anti-Doping_ Program/WADP-IS-Laboratories/WADA_Int.Standard_Laboratories_2009 E N.pdf (Abruf 08.02.10). Die *International Standards for Laboratories* sind Teil der *International Standards* und damit zwingender Teil des World-Anti-Doping Code, siehe hierzu S. 51 ff.

378 Vgl. Urteil des CAS vom 02.02.2009, CAS 2008/A/1569 *Kürten*./.FEI.

379 Eine Darstellung des Sachverhalts findet sich auch auf der Homepage von *Jessica Kürten*: http://jessica-kuerten.de/nc/nachrichten-von-jessica/browse/1.html (Abruf 08.02.10).

Zu der die Athletenrechte beschränkenden und vom WADA-Code abweichenden Regelung des Art. 7.1.3 lit. d *EADMCRs* hielt der CAS in seiner Einzelfallrechtsprechung[380] unter Bezugnahme auf die Vorschrift des Art. 16.1 WADC fest, dass die FEI als zuständiger Fachverband für den Pferdesport nur die Anti-Doping-Bestimmungen in Bezug auf die Liste der verbotenen Substanzen, ein geeignetes Kontrollverfahren und eine Liste anerkannter Labors für die Analyse der Proben *zwingend* ohne Abweichungen umzusetzen habe. Hinsichtlich der Regelungen, die die Feststellung von Verstößen gegen Anti-Dopingbestimmungen, das Ergebnismanagement, faire Anhörungen sowie das Rechtsbehelfsverfahren betreffen, wies der CAS ausdrücklich auf die Vorschrift des Art. 16.2 WADC hin, der die FEI lediglich dazu verpflichtet, im eigenen Regelwerk Bestimmungen festzulegen, die im Allgemeinen mit den Vorgaben des WADA-Codes übereinstimmen.[381] Infolgedessen verfügte die FEI in den von Art. 16.2 WADC aufgezählten Regelungsbereichen, zu denen auch das Ermittlungsverfahren um die Feststellung von Doping oder Medikationsverstößen zu zählen ist, bei der Umsetzung der WADA-Regeln über einen eigenen Ermessensspielraum. Die abweichende Regelung des Art. 7.1.3 lit. d *EADMCRs* verstieß damit zumindest nicht gegen die privatrechtlich fixierten Vorgaben des WADA-Codes.[382]

bb. Prinzip der Waffengleichheit

Den Regelungskompetenzen der Verbände unter Ausübung ihres Ermessensspielraums wird nach der Rechtsprechung des CAS jedoch insoweit eine Grenze gesetzt, als dass die Anti-Doping-Bestimmungen des Verbandes die betroffenen Athletenrechte auf ein faires Verfahren nicht willkürlich einschränken dürfen.[383] Im Zivilprozess gebietet es das Gebot der *Waffengleichheit*, dass jeder Partei angemessen Gelegenheit geboten werden muss, ihren Fall mit Einschluss der einschlägigen Beweise zu präsentieren, und zwar zu Bedingungen, die keinen wesentlichen Nachteil gegenüber der Gegenpartei darstellen.[384] Der *Grundsatz der*

---

380 Mangels eines entsprechenden Klägervorbringens hatte sich der CAS letztlich nicht mit der Frage zu befassen, inwieweit die von der FEI praktizierte Beschränkung der *Witnessing Analysts* auf Mitglieder des AORC zulässig ist, vgl. CAS 2008/A/1569 (7.10), S. 17.

381 Im Einzelnen sind dies die Regeln nach Art. 1, 2, 3, 9, 10, 11, 13 und 17 WADC.

382 Vgl. CAS 2008/A/1569 (7.2 und 7.4), S. 16.

383 Der BGH hat teilweise auf eine Einordnung der Waffengleichheit verzichtet und den Begriff in eine Reihe mit den Geboten der Verfahrensfairness, der prozessualen Billigkeit und der Prozessökonomie gestellt, teils die Waffengleichheit aber auch dem Grundsatz des fairen Verfahrens zugeordnet, vgl. BGHZ 98, 368, 372 = NJW 1987, 500, 501; BGHZ 88, 360, 362 = NJW 1984, 437, 438; BGHZ 92, 207, 211 = NJW 1985, 968.

384 *Meyer-Ladewig*, Art. 6, Rn. 44, 45; BGE I 1 E 5.3.1.

Waffengleichheit findet sich sowohl in Art. 6 der Europäischen Menschenrechtskonvention (EMRK) als auch in der Schweizer Bundesverfassung wieder (Art. 29 Abs. 2 BV); im deutschen Recht gilt er als Ausfluss des Rechtsstaatsprinzips.[385]

cc. Die Waffengleichheit im internationalen Pferdesport

Um es dem Sportler zu ermöglichen, den erforderlichen Entlastungsbeweis im Sinne des Art. 3 *EADCMRs/EADMCRs* zu führen, der ihn vom Dopingvorwurf befreien kann, musste die Diskrepanz zwischen der wissenschaftlichen Dopinganalytik und der Verteidigungsrechte der Sportler ausgeglichen werden. Im Wege der Waffengleichheit und unter Beachtung des *Fair Trial* Grundsatzes galt es für die FEI den Reitern die Möglichkeit zu eröffnen, alles für die Entscheidung Erhebliche vorzutragen und alle zur Abwehr des gegnerischen Angriffs erforderlichen prozessualen Verteidigungsmittel selbstständig geltend machen können. Dies kann jedoch nur durch die Überwachung des gesamten Analyseverfahrens der B-Probe gelingen, die es dem Sportler ermöglicht, sich durch Vertretung eines fachkundigen Zeugen von der Richtigkeit und der Objektivität des Testverfahrens zu überzeugen beziehungsweise gegebenenfalls verfahrenswidrige Abweichungen aufzudecken. Die Anwesenheit des *Witnessing Analyst* während des gesamten Analyseverfahrens stellt insofern auch ein Korrelat zur strengen Zustandshaftung der *strict liability* dar.

III. Ergebnis zum (reformierten) internationalen Dopingkontrollsystem

Aus Sicht des Schweizer Rechts bestehen keine Zulässigkeitsbedenken gegen die Anti-Dopingbestimmungen im internationalen Pferdesport. Die Definition „Doping“, die sich zur Konkretisierung des Verbots der Aufzählung von Wirkstoffgruppen bedient, ist mit dem Bestimmtheitsgebot des Schweizer Rechts vereinbar, da auch im Schweizer Rechtskreis eine Bestimmbarkeit genügt. Dem Gebot der Bestimmbarkeit wird mit der Errichtung einer neuen Datenbank, die über eine Suchfunktion für jedermann zugänglich einen Abgleich zahlreicher Wirkstoffe zulässt und damit eine bessere Aufklärung über erlaubte und verbotene Wirkstoffe gewährleistet, ausreichend Rechnung getragen. Eventuelle Einschränkun-

385 Zum Prinzip der Waffengleichheit im Schweizer Verfahrensrecht. siehe *Pfannkuchen-Heeb*, S. 219-244.

gen sind im Hinblick auf eine möglichst effektive und umfassende Dopingbekämpfung hinzunehmen.

Die umstrittene *strict liability* Regelung, die eine Einschränkung auf der Rechtsfolgenseite erfährt, indem die persönliche Schuld des Athleten bei der Strafrahmenbemessung sämtlicher Sanktionen mit Strafcharakter ihre Berücksichtigung findet, ist ebenfalls mit dem Leitbild des Schweizer Rechtssystems vereinbar. Entsprechendes gilt für die Regeln der Beweislastverteilung, die zwar von angloamerikanischen Rechtsauffassungen und -begriffen geprägt, aber in ihrer Funktion und Struktur dem Schweizer Rechtssystem ebenfalls nicht fremd sind.

Schließlich trägt auch die zweijährige Regelsperre dem Schweizer Verhältnismäßigkeitsprinzip Rechnung, da sie keine starre Sperre ist, sondern dem Athleten die Möglichkeit bleibt schuldmindernde Umstände zu beweisen, die die Sperre entsprechend mindern können. Zudem ist ein Wiedereinstieg in den organisierten Pferdesport nach zwei Jahren für einen Reitsportler ohne Weiteres möglich. Der strengen Nulllösung wird schließlich durch die tatbestandliche Unterscheidung zwischen Doping und kontrollierter Medikation Rechnung getragen, die sich auch auf der Rechtsfolgenseite niederschlägt und für Medikationsfälle ein weitaus geringeres Strafmaß vorsieht.

D. Die Dopingbekämpfung im deutschen Pferdesport unter Einfluss des WADA- und NADA-Code

Im nationalen Pferdesport, der unter ausschließlicher Geltung der deutschen Wettkampfordnung stattfindet, liegt die Organisation und Durchführung von Dopingkontrollen der Pferde in der Verantwortung des Deutschen Dachverbandes, der FN. Unter steigendem öffentlichen Druck und der Prämisse, dass eine Maßnahmenoptimierung in einer international agierenden Sportwelt grundsätzlich nur unter der Geltung einheitlicher Anti-Doping-Standards stattfinden kann, sah sich nunmehr auch der Deutsche Reitverband gezwungen, ein von internationalen Regeln beeinflusstes Anti-Doping- und Medikationskontrollregelwerk für den nationalen Pferdesport zu erlassen.[386]

Bis zum Inkrafttreten der reformierten Anti-Doping- und Medikationskontrollregeln (ADMR) fanden sich einschlägige Dopingbestimmungen (lediglich) in der allgemeinen Sportordnung, der Leistungs-Prüfungs-Ordnung (LPO) wie-

386 Die Anti-Doping- und Medikationskontrollregeln – ADMR – sollten ursprünglich mit Wirkung zum 1. Januar 2010 in Kraft treten. Wegen Finanzierungsproblemen der Landesverbände war ein Inkrafttreten jedoch erst zum 5. April 2010 umsetzbar.

der. Die überwiegend als traditionell zu bewertende Leistungs-Prüfungs-Ordnung der FN regelte die Dopingproblematik im Vergleich zu den *EADCMRs* und den *EADMCRs* allerdings nur rudimentär[387] und wies damit im Vergleich zum internationalen Dopingkontrollsystem anderer Sportverbände keine standardisierten Kontrollinstrumente auf. Die nationalen und internationalen Unterschiede sind auf die Tatsache zurückzuführen, dass die Deutsche Reiterliche Vereinigung aufgrund einer fehlenden Umsetzungsverpflichtung im NADA-Code, dem es an einer dem Art. 16 WADC entsprechenden Regelung lange Zeit fehlte, nicht zum Erlass eines eigens für den Pferdesport errichteten Anti-Doping-Regelwerks, in Anlehnung an den WADA/NADA-Code beziehungsweise den nach den Vorgaben der international maßgeblichen *EADCMRs*, verpflichtet war.[388]

Losgelöst von etwaigen Implementierungs- und Umsetzungsverpflichtungen, an die sich auch die FEI trotz ihrer Funktion als *Signatory* des WADA-Codes bis zum Inkrafttreten der *EADCMRs* 2010 nicht strikt gehalten hatte,[389] beschränkte die FN die routinemäßigen Medikationskontrollen im nationalen Pferdesport ebenfalls nur auf die Durchführung von Wettkampfkontrollen. Trotz einer bestehenden Trainingskontrollvereinbarung mit der NADA hatten sich nur die Reiter außerhalb des Wettkampfs auf Trainingskontrollen nach Maßgabe internationaler Kontrollmechanismen einzustellen. Infolgedessen gehörten dem *National Testing Pool* nach Vorbild des NADA-Codes paradoxerweise nur die Reiter, nicht jedoch die deutschen Spitzenpferde als mögliche „Testsubjekte" an. Dies sollte sich mit der Einführung des neuen Anti-Doping Code im deutschen Pferdesport jedoch ändern.

I. Prüfungsmaßstab

Die Errichtung eines nationalen Anti-Doping-Regelwerks, das die Vorgaben der *EADCMRs* beziehungsweise des WADA- und NADA-Code bei der Umsetzung berücksichtigt, setzt voraus, dass die Anti-Dopingbestimmungen des NADA-Codes auch mit dem deutschen staatlichen Recht vereinbar sind. Anders als das Schweizer Recht, das Maßstab für die Wirksamkeit der internationalen *EADCM Regulations* der FEI ist und die Rechtmäßigkeit einer internationalen Verbandssanktion anhand des betroffenen Persönlichkeitsrechts des sanktionierten Sportlers bemisst, unterliegen die Regelwerke in Deutschland sogenannter *sozial-*

387 Lediglich § 66, 67 LPO a.F. befassten sich mit dem Tatbestand des Dopings, die Rechtsfolgen waren in § 920.3 LPO niedergelegt.

388 Siehe hierzu bereits S. 98 f.

389 Siehe dazu oben S. 105 ff.

mächtiger Verbände,[390] zu denen die Deutsche Reiterliche Vereinigung zu zählen ist,[391] der sogenannten Inhaltskontrolle nach § 242 BGB.

Im deutschen Verbandsrecht dient die Generalklausel des BGB als Integrationshebel verfassungsrechtlicher Wertungen.[392] So sorgt die Rechtsprechung mithilfe der Auslegung von § 242 BGB im Lichte der verfassungsrechtlichen Vorgaben für eine praktische Konkordanz zwischen der Vereinsautonomie der FN und den Grundrechten der betroffenen Sportler und sonstigen Verantwortlichen.[393] Im Rahmen der allgemeinen Inhaltskontrolle ist daher zu untersuchen, ob die neuen Anti-Doping-Kontrollnormen als angemessener Ausgleich zwischen den berechtigten Interessen des Verbandes und den schutzwürdigen Interessen der seiner Verbandsgewalt unterworfenen Personen gelten. Dies ist zu verneinen, sofern die betroffenen Personen durch die angewandte Norm einer willkürlichen oder unbilligen, Treu und Glauben widerstreitenden Behandlung unterworfen werden.[394] Somit läuft auch die deutsche Inhaltskontrolle nach § 242 BGB ebenfalls auf eine Interessenabwägung hinaus.[395] In diesem Zusammenhang gilt es wiederum die Dopingdefinition, die *strict liability* Regelung und die Beweislastregeln des *Common Law* auf ihre Vereinbarkeit mit deutschen Rechtsgrundsätzen zu prüfen.

1. Die Definition von Doping im deutschen Pferdessport

a. Dopingbegriff im TierSchG – § 3 Nr. 1b TierSchG

Anders als das Tierschutzgesetz der Schweiz, in der die FEI als Weltreiterverband ihren Sitz hat, beinhaltet das deutsche Tierschutzgesetz ein ausdrückliches

390 Vgl. BGH, Urteil vom 2. 12. 1974 – Az.: II ZR 78/72 (Frankfurt) BGHZ 63, 282 = NJW 1975, 771; BGH, Urteil vom 13.7.1972 – Az.: II ZR 138/69 = MDR 1973, 34, JZ 1972, 1073, WM 1972, 1249.

391 Vgl. „Reiter-Urteil" des BGH, NJW 1995, 583 ff. (Fn. 59).

392 Isensee/Kichhof/*Rüfner*, § 117 Rn. 73.

393 Dieser Prüfungsmaßstab gilt sowohl im Hinblick auf die Beziehungen zu Mitgliedern als auch zu Nichtmitgliedern, vgl. BGH Urteil vom 24.10.1988 – Az.: II ZR 311/87 (Köln) BGHZ 105, 306 = NJW 1989, 1724. Eine Kontrolle nach AGB-Rechtsgrundsätzen (§§ 305 ff. BGB) findet nicht statt, BGHZ 128, 93 = NJW 1995, 583 (Fn. 59).

394 BGH, Urteil vom 30.05.1983 – Az.:II ZR 138/82 (Stuttgart) BGHZ 87, 337, 343 = NJW 1984, 918; *Röhricht*, S. 27; zur Inhaltskontrolle ausführlich *Vieweg*, Normsetzung und -anwendung, S. 229 ff.

395 *Bergermann*, S. 59. Die deutsche Inhaltskontrolle ist mit der Rechtmäßigkeitskontrolle im Schweizer Persönlichkeitsrecht vergleichbar. Zum Prüfungsmaßstab des Schweizer Rechts siehe oben S. 107 ff.

Dopingverbot an Tieren.[396] Nach § 3 Nr. 1b 2. Alt. TierSchG ist es verboten, an einem Tier bei sportlichen Wettkämpfen oder ähnlichen Veranstaltungen Dopingmittel anzuwenden. Auf die Zufügung von Leiden, Schmerzen oder Schäden kommt es nach der 2. Alternative des § 3 Nr. 1b TierSchG nicht an.[397] Ferner blieb die Initiative des Bundesrates, den Anwendungsbereich von § 3 Nr. 1b 2. Alt. TierSchG auch auf den Trainingsbereich auszuweiten, bei der Gesetzesnovelle unberücksichtigt.[398] Obwohl Doping als Langzeitmaßnahmen häufig gerade im Training praktiziert wird, verbietet die Vorschrift – anders als § 3 Nr. 1b 1. Alt. TierSchG, der im Zuge einer Reform Im Jahr 1998 neu gefasst wurde – den Einsatz von Dopingmitteln im Training nicht.

Schließlich lässt das Tierschutzgesetz offen, was unter Dopingmitteln genau zu verstehen ist. Die Allgemeine Verwaltungsvorschrift zur Durchführung des Tierschutzgesetzes (TierSchG) vom 9. Februar 2000 definiert Dopingmittel als „pharmakologisch wirksame Stoffe, die einem Tier zur kurzfristigen Steigerung oder Minderung seiner Leistungsfähigkeit oder zum Überdecken eines vorliegenden Gesundheitsproblems mit dem Ziel verabreicht werden, das Ergebnis eines Wettkampfs zu beeinflussen." Im Weiteren verweist die Vorschrift auf die entsprechende Dopingliste der Pferdesportverbände.[399]

Geht man vom Wortlaut des § 2.1.1 VwV TierSchG aus, der nur von einer *kurzfristigen* Steigerung oder Minderung der Leistungsfähigkeit spricht, würden Mittel, die zum Zwecke einer längerfristigen Leistungssteigerung oder -minderung verwendet werden, nicht unter den Dopingbegriff des TierSchG fallen. Vor dem Hintergrund, dass auch Langzeitdoping im Pferdesport eine Rolle spielt, lässt sich im Wege der systematischen und teleologischen Auslegung von § 2.1.1 VwV TierSchG jedoch zweifelsfrei feststellen, dass auch der Gesetzgeber den Dopingbegriff so verstanden wissen wollte, wie ihn derzeit die Pferdesportverbände definieren. Dementsprechend sind auch Langzeitmaßnahmen unter den Dopingbegriff des Tierschutzgesetzes zu subsumieren.[400]

In diesem Zusammenhang stellte das Bundesministerium entsprechende *Leitlinien* für den Umgang mit Pferden – dazu zählt auch ein dopingfreier Sport – auf, die als Mindestanforderungen keine Rechtsverbindlichkeit erlangen, die zuständigen Behörden und Gerichte jedoch bei der Entscheidung unterstützen sollen,

---

396 Zu Art. 20a GG siehe *Jarass/Pieroth*, Art. 20a GG, Rn. 12 ff.

397 Kluge/*Ort/Reckewell*, § 3 Nr. 23; *Lorz*, § 3 Rn. 74, a.A. *Klimke*, BvT, S. 624 und *Pick/Pick*, BvT, S. 636 f. Die Zufügung von Schmerzen, Leiden und Schäden ist vom Gesetzeswortlaut des § 3 Nr. 1b 2. Alt. TierSchG jedoch nicht gedeckt. Dies zeigt der Vergleich mit dem Wortlaut von 3 § Nr. b 1. Alt. TierSchG.

398 Siehe BT-Drs. 13/7015.

399 Vgl. § 2.1 der Allgemeinen Verwaltungsvorschrift zur Durchführung des Tierschutzgesetzes, Durchführungsbestimmung zu § 3 Nr. 1b TierSchG.

400 So bereits *Hirt*, Tierärztliche Praxis 1997, S. 68/244, 245.

ob eine Tierhaltung den Vorschriften des Gesetztes entspricht.[401] Nach den Vorgaben dieser Leitlinie dürfen zum Zeitpunkt eines Wettkampfes kein Pharmakon und keine körperfremde Substanz im Körper eines Pferdes enthalten sein. Da „Dopingmittel“ im Sinne des Tierschutzgesetzes nur einen Aspekt der sehr umfangreichen Dopingproblematik abdeckt und die verbandsrechtlichen Bestimmungen über die im Tierschutzgesetz angesprochenen Beweggründe hinaus weitere Kriterien berücksichtigen, weist auch die Leitlinie des Bundesministeriums, die Aufgabe Dopingrichtlinien zu erlassen und ihre Ziele mit Hilfe ihrer Verbandsregeln zu verfolgen und durchzusetzen, wiederum den Verbänden zu.[402] So sind zur Begriffsbestimmung der Substanzen, die als Dopingmittel im Sinne der Leitlinie gelten, jene Kriterien heranzuziehen, die von den Pferdesportverbänden in ihren „Dopinglisten“ oder als „unerlaubte Mittel“ zur Verhinderung von „Doping“ genannt werden.

Damit obliegt es den Verbänden, den unbestimmten Rechtsbegriff des Dopings auszufüllen. Das Dopingverbot des Tierschutzgesetzes tritt bei in Deutschland stattfindenden Turnieren selbstständig neben das Dopingverbot der Pferdesportverbände.[403]

b. Dopingbegriff der ADMR

Wie schon im Reglement der LPO zuvor, verzichten auch die ADMR auf eine allgemeine Definition für „Doping“ und legen die Tatbestände des Dopings und des Medikationsverstoßes durch eine Aufzählung von Verboten fest, die durch die Liste der verbotenen Substanzen konkretisiert werden. Die Liste der verbotenen Subtanzen entspricht im Wesentlichen der *Equine Prohibited List* der FEI, beinhaltet jedoch auch Abweichungen, die in der Vergangenheit immer wieder zu Rechtsunsicherheiten bei international agierenden Reitern und Tierärzten führten.[404]

Im Anwendungsbereich der ADMR schreiben insgesamt *sieben* Verbote einen Verhaltenskodex vor, den alle Personen einzuhalten haben, die dem Regelwerk

---

401 Siehe Einleitung der Leitlinien zum Tierschutz und Pferdesport vom 1. November 1992.

402 Siehe Tierschutz im Pferdesport – Leitlinien der Arbeitsgruppe Tierschutz und Pferdesport (1. November 1992), Punkt IV.

403 Wer vorsätzlich oder fahrlässig gegen § 3 Nr. 1 b TierSchG verstößt, begeht eine Ordnungswidrigkeit, die mit einer Geldbuße von bis zu EUR 25.000 bestraft werden kann, in der Praxis jedoch selten verfolgt wird vgl. § 18 Abs. 1 Nr. 4 und Abs. 4 TierSchG.

404 Einen guten Überblick über die bisherigen Abweichungen bietet der Abschlussbericht der DOSB-Kommission Reiten, S. 23.

unterworfen sind.[405] Sie formen den Tatbestand des Dopings respektive des Medikationsverstoßes.[406]

Im Sinne von Art. 1 und 2 ADMR liegt ein solcher Verstoß vor, wenn:

1. eine verbotene Substanz, ihre Metaboliten oder Marker im Körper des Pferdes nachgewiesen werden;
2. eine verbotene Substanz oder eine verbotene Methode gebraucht oder der Versuch des Gebrauchs unternommen wird;
3. die Probeentnahme beim Pferd ohne zwingenden Grund unterlassen oder verweigert wird, oder die Probenentnahme anderweitig umgangen wird;
4. auf irgendeinen Teil des Doping- oder Medikamentenkontrollverfahrens unzulässig Einfluss genommen oder der Versuch dazu unternommen wird;
5. mit verbotenen Substanzen oder Methoden Handel betrieben wird verbotene Wirkstoffe und verbotener Methoden im Besitz sind;
6. ein sonstiges täterschaftliches Verhalten oder Teilnahmehandlungen im Zusammenhang mit Dopingverstößen oder Verstößen gegen kontrollierte Medikationen vorliegen;
7. gegen die im Rahmen des Trainingskontrollprogramms übernommenen Pflichten verstoßen, der Aufenthaltsort des Pferdes nicht benannt oder das Stallbuch nicht ordnungsgemäß geführt wird.

Dreh- und Angelpunkt der Dopingdefinition im deutschen Pferdesport ist wiederum die Liste der verbotenen Substanzen, die sich in drei Kategorien gliedert. Doping ist die Verwendung von Substanzen oder die Anwendung verbotener Methoden, die in den Listen I und III der ADMR aufgeführt sind. Bei der Liste I handelt es sich um Substanzen und Methoden, die im Wettkampf verboten sind. In der Liste III befinden sich Substanzen, die zusätzlich zum Wettkampf auch im Training verboten sind. Unerlaubte Medikation ist dagegen die Verwendung von Substanzen, die in der Liste II der ADMR aufgeführt sind. Außerhalb des Wettkampfes können diese Substanzen zu therapeutischen Zwecken eingesetzt werden. Werden sie im zeitlichen Zusammenhang mit einem Wettkampf eingesetzt, wird dies jedoch als Regelverstoß gewertet.

c. Ausreichende Bestimmtheit der Definition

Auch in Deutschland muss die Dopingliste dem verfassungsrechtlichen Bestimmtheitsgebot des Art. 103 Abs. 2 GG, analog § 1 StGB entsprechen. Hinsichtlich der Bestimmtheit der Dopingliste kann an dieser Stelle auf die Ausfüh-

---

405 Im Gegensatz zu den *EADCMR*s n. F. fassen die ADMR Doping- und Medikationskontrollvergehen in einem Kapitel zusammen. Ferner stellen die ADMR nicht den Besitz von Dopingsubstanzen unter Strafe, ergänzen den Strafkatalog jedoch um den Tatbestand wegen Verstoßes gegen die im Rahmen des Trainingskontrollprogramms übernommenen Pflichten, vgl. Art. 2.7 ADMR.

406 Vgl. im Übrigen Anhang II (Dopingdefinition der ADMR).

rungen zum Schweizer Recht verwiesen werden, da sich auch der deutsche Gesetzgeber mit einer ausreichenden Bestimmbarkeit begnügt, die durch die Aufzählung verschiedener Wirkstoffe in den Dopinglisten der FN mit Rücksicht auf eine möglichst effektive Bekämpfung von Doping gegeben ist.[407] Zudem hielt das LG Dortmund in seiner Rechtsprechung zum Fall *Ahlmann*, dem die Rechtmäßigkeit einer vorläufigen Suspendierung nach internationalen FEI-Reglement zugrunde lag, unter Zugrundelegung der deutschen Rechtsordnung fest, dass die Regelung des Art. 7.2 *EADMCR*, der in dieser Form auch Eingang in die ADMR gefunden hat (Art. 7.2 ADMR), das Gebot der Verhältnismäßigkeit beachtet.[408] Sie ist nach Auffassung des Gerichts zusammen mit Art. Artikel 2 *EADMCR* in Verbindung mit Annex III der VR inhaltlich ausreichend bestimmt. Dafür genügt nach Ansicht der Richter, dass die Substanzen nur mit ihren möglichen Effekten charakterisiert werden. Auf Grund der Vielfalt von verfügbaren und noch zu entwickelnden Mitteln oder Wirkstoffen sei es nicht möglich, jedes Mittel oder jeden Wirkstoff namentlich in der Liste der verbotenen Substanzen zu bezeichnen. Eine solche Positivliste veralte rasch, so dass eine Missbrauchsbekämpfung, die der aktuellen Entwicklung stets hinterherläuft, nicht effizient ist. Aus denselben Erwägungen ist die Generalklausel in der Dopingliste des deutschen Pferdesports nicht zu beanstanden.

2. Die *strict liabiltiy*-Regelung im Einklang mit deutschem Recht

Mit Einführung der ADMR existiert nunmehr auch im Reglement des deutschen Pferdesports eine strenge Zustandshaftung, die den Tatbestand des Dopings oder einer kontrollierten Medikation bereits erfüllt sieht, wenn im Organismus des Pferdes eine entsprechende Substanz nachgewiesen wird (vgl. Art. 2 ADMR). Im Rahmen der Strafzumessung sehen jedoch auch die ADMR der FN die Möglichkeit vor, die jeweiligen Sanktionen bei geringer oder gar fehlender Schuld des Reiters aufzuheben beziehungsweise verhältnismäßig zu mindern. Folglich spielt die persönliche Schuld trotz Geltung des *strict liabilty* Grundsatzes bei der Feststellung des Dopingtatbestands nach Art. 2 ADMR eine Rolle und die Einordnung des Verschuldensprüfung im haftungsbegründendem oder haftungsausfüllendem Tatbestand ist wiederum rein dogmatischer Natur.

a. Rechtsprechung des BGH

Gegen die objektive Zustandshaftung, die die Schuld des betroffenen Athleten erst im Rahmen der Strafzumessung berücksichtigt, wendet sich jedoch die

407 Siehe dazu ausführlicher, *Bergermann*, S. 92 ff.

408 LG Dortmund, Urteil vom 16. 10. 2008 – Az.: 13 O 113/08 (Capsaicin) = GRUR-RR 2009, 117.

höchstrichterliche deutsche Rechtsprechung sowie Stimmen der Literatur,[409] die das Schuldprinzip als subjektive Tatbestandskomponente in Form des Vertretenmüssens nach § 276 Abs. 1 S. 1 BGB als zwingende Voraussetzung für eine Dopingsanktion bewerten.[410] Insbesondere der Fall des Leichtathleten *Dieter Baumann* führte in Deutschland zu einer breiten Diskussion darüber, ob ein Verschuldensnachweis des Athleten bereits auf Tatbestandsebene zu fordern ist und wer das Risiko der Beweislast trägt.[411] Die Gegner der verbandsfreundlichen Zustandshaftung monieren, dass es im deutschen Recht zu unlösbaren systematischen Widersprüchen führe, wenn dem Schuldprinzip über eine Entlastungsmöglichkeit des Athleten Rechnung getragen und es auf diese Weise in Einklang mit der *strict liability* Regelung gebracht werde.[412] Aus diesem Grunde seien Klauseln, die eine Bestrafung ohne persönlichen Schuldvorwurf vorsehen – mithin die Klauseln des WADA/NADA-Code und damit auch der ADMR – nichtig und anhand einer systematischen Schlussfolgerung durch das Schuldprinzip zu ersetzen.[413] Mit dieser Ansicht stimmt § 920.3 LPO a.F. überein, demgemäß eine Sanktion nur verhängt werden durfte, wenn der Verstoß schuldhaft, also vorsätzlich oder fahrlässig begangen wurde.[414]

b. Stellungnahme

Im Ergebnis kann der herrschenden Meinung gefolgt werden, dass auch Verbandssanktionen mit Strafcharakter ein schuldhaftes Verhalten voraussetzen. Nicht beizupflichten ist ihr allerdings in der Annahme, dass die persönliche Vorwerfbarkeit bereits auf der Tatbestandsebene als subjektives Tatbestandsmerkmal im Sinne des § 276 Abs. 1 S. 1 BGB festgestellt werden muss. Durch die Einschränkung, die die *strict liablitiy* Regelung auf der Rechtsfolgenseite erfährt, indem die persönliche Schuld des Athleten bei der Bemessung der Strafe

---

409 OLG Frankfurt a. M., Beschluss vom 18.05.2000 – Az.: 13 W 29/00 = SpuRt 2000, 197 = NJW-RR 2000, 1117; OLG Frankfurt, Urteil vom 18.04.2001 – Az.: 13 U 66/01 = SpuRt 2001, 1059; *Summerer*, PHB Sportrecht, S. 195 Rn. 231.
Steiner. NJW 1991, 2732, 2736; *Vieweg*, NJW 1991, 1511, 1515; *Petri*, SpuRt 2003, 230 ff.; *Janßen*, S. 41.

410 *Schulze*, BGB, § 276 Rn. 4; *Petri*, in: FS für Fenn (2000), S. 239, 268; *Bergermann*, S. 99 ff.

411 OLG Frankfurt a. M., Beschluss vom 18.05.2000 – Az.: 13 W 29/00 = SpuRt 2000, 197 = NJW-RR 2000, 1117; OLG Frankfurt, Urteil vom 18.04.2001 – Az.: 13 U 66/01 = SpuRt 2001, 1059; *Summerer*, PHB Sportrecht, S. 195 Rn. 231.

412 *Petri*, SpuRt 2003, 230, 233.

413 So die Ansicht und Forderung von *Petri*, SpuRt 2003, 230, 234.

414 § 920.3 LPO (2009) lautet: „[...] Eine Ordnungsmaßnahme darf nur verhängt werden, wenn der Verstoß schuldhaft (vorsätzlich oder fahrlässig) ist. Bei Verstoß gegen § 920.2.e) LPO obliegt es im Zweifel dem Beschuldigten, sich zu entlasten [...].“

ihre Berücksichtigung findet, können auch unter Geltung des deutschen Rechts einzelfallgerechte Entscheidungen getroffen werden, die der Inhaltskontrolle nach § 242 BGB standhalten. In diesem Sinne und damit gegen ein Verschuldenserfordernis als Tatbestandsvoraussetzung sprach sich auch das OLG Düsseldorf im Jahr 1995 aus.[415] In einem einstweiligen Verfügungsverfahren, in dem es um die vorläufige Suspendierung eines Rennpferdes ging, verzichtete das Gericht auf ein vorwerfbares Verhalten des Verantwortlichen und entschied im Wege einer Interessenabwägung zugunsten des Interesses des Verbandes an der Gewährleistung eines ordnungsgemäßen Rennbetriebes.[416] Die Sonderrolle des Sports in der rechtlichen Handhabung beruht auf dem zwingenden Grundsatz, weltweit einheitlicher Regelgeltung und -handhabung, ohne die ein fairer Leistungsvergleich nicht möglich wäre.[417]

Da im Ergebnis die ADMR der FN einen individuellen Schuldvorwurf unter Betrachtung des Einzelfalls zulassen und eine erhebliche Reduzierung der Strafe bis zu ihrer Aufhebung möglich ist, wird dem rechtsstaatlichen Verschuldenserfordernis unter Berücksichtigung der „rechtlichen Sonderrolle“ des Sports ausreichend Rechnung getragen.

3. Einführung von Trainingskontrollen im Reitsport

Ein weiteres Problem in der Dopingbekämpfung stellte lange Zeit der Umstand dar, dass weder im nationalen noch im internationalen Pferdesport Pferdekontrollen während der Trainingsphasen durchgeführt wurden.[418] Trainingskontrollen dienen allgemein der Wahrung der Chancengleichheit. Gewinnen soll derjenige, der die (Spitzen-)Leistungen ohne pharmakologische Manipulation und ohne unlautere Trainingsmethoden erbringt und sportliche Erfolge allein durch Talent, intensives Training etc. erzielt. Ein Leistungsvergleich ist nur möglich und

---

415 Vgl. OLG Düsseldorf, Beschluss v. 14.8.1995 – Az.: 7 W 61/95; Ähnlich verfuhr das OLG München im Fall der Sprinterin *Katrin Krabbe*, vgl. OLG München, Urteil v. 28.3.1996 – U (K) 3424/95, NJWE-VHR 1996, 96 = NJW 1996, 2382, SpuRt 1996, 133.

416 Hingegen fordert *Adolphsen* bei Vornahme einer solchen Interessenabwägung, dass zumindest der dem Strafrecht entstammende dringende Tatverdacht eines schuldhaften Verstoßes gegen die Dopingregelungen des Verbandes zu fordern ist, siehe SpuRt 2000, 97, 98.

417 *Haug*, S. 163. Kennzeichnend für die rechtliche Sonderolle des Sports ist die andauernde Diskussion um die Existenz und das Erfordernis einer *Lex Sportiva*, einer eigenen Rechtsordnung, die losgelöst von divergierenden Staatsrechten weltweit einheitliche Geltung beansprucht und damit dem Grundgedanken des Sports Rechnung trägt. Zur Geltung einer *Lex Sportiva*, die aus der bereits anerkannten *Lex Mercatoria* rekurriert wird, vgl. *Krieger*, S. 218 ff.; *Oschütz*, S. 354; *Adolphsen*, Internationale Dopingstrafen, S. 628 ff.; *Heß*, Rechtsfragen des Sports, S. 39 ff.

418 S. o. S. 105 f.

das Image des Sports nur gewahrt, wenn unlautere Techniken auch außerhalb des Wettkampfs verboten sind.[419] Ferner fördern Trainingskontrollen im Pferdesport den Tierschutz, da durch unangemeldete Kontrollen verhindert werden kann, dass Pferden Dopingmittel beispielsweise in Form von Muskelaufbaustoffen verabreicht werden, die rechtzeitig vor dem Wettkampf wieder abgesetzt werden können.[420]

Die Pferdesportverbände hatten dieses Problem bisher nur teilweise erkannt und einzelne Verbandsbestimmungen zur „Tierquälerei" auch außerhalb des Wettkampfbetriebs für anwendbar erklärt, vgl. z.B. § 920.1 S. 2 LPO (FN): „Verstöße gegen das Wohl des Pferdes können auch geahndet werden, wenn sie sich außerhalb des Turnierbetriebs ereignen."

a. Art. 2.7 ADMR

Aufgrund des untrennbaren inhaltlichen Zusammenhangs zwischen dem Problem des Dopings und unlauteren Trainingsmethoden innerhalb und außerhalb von Wettkämpfen hat die Deutsche Reiterliche Vereinigung nun ebenfalls Verbandsbestimmungen eingeführt, die künftig unangemeldete Kontrollen außerhalb von Wettkämpfen vorsehen (Art. 2.7 ADMR).

Mit der Einführung von Trainingskontrollen gehen Pflichten der Reiter einher, die bei etwaigen Verstößen geahndet werden. So sind künftig alle Reiter, die Mitglied des Kaders sind oder von der FN dazu bestimmt werden (ausgewählte Reiter der Longlist, einem erweiterten Kader),[421] dazu verpflichtet, ein sogenanntes Medikamentenbuch zu führen, wie es im Galopprennsport bereits praktiziert wird.[422] In diesem Buch ist jede einzelne Behandlung, ob Salbe oder Spritze, auch außerhalb des Wettkampfs aufzuführen. Wird bei einer Trainingskontrolle eine verbotene Substanz der Liste III vorgefunden und ist diese nicht im Medikamentenbuch vermerkt, wird dies unumstößlich und ganz allein dem Reiter oder Pferdebesitzer angelastet. Deshalb haben Reiter und Pferdebesitzer den Tierarzt dazu anzuhalten, das Medikamentenbuch ordentlich zu führen. Behandlungen durch das Stallpersonal fallen ebenfalls in das Organisationsverschulden des Reiters und Pferdebesitzers. Dementsprechend normiert der neue Art. 2.7 ADMR einen Verstoß gegen Anti-Doping- und Medikamentenkontrollregeln, wenn gegen die im Rahmen des Trainingskontrollprogramms übernommenen

419 *Haas/Adolphsen*, NJW 1995, 2146, 2147.

420 *Ackermann*, S. 237; *Haas/Adolphsen*, NJW 1995, 2146, 2147.

421 Siehe zum Beispiel die Longlist für die Weltreiterspiele in Kentucky vom 25.09 – 10.10. 2010, abrufbar unter: http://www.pferd-aktuell.de/Doc-..93665/d.htm (Abruf 02.08.10).

422 Vgl. § 22 lit. i.) Trabrennordnung (TRO) sowie Durchführungsbestimmung zur Führung des Medikamentenbuchs, § 22 lit. i) TRO Abs. 2 a und § 22 lit. i) Abs. 4 TRO.

Pflichten verstoßen, der Aufenthaltsort des Pferdes nicht benannt oder das Stallbuch nicht ordnungsgemäß geführt wird.

b. Die Grenzen verbandsrechtlicher Kontrollbefugnis und ihre Rechtfertigung

Die Einführung eines Trainingskontrollsystems im nationalen Pferdesport setzt voraus, dass Trainingskontrollen und die damit verbunden Pflichten nicht nur verbandsrechtlich durch Einführung entsprechender Regelungen legitimiert werden, sondern auch mit dem geltenden staatlichen Recht vereinbar sind.

Bei der Frage, ob die Einführung von Trainingskontrollen zulässig ist, stehen den Sportlern zahlreiche Grundrechte zu Seite, die ihn vor Eingriffen Dritter – wie z.B. dem sozialmächtigen Dachsportverband – schützen. Daneben gilt es im Pferdesport auch die Grundrechte des Athletenumfelds mit einzubeziehen, das in der Regel bei einer möglichen Abwesenheit des Reiters, da Kontrollen überraschend erfolgen, zur Duldung der Kontrollmaßnahmen verpflichtet wird. Insofern können die Kontrollmaßnahmen der FN zunächst das Grundrecht der Allgemeinen Handlungsfreiheit gemäß Art. 2 Abs. 1 GG und der Berufsfreiheit nach Art. 12 GG tangieren und auch das Grundrecht auf Unverletzlichkeit der Wohnung im Sinne des Art. 13 Abs. 1 GG betreffen, wenn die Sportpferde im eigenen Stall untergebracht sind, der nicht selten an das Wohnhaus des Reiters oder seines Stallpersonals angegliedert ist.[423] Ebenso selbstverständlich muss sich das auf das Training ausgedehnte Dopingverbot an der grundgesetzlichen Garantie der Menschenwürde des vermeintlichen Dopingsünders und seines Rechts auf Schutz der Privat-, Individual- und Intimsphäre messen lassen, Art. 1 Abs. 1 i. V. m. Art. 2 Abs. 1 GG.

aa. Allgemeine Handlungsfreiheit

Zur Würde des Menschen (Art. 1 Abs. 1 GG) sowie zur allgemeinen Handlungsfreiheit (Art. 2 Abs. 1 GG) gehört es zunächst, seine Lebensführung insoweit frei gestalten zu können, als dabei nicht die durch Art. 2 Abs. 1 GG gezogenen Schranken (unter anderem Rechte Dritter oder die verfassungsmäßige Ordnung) missachtet werden.[424] Eine zulässige Schranke, die den Eingriff in Art. 2 Abs. 1 GG im Zusammenhang mit der Durchführung von Trainingskontrollen rechtfertigt, ist allerdings die Tatsache, dass es bei einer Teilnahme an organisierten Wettkämpfen nicht nur um die allgemeine Handlungsfreiheit des dopen-

---

423 Allgemein zur Anwendung des Art. 12 GG auf Sportler *Steiner*, NJW 1991, 2729, 2733, *Vieweg*, NJW 1992, 2539, 2540; *Nolte/Polzin,* NZG 2001, 838 ff.

424 *Grunsky*, SpuRt 2007, 188, 189.

den Reiters oder Pferdebesitzers geht. Vielmehr sind auch die Chancen und Rechte der redlich handelnden Mitbewerber betroffen, die der allgemeinen Handlungsfreiheit in aller Regel unterworfenen Sportler schon im eigenen Interesse Schranken setzen können.[425] Aus verfassungsrechtlicher Sicht wesentlich für eine Ausdehnung der Regelungskompetenz ist jedoch der in den beteiligten Sportkreisen bestehende Konsens, dass nur eine Vorverlagerung der Kontrolle in die Phase der Wettkampfvorbereitung die Dopingproblematik im Sport erfolgreich eindämmen kann. Allein Dopingkontrollen in Trainingszusammenhängen scheinen das Entdeckungsrisiko so wesentlich zu erhöhen, dass es in das Kalkül der Dopingsünder wirksam eingeht.[426] Dieser Konsens wird im Pferdesport durch den Tierschutzaspekt untermauert, der gebietet, die Gesundheit des Sportpartners „Pferd" vor Eingriffen zu schützen, die auch und gerade im Rahmen des Trainings stattfinden können.

bb. Unverletzlichkeit der räumlichen Privatsphäre

Da die Dopingkontrolleure im Rahmen des Trainingskontrollprogramms unangemeldete Kontrollen in den Ställen der betroffenen Reiter vornehmen, ist auch der Schutzbereich von Art. 13 Abs. 1 GG (Unverletzlichkeit der Wohnung) betroffen. Dementsprechend dürfen Trainingskontrollen keinen unrechtmäßigen Eingriff im Sinne von Art. 13 Abs. 1 GG darstellen.

(1.) Inhalt des Schutzbereiches

Der Schutz der Wohnung nach Art. 13 GG soll „Störungen vom privaten Leben fernhalten".[427] Schutzgut ist deshalb jede räumliche Sphäre, in der sich Privatleben entfaltet. Der Begriff der Wohnung ist daher umfassend zu verstehen und umfasst auch alle zugänglichen Geschäfts- und Büroräume oder Ställe, Scheunen oder ähnliche Räumlichkeiten.[428] Art. 13 GG gewährleistet das Recht, in diesen Räumen in Ruhe gelassen zu werden.[429] Träger dieses Grundrechts ist jeder Bewohner oder Inhaber der räumlichen Privatsphäre ohne Rücksicht darauf, auf

425 *Lenz*, S. 31 ff.; *Nolte/Polzin*, NZG 2001, 838, 841, *Fritzweiler/von Coelln*, PHB Sportrecht, S. 34 ff.

426 *Haug*, S. 92.

427 BVerfGE 89, 1, 12.

428 BVerfGE 32, 69 ff, BVerwGE 121, 348, BGHZ 31, 289; Maunz/Dürig/*Papier*, GG, Art. 13, Rn 10; *Hömig*, GG, Art. 13 Nr. 3.

429 BVerfGE 32, 54, 75; 89, 1, 12; vgl. auch *Jarass/Pieroth*, GG, Art. 13 Rn. 1.

welchen Rechtsverhältnissen sein Wohnen oder Wirken in diesem Raum beruht.[430]

Der Schutz der räumlichen Privatsphäre ist als ein subjektives öffentliches Recht ausgestaltet, das grundsätzlich gegen die Träger der öffentlichen Gewalt gerichtet ist und in seiner Struktur ein Abwehrrecht zum Schutz der räumlichen Privatsphäre darstellt.[431] Wie die Freiheitsrechte des Grundgesetzes allgemein, kommt jedoch auch dem Grundrecht des Art. 13 GG eine mittelbare Drittwirkung zu, [432] die den Verbänden auferlegt, die Grundrechte der Sportler nur insoweit zu beeinträchtigen, als dies zur Aufrechterhaltung des Sportbetriebs zwingend notwendig ist.[433] Aufgrund ihrer Ausstrahlungswirkung sind die Schranken des Art. 13 GG damit auch bei der Anwendung privatrechtlicher Vorschriften wie den Trainingskontrollnormen der FN zu beachten. Somit unterliegt das Betreten von Stallungen durch private Dopingkontrolleure eigenen und dem Verhältnismäßigkeitsgrundsatz orientierten Maßstäben und die Interessen der Reiter am Schutz ihrer räumlichen Privatsphäre sind gegen das Interesse der Sportverbände an einer möglichst effektiven Dopingbekämpfung mit der Hilfe von Trainingskontrollen abzuwägen.

(2.) Rechtfertigung von Eingriffen

Im Rahmen einer Interessenabwägung gilt es zunächst zu beachten, dass das Schutzbedürfnis des „Wohnungsinhabers“ bei der Vielzahl der „räumlichen Privatsphäre“ zuzuordnenden Räumen von sehr unterschiedlicher Intensität geprägt ist, je nachdem, ob es sich eine Wohnung im engeren Sinne oder frei zugängliche Räumlichkeiten handelt.[434]

Bei den Stallungen der Spitzenreiter, die zum Teil in ihrem Eigentum stehen, zum Teil aber auch nur angemietet sind, herrscht oftmals ein gewisser Publikumsverkehr. Stallungen verfügen daher allgemein über eine Offenheit, die mit der privaten Intimsphäre einer Wohnung im engeren Sinne nicht auf eine Stufe gestellt werden kann. Vielmehr liegt – vor allem bei wirtschaftlich betriebenen Reitanlagen – der Charakter von Geschäfts- und Betriebsräumen näher, die ebenfalls über einen Publikumsverkehr und damit über ein geringeres Schutzbedürf-

430 *Jarass/Pieroth*, GG, Art 13 Rn 3

431 BVerfGE 89, 1, 12.

432 Maunz/Dürig/*Papier*, GG, Art. 13, Rn 11.

433 Speziell zu Art. 13 siehe BVerfG 89,1,11, *Jarass/Pieroth*, GG, Art. 13 Rn. 11; sowie *Lenz*, S. 31 ff.; *Nolte/Polzin*, NZG 2001, 838, 841, *Fritzweiler/von Coelln*, PHB Sportrecht, S. 34 ff.

434 *Hömig*, GG, Art. 13 Rn. 26.

nis verfügen.[435] Doch auch für den Fall, dass ein Stall rein privat betrieben wird, wird das Schutzbedürfnis des Einzelnen von dem Allgemeininteresse an einem dopingfreien Sport zulässigerweise eingeschränkt. Lässt eine Maßnahme und das Gesetz, auf der sie beruht, deutlich eine legitime Zweckverfolgung erkennen, für deren Erreichung das Betreten der Räume erforderlich ist und sind darüber hinaus Gegenstand und Umfang des Betretens eindeutig auf die Durchführung der Kontrollmaßnahme beschränkt, sind an die Rechtfertigung des Eingriffs nur geringe Anforderungen zu stellen.[436] Da die Durchführung einer Trainingskontrolle in erster Linie der Wahrung der Gesundheit der Pferde und den Interessen der Mitbewerber dient, verfolgt sie einen legitimen Zweck, der zu der Beeinträchtigung der Betroffen Grundrechtsträger, nämlich die Zurverfügungstellung des Pferdes und Duldung der Probeentnahme, nicht außer Verhältnis steht. Ohne die Durchführung dieser Kontrollen, die ein Aufsuchen der Stallungen zwingend erfordern, können tierschutz- und wettbewerbswidrige Zustände nicht aufgedeckt und gegebenenfalls eliminiert werden. Schließlich ist auch die Dauer des Eingriffs von vornherein auf die Entnahme der Probe beschränkt und damit nicht unverhältnismäßig. Insofern überwiegen letzten Endes der Tierschutzgedanke und das Interesse der Verbände zu Gunsten aller für eine sauberen und damit fairen Sportbetrieb zu sorgen.

cc. Schutz des Eigentums

Ein Verstoß gegen Art. 14 Abs. 1 GG, welcher alle privatrechtlichen vermögenswerten Rechte und vermögenswerten subjektivöffentlichen Rechte in ihrem Bestand und ihrer Nutzung schützt, nicht dagegen das Vermögen an sich,[437] ist mit der Pflicht zur Duldung von Trainingskontrollen seitens des Pferdebesitzers ebenfalls nicht gegeben. Durch eine derartige Regelung wäre die Eigentumsfreiheit aus Art. 14 Abs. 1 GG schon im Ansatz nicht betroffen.[438] Soweit die Verbandsbestimmung der Deutschen Reiterlichen Vereinigung die Duldung von Trainingskontrollen an Pferden anordnet, wird zwar die Nutzung des Eigentums

435 BVerfGE 32, 54, 75 f = NJW 1971, 2299; BVerfGE 97, 228, 266 = NJW 1998, 1627. Zum Umfang des Schutzes bei Geschäftsräumen Maunz/Dürig/*Papier*, GG, Art. 13 Rn. 13 ff.

436 Zur Abgrenzung der Durchsuchung, die unter Gesetzes- und Richtervorbehalt steht, siehe Maunz/Dürig/*Papier*, GG, Art. 13, Rn. 21 ff.

437 Ständige Rspr. des BVerfG, vgl. BVerfGE 58, 300, 336 = NJW 1982, 745, NVwZ 1982, 242; vgl. auch BVerfGE 65, 196, 209 = NJW 1984, 476 sowie BVerfGE 95, 267, 300 = NJW 1997, 1975, NVwZ 1997, 885 m. w. N.

438 Vergleichbar die Leinen- und Maulkorbpflicht im Bereich der Hundehaltung, die kraft landesrechtlicher Verordnung in den einzelnen Bundesländern bestimmt wird, vgl. hierzu *Caspar* DVBl 2000, 1580, 1588.

an den Pferden geregelt, allerdings wird dem Besitzer die Pferdehaltung nicht gänzlich untersagt; es werden lediglich die Modalitäten der Nutzung des Eigentums durch einen Verband bestimmt, dessen Regeln auch für den Eigentümer eines Sportpferdes verbindlich sind.[439] Eine Kontrolle der Pferde auch außerhalb der Turniere und die damit verbundenen Pflichten für Reiter und Pferdebesitzer, sind damit verfassungsrechtlich nicht zu beanstanden.

4. Sperre und Schutzsperre des Pferdes

In der Diskussion darüber, wie rechtliche Verantwortlichkeit und ihre Konsequenzen in Dopingfällen noch effektiver umgesetzt werden können, standen in der Vergangenheit auch die automatische Sperre des Pferdes sowie die Möglichkeit einer sogenannten *Schutzsperre* zur Debatte, die nunmehr eine Legitimationsgrundlage im neuen Anti-Doping-Regelwerk der FN gefunden haben (Art. 10.7 und Art. 10.8 ADMR). Danach soll nicht nur der Reiter, sondern auch das positiv getestete Pferd mit einer Sperre (8 Wochen) beziehungsweise Schutzsperre (6 Monate)[440] belegt werden, sofern es positiv auf eine Dopingsubstanz getestet wird. Bis zum Ablauf der Sperre ist der Einsatz des Pferdes auf nationalen und internationalen Turnieren ausgeschlossen.

a. Bisherige Regelung

Bevor die Diskussion um die Verschärfung nationaler und internationaler Dopingregeln in Gang kam, sah § 22.6 Satzung-FN i. V. m. § 921.5 LPO bereits eine zeitliche Sperre des Pferdes vor.[441] Die Ermächtigungsgrundlage zur Verhängung einer Schutzsperre, die zeitlich wesentlich über die automatische Sperre des Pferdes hinausgeht, ist dagegen erst im Zuge der Anti-Doping-Reform in das neue nationale Anti-Doping-Regelwerk der FN eingeführt worden.[442] Allerdings ist von der „Pferdesperre", die in erster Linie den Besitzer des betroffenen Pferdes trifft (der Reiter wird zumeist mit einer eigenen Sperre sanktioniert) in der Praxis bis dato kein Gebrauch gemacht worden. Dies ist zum einen auf den Umstand zurückzuführen, dass Pferdewechsel im Spitzensport von vornherein nur

---

439 Zur Regelbindung des Pferdeeigentümers, siehe unten S. 78 ff.

440 Vgl. Art. 10.7 ADMR.

441 Danach war die Verhängung einer zusätzlichen Sperre über das Pferd zulässig, sofern der Reiter oder Besitzer einen Verstoß nach § 920.2.e LPO begangen oder das Pferd einer angeordneten Medikationskontrolle entzogen hat.

442 Das internationale Anti-Doping Regelwerk der FEI sieht dagegen erst mit Einführung der neuen *EADCMRs* die Möglichkeit einer Sperre des Pferdes vor. Die Möglichkeit einer Schutzsperre enthält das reformierte Regelwerk hingegen nicht, vgl. Art. 10.1.2 *EADCMRs*.

selten stattfinden, da Reiter und Pferd als Team aufeinander eingespielt sind und es einer gewissen Zeit der Eingewöhnung bedarf, bis das Pferd unter einem anderen Reiter an seine bisherigen sportlichen Erfolge anknüpfen kann.[443] Zum anderen zogen es Funktionäre und Pferdebesitzer in der Vergangenheit vor, ihren Reitern die Treue zu halten und die Sperren in Anbetracht der bislang nur geringen Sperrfristen, die sich mangels Pferdewechsel faktisch auf die Pferde auswirkten, auszusitzen.[444]

b. Betroffene Grundrechtspositionen durch Sperre und Schutzsperre

Verhängt der Verband eine Sperre des Pferdes, wird die allgemeine Handlungsfreiheit derjenigen Personen tangiert, die das Pferd auf einem Turnier vorstellen beziehungsweise vorstellen lassen möchten. Zur allgemeinen Handlungsfreiheit (Art. 2 Abs. 1 GG) gehört es auch, seine Lebensführung insoweit frei gestalten zu können, als dabei nicht die durch Art. 2 Abs. 1 GG gezogenen Schranken (unter anderem Rechte Dritter, verfassungsmäßige Ordnung) missachtet werden.[445] Weil Reiter und Pferdebesitzer die konkrete sportliche Betätigung im Rahmen des organisierten Pferdsportbetriebs für die Dauer der Sperre/Schutzsperre untersagt wird, ist ihre allgemeine Handlungsfreiheit verletzt.

Dagegen wird mit der Verhängung einer Sperre/Schutzsperre das Eigentumsrecht des Besitzers im Sinne von Art. 14 Abs. 1 GG nicht betroffen. Soweit eine Verbandsbestimmung der FN die Sperre des Pferdes oder die Möglichkeit einer Schutzsperre anordnet, wird zwar die Nutzung des Eigentums an den Pferden geregelt, allerdings wird dem Besitzer die Pferdehaltung nicht gänzlich untersagt. Durch die betreffenden Verbandsnormen werden wiederum nur die Modalitäten der Nutzung des Eigentums bestimmt.[446]

c. Rechtfertigung

Der Eingriff in die allgemeine Handlungsfreiheit durch Verhängung einer Sperre/Schutzsperre ist zulässig, sofern Rechte Dritter oder die verfassungsmäßige Ordnung rechtfertigende Gründe dafür bieten.

---

443 So auch die Feststellung der DOSB-Kommission Reiten, S. 47.

444 Vgl. die Dauer der Sperren im Fall *Werth* (6 Monate) und *Ahlmann* (4 Monate/FEI – 8 Monate/FN).

445 *Grunsky*, SpuRt 2007, 188, 189.

446 Vgl. hierzu *Caspar*, DVBl 2000, 1580, 1588.

aa. Ziel und Zweck der Sperre/Schutzsperre

Ziel der Dopingsperre ist wiederum der Gesundheitsschutz des Pferdes. Dies gilt für Sperre und Schutzsperre gleichermaßen. Um zu gewährleisten, dass die für ein Pferd verantwortlichen Personen im Interesse des Pferdes handeln, war eine verbandsnormative Legitimationsgrundlage zur Verhängung einer solchen Sperre zwingend zu schaffen, beziehungsweise auch im System der ADMR zu erhalten.

Bei der Sperre/Schutzsperre des Pferdes handelt es sich um ein probates Mittel, das dazu geeignet ist, weitere Manipulationen zu Lasten der Tiere zu verhindern, da künstliche Leistungssteigerungen ohne Turniereinsatz freilich keinen Sinn machen. Zudem kann das Pferd als der eigentliche Athlet im Pferdesport nicht selbst über seinen Gesundheitszustand sowie bevorstehende Turniereinsätze entscheiden.

bb. Verhältnismäßigkeit

Der Nutzen von Sperre und Schutzsperre darf zu den dadurch herbeigeführten Beeinträchtigungen der Betroffenen nicht außer Verhältnis stehen. Die Maßnahme muss angemessen, das heißt für die Betroffenen zumutbar sein.[447] Dies erfordert wiederum eine Abwägung zwischen dem Ziel der Schutzsperre und den durch sie herbeigeführten Beeinträchtigungen.

(1.) Sperre (8 Wochen/6 Monate)

Nach Art. 10.7 ADMR verliert das betreffende Pferd bei einem Verstoß gegen Art. 2.1 (Dopingsubstanzen Liste Anhang I und III) für die Dauer von acht Wochen nach Eingang des positiven Befundes der A-Probe bei der FN seine Teilnahmeberechtigung für alle Pferdeleistungsprüfungen. Bei Vorliegen einer Dopingsubstanz, die als Anabolikum eingestuft wird, beträgt der Ausschluss des Pferdes von der Teilnahme sogar sechs Monate. Vor dem Hintergrund des Tierschutzes erscheint die zusätzliche Sperre des Pferdes zunächst ebenso gerechtfertigt wie die Sperre des Reiters. Allerdings stellt sich die Frage, ob eine automatische Sperre auch gegenüber dem Pferdeeigentümer verhältnismäßig ist. Dem betroffenen Eigentümer wird durch die Sperre des Pferdes zunächst mittelbar ein Verbot zur Sportausübung auferlegt, da er das Pferd nicht mehr an Leistungsprüfungen der FN teilnehmen lassen darf. Finanzielle Einbußen und ein

447 Dieses Gebot wird als Verhältnismäßigkeit im engeren Sinn oder auch als Übermaßverbot bezeichnet, Maunz/Dürig/*Grzeszick,* GG, Art. 20 Rn. 117 ff. m. w. N.

Imageverlust können durch das Stigma Doping – vergleichbar mit der Disqualifikation – die Folge sein und der automatischen Sperre des Pferdes auch gegenüber dem Eigentümer den Charakter eine Strafe verleihen.[448] Darüber hinaus handelt es sich im Fall der automatischen Sperre des Pferdes um eine reine Zustandshaftung, die die persönliche Schuld des Betroffenen – anders als bei der Sperre des Reiters, bei der unter Anwendung der *strict liability* Regelung die Schuld im Rahmen der Strafzumessung auf der Rechtsfolgenseite berücksichtigt wird – gänzlich außer Acht lässt. Eine derartige Haftungserweiterung ohne persönlichen Schuldvorwurf könnte aus Sicht des allgemeinen Schuldprinzips bedenklich erscheinen, sofern nicht höherrangige Schutzgüter, wie zum Beispiel das Verbandsinteresse an einer effizienten Dopingbekämpfung oder tierschutzrechtliche Erwägungen, überwiegen.[449]

In diesem Zusammenhang gilt es sich noch einmal Ziel und Zweck der Schutzsperre zu vergegenwärtigen, die allein dem Gesundheitsschutz des behandelten Pferdes dient. So soll das gedopte Pferd vor einer Überschreitung der eigenen Leistungsgrenzen durch die medikamentöse Manipulation geschützt und erst wieder zu Turnieren zugelassen werden, wenn die Dopingsubstanz im Organismus völlig abgebaut und die natürliche Leistungsfähigkeit wieder hergestellt ist. Der Schwerpunkt der Verbandsmaßnahme ist damit eindeutig dem präventiven Bereich zuzuordnen. Sie lässt das repressive Element – die mittelbare Bestrafung des Eigentümers – hinter die Schutzfunktion der Sperre zurücktreten. Maßgeblich ist allein, dass dem Pferd ausreichend Zeit zum vollständigen Substanzabbau gewährt wird, bevor es wieder im (schweren) Sport eingesetzt wird. Aufgrund der tierschutzrechtlichen Null-Lösung ist das Pferd jedoch erst dann als „gesund" einzustufen, wenn der Organismus frei von verbotenen – exogenen oder in unnatürlichem Maße vorhanden endogenen – Substanzen ist. Diesem Umstand trägt Art. 10.7 ADMR jedoch nur bedingt Rechnung, indem sich die Sperrfrist nicht an die bekannten Abbauzeiten der verschiedenen Dopingsubstanzen anpasst, sondern pauschal von einer Rekonvaleszenzzeit von acht Wochen bzw. sechs Monaten ausgeht.

Da dem Schutzzweck zugunsten des Pferdes jedoch auch bei einer Anpassung der Sperrfrist an die Abbauzeiten der verschiedenen Wirkstoffe gedient ist, ist die automatische Sperre als reine Zustandshaftung und in Anbetracht ihres Strafcharakters gegenüber dem Eigentümer unverhältnismäßig. Zumindest im Fall von Wirkstoffen die der Gruppe der Anabolika angehören, sollte die automati-

448 Zum Imageverlust als Verletzung des allgemeinen Persönlichkeitsrechts in der Schweiz, siehe Schweizer Bundesgericht, BGE 134 III 193, 200.

449 Zur umstritten Vereinbarkeit der *strict liabilty* Regelung mit deutschem Recht, s. o. S. 132 ff.

sche Sperre im Einzelfall an die erforderliche Abbauzeit der Dopingsubstanz angepasst werden.

(2.) Schutzsperre (bis zu 6 Monate)

Fraglich ist, ob diese Schlussfolgerung auch für die in ihren Folgen wesentlich intensivere Schutzsperre gilt, die eine Dauer von bis zu sechs Monaten betragen kann. Allerdings hat der Fall des Dressurpferdes „Whisper“ gezeigt, dass der Abbau einer Dopingsubstanz mehrere Monate in Anspruch nehmen kann. Dem Zweck der Maßnahme entsprechend, kann in Ausnahmefällen, nämlich immer dann, wenn langzeitwirkende Dopingsubstanzen im Organismus des Pferdes vorgefunden werden, auch die Sperre zum Schutze des Pferdes auf den Zeitraum, der zum vollständigen Substanzabbau erforderlich ist, ausgedehnt werden.[450] Obwohl auch die Schutzsperre einen Strafcharakter aufweist, überwiegt auch hier ebenfalls das präventive Element der Maßnahme. Ferner beschränkt sich die Sanktion auf Dopingsubstanzen, die als Anabolikum qualifiziert und als solche gravierende gesundheitliche (Folge-)Schäden für die betroffenen Pferde bedeuten können. Schließlich trägt die Vorschrift des Art. 10.8 ADMR auch dem Prinzip der Verhältnismäßigkeit ausreichend Rechnung, da mit der Formulierung „bis zu sechs Monaten“ – anders als im Fall von Art. 10.7 ADMR – ein ausreichend flexibles Strafmaß gewährleistet wird, das auf den konkreten Einzelfall Bezug nehmen kann.

5. Das Beweisverfahren

Im Rahmen international beeinflusster Dopingbekämpfung stellt sich schließlich die Frage, wie die Beweislast im Anti-Doping-Regelwerk der Deutschen Reiterlichen Vereinigung umzusetzen ist, um sowohl deutschen Rechtsgrundsätzen als auch den internationalen Vorgaben von WADA und NADA zu entsprechen.

Nach dem Vorbild des WADA-Codes und der *EADMCRs* regelt auch Art. 3 ADMR, dass zunächst die FN die Beweislast für den Nachweis eines Verstoßes gegen die Anti-Doping- und Medikationskontrollregeln trägt. Das Beweismaß besteht darin, dass die FN überzeugend darlegen kann, dass ein Verstoß gegen die Anti-Doping- und Medikationskontrollregeln vorliegt, wobei die Schwere des Vorwurfs zu berücksichtigen ist. Die Anforderungen an das Beweismaß sind in allen Fällen höher als die gleich hohe (nicht „bloße“ siehe WADA-Code)

450 Im Fall des positiven Testbefundes von *Werths* Pferd „Whisper“ betrug die Rekonvaleszenzeit beispielsweise 90 Tage, siehe die Entscheidung des FEI-Tribunals vom 02.09.2009, S. 4 (Fn. 48) sowie „Ikone in Not“, St. Georg 08/2009, S. 25.

Wahrscheinlichkeit (ebenso *EADMCRs*), jedoch geringer als ein Beweis, der jeden Zweifel ausschließt.

Liegt die Beweislast zur Widerlegung einer Vermutung oder zum Nachweis außergewöhnlicher Umstände oder Tatsachen gemäß der ADMR dagegen bei dem Verantwortlichen, dem ein Verstoß gegen die Anti-Doping- und Medikationskontrollregeln vorgeworfen wird, so liegen die Anforderungen an das Beweismaß in der gleich hohen (nicht „bloßen" siehe WADA-Code) Wahrscheinlichkeit (ebenso *EADMCRs*).

Das Beweismaß ist der Grad der richterlichen Erkenntnis, der erreicht sein muss, damit der Beweis gelingt.[451] Nach der Formel des Regelbeweismaßes des BGH muss „für einen vernünftigen Menschen und für das praktische Leben brauchbarer Grad an Gewissheit vorliegen, der den Zweifeln Schweigen gebietet, ohne diese völlig auszuschließen".[452] Das Anti-Doping Regelwerk der FN lässt jedoch die „gleich hohe Wahrscheinlichkeit" einer Tatsachenbehauptung genügen und verfügt damit über eine dem internationalen WADA-Code angepasste und vom Regelbeweismaß abweichende Beweismaßkonzeption, die das angloamerikanisch geprägte sog. *Überwiegensprinzip* zum Inhalt hat.

Die Anti-Dopingregelwerke haben folglich eine Beweisregel eigener Art zum Inhalt, die Beweislast und das Beweismaß abweichend von den gesetzlichen bekannten Fällen regelt.

a. Zulässigkeit einer Beweisregel eigener Art

Abreden zur Verteilung der *Beweislast* lässt die deutsche Rechtsordnung grundsätzlich zu. Die sog. Beweislastverträge regeln, welche Partei die Folgen einer gegebenenfalls verbleibenden Unaufklärbarkeit treffen sollen. Es handelt sich um eine Vereinbarung über die bei Ungewissheit eines Tatbestandsmerkmals anzuwendende oder nicht anzuwendende Rechtsnorm.[453] In diesem Zusammenhang ist die *strict liabilty* Regelung, die nach Art. 2.1 ADMR bei Vorliegen eines positiven Befundes des Pferdes von einem schuldhaften Verhalten der verantwortlichen Person – in der Regel des Reiters – ausgeht in der deutschen Rechtsprechung und Literatur auf heftige Kritik gestoßen (dazu aa.).

Die Frage, ob die FN über die Beweislast in Dopingrechtsstreitigkeiten zu Lasten des Athleten zulässig disponieren darf, kann im vorliegenden Fall jedoch nicht unabhängig von der Regelung des Beweismaßes erfolgen, das abhängig

---

451 Vgl. BGHZ 53, 245, 256 = NJW 1970, 946 („Grad von Gewissheit"); zu „Überzeugung" i.d.S. vgl. *Huber*, S. 95.

452 BGHZ 53, 245, 253; BGHZ 61, 169, BGH NJW 2000, 953, HK-ZPO/*Saenger*, § 286 Rn. 13 ff.

453 Vgl. insbesondere *Baumgärtel*, FS Fasching, 1988, S. 67 ff.; grundlegend *Wagner*, S. 608 ff.

von seiner Intensität Einfluss auf die Beweislast der Parteien haben und im Ergebnis auch zu einer Umkehrung der Beweislast führen kann. Grundsätzlich ist zwischen Beweislast und Beweismaß strikt zu trennen. Allerdings besteht zwischen beiden Instituten eine reflexartige Verbindung, da höhere Anforderungen an das Beweismaß auch ein zahlenmäßiges Ansteigen der Beweislastentscheidungen zur Folge haben.[454] Dies wird im umgekehrten Fall vor allem durch die Regelung in Art. 3 WADC/Art. 3 ADMR deutlich. So wird hinsichtlich des Nachweises eines Doping- oder Medikationsfalls durch die FN im System der ADMR ein höheres Beweismaß gefordert, als für Entlastungsnachweise, die durch die betroffenen Athleten oder sonstigen Verantwortlichen zu führen sind. Ob auch das Beweismaß zur Disposition der Parteien steht, ist im deutschen Recht allerdings umstritten (dazu bb.).[455]

aa. Die *strict liability* Regelung und die Beweislast

Gegen die Zulässigkeit der Beweislastumkehr im Anti-Doping Code des Internationalen Leichtathletikverbandes, der an den WADA-Code angelehnt ist, und für die Geltung des *Anscheinsbeweises*, der die Beweislast nicht umkehrt, sondern die Beweisführung lediglich erleichtert, sprach sich vor allem das OLG Frankfurt im Dopingfall des Leichtathleten *Dieter Baumann* im Jahr 2000 aus.[456]

Der Anscheinsbeweis (prima-facie-Beweis) wird in der Praxis herangezogen, wenn im Einzelfall ein typischer Geschehensablauf vorliegt, der nach der Lebenserfahrung auf eine bestimmte Ursache oder Folge hinweist und derart gewöhnlich und üblich erscheint, dass die besonderen individuellen Umstände an Bedeutung verlieren.[457] Nach den Grundsätzen des Anscheinsbeweises steht immer dann, wenn ein typischer, häufig wiederkehrender Geschehensablauf gegeben ist, fest, dass er nach allgemeiner Lebenserfahrung auf einer bestimmten Ursache beruht.[458]

Nach Ansicht des OLG – die auch in Teilen der Sportrechtsliteratur Zustimmung fand[459] – ist der Anscheinsbeweis ausreichend, um bei Dopingverstößen von einem feststehenden positiven Dopingbefund auf einen schuldhaften Dopingverstoß des Sportlers zu schließen. Die Beweislast dem Sportler aufzuerlegen würde

---

454 *Prütting*, JA 1985, 313, 316, *Jäckel*, S. 130.

455 Die Zulässigkeit verneinend: Musielak/*Foerste*, § 286 Rn. 21; Zöller/*Greger*, § 286 Rn. 18; *Katzenmeier*, ZZP 117 (2004), 193 ff.; *Baumgärtel*, in: Grundlagen des Zivilprozessrechts, S. 563, *Leipold*, S. 8. In der Schweiz gestaltet sich dies anders, da das Beweismaß nach h.M. dem materiellen Recht zugeordnet wird, s.o. S. 116 ff.

456 Vgl. OLG Frankfurt a. M, NJW-RR 2000, 1117 ff..

457 BGHZ 100, 214, 216 = NJW 1987, 1944; BGH NJW 2001, 1140, 1141; einführend *Stück* , JuS 1996, 153 ff.

458 Musielak/*Foerste*, ZPO, § 286 Rn. 23; MüKO-ZPO/*Prütting*, § 286 Rn. 48.

459 *Petri*, SpuRt 2003, 230, 233; *Summerer*, PHB Sportrecht, S. 205 Rn. 265.

insbesondere den Unschuldigen vor erhebliche Probleme stellen, da die Aufklärung seines Falls, mangels personeller und technischer Mittel, eine unüberwindbare Hürde darstellen könne.[460] Als Verursacher für einen positiven Dopingbefund kommen zudem Verursacher in Frage, die keiner Seite zugeordnet werden können, so zum Beispiel die Hersteller von Nahrungsergänzungsmitteln (Humansport) oder von Futtermitteln (Pferdesport).[461] In diesen Fällen sei es unangemessen, dem Sportler die Verantwortung für diese außerhalb seiner Sphäre liegenden Faktoren zuzuweisen.[462] Aus diesem Grund seien die Beeinträchtigungen der Berufsfreiheit, die sich durch eine Sperre ergebe, nur mit einer Beweislastverteilung zugunsten des Sportlers zu rechtfertigen.

Dagegen wenden sich die Befürworter der Beweislastumkehr mit dem Argument, dass nur mithilfe einer strengen Regelung der Beweislast der Kampf gegen Doping dauerhaft und erfolgreich geführt werden kann.[463] Die Sportverbände verfügten als Anti-Doping Organisationen hinsichtlich der Verschuldensfrage des Athleten nur in beschränktem Umfang über Instrumente der Sachaufklärung[464] und die Verteilung der Beweislast nach Gefahrenbereichen stelle einen fairen Interessenausgleich dar, wenn sich die Fehlerquelle in der Sphäre der anderen Partei befindet.[465] Besonders im Bereich des Dopings spiele dies eine entscheidende Rolle, da es sich in einer Sphäre ereigne, die primär die verantwortliche Person beherrsche.[466]

bb. Reflexwirkung zwischen Beweismaß und Beweislast

Die Rechtsprechung zum Fall *Baumann* ist kennzeichnend für die den Zusammenhang von Beweislast und Beweismaß. Sehr streitig ist allerdings, ob der Anscheinsbeweis als Teil der Beweiswürdigung zu einer vollen Überzeugung des Richters führt oder ob er das normativ festgeschriebene Regelbeweismaß senkt. In der Rechtsprechung lassen sich für beide Auffassungen zahlreiche Belege fin-

---

460 So *Walker*, Doping, S. 134, 149.

461 So das OLG Frankfurt a.M. – Az.: 13 W 29/00 – Urteil vom 18.5.2000 = NJW-RR 2000, 1117, 1121; *Petri*, SpuRt 2003, 230, 233; *Summerer*, PHB Sportrecht, S. 205 Rn. 265.

462 *Petri*, SpuRt 2003, 230, 233.

463 *Adolphsen*, SpuRt 2000, 97, 100.

464 Trotz grundlegend a. A. insoweit zustimmend *Petri*, SpuRt 2003, 230, 233.

465 *Haug*, Doping, S. 174; *Prokop,* Dopingverbote, S. 79, 86; *Pfister*, SpuRt 2000, 133 und SpuRt 2003, 16. So auch der DLV Rechtsausschuss, Beschluss v. 13.7.2000 und vom 12.6.2001, jeweils abgedruckt in *Hass/Haug/Reschke,* 17 24 8 beziehungsweise 13 24 24.

466 *Steiner*, Doping-Forum, S. 125, 134.

den.[467] Legt man das Regelbeweismaß zugrunde, so ist nach § 286 Abs. 1 ZPO eine tatsächliche Behauptung grundsätzlich nur dann erwiesen, wenn sie der Richter für *wahr* erachtet. Aufgrund dieses Wortlauts werden Beweislastlehren, die wie das Überwiegensprinzip des WADA-Codes auf die bloße Wahrscheinlichkeit abstellen und keine explizite Stütze im Gesetz finden von Teilen der Literatur als unzulässig abgelehnt.[468]

Allerdings gilt es zwischen der freien richterlichen Beweiswürdigung, die von vornherein nicht zu Disposition der Parteien steht,[469] und dem Beweismaß exakt zu unterscheiden. Während die Beweiswürdigung bestimmt, wie der Richter zu seiner Überzeugung gelangt, stellt das Beweismaß das Ziel dar, bei dem er die Feststellung treffen darf und muss.[470] Das heißt, dass der dargestellte Grad an Gewissheit dem Richter als Wahrheit zu gelten hat (Beweismaß) und dass das Bewusstsein vom Vorliegen dieser Gewissheit als die richterliche Überzeugung von der Wahrheit gilt.[471]

Die Grenze einer zulässigen Beweislastverteilung zieht schließlich § 242 BGB, sofern die Beweisführung für die beweisbelastete Partei unmöglich oder unzumutbar wird.[472] Danach ist eine Umkehrung der allgemeinen Beweislastregeln und eine Abkehr vom Regelbeweismaß nicht angemessen, wenn Umstände gegeben sind, die eine Partei – im Gegensatz zu der anderen – von sich aus kaum aufzuklären vermag oder für die sich ihr unter gewöhnlichen Umständen kein geeignetes Beweismittel bietet.[473]

b. Stellungnahme

Vor dem Hintergrund der umstrittenen *strict liabiltiy* Regelung und ihrer Auswirkungen auf die Beweislast zum Nachteil des Sportlers verzichtet der NADA-Code mit Art. 3.2.1 NADC n.F. anders als der WADA-Code auf die Führung eines *Gegenbeweis* zu Lasten des Athleten und beschränkt sich lediglich auf die *Widerlegung einer Vermutung* oder *den Nachweis außergewöhnlicher Tatsachen*

---

467 Deutlich z.B. in BGH NJW 2006, 2262, 2263 („Wahrscheinlichkeit … sehr groß ist“). Vgl. ders. *Prütting* Gegenwartsprobleme S. 101; *Musielak*, Die Grundlagen der Beweislast im Zivilprozeß, 1975, S. 120 ff.; *Walter*, Freie Beweiswürdigung, 1979, S. 206 ff.

468 Musielak/*Foerste*, § 286 Rn. 21; Zöller/*Greger*, § 286 Rn. 18; *Katzenmeier*, ZZP 117 (2004), 193 ff., *Leipold*, S. 8.

469 Vgl. Stein/Jonas/*Leipold* Rn. 20, 132; Rosenberg/Schwab/*Gottwald* § 115 I 3. Zu Einschränkungen vgl. *Wagner*, S. 692 ff.

470 Musielak/*Foerste*, § 286 Rn. 6; MüKo-ZPO/*Prütting*, § 286 Rn. 163 ff.

471 MüKo-ZPO/*Prütting*, § 286 Rn. 2; *Rommé*, S. 50, 53; *Brinkmann*, S. 45.

472 BGH, Urteil vom 19. 5. 1958 – Az.: II ZR 53/57 = NJW 1958, 1188; Staudinger-BGB/*Looschelders/Olzen*, § 242 Rn. 1075.

473 BGH NJW 1958, 1188; *Baumgärtel*, Beweislastpraxis, S. 172.

oder Umstände, an die insgesamt geringere Beweismaßanforderungen gestellt werden. In erster Linie dienen die unterschiedlichen Beweismaßanforderungen auf Seiten des Verbandes und der Sportler als weiteres Korrektiv zur strengen *strict liablity* Regelung (vgl. Art. 3 *EADCMRs*.). Der Verzicht auf die Beweismaßreduzierung würde im Sport zu einer unbilligen Härte führen und den Entlastungsbeweis im Sinne des Art. 3.2.1 ADMR und Art. 10.4 ADMR nahezu unmöglich machen. Die Geltung des Überwiegensprinzips ist Ausfluss der fortschreitenden Globalisierung des Sportgeschehens, das auch in rechtlicher Hinsicht eine Sonderrolle einnimmt. Würde die FN als einziger Verband auf eine Beweismaßregel dieser Art in ihrem Regelwerk verzichten, wäre die einheitliche Geltung sportlicher Regeln, die sich auch auf der Verfahrensebene fortsetzen, gefährdet.

Nach dem Willen der Sportverbände geht es nicht darum, durch eine vertragliche Herabsetzung des Beweismaßes die Gefahr einer non-liquet Situation zu umgehen,[474] sondern für einen fairen Ausgleich zur *strict liability* Regelung zu sorgen. Zum einen geht es bei Dopingfällen um den Nachweis abweichender Analysestandards und zum anderen darum, ein nicht vorhandenes Verschulden des Athleten, das erst im Rahmen der Strafzumessung berücksichtigt wird, zu beweisen. Hierbei handelt es sich um Sachverhaltsfragen, die grundsätzlich, so auch die Schuldfrage, dem materiellen Recht zuzuordnen sind. Die *strict liabilty* Regelung ist damit als materiell-rechtliche Risikozuweisung zu verstehen, die einer effizienten Dopingbekämpfung immanent ist. Die Beweiserleichterung zu Gunsten des Athleten ist damit eine der Unterwerfungsvereinbarung und von den Parteien gewollte Verschiebung des Eintrittsrisikos materiell-rechtliche Risikozuweisung, die nicht den Normen des Prozessrechts zuzuordnen ist und damit der Disposition der Parteien unterliegt.

Im Ergebnis wird dem Verantwortlichen im Hinblick auf § 242 BGB die Beweisführung im Sinne des Art. 3 ADMR nicht unbillig erschwert, so dass eine Beweisvereinbarung zwischen der FN und den regelunterworfenen verantwortlichen Personen abweichend von den materiell und formell-gesetzlichen Regeln getroffen werden kann.

V. Ergebnis zur Reformierung des nationalen Dopingkontrollsystems

Die Maßnahmenoptimierung des Anti-Doping-Kampfes zur Verbannung der Dopingproblematik aus dem Pferdesport setzte die Schaffung einheitlicher Dopingkontrollstandards voraus. Wie die Begutachtung im Rahmen des 4. Kapitels

474 So *Jäckel*, S. 130 f.

verdeutlicht hat, ist mithilfe einer umfassenden Reform vor allem im deutschen Dopingkontrollsystem eine erhebliche Annäherung an internationale Vorgaben nach Maßgabe des WADA- beziehungsweise NADA-Code vollzogen worden.

Zunächst stehen der Umsetzung der *strict liability*-Regel sowie der Anwendung angloamerikanischer Beweislastregeln im Pferdesport aus Sicht des deutschen staatlichen Rechts keine rechtlichen Bedenken entgegen. Die im System der Anti-Dopingregelwerke geltende Beweislastregel eigener Art, die Folge der *strict liability* Regelung ist und zur Regelung des Beweismaßes an das angloamerikanisch geprägte Überwiegensprinzips anknüpft, ist Ausfluss der fortschreitenden Globalisierung des Sportgeschehens, das auch in rechtlicher Hinsicht eine Sonderrolle einnimmt. Da die *strict liabilty* Regelung als materiellrechtliche Risikozuweisung zu werten ist, die eine von den Parteien gewollte Verschiebung des Eintrittsrisikos zur Folge hat, können die Sportverbände auch über das Beweismaß entsprechend disponieren und es abweichend der gesetzlichen Vorschriften regeln. Da die *strict liablitiy* Regelung das Verschulden im Rahmen der Strafzumessung prüft, wird dem zwingenden Verschuldensprinzip nach § 276 Abs. 1 BGB auch im deutschen Recht ausreichend Rechnung getragen.

Ferner ist Dopingdefinition der FN, die sich zur genauen Definition von Doping und kontrollierten Medikationen ebenfalls der Liste der verbotenen Substanzen bedient, mit dem verfassungsrechtlichen Bestimmtheitsgebot von Art. 103 Abs. 2 GG, analog § 1 StGB vereinbar. Soweit den betroffenen Reitern, Pferdebesitzern und sonstigen Verantwortlichen gegenüber der FN mit der Einführung von unangekündigten Trainingskontrollen, die elementar für ein funktionierendes Dopingkontrollsystem sind, die zusätzliche Pflichten auferlegt werden (Duldung der Kontrolle und Zurverfügungstellung des Pferdes), wird nicht in unverhältnismäßigem Maße in die Grundrechte der Betroffenen (Art. 2 Abs. 1, Art. 13 Abs. 1, Art. 14 Abs. 1 GG) eingegriffen.

Ebenso ist die Einführung einer automatischen Sperre und eine darüber hinausgehende Möglichkeit zur Verhängung einer Schutzsperre über ein Pferd, das positiv auf Dopingsubstanzen getestet wurde, ebenfalls geeignet und erforderlich, um gedopte Pferde vor weiteren gesundheitsschädlichen Leistungsbeeinflussungen zu schützen. Ein Eingriff in die allgemeine Handlungsfreiheit der Betroffenen wird durch das überwiegende öffentliche Interesse zur Wahrung des Tierschutzes gerechtfertigt. Es überwiegt ein präventives Element, das eine Haftungserweiterung ohne persönlichen Schuldvorwurf auch zulasten des Pferdebesitzers zulässt. Im Fall der *automatischen* Sperre eines Pferdes bei einem positiven Anabolikabefund (Art. 10.7 2. Alt. ADMR) kann dem Schutzzweck der Norm zugunsten des Pferdes jedoch auch bei einer Anpassung der Sperrfrist an die Abbauzeiten der verschiedenen Wirkstoffe ausreichend Rechnung getragen werden. Als reine Zustandshaftung und in Anbetracht ihres Strafcharakters gegenüber dem Eigentümer, der sein Pferd während der Sperre nicht am organisierten Sportbetrieb teilhaben lassen kann, ist die automatische Sperre mit einer einzelfallunabhängigen Sperrfrist von sechs Monaten unverhältnismäßig.

Zweiter Teil: Die Sportgerichtsbarkeit

Zweiter Teil: Die Sportgerichtsbarkeit

Mit der Kommerzialisierung und Globalisierung hat der Sport in den vergangenen Jahrzehnten eine erhebliche Verrechtlichung erfahren. Dies wurde in der Vergangenheit vor allem durch eine gesteigerte Überprüfungsdichte verbandlicher Entscheidungen bis hin zu einer Inhaltskontrolle der Verbandsregelwerke durch die staatliche Gerichtsbarkeit deutlich.[475] Infolgedessen erstreckte das staatliche Recht seine Anforderungen zunehmend auf Bereiche, die die Sportverbände zuvor in Eigenverantwortung selbst zu regeln pflegten.[476]

Darüber hinaus sind die Sportler in Anbetracht der weitreichenden pyramidialen Verbandsstrukturen immer seltener dazu bereit, Entscheidungen eines Verbandes zu akzeptieren, in dem sie über keinerlei korporative Mitbestimmungsrechte verfügen.[477] Dies gilt insbesondere dann, wenn Sport als Beruf betrieben wird und die verhängten Sanktionen beträchtlichen Einfluss auf den Lebensunterhalt der Betroffenen haben.[478] Für einen Reiter, der sich vom nationalen oder internationalen Pferdesportverband zu Unrecht sanktioniert fühlt, stellt sich deshalb die Frage nach Mitteln und Wegen, um eine – vorzugsweise unabhängige – Überprüfung der Verbandssanktionen zu veranlassen.

Das fünfte Kapitel dieser Arbeit widmet sich daher zunächst den unterschiedlichen Rechtschutzmöglichkeiten, die einem deutschen Reiter, der sich mit einem Dopingvorwurf oder Medikationsverstoß konfrontiert sieht, gegen den sanktionierenden Verband zur Verfügung stehen und den Problemen, die mit den verschiedenen – zum Teil parallel verlaufenden – Rechtswegen für Sportler und Verbände verbunden sind (Teil A). In diesem Zusammenhang gilt es unter dem Aspekt zulässiger Parallelverfahren insbesondere den weltweiten Geltungsanspruch der Leistungs-Prüfungs-Ordnung unter die Lupe zu nehmen, der es dem

475 Dies gilt sowohl im Hinblick auf die Beziehungen zu Mitgliedern als auch zu Nichtmitgliedern, vgl. BGH Urteil vom 24.10.1988 – Az.: II ZR 311/87 (Köln) BGHZ 105, 306 = NJW 1989, 1724. Eine Kontrolle nach AGB-Rechtsgrundsätzen (§§ 305 ff. BGB) findet nicht statt, BGHZ 128, 93 = NJW 1995, 583 (Fn. 59); BGH, Urteil vom 30.05.1983 – Az.:II ZR 138/82 (Stuttgart) BGHZ 87, 337, 343 = NJW 1984, 918; *Röhricht*, S. 27; zum Umfang der Inhaltskontrolle von Verbandsnormen durch die staatliche Gerichtsbarkeit ausführlich *Vieweg*, Normsetzung und -anwendung, S. 229 ff.

476 *Bergermann*, S. 56 ff.; *Adolphsen*, Internationale Dopingstrafen, S. 20.

477 *Janßen*, S. 53.

478 *Haas/Hauptmann*, SchiedsVZ 2004, 175, 176 m. w. N (dort Fn. 12 und 13).

deutschen Pferdesportverband ermöglicht, gegenüber einem deutschen Reiter unabhängig von einer bereits international verhängten Dopingsanktionen eine eigene Strafe zu verhängen (Teil B).

An die Problembereiche des 5. Kapitels anknüpfend, widmet sich das 6. Kapitel der abschließenden Frage, wie es unter Einsatz der von WADA und NADA protegierten Schiedsgerichtsbarkeit gelingen kann, für die Akteure im nationalen und internationalen Pferdesport ein einheitliches Rechtsschutzsystem zu schaffen, das unter Vermeidung von Doppelstrafen und divergierenden Gerichtsentscheidungen für den erforderlichen Entscheidungseinklang innerhalb der nationalen und internationalen Dopingrechtsprechung sorgen kann.

5. Kapitel: Der Rechtsschutz eines Reiters

A. Entwicklung des sportrechtlichen Verfahrens

Rechtschutzmöglichkeiten existieren im Sport auf verschiedenen Stufen, die zum Teil von unterschiedlicher Rechtschutzintensität geprägt sind. So ist es den Sportverbänden im Rahmen ihrer Verbandsautonomie zunächst gestattet zur Rechtsdurchsetzung und Entscheidungsüberprüfung sportverbandsrechtlicher Streitigkeiten eigene *Verbands- und Schiedsgerichte* einzurichten.[479] Die verbandsinterne Gerichtsbarkeit, in der Organe des Verbandes auf Grundlage des Verbandsregelwerks und einer gegebenenfalls vorhandenen Verfahrensordnung eine sportrechtliche Streitigkeit entscheiden, steht auf der *ersten Stufe.* [480]

Die Erfahrungen der letzten Jahre haben jedoch gezeigt, dass die Verbandsgerichtsbarkeit allein nicht mehr ausreicht, wenn die Sportler aufgrund von wirtschaftlichen Interessen gewillt sind, ihre Ansprüche bis zur letzten Instanz zu verfolgen.[481] Mit der Kommerzialisierung und Globalisierung des Sports nahm die Quantität staatsgerichtlicher Entscheidungen auf der *zweiten Stufe* zu,[482] was die Gerichtsverfahren – vor allem bei dopingrechtlichen Streitigkeiten mit internationalen Bezügen – nicht unerheblich komplizierte. Zudem machten immer mehr Sportler vom einstweiligen Rechtsschutzverfahren der staatlichen Gerichtsbarkeit Gebrauch, um sich im Eilverfahren doch noch eine Startgenehmigung für bevorstehende Wettkämpfe zu erstreiten.[483]

Um die Überprüfungsmöglichkeit der staatlichen Gerichte auszuschalten, vereinbaren daher immer mehr Sportverbände mit den Sportlern die Zuständigkeit eines Schiedsgerichts.[484] Im Zuge dieser Entwicklung gewann die Schiedsge-

---

479 Zur Verbandsautonomie und Verbandsgewalt siehe bereits oben S. 37 ff.

480 *Reichert*, Handbuch des Vereinsrechts, S. 520 Rn. 3014 ff.

481 *Oschütz*, S. 9; *Reichert*, Handbuch des Vereinsrechts, S. 546 Rn. 3162 ff.

482 *Heß*, ZZPInt 1996, 371 ff.; *Tyrolt*, S. 21.

483 *Tyrolt*, S. 21; *Haas*, ZEuP 1999, S. 355, 360 f.; *Reichert*, Handbuch des Vereinsrechts, S. 879 Rn. 5283 ff., *Oschütz*, S. 9 ff.

484 So z. B. der DLV, der bis zur Errichtung des Deutschen Sportschiedsgerichts im Jahr 2008 mit den Sportlern die Zuständigkeit des ad-hoc-Schiedsgerichts des DSB vereinbarte. Die Vereinbarung überträgt die Zuständigkeit für die Überprüfung der Verbandsentscheidungen von den staatlichen Gerichten auf den von den Parteien selbst besetzten und unabhängigen Spruchkörper.

richtsbarkeit im Sport[485] als parteiautonome Alternative zur staatlichen Gerichtsbarkeit zunehmend an Bedeutung.[486] Unter Schiedsgerichtsbarkeit versteht man eine durch Private vereinbarte und von ihnen unabhängige Gerichtsbarkeit, die einen bestimmten Rechtsstreit unter Anwendung prozessualer und materieller Regeln entscheidet (§§ 1025 ff ZPO).[487] Da ihre Entscheidungen grundsätzlich die gleichen Wirkungen entfalten, wie diejenigen der staatlichen Gerichtsbarkeit, wird als gleichwertiger Ersatz zur staatlichen Gerichtsbarkeit eingeordnet, die sportrechtliche Streitigkeiten abschließend beurteilen kann (§ 1055 ZPO).

Allerdings sind Parallelkompetenzen zwischen der staatlichen und der privaten Gerichtsbarkeit nicht ausgeschlossen, die vor allem im einstweiligen Rechtsschutz ihre Beachtung finden.[488] Aus diesem Grund befinden sich nationale und internationale Sportverbände – darunter auch die Reiterlichen Vereinigungen – nicht selten in dem Dilemma, dass die Durchsetzung ihrer Regelwerke und damit auch die erfolgreiche Sanktionierung von Dopingvergehen scheitern.[489] Losgelöst von der Verbands- und oder der Schiedsgerichtsbarkeit ist die Rechtsprechung der ordentlichen Gerichte vor allem im Eilrechtsschutz zu einem Faktor geworden, der letztlich über Sieg und Niederlage sowie die Chancen(un-)gleichheit der Sportler untereinander entscheiden kann.[490] In diesem Sinne gilt es die einzelnen Verfahrenswege kurz zu erläutern und ihre Rolle in der aktuellen Verfahrenssituation im nationalen und internationalen Pferdesport zu erörtern.

I. Begriff und Einordnung der Verbandsgerichtsbarkeit

Verbandsgerichte sind Gremien, die in die Organisationsstruktur und Verwaltungstätigkeit eines Verbands eingebunden sind.[491] In ihrer Eigenschaft als Vereinsorgan wird einem Verbandsgericht durch entsprechende Satzungsbestimmungen die Zuständigkeit für einzelne Aufgaben, insbesondere für Rechtsangelegenheiten übertragen. Es stellt damit gewissermaßen das durch die Satzung vorgesehene Rechtsorgan des Vereins dar. Das Hauptfeld der Verbandsgerichtsbarkeit ist die interne Disziplinargerichtsbarkeit, die sich mit der Überprüfung

485 Vgl. statt vieler MüKo-ZPO/*Münch*, Vor §§ 1025 ff, Rn. 1 ff.

486 *Haas*, ZEuP 1999, S. 355, 360 f.

487 Musielak/*Voit*, ZPO, § 1025 Rn. 1 ff.; *Reichert*, Handbuch des Vereinsrechts, S. 600 Rn. 3450 ff. und S. 879 Rn. 5283.

488 Ausführlich mit dieser Thematik befasst sich *Bandel*, Einstweiliger Rechtsschutz im Schiedsverfahren, S. 1 ff.

489 *Adolphsen*, Internationale Dopingstrafen, S. 2.

490 *Heß*, ZZPInt 1996, 371 ff.

491 *Reichert*, Handbuch des Vereinsrechts, S. 520 Rn. 3014.

der durch andere Verbandsorgane verhängten Disziplinarmaßnahmen und somit auch Dopingsanktionen befasst.[492]

Die Bezeichnung „Verbandsgerichtsbarkeit" ist jedoch insoweit irreführend, als in Wirklichkeit zwischen der staatlichen und der Verbandsgerichtsbarkeit keinerlei Überschneidungen bestehen. Als Organ des Verbands verfügt das Verbandsgericht nicht über die Unabhängigkeit eines staatlichen Gerichts; Organe des Verbands können keine Gerichtsbarkeit ausüben.[493] Insofern kann ein verbandsgerichtliches Verfahren niemals die Qualität eines Rechtsbehelfsverfahrens vor staatlichen Gerichten oder einem Schiedsgericht beanspruchen und ist einer zivilgerichtlichen Nachprüfung nicht vergleichbar.[494]

1. Die Verbandsgerichtsbarkeit im deutschen Pferdesport

Auch die Deutsche Reiterliche Vereinigung und ihre Landeskommissionen verfügen über Verbandsgerichte, die in der LPO als *Schiedsgericht* (Landeskommission) beziehungsweise als *Disziplinarkommission* und *Großes Schiedsgericht* (Deutsche Reiterliche Vereinigung) bezeichnet werden. Diese Bezeichnung ist ebenfalls nicht exakt, da es sich nach § 900 Nr. 1 S. 2 LPO tatsächlich nicht um (echte) Schiedsgerichte im Sinne von §§ 1025 ff. ZPO handelt.[495]

Nach Maßgabe der LPO entscheiden die Verbandsgerichte der Landeskommissionen und der FN über Einsprüche (§§ 910 ff.) und Ordnungsmaßnahmen der LPO. Im Zuge der Reformierung und Anpassung an WADA- und NADA-Code hat die Verbandgerichtsbarkeit allerdings an Bedeutung verloren, denn auch die FN beschreitet nunmehr – zumindest im Spitzensport – den Weg zum *Deutschen Sportschiedsgericht*. Damit entscheidet das *Große Schiedsgericht* der FN nur noch über Dopingsanktionen gegen deutsche Reiter (§ 920 ff. LPO), die als Amateurreiter Inhaber eines Reiterausweises und/oder durch ihre Teilnahme am national organisierten Reitsport der Verbandsgewalt der FN unterworfen sind (Art. 11.1 ADMR).

---

492 *Oschütz*, S. 6.

493 Vgl. *van Look*, S. 173.

494 Da der Sportverband keine eigene Gerichtsbarkeit über die seinen Regelwerken unterworfenen Sportler in Anspruch nimmt, findet ein Eingriff in das in Art. 92 GG gewährleistete staatliche Rechtsprechungsmonopol nicht statt, *Stommel*, S. 52 ff.; *Buchberger*, Überprüfbarkeit, S. 55 ff. Die mangelnde Vergleichbarkeit zur staatlichen Gerichtsbarkeit stellt einen klaren Nachteil des Verbandsverfahrens dar, der viele Sportler in der Vergangenheit dazu bewegt hat, den ordentlichen Rechtsweg zur Überprüfung von Verbandsentscheidungen zu beschreiten, dazu *Janßen*, S. 54.

495 Zur Abgrenzung vom Verbandsgericht zum Schiedsgericht siehe sogleich S. 164 ff.

a. Instanzen – Disziplinarkommission und Großes Schiedsgericht

Wie viele andere Verbandsgerichte zeichnet sich auch die Verbandsgerichtsbarkeit der FN durch eine den staatlichen Gerichten nachgebildete Struktur aus.[496] Die erste Instanz befasst sich im Wesentlichen mit der Festsetzung der Verbandsstrafe, während eine zweite Instanz als Kontroll- beziehungsweise Rechtsmittelinstanz tätig wird.[497]

Auf der ersten Stufe ordnet die FN-Disziplinarkommission die Ordnungsmaßnahme gegen die beschuldigte Person an, in den meisten Fällen gegen den Reiter.[498] Handelt es sich um eine Dopingangelegenheit, die einen Reiter betrifft, der nicht Mitglied des Kaders ist, steht ihm als Verantwortlichen das Recht der Beschwerde[499] direkt beim *Großen Schiedsgericht* der FN zu.[500] Für Kadermitglieder steht dagegen nunmehr lediglich der Weg zum Deutschen Sportschiedsgericht offen.[501]

b. Verfahrensgrundsatz und Erschöpfungsgrundsatz

Insgesamt lässt der Gang des Disziplinarverfahrens eine Affinität zur staatlichen Zivilgerichtsbarkeit erkennen.[502] Das Verfahren vor den Verbandsgerichten muss jedoch nicht den Grundsätzen der Verfahrensordnungen der ordentlichen Ge-

496 Eine Schwäche des Verfahrens ist die Doppelrolle, die der Verband in sportrechtlichen Verfahren mit einem Sportler einnehmen muss. Zum einen verfolgt er vor seinen eigenen Instanzen einen bestimmten Anspruch und muss sich zum anderen die Entscheidungen seines Rechtsorgans im Außenverhältnis zurechnen lassen, dazu *Haas/Gedeon*, SpuRt 2000, 228, 231; *Oschütz*, S. 6; *Schlosser*, Vereinsrecht, S. 175.

497 Vgl. Art. 8.1.2 und Art. 11 ADMR (2010).

498 Vgl. § 15 Nr. 5 FN-Satzung, § 931 a LPO a.F. (2009). Die Disziplinarkommission besteht aus zwei Kammern, der jeweils sieben Kammermitgliedern angehören. Zu weiteren Einzelheiten vgl. Punkt 2 und 3 sowie Punkt 5 der Disziplinarordnung FN-Bereich Sport.

499 Die Beschwerde verfügt über einen Suspensiveffekt, vgl. § 929.3 LPO/Art. 11 ADMR. Mangels Devolutiveffekt handelt es sich jedoch nicht um ein Rechtmittel; mit der Beschwerde im staatlichen Zivilverfahren ist die Beschwerde im Sinne des § 929 Nr. 1 LPO demnach nicht vergleichbar, dazu Musielak/*Ball*, ZPO, § 567 Rn. 1 ff.

500 Vgl. Art. 11 ADMR. Anders stellt sich das Beschwerdeverfahren in sonstigen Disziplinarstreitigkeiten dar. In einem solchen Fall steht der betroffenen Person das Recht der Beschwerde zu, diese ist jedoch bei der FN-Disziplinarkommission einzulegen, die die Strafe im Vorfeld festgesetzt hat, vgl. § 929 Nr. 1 und Nr. 2 LPO. Zum weiteren Gang des Verfahrens siehe § 906 Nr. 2 LPO (2010).

501 Siehe dazu ausführlich unten S. 165 ff.

502 Anders beispielsweise beim Deutschen Traberverband. Hier sind Parallelen zur Strafgerichtsbarkeit erkennbar, da nur ein Kontrollorgan existiert, das Dopingverstöße von Amts wegen verfolgt und als sog. Ermittlungsorgan – ähnlich der Staatsanwaltschaft als Anklagebehörde – tätig wird, vgl. § 96 Nr. 2 HVT-TRO.

richtsbarkeit entsprechen.[503] Um den Vorwurf der Willkür vom Ausspruch einer Verbandssanktion abzuwenden, muss auch die Verbandsgerichtsbarkeit rechtstaatlichen Grundsätzen folgen.[504] Zu diesen Grundsätzen zählen insbesondere der Anspruch des Beschuldigten auf rechtliches Gehör sowie das Verbot der Doppelbestrafung.[505]

Darüber hinaus ist im Verbandsverfahren der sogenannte *Erschöpfungsgrundsatz* zu beachten. Er besagt, dass der von einer Verbandssanktion betroffene Sportler zunächst den gesamten – gemäß der Satzung zur Verfügung stehenden – Rechtszug der Verbandsgerichtsbarkeit erfolglos in Anspruch genommen haben muss, bevor er Rechtsschutz vor den Zivilgerichten begehren kann.[506] Auch nach § 900 Nr. 2 LPO dürfen ordentliche Gerichte nicht angerufen werden, sofern die Zuständigkeit eines Schiedsgerichts – also eines Verbandsgerichts – begründet ist. Hierin ist eine Beschränkung des Rechtswegs zu sehen, da die LPO die Überprüfung der Straffestsetzung durch ein verbandsinternes Kontrollorgan vor Anrufung der staatlichen Gerichte vorschreibt.[507] Die Klageerhebung vor einem Zivilgericht ist erst dann möglich, wenn sämtliche Instanzen der Verbandsgerichtsbarkeit erschöpft sind.[508] Eine dennoch zuvor erhobene zivilgerichtliche Klage ist zu diesem Zeitpunkt unzulässig.

Ausnahmen von dieser Regel bestehen, wenn der Sportler um *einstweiligen Rechtsschutz* vor den ordentlichen Gerichten ersucht oder das Verfahren für das betroffene Mitglied unzumutbar ist.[509] Während eines laufenden Verbandsverfahrens steht dem betroffenen Sportler damit also die Möglichkeit offen, vor dem Zivilgericht Eilrechtschutz – wahlweise durch Stellung eines Antrags auf Erlass einer einstweiligen Verfügung oder einer einstweiligen Anordnung – zu begehren.[510] Allerdings ist diese Rechtschutzoption – wie der weitere Verlauf der Prü-

---

503 Siehe dazu ausführlich *Reichert*, Handbuch des Vereinsrechts, S. 524 Rn. 3036 ff.

504 MüKo-BGB/*Reuter*, § 25 Rn. 30; *Hilpert*, BayVBl 1988, S. 161, 169.

505 *Horst/Jacobs,* RdA 2003, 215, 217; MüKo-BGB/*Reuter*, § 25 Rn. 44 ff.

506 Palandt/*Ellenberger*, BGB, § 25 Rn. 20; Staudinger/*Weick*, BGB (2005), § 35 Rn. 57; Soergel/*Hadding*, BGB, § 25 Rn. 57.

507 „Reiter-Urteil“ des BGH NJW 1995, S. 583 ff. (Fn. 59).

508 BGH, Urteil vom 06.03.1967 – Az.: II ZR 231/64 (München) = BGHZ 47, 172, 174 = BGH NJW 1967, 1268, 1269.

509 BGHZ 47, 172, 174 = BGH NJW 1967, 1268, 1269; *Schlosser*, Vereinsrecht, S. 126 f.; *van Look*, S. 173, *Janßen*, S. 60; eine ausführliche Aufzählung m.w.N. bei *Reichert*, Handbuch des Vereinsrechts, S. 550 Rn. 3190.

510 OLG Celle, Beschluss vom 06.07.1973 – Az.: 7 U 79/73 = BB 1973, 1190 ff.; OLG Düsseldorf, Urteil vom 19.01.1988 – Az.: 23 U 222/87 = NJW-RR 1988, 1271, 1272; OLG Frankfurt, Urteil vom 18.05.2000 – Az.: 13 W 29/00, abgedruckt in SpuRt 1998, 37 ff. sowie NJW-RR 2000, 1117 ff.

fung zeigen wird – einer effektiven Dopingbekämpfung im Pferdesport nicht besonders zuträglich.[511]

Auch Vereinsgerichte können einstweilige Anordnungen in Bezug auf verhängte Vereinsstrafen erlassen, wenn die Satzung oder eine Nebenordnung des Verbands die Möglichkeit einstweiliger Anordnungen vorsieht.[512] Tatsächlich sind derartige satzungsmäßige Regelungen in der Praxis selten; so hat auch die FN ebenfalls von einem internen einstweiligen Rechtschutzverfahren abgesehen. Im Übrigen würde dies die Zulässigkeit eines Antrags auf Erlass einer einstweiligen Anordnung oder Verfügung durch ein ordentliches Gericht nicht berühren.[513]

Die zulässige Vereinbarung über den temporären[514] Ausschluss der Klagbarkeit, der Gegenstand des Vertragsverhältnisses zwischen Sportler und Dachverband ist, wird im Hinblick auf die vorrangige Durchführung eines verbandsgerichtlichen Verfahrens als auflösende Bedingung gemäß § 158 Abs. 2 BGB gewertet.[515] Selbst ohne ausdrückliche Bestimmung über den Ausschluss des Rechtswegs soll nach herrschender Meinung gegen eine Verbandsstrafe keine Klagemöglichkeit gegeben sein, solange noch die Einlegung verbandsinterner „Rechtsbehelfe" möglich ist.[516] Auf diese Weise soll die ordentliche Gerichtsbarkeit entlastet werden und das Gericht nicht urteilen können, solange der autonom ausgestaltete Meinungsbildungsprozess noch nicht endgültig abgeschlossen ist.[517]

2. Das internationale Verbandsverfahren

Außerhalb von Dopingverfahren folgt das internationale Verbandsgerichtverfahren einem ähnlichen Muster. Im internationalen Pferdesport obliegt es der *Ground Jury* der FEI, Sanktionen gegen verantwortliche Personen zu verhängen.[518] Grundsätzlich kann der Betroffene gegen die Entscheidungen der *Ground Jury* entweder Beschwerde beim *Appeal Committee* – mit Ausnahme bestimmter

---

511 Dazu unten S. 164 ff., 177.

512 *Röhricht*, S. 37; *Reichert*, Handbuch des Vereinsrechts, S. 593 Rn. 3407 ff.

513 BGH, Urteil vom 26.01.1989 – Az.: X ZR 23/87 (Zweibrücken) = NJW 1989, 1477, Palandt/*Ellenberger*, BGB, § 25 Rn. 29, *Schlosser*, Vereinsrecht, S. 122, 170; *Janßen*, S. 69.

514 Während der endgültige Ausschluss der Klagbarkeit eines Anspruchs nicht unproblematisch und daher an strenge Voraussetzungen geknüpft ist, begegnet die zeitlich begrenzte Unklagbarkeit, wie die sie FN nunmehr im Amateursport praktiziert, weniger weitreichenden Bedenken, vgl. dazu *Pfister/Summerer*, PHB Sportrecht, S. 208 Rn. 279 m.w.N.

515 *Janßen*, S. 59.

516 BGHZ 13, 5, 16; 47, 172, 174; 49, 396, 398 (Fn. 58); kritisch zu dieser Rechtsprechung *van Look*, S. 172.

517 BGH, Urteil vom 26.01.1989 – Az.:X ZR 23/87 (Zweibrücken) = NJW 1989, 1477, *Schlosser*, Vereinsrecht S. 122, 170, *Janßen*, S. 69.

518 Vgl. Art. 159 GRs.

Fälle[519] – oder dem FEI-*Tribunal* einlegen.[520] Beim FEI-*Tribunal* handelt es sich um ein Verbandsgericht, das wie das *Große Schiedsgericht* der FN über den Fall entscheidet. Es überprüft die Verbandssanktion und kann diese gegebenenfalls noch einmal verschärfen. Insofern verfügt das FEI-*Tribunal* auch über eine Strafkompetenz.[521]

Wird ein Pferd dagegen positiv auf eine verbotene Medikation getestet, wird der Reiter durch das *Legal Department* der FEI über den positiven Befund informiert und – entweder vor oder nach einer unmittelbar durchzuführenden ersten Anhörung – vorläufig suspendiert (Art 7.4 *EAD* und Art. 7.4 *ECM Rules,* der die Suspendierung in Medikationsfällen auf die Teilnahme an den Olympischen und den Weltreiterspielen beschränkt). Während der Suspendierung sind der Reiter und gegebenenfalls das Pferd von einer Teilnahme an sämtlichen internationalen und nationalen Turnieren ausgeschlossen (Art. 7.4.4 *EADMCRs*). Kann der Verantwortliche den Dopingverstoß im Rahmen der ersten und einer möglichen zweiten Anhörung (Art. 7.4.3 *EADMCRs*) nicht entkräften, wird die vorläufige Suspendierung bis zur endgültigen Entscheidung durch das FEI Tribunal aufrechterhalten. Das FEI Tribunal entscheidet schließlich im Rahmen des *Final Hearings* abschließend über den Fall und kann im Rahmen seiner Sanktionsgewalt weitere Strafen gegenüber dem Verantwortlichen verhängen (Art. 10 *EADCMRs*/ Art. 161 *General Regulations*). Ein möglicher *Appeal* gegen die Entscheidung des FEI-*Tribunals* kann gemäß Art. 12 *EADCMRs* ausschließlich *(exclusively)* beim *Internationalen Sportgerichtshof* (CAS) in Lausanne eingelegt werden.[522]

519 Siehe dazu Art. 160.2 und 163.3 GRs.

520 Vgl. Art. 161.1 und 163.4 GRs.

521 Vgl. Art. 161 GRs.

522 Diese Regelung entspringt aus der Umsetzung von Art. 13.2.1 WADC und soll eine einheitlichere Anti-Doping-Rechtsprechung gewährleisten. Zur Zulässigkeit von Schiedsklauseln in Vereinsordnungen und -satzungen siehe unten S. 185 ff.

II. Rechtsschutz durch das nationale und/oder internationale Sportschiedsgericht

1. Die Institution Sportschiedsgericht

a. Das Internationale Sportschiedsgericht – CAS

Zur Vereinheitlichung der Sportrechtsprechung ist im Jahr 1984 der *Court of Arbitration for Sports* (CAS) mit Sitz in Lausanne errichtet worden.[523] Unter „Umgehung" der staatlichen Gerichtsbarkeit ist mit der Gründung des CAS eine Institution geschaffen worden, die Streitigkeiten im Zusammenhang mit dem Sport abschließend entscheiden kann und damit auch entscheidenden Einfluss auf die Rechtsprechung im nationalen und internationalen Pferdesport hat.[524]

Zur Unabhängigkeit des CAS als *institutionalisiertes Schiedsgericht,*[525] das zunächst durch das IOC finanziert wurde, nahm im Jahre 1993 das Schweizer Bundesgericht erstmals Stellung. In dem Verfahren des deutschen Profireiters *Elmar Gundel*./.FEI[526] hatte das Bundesgericht die Frage zu klären, ob der CAS als Verbandsgericht oder unabhängiges Schiedsgericht im Sinne der New Yorker Konvention[527] anzusehen sei. In einem *obiter dictum* wies das Bundesgericht darauf hin, dass durchaus Zweifel an der Unabhängigkeit des CAS bestehen, sofern das IOC Partei eines Schiedsverfahrens sei. Daraufhin wurde im Jahre 1994 eine vollständige organisatorische Trennung des CAS vom IOC vorgenommen. Seither wird der CAS von dem *International Council of Arbitration for Sport* (ICAS), einer Stiftung nach schweizerischem Recht, getragen.[528]

---

523 Die Gründung des CAS geht auf eine Initiative des damaligen IOC-Präsidenten Samaranch zurück und ist im Zusammenhang mit der Abkehr der Olympischen Bewegung vom Amateurgedanken und dem Beginn der Kommerzialisierung der Olympischen Spiele seit Beginn der 80-er Jahre zu sehen.

524 Siehe Regel S12 des CAS-Codes. Zu Funktion und Kompetenzen des CAS siehe ausführlich *Oschütz*, S. 1 ff.

525 Zur Bedeutung der institutionellen Schiedsgerichte vgl. *Kohler,* Moderne Praxis des Schiedsgerichtswesens, 1967; *Krafzik,* Die Spruchpraxis der hanseatischen Schiedsgerichte, 1974; zu den speziellen rechtlichen Problemen institutionalisierter Schiedsverfahren siehe die umfassende Untersuchung von Christian *Wolf,* Die institutionelle Handelsschiedsgerichtsbarkeit, 1992.

526 BGE 119 II 271 = ASA Bulletin 1993, S. 398.

527 New Yorker UN-Übereinkommen über die Anerkennung und Vollstreckung ausländischer Schiedssprüche vom 10. Juni 1958, abrufbar unter: http://www.uncitral.org/pdf/english/texts/arbitration/NY-conv/XXII_1_e.pdf (Abruf 08.02.10).

528 Aufgabe des ICAS ist – neben der Sicherstellung der Unabhängigkeit des CAS – die Schiedsverfahren zu verwalten und zu betreuen, vgl. Art. S2 CAS-Statut.

b. *Das Deutsche Sportschiedsgericht*

Als nationales Pendant zum CAS nahm das *Deutsche Sportschiedsgericht*, das bei der Deutschen Institution für Schiedsgerichtsbarkeit (DIS) in Köln angesiedelt, am 1. Januar 2008 seine Arbeit auf. Es wurde ebenfalls als *institutionalisiertes Schiedsgericht* gegründet, obwohl die Einrichtung einer nationalen unabhängigen Entscheidungsinstanz auf Grundlage der Anti-Doping-Regelwerke von WADA und NADA nicht zwingend vorgeschrieben ist.[529] Das *Deutsche Sportschiedsgericht* soll in Zukunft sämtliche Sportverbände bei der Behandlung komplexer Sachverhalte im Zusammenhang mit Doping- und anderen sportrechtlichen Streitfällen wirkungsvoll entlasten. Alternativ dazu kann in nationalen Verbandsregelwerken auch direkt eine Überprüfungskompetenz des CAS fixiert und somit die Regelung auf nationale Fälle ausgedehnt werden.[530]

2. Die Zuständigkeiten des nationalen und internationalen Sportschiedsgerichts im Pferdesport

Den Weg zu den Sportschiedsgerichten weist Art. 13 WADC beziehungsweise Art. 13 NADC, der das Rechtbehelfsverfahren gegen Entscheidungen über Dopingsanktionen regelt, die auf Grundlage des WADA-Codes oder den Regeln, die den Code umgesetzt haben, verhängt worden sind. Vor Beginn eines solchen Rechtsbehelfsverfahrens müssen grundsätzlich sämtliche verfügbaren Revisionsinstanzen ausgeschöpft werden, die das Reglement der jeweiligen Anti-Doping Organisation (beispielsweise der FEI) vorschreibt.

a. *Dopingrechtsstreitigkeiten der FEI*

Hinsichtlich der Möglichkeiten Rechtsmittel gegen Dopingsanktionen einzulegen unterscheidet der Code zwischen *International-Level-Athletes* und *National-Level-Athletes* (Art. 13.2 WADC).[531] Danach kann in Fällen, die aus internationalen Wettkämpfen herrühren oder in denen ein internationaler Spitzenathlet beteiligt ist, jeder *appeal* ausschließlich durch den CAS entschieden werden.[532] Des Weiteren schreibt Art. 13.2.3 WADC vor, dass der zuständige internationale

---

529 Vgl. Art. 23.2.2 WADC.

530 Insofern ist dem Code deutlich das Bestreben zu entnehmen, die Zuständigkeit staatlicher Gerichte für Dopingstreitigkeiten insgesamt zu beseitigen; so auch *Adolphsen*, Umsetzung des Anti-Doping Code, S. 81, 93.

531 Die Regelung für internationale Athleten ist zwingend, die für nationale Athleten dagegen fakultativ, siehe Einleitung des WADA-Codes, S. 9 sowie Art. 13.2.1 und 13.2.2 WADC.

532 *Weber*, SchiedsVZ 2004, 193, 194.

Verband und die WADA gegen die nationale Entscheidung des *reviewing body* (nationales Sportschiedsgericht) eine Rechtsmitteloption zum CAS haben müssen. So soll der CAS in allen denkbaren Fällen als Letztentscheidungsinstanz zugunsten einer einheitlichen Regelung von Dopingfällen fungieren. Hierbei handelt es sich um eine zwingende Vorschrift, die den Verbänden bei der Umsetzung in das eigene Regelwerk – abgesehen davon, dass das Pferd als „Sportler" betrachtet wird – keine sportartspezifischen Ermessensspielräume eröffnet.[533]

Nach Art. 12 *EADCMRs* n. F. kann nunmehr *jeder* Reiter, der an einem internationalen Turnier nach FEI-Standards oder bei einem nationalen Wettkampf mit einem bei der FEI registrierten Pferd teilgenommen hat – somit auch ein Amateurreiter, der keinem *Testpool* angehört – gegen die Entscheidung des FEI-*Tribunals* ausschließlich vor dem CAS klagen. Maßgebliches Kriterium ist damit die Teilnahme an einem FEI-reglementierten Turnier oder die Zugehörigkeit des Pferdes zum *International Testpool* des Verbandes, die sich mit der Registrierung des Pferdes bei der FEI automatisch vollzieht. In Übereinstimmung mit dem WADA-Code begann die FEI im Jahre 2004 zudem mit der Errichtung eines *Registered Testing Pools* für die Spitzenreiter im internationalen Pferdesport. *Testing Pools* existieren jedoch nur für die drei Olympischen Disziplinen Springen, Dressur und Vielseitigkeit. Für die Auswahl der Top-Reiter, die für die Dauer einer Turniersaison von dem *Testpool* erfasst werden, ist die Weltrangliste mit Stand vom 30. November des Vorjahres (derzeit: 2009) maßgeblich. Im Bereich des Springsports werden die 40 besten Reiter in den *Testpool* der FEI aufgenommen, für den Dressur- und den Vielseitigkeitssport die besten 30 der jeweiligen Weltrangliste.[534]

b. Zuständigkeiten in Dopingverfahren der FN

Da mit der umfassenden Reformierung der nationalen Anti-Doping Bekämpfung auch eine Reformierung des Rechtsschutzsystems einherging, sind die Rechtschutzmöglichkeiten der Reiter im nationalen Pferdesport erhebliche an internationale Standards angepasst worden. In diesem Zusammenhang macht sich nunmehr auch die FN die Vorteile der Schiedsgerichtsbarkeit zu Nutze und schließt für dopingrechtliche Streitigkeiten mit den kaderangehörigen Reitern, die Deutschland im internationalen Spitzensport repräsentieren und deren Pferde dem nationalen NADA *Testpool* angehören, eine Schiedsvereinbarung ab (§ 1029 ZPO). Diese soll die Zuständigkeit des *Deutschen Sportschiedsgerichts*

533 Vgl. Art 23.2.2 WADC.

534 Weltrangliste der FEI abrufbar unter: http://www.fei.org/Disciplines/Jumping/Results/Pages/Online_Rankings.aspx (Abruf am 08.02.10).

begründen und den Reitern die Anrufung der staatlichen Gerichtsbarkeit verwehren.[535] Der CAS wird nach dem Vorbild von WADA- und NADA-Code wiederum als Berufungsinstanz eingesetzt. Das *Große Schiedsgericht* der FN hat in diesen Fällen keine Funktion mehr.[536]

Handelt es sich dagegen um Doping oder einen Medikationsverstoß, der während eines nationalen Turniers zu Lasten eines Amateurreiters aufgedeckt wird, das heißt, der Reiter hat also weder ein international registriertes Pferd vorgestellt noch gehört er dem nationalen *Testpool* als Kaderreiter an, ist der Rechtsweg zum CAS nicht eröffnet. Vielmehr steht den betroffenen Sportlern die Beschwerde zum *Großen Schiedsgericht* der FN zu (Art. 11.1 ADMR). Der Rechtsweg zur ordentlichen Gerichtsbarkeit ist ebenfalls möglich.[537]

c. *Zusammenfassung*

Einem (deutschen) Reiter, dessen Pferd im Rahmen eines internationalen FEI-Turniers positiv auf eine verbotene Substanz getestet wird, steht nach Abschluss des Verbandsverfahrens vor dem FEI-*Tribunal* – unter der Voraussetzung einer wirksamen Schiedsvereinbarung – das Rechtsmittel der Berufung ausschließlich zum CAS zu. Dies gilt ferner für einen Reiter, der selbst Mitglied des internationalen Reiterpools ist.

Der Weg zum *Deutschen Sportschiedsgericht* beschränkt sich bislang allein auf den deutschen Spitzensport. Danach sind nunmehr alle deutschen Kaderreiter dazu verpflichtet, bei Dopingstreitigkeiten mit der FN das *Deutsche Sportschiedsgericht* anzurufen, sofern sie mit der FN eine wirksame Schiedsvereinbarung abgeschlossen haben. In allen anderen Dopingfällen, die nicht unter der Beteiligung eines Kader- oder Championatsmitgliedes verfolgt werden, wird eine Zuständigkeit des CAS oder des *Deutschen Sportschiedsgerichts* dagegen nicht begründet. Demzufolge ist Rechtsschutz für Reiter, die nicht dem Kader angehören, weiterhin durch das Verbandsgericht der FN sowie zusätzlich durch die staatliche Gerichtsbarkeit zu erlangen.

---

535 Ob der Weg zu den staatlichen Gerichten auch im einstweiligen Rechtsschutz durch Schiedsvereinbarung ausgeschlossen werden kann, ist streitig. Siehe hierzu die Ausführungen unten, S. 168 ff.

536 Diesen Schluss lässt unabhängig vom Inhalt der Kadervereinbarung auch der Wortlaut des Art. 11.1 ADMR zu, der die Zuständigkeit des FN Schiedsgerichts nur für den Fall vorsieht, dass keine Schiedsvereinbarung getroffen worden ist.

537 S.o. S. 159 ff.

B. Die Problematik des einstweiligen Rechtsschutzes

Neben der Schiedsgerichtsbarkeit spielt der einstweilige Rechtsschutz im internationalen, sowie nationalen Sport seit jeher eine entscheidende Rolle.[538] Kommt es zwischen Verband und Reiter kurz vor einem Turnierstart oder während der laufenden Turniersaison zu einem Rechtsstreit über die Rechtmäßigkeit einer Dopingsperre, hat der Reiter ein Interesse daran, dass eine unabhängige gerichtliche Entscheidung darüber so schnell wie möglich getroffen wird. Prozessual ist dies zumeist nur im Wege des einstweiligen Rechtsschutzes möglich.

Probleme bereiten einstweilige Rechtschutzverfahren jedoch dann, wenn der Sportler mit seinem Eilantrag in Form einer Leistungsverfügung die Teilnahme an einem bestimmten Wettkampf oder Turnier begehrt. Bei Erfolg eines solchen Antrags kann der Fall eintreten, dass die Hauptsache vorweggenommen wird, weil die erstrittene Turnierteilnahme nicht mehr rückgängig gemacht werden kann. Ein weiteres Verfahren in der Hauptsache – entweder vor dem ordentlichen oder dem Schiedsgericht – wird damit entbehrlich.[539]

I. Das Problem des Eilrechtsschutzes durch die ordentliche Gerichtsbarkeit in internationalen Dopingverfahren der FEI

Obwohl die FEI den Regeln unterworfenen Reitern gemäß Art. 12 *EADCMRs* den Rechtsweg ausschließlich zum CAS vorschreibt, war es den deutschen Spitzensportlern im Pferdesport in der Vergangenheit immer wieder möglich, Rechtsschutz im Eilverfahren vor den staatlichen Gerichten zu begehren.[540]

Den Weg zu den staatlichen Gerichten im Rahmen des Eilrechtsschutzes ebnet zunächst Art. 183 IPRG, der gemäß Art. 176 Abs. 1 IPRG auf Schiedsverfahren vor einem Schiedsgericht der Schweiz wie dem CAS Anwendung findet, wenn eine Partei zum Zeitpunkt des Abschlusses der Schiedsvereinbarung ihren Wohnsitz oder ständigen Aufenthalt nicht in der Schweiz hat.[541] Sowohl Art. 183 IPRG als auch die deutsche Zivilprozessordnung sowie das UNCITRAL-Modellgesetz gehen von einer grundsätzlichen Gleichwertigkeit beider Rechts-

---

538 *Schlosser*, ZZP 99 (1986), 241, 243.

539 Die Leistungsverfügung dient nicht nur der Sicherung des Antragsstellers, sondern führt schon zu seiner Befriedigung, vgl. HK-ZPO/*Saenger*, § 940 Rn. 9.

540 Siehe hierzu die Chronologie der FN, insbesondere der Fall des Springreiters Daniel Deußer unter: http://www.pferd-aktuell.de/cms-aussen-spezial/externalViews/ExternalViews.jsp?content Id=75910&printview=true (Abruf 20.09.10).

541 CHK – *Schramm/Furrer/Girsberger*, Art. 183–186 IPRG, Rn. 10.

schutzformen aus.[542] Daher bleibt neben dem Schiedsgericht auch jedes staatliche Gericht nach Maßgabe der einschlägigen Zuständigkeitsbestimmungen für den Erlass einstweiliger Rechtsschutzmaßnahmen zuständig.[543]

In diesem Zusammenhang beansprucht Art. 10 IPRG eine generelle *internationale* Zuständigkeit der Schweizer Gerichte und Behörden für den Erlass von vorsorglichen Maßnahmen auch in Fällen, in denen diese international eigentlich gar nicht zuständig sind.[544] In Deutschland wird die an sich nach § 1033, 919, 937 ZPO gegebene Zuständigkeiten deutscher Gerichte zum Erlass von Maßnahmen des einstweiligen Rechtsschutzes durch die Vereinbarung über die Zuständigkeit eines Schiedsgerichts im Ausland ebenfalls nicht ausgeschlossen. Vielmehr muss dies ausdrücklich von den Parteien vereinbart werden.[545] Ob die Parteien die Zuständigkeit der staatlichen Gerichte im einstweiligen Rechtsschutz jedoch zulässig derogieren können, ist allerdings umstritten.[546]

Somit steht es grundsätzlich nicht im Widerspruch zu einer Schiedsvereinbarung, wenn eine Partei ein Verfahren des einstweiligen Rechtsschutzes vor einem staatlichen Gericht einleitet.[547] Im einstweiligen Rechtsschutz vor einem staatlichen Gericht verfügen die Parteien deshalb auch nicht über eine Einredemöglichkeit, aufgrund derer das staatliche Gericht die Klage unter der Bedingung einer wirksamen Schiedsvereinbarung als unzulässig abweisen muss.[548]

1. Internationale Zuständigkeit des deutschen Gerichts

Die Zuständigkeit eines staatlichen schweizer oder deutschen Gerichts zum Erlass einstweiliger Maßnahmen gegen eine Dopingsanktion der FEI bestimmt sich nach den jeweils geltenden Prozessrechten, wenn kein vorrangiger Staatsvertrag zur Geltung kommt. Hat der Beklagte seinen Sitz in einem der sog. EFTA-Staaten, zu denen auch die Schweiz als Sitzstaat der FEI gehört, richtet sich die internationale Zuständigkeit deutscher Gerichte in der Regel nach dem sog. Übereinkommen über die gerichtliche Zuständigkeit und die Vollstreckung gerichtlicher Entscheidungen in Zivil- und Handelssachen (Art. 54 b II lit. a LugÜ – Lugano Übereinkommen von 1988).[549]

542 *Oschütz*, S. 398 f.

543 Kantonsgerichtspräsidium Zug, GVP ZG 1989/90, 107.

544 Baseler Kommentar-IPRG/*v. Berti*, Art. 10 Rn. 1.

545 OLG Köln, OLGR 2002, 392 = IPRspr 2002, 209; a.A. OLG Nürnberg, Beschluß vom 30. 11. 2004 – 12 U 2881/04 = SchiedsVZ 2005, 50; Zöller/*Geimer*, ZPO, § 1033 Rn. 6.

546 Siehe ausführlich unten S. 168 ff.

547 Zur Parallelität im einstweiligen Rechtsschutz in Deutschland siehe ausführlich *Bandel*, S. 277 ff.

548 *Holla*, S. 29.

549 Vgl. Lugano-Übereinkommen vom 16. 9. 1988, BGBl. II 1994, S. 2660; Initiator war damals die Schweiz.

Beim Lugano Übereinkommen handelt es sich um ein Parallel-Übereinkommen zur EuGVVO, die mit Wirkung vom 1.3.2000 das Übereinkommen über die gerichtliche Zuständigkeit und die Vollstreckung gerichtlicher Entscheidungen in Zivil- und Handelssachen (EuGVÜ) vom 27.9.1968 ablöste.[550]

Das Zuständigkeitssystem des Lugano-Übereinkommens stimmt mit dem Gerichtsstandssystem des deutschen und des schweizer Rechts im Wesentlichen überein. Im Grundsatz geht es von einer für alle (im Anwendungsbereich des Abkommens liegenden) Klagen begründeten Zuständigkeit des Vertragsstaates aus, in dem der Beklagte seinen (Wohn-)Sitz hat (Art 2 Abs. 1 LugÜ). Dabei handelt es sich um die sog. Allzuständigkeit, die auch dem deutschen Zuständigkeitssystem der ZPO zugrunde liegt (§§ 12 ff. ZPO). Im Anwendungsbereich des Lugano-Übereinkommens enthält der wortgleiche Art. 24 LugÜ (Art. 31 EuGVVO) jedoch eine über die Art. 2 und 5 bis 23 LugÜ hinausgehende, Zuständigkeitsvorschrift, wonach einstweilige oder sichernde Maßnahmen auch von einem Gericht angeordnet werden können, das in der Hauptsache unzuständig ist.[551] Danach steht es jeder Partei jedoch frei, die nach nationalem Recht begründete Zuständigkeit für einstweilige Maßnahmen in Anspruch zu nehmen. Soweit die Parteien für bestimmte vertragliche Streitigkeiten einen Schiedsvertrag geschlossen haben, soll schließlich eine Hauptsachezuständigkeit nach der EuGVVO ausgeschlossen sein, so dass über Art. 31 auf die nationalen Gerichtsstände zurück zu greifen ist.[552] Dagegen wenden sich jedoch Stimmen in der Literatur, die die Anwendbarkeit der Zuständigkeitsregeln der LGVÜ/LugÜ auch bei Abschluss einer Schiedsvereinbarung weiterhin für anwendbar und einen Rückgriff auf nationales Verfahrensrecht für sinnwidrig erachten. Da eine Schiedsvereinbarung den einstweiligen Rechtsschutz vor den staatlichen Gerichten grundsätzlich nicht ausschließe (in Deutschland gemäß § 1033 ZPO), könne sie auch nicht die internationale Zuständigkeit für einstweilige Maßnahmen beschränken.[553] Ungeachtet des Streits um die Reichweite des Art. 24 LugÜ wird im Bereich des einstweiligen Rechtsschutzes sowohl nach den Regeln des autonomen staatlichen Rechts als auch nach den Vorschriften des LugÜ die Zuständigkeit eines deutschen staatlichen Gerichts begründet. Begehrt ein deutscher

---

550 Die folgende Darstellung beschränkt sich dementsprechend auf die internationale Zuständigkeit nach den Vorschriften des LugÜ in der Fassung vom 16. September 1988, die jedoch – wie bereits ausgeführt – im Wesentlichen den Bestimmungen des EuGVÜ bzw. EuGVVO entsprechen. Soweit sie für die internationale Gerichtsbarkeit von Bedeutung sind, wird in der folgenden Bearbeitung auf bemerkenswerte Änderungen des revidierten Lugano Übereinkommens aus dem Jahr 2007 hingewiesen.

551 Musielak/*Lackmann*, ZPO, Art. 31 EuGVVO Rn. 1.

552 EuGHE 1998, I- 7091 = IPRax 1999, 240 (Rz. 24); zustimmend *Kropholler* Rn. 13; dagegen *Rauscher*/*Leible* Rn. 20.

553 MüKo-ZPO/*Gottwald*, Art. 31 EuGVVO Rn. 6; ebenso Rauscher/*Leible* Rn. 19 f.

Reiter einstweiligen Rechtsschutz gegen eine Dopingsperre der FEI, so wird er sich zumeist auf die Unrechtmäßigkeit der Sanktion berufen. Dies führt zu einer Prüfung des besonderen Gerichtsstandes der unerlaubten Handlung nach Art. 5 Nr. 3 LugÜ oder § 32 ZPO.

2. Gerichtsstand der unerlaubten Handlung

Im Zusammenhang mit Klagen gegen (internationale) Dopingstrafen kommt dem *besonderen* Gerichtsstand des Deliktsortes weitreichende Bedeutung zu.[554] Nach Art. 5 Nr. 3 LugÜ kann eine (juristische) Person, die ihren (Wohn-)Sitz im Hoheitsgebiet eines Vertragsstaates bzw. EFTA-Staates hat, vor dem Gericht des Ortes, an dem das schädigende Ereignis eingetreten ist, verklagt werden, wenn eine unerlaubte Handlung oder eine Handlung, die einer unerlaubten Handlung gleichgestellt ist, oder Ansprüche aus einer solchen Handlung, den Gegenstand des Verfahrens bilden. § 32 ZPO regelt entsprechendes und erklärt das Gericht für zuständig, in dessen Bezirk die unerlaubte Handlung begangen ist.

a. Unerlaubte Handlung im Sinne des LugÜ und der ZPO

Die unbestimmten Rechtsbegriffe der „unerlaubten Handlung oder einer Handlung, die ihr gleich gestellt ist“ werden im Anwendungsbereich des LugÜ autonom bestimmt,[555] so dass hier nicht an die *lex fori*[556] oder die *lex causae* anzuknüpfen ist. Der EuGH legt den Begriff der unerlaubten Handlung weit aus und versteht unter dem europarechtlich autonom qualifizierten Begriff der unerlaubten Handlung jegliche Schadenshaftung, die nicht aus einem Vertrag im Sinne von Art. 5 Nr. 1 LugÜ herrührt.[557] Art. 5 Nr. 3 LugÜ erfasst alle Delikstypen, einschließlich der Kartelldelikte, sowie die Verletzung des allgemeinen Persönlichkeitsrechts. Die Verursachung eines bloßen Vermögensschadens kann ebenfalls genügen.[558]

---

554 BGH, Urteil vom 27.05.2008 – Az.: VI ZR 69/07 (OLG Karlsruhe) = NJW 2008, 2344, EuZW 2008, 447.

555 Zur Methodik der gemeinschaftsrechtlich autonomen Auslegung durch den EuGH, siehe *Kropholler*, Rn. 41 ff.

556 Der Begriff *„lex fori"* bezeichnet im Internationalen Privatrecht das am Ort des angerufenen Gerichts geltende Recht. Dabei handelt es sich um dasjenige Recht, das am Gerichtsstand gilt, also das Recht des Forumstaates.

557 Vgl. Rauscher/*Leible*, Art. 5 Brüssel I-VO Rn. 78; *Schlosser*, EU-ZivilprozessR, Art. 5 EuGVVO Rn. 16.

558 *Schlosser*, EU-ZivilprozessR, Art. 5 EuGVVO Rn. 16.

Für die Bestimmung der internationalen Zuständigkeit nach Art. 5 Nr. 3 LugÜ hat das angerufene Gericht auf den Klägervortrag abzuheben. Bei der Tatsache der unerlaubten Handlung handelt es sich vor einem deutschen Gericht um eine so genannte *doppelrelevante* Tatsache, für die die schlüssige Behauptung genügt, der Beklagte habe eine vom Gericht als deliktisch zu qualifizierende Handlung begangen, durch die sich der Kläger in einem deliktisch geschützten Recht verletzt sieht.[559] Der zuständigkeitsbegründende Klägervortrag wird schließlich anhand der *lex causae* auf seine Schlüssigkeit geprüft.[560]

Die Auslegung der deutschen Zuständigkeitsvorschriften erfolgt dagegen grundsätzlich nach der *lex fori*, also nach deutschem Recht. Hiernach wird auch der Begriff der unerlaubten Handlung im Rahmen der Deliktszuständigkeit nach deutschem Recht bestimmt und sämtliche unerlaubte Handlungen erfasst, nicht nur jene gem. §§ 823 ff. BGB. Die Vorschrift findet grundsätzlich Anwendung auf Handlungen, die gesetzlich verboten sind und die wie §§ 823 ff. BGB eine Schadensersatzpflicht auslösen.[561]

Der Reiter, der sich mit seiner Klage gegen eine Dopingstrafe der FEI wendet, macht in der Regel die Unwirksamkeit der Sanktion geltend. Unrechtmäßige Sanktionen der Sportverbände stellen regelmäßig eine „unerlaubte Handlung" sowohl im Sinne des Art. 5 Nr. 3 LugÜ also auch im Sinne von § 32 ZPO dar. Maßgeblich für die internationale Zuständigkeit ist nach beiden Vorschriften, dass der Tatort der unerlaubten Handlung im Inland liegt.

b. Handlungs- und Erfolgsort

Als maßgebliche Anknüpfungspunkte für den Ort der unerlaubten Handlung sind den Formulierungen beider Zuständigkeitsregelungen ein Handlungs- und ein Erfolgsort zu entnehmen. Die Bestimmung von Handlungs- und Erfolgsort unterliegt im Anwendungsbereich des LugÜ ebenfalls der autonomen Qualifikation durch den Europäischen Gerichtshof. Nach der höchstrichterlichen Rechtsprechung des EuGH zum wortlautgleichen Art. 5 Nr. 3 EuGVÜ ist unter dem Ort des schädigenden Ereignisses sowohl der Ort, an dem der Schaden entstanden ist, als auch der Ort des ursächlichen Geschehens zu verstehen.[562] Der Beklagte kann daher nach Wahl des Klägers bei dem Gericht des Ortes, an dem der schädigende Erfolg eingetreten ist, oder bei dem Gericht des Ortes verklagt werden,

---

559 BGH, Urteil vom 24.09.1986 – Az.: VIII ZR 320/85 (LG Koblenz) = NJW 1987, 592; BGH, Urteil vom 25.11.1993 – Az.: IX ZR 32/93 (Frankfurt a. M.), BGHZ 124, 237 = NJW 1994, 1413, EuZW 1994, 283 m.w. N.; *Schlosser*, EU-ZivilprozessR, Art. 26 EuGVVO Rn. 1.

560 Vgl. BGHZ 98, 263, 274 = NJW 1987, 592 (Fn. 559).

561 BGH NJW 1973, 410, 411; KG NJW 1997, 3321; BGH NJW 1956, 911.

562 EuGH, Urteil vom 27. 9. 1968, BGBl 1972 II, 774; EuGH, Urteil vom 30. 11. 1976 – Rs 21/76 („Bier./.Mines de Potasse d´Alsace."), Slg. 1976, 1735, 1746 = NJW 1977, 493 sowie BGH, Urteil vom 06.11.2007 – Az.: VI ZR 34/07 (OLG Bamberg) = NJW-RR 2008, 516.

an dem die dem Schaden zu Grunde liegenden ursächliche Handlung vorgenommen worden ist.[563] Hinsichtlich § 32 ZPO gilt jeder Ort als Tatort, an dem eines der wesentlichen Tatbestandsmerkmale verwirklicht wurde. Bei mehraktigen Tatbeständen ist dies sowohl der Ort, an dem der Anspruchsgegner gehandelt hat (Handlungsort), als auch der Ort an dem in das geschützte Rechtsgut des Betroffenen eingegriffen wurde (Erfolgsort).[564]

aa. Handlungsort bei einer Dopingsperre

Verhängt die FEI eine Sperre gegen einen international startenden deutschen Reiter, so kann zum einen der Verbandssitz in der Schweiz, an dem die Entscheidung über die konkrete Sanktion im Rahmen des Disziplinarverfahrens getroffen wird, als *Handlungsort* eingestuft werden, zum anderen kommt aber auch der Ort in Betracht, an dem die Sperre rein tatsächlich ausgesprochen oder dem Reiter verkündet wird.[565] Handlungsort ist demnach meist die Schweiz, so dass die internationale Zuständigkeit eines deutschen Gerichts nicht begründet ist.

bb. Erfolgsort bei einer Dopingsperre

Dagegen gestaltet sich die Bestimmung des *Erfolgsortes* komplizierter, da zugleich mehrere Anknüpfungspunkte in Betracht kommen. Zum einen kann sich der *Erfolgsort* nach der Staatsangehörigkeit des sanktionierten Reiters, seinem gewöhnlichen Aufenthalt, Wohn- oder Vereinssitz richten. Zum anderen kann aber auch auf den jeweiligen Wettkampfort abzustellen sein, an dem die Dopingprobe des positiv getesteten Pferdes genommen wurde oder auf den Ort, an dem der Reiter einen Startversuch nach Ausspruch der Dopingsperre unternimmt, jedoch keine Startgenehmigung erhält. Gerichtliche Entscheidungen, die sich mit der kollisionsrechtlichen Fragestellung des Handlungs- und Erfolgsortes in Zusammenhang mit internationalen Dopingstrafen auseinandersetzen, sind nicht ersichtlich.

Hinsichtlich der zur Bestimmung von Handlungs- und Erfolgsort konkret maßgeblichen Kriterien besteht in Rechtsprechung und Literatur schon im Grundsatz bemerkenswert wenig Klarheit. Dies führte in der Vergangenheit dazu, dass die deutschen Gerichte bei Entscheidungen mit Auslandsbezug durch die deutsche staatliche Gerichtsbarkeit immer wieder qualifiziert zuständigkeits-

---

563 Vgl. zu Art. 5 Nr. 3 EuGVÜ: EuGH, Urteil vom 07.03.1995 – Rs. C-68/93 („Shevill"), Slg. 1995, I-415 (Nr. 20) = NJW 1995, 1881 = EuZW 1995, 248.

564 BGH NJW 1996, 1411, 1413, Zöller/*Vollkommer*, ZPO, § 32 Rn. 16; Stein/Jonas/*Roth*, ZPO, § 32 Rn 26

565 Hierzu ausführlich *Adolphsen*, Internationale Dopingstrafen, S. 303 f., 371 ff.

rechtliche und autonom kollisionsrechtliche Fragen (*lex fori* contra *lex causae*) vermengt und zur Festlegung des internationalen Deliktgerichtsstandes gleichermaßen herangezogen haben.[566]

> Verantwortlich hierfür ist in erster Linie das kollisionsrechtliche Deliktsstatut, dessen Grundregel auch im deutschen Kollisionsrecht (Rom II VO) zu finden ist. Wie der Deliktsgerichtsstand des Art. 5 Nr. 3 LugÜ knüpft auch Art. 4 Rom II VO für Ansprüche aus unerlaubter Handlung sowohl an den Handlungs- als auch an den Erfolgsort an und räumt dem Kläger schließlich eine Wahlmöglichkeit hinsichtlich des Ortes der Klageerhebung ein. Dieser Gleichlauf des Normgefüges schien es in der Vergangenheit immer wieder nahe zu legen, kollisionsrechtliche Lösungen (oder Lösungsansätze) auf die Tatortproblematik im Bereich des Zuständigkeitsrechts zu übertragen.[567]

So ist auch in höchstrichterlichen richterlichen Entscheidungen sportrechtlicher Natur eine mangelnde Differenzierung festzustellen, ob zur Bestimmung der internationalen Zuständigkeit und damit zur Auslegung des Tatortbegriffs im Anwendungsbereich des LugÜ *zuständigkeitsrechtliche* oder *kollisionsrechtliche* Normen herangezogen worden sind. Dies führte das angerufene Entscheidungsgericht zur bequemen Anwendung des vertrauten eigenen Sachrechts. Ungeklärt blieb jedoch, warum in der Sache gerade deutsches Recht heran zu ziehen ist.[568] Vielmehr wurde von der Rechtsprechung verkannt, dass die Anwendung und Ausfüllung der Tatortregel im Kollisionsrecht und im internationalen Zuständigkeitsrecht grundsätzlich eigenständig und unter Berücksichtigung der spezifischen Wertungen und Interessen der jeweiligen Rechtskreise zu erfolgen hat.[569]

Im Anwendungsbereich von Artikel 5 Nr. 3 LugÜ hat sich der EuGH für eine autonome Qualifizierung des Tatortbegriffs entschieden. Aus diesem Grund ist die Bestimmung von Handlungs- und Erfolgsort im Geltungsbereich des Lugano-Übereinkommens nicht ohne weiteres auf das Zuständigkeitsrecht übertragbar; vielmehr sind hierbei spezifische zuständigkeitsrechtliche Erwägungen maßgeblich. Zutreffender Ausgangspunkt bei der Festlegung des Erfolgsortes ist nach der EuGH-Rechtsprechung die Anknüpfung an den Ort der primären Rechtsverletzung, ohne dass hierzu ein Rückgriff auf die *lex causae* erforderlich wäre.[570] Erfolgsort ist danach derjenige Ort, an dem die Verletzung des primär geschützten Rechtsguts eines Sportlers/Reiters eingetreten ist. Um die Häufung

566 So auch *Adolphsen*, IPRax 2000, 81, 82; *Roth*, S. 78 ff.

567 So beispielsweise bereits schon zu § 40 EGBGB Staudinger/*v Hoffmann*, BGB, Vorbem. zu § 40 EGBGB, Rn. 98.

568 In diesem Sinne auch das Urteil des OLG München vom 28. März 1996 – Az.: U (K) 3424/95 im Fall der Sprintern Kathrin Krabbe, abgedruckt in NJW 1996, 2382 und SpuRt 1996, 133; kritisch hierzu *Haas/Adolphsen,* NJW 1996, S. 2351, 2353.

569 Eingehend hierzu *Pichler*, Rn. 741 ff.; *Roth* S. 78 ff.

570 Dauses/*Kreuzer/Wagner*, Art. 5 EuGVVO Rn. 463 ff.

von Gerichtsständen in engen Grenzen zu halten bzw. zu vermeiden, hat der EuGH seine Rechtsprechung dahingehend präzisiert, dass unter dem Ort des Schadenseintritts nur der Ort des Erstschadens gemeint ist und nicht auch der Ort, an dem Folgeschäden eintreten.[571]

Der Erfolgsort im Sinne des § 32 ZPO ist ebenfalls dort belegen, wo sich die Handlung in einem Verletzungserfolg niederschlägt. Hierbei ist wiederum nur auf den unmittelbaren Verletzungserfolg und nicht auf etwaige Schadensfolgen abzustellen.[572] Nur wenn der Schadenseintritt selbst zum Tatbestand der Rechtsverletzung gehört, ist der Ort des Schadenseintritts Verletzungs- und zugleich Begehungsort.[573]

(1.) Ort des begehrten Turnierstarts

Hinsichtlich des Erfolgsortes von Dopingsperren wird zum Teil die Meinung vertreten, dass der Erfolgsort bei Sperren gegen Sportler überall dort zu begründen ist, wo er international starten möchte.[574] Betrachtet man eine rechtswidrige Sperre als einen Eingriff in das Recht des Reiters am international organisierten Turniersport teilzunehmen, so erscheint diese Annahme zunächst nahe liegend. Das Recht des Reiters wird in der Tat jeweils an dem Ort betroffen, an dem er an den Start gehen möchte. Diese Ansicht verkennt jedoch den Charakter einer Dopingsperre.[575] Mit dem Ausspruch der Sperre wird dem Sportler unmittelbar die Befugnis entzogen (zeitlich befristet, selten unbegrenzt), am organisierten Sport teilzunehmen. Im Fall einer internationalen Dopingsperre, die gegenüber einem (deutschen) Reiter von der FEI verhängt wird, bezieht sich die Sperre zusätzlich auf nationale Turniere (vgl. Art. 10.9 EADMCRs). Die Sperre vollzieht sich damit unmittelbar, d.h. es sind keine weiteren Vollzugsakte seitens des internationalen Verbandes mehr notwendig (sog. *self executing* einer Maßnahme). Mit dem Ausspruch der Sperre tritt damit unmittelbar auch die Rechtsverletzung des Reiters ein. Will der sanktionierte Reiter trotz Sperre wieder in das internationale Turniergeschehen eingreifen, wird ihm dies vom Veranstalter oder vom Verband

571 Siehe EuGH Urteil vom 13.7.2000 – Rs. C-412/98, Slg. 2000, I-5925, I-5955 f. Nr. 49 f. m.w.N. – („Group Josi Reinsurance Company SA/Universal General Insurance Company -UGIC"); EuGH Urteil vom 19.2.2002 – Rs. C-256/00, Slg. 2002, I-1699, I-1733 f. Nr. 52-54 – („Besix SA/Wasserreinigungsbau Alfred Kretzschmar GmbH & Co. WABAG").

572 BGHZ 124, 245 = NJW 94, 1414; 132, 11 1 = NJW 1996, 1413; Zöller/*Vollkommer*, ZPO, § 32 Rn. 16.

573 Vgl. *Kiethe* NJW 1994, 222, 225 mit Beispielen zur Unterscheidung von Handlungsort, Erfolgsort und Schadensort.

574 *Summerer*, Internationales Sportrecht, S. 78 f.

575 Siehe hierzu *Adolphsen*, Internationale Dopingstrafen, S. 306 ff.

verwehrt werden. Die Weigerung, die Meldung zum Turnier zu akzeptieren, ist dann nicht mehr Teil der Rechtsverletzung, sondern eine weitere Schadensfolge, die sowohl nach der Rechtsprechung des EuGH als auch nach Ansicht der herrschenden Meinung in Deutschland als Folgeschaden nicht zur Begründung des Erfolgsortes herangezogen werden kann.

(2.) Wohnsitz oder Vereinssitz?

Bei der Bestimmung des Erfolgsortes bestehen noch weitere Schwierigkeiten. In der Berufungsentscheidung über die Klage der Leichtathletin *Katrin Krabbe*, in der es um die Rechtmäßigkeit von Wettkampfsperren des nationalen und des internationalen Leichtathletikweltverbandes (IAAF) ging, stellte das OLG München zur Festlegung des Erfolgsortes maßgeblich auf den *Wohnsitz* der betroffenen Sportlerin ab.[576] Im Zusammenhang mit Dopingsperren ist dieser Anknüpfungspunkt jedoch nicht unbedenklich. Wegen des Charakters der Sperre als *self executing* ist dem OLG München zunächst darin zuzustimmen, dass der Erfolgsort im Zusammenhang mit Dopingsperren *parteibezogen* bestimmt werden muss.[577] Weil die Sperre den sofortigen Verlust des Startrechts zur Folge hat, kann das zuständige internationale Gericht ausschließlich über die Person des sanktionierten Sportlers ermittelt werden. Sachgerechter erscheint in diesem Zusammenhang jedoch auf den Sitz des Heimatvereins des Sportlers abzustellen[578] Anders als der Wohnsitz weist der Vereinssitz einen direkten Bezug zur Sportausübung auf.[579] Im Reitsport ist die Vereinszugehörigkeit Bedingung für die Ausstellung der Jahresturnierlizenz, ohne die ein Turnierstart weder im nationalen noch im internationalen Turniersport möglich ist. Zudem trainieren einige deutsche Spitzenreiter im Ausland, sind aber durch die Inhaberschaft eines Reitausweises dem deutschen Verbandsregelwerk unterworfen und bei (international dotierten) Turnieren ausschließlich für Deutschland startberechtigt.[580] Der sportliche Lebensmittelpunkt befindet sich daher mehr am Vereinssitz, der die

576 Siehe „Krabbe-Urteil" des OLG München vom 28. März 1996 – Az.: U (K) 3424/95 = NJW 1996, 2382 und SpuRt 1996, 133.

577 Zu parteibezogenen Zuständigkeiten vgl. *Linke*, Rn. 139 ff.; *Geimer*, IZPR, Rn. 1155 a ff.

578 *Haas/Adolphsen,* NJW 1996, S. 2351, 2353.

579 *Adolphsen*, Internationale Dopingstrafen, S. 306.

580 So z.B. der mehrfach mit Dopingvorwürfen konfrontierte deutsche Springreiter *Daniel Deußer*, der in einem in Hessen ansässigen Reitverein Mitglied ist und für die Bundesrepublik Deutschland an internationalen Turnieren teilnimmt. Beheimatet ist Deußer jedoch in Valkenswaard/Niederlande. Dort ist er als Bereiter bei einem ebenfalls international bekannten niederländischen Springreiter angestellt.

Bedeutung des Wohnsitzes – besonders im internationalen Sportgeschehen – verdrängt.

3. Fazit

Da Art. 183 IPRG keine ausschließliche Kompetenz des Schiedsgerichts begründet, bleibt nebst dem Schiedsgericht auch jedes staatliche Gericht nach Maßgabe der einschlägigen Zuständigkeitsbestimmungen für den Erlass einstweiliger Rechtsschutzmaßnahmen zuständig. Da die FEI mit den Reitern, die an internationalen Turnieren teilnehmen nicht ausdrücklich im Sinne von Art. 183 IPRG die ausschließliche Kompetenz des CAS auch in einstweiligen Rechtsschutzangelegenheiten vereinbart hat, ist die Zuständigkeit eines deutschen staatlichen Gerichts nach Maßgabe von Art. 5 Nr. 3 LugÜ bzw. § 32 ZPO nicht ausgeschlossen. Aufgrund des bestehenden Wahlrechts und eines Erfolgsortes, der am deutschen Vereinssitz des Reiters begründet ist, kann ein Reiter daher auch vor einem deutschen ordentlichen Gericht Eilrechtsschutz gegen eine Maßnahme der FEI begehren.

II. Einstweiliger Rechtsschutz in nationalen Dopingverfahren der FN

Um die Problematik divergierender Gerichtsentscheidungen und eine Vorwegnahme der Hauptsache im nationalen Pferdesport künftig zu vermeiden, möchte die FN den Eilrechtsschutz in Dopingstreitigkeiten mit Spitzensportlern beim Deutschen Sportschiedsgericht konzentrieren.[581] § 1041 ZPO räumt dem Schiedsgericht vorbehaltlich einer abweichenden, nicht formbedürftigen Parteivereinbarung die Zuständigkeit für die Anordnung vorläufiger und sichernder Maßnahmen ein. Die Vollziehung derartiger Maßnahmen im Wege der Zwangsvollstreckung hängt jedoch von einer Entscheidung des staatlichen Gerichts nach Abs. 2 ab. Im Unterschied zur Entscheidung in der Hauptsache ist bei vorläufigen und sichernden Maßnahmen die Zuständigkeit des staatlichen Gerichts nach herrschender Meinung deshalb nicht ausgeschlossen (§ 1033 ZPO) und wird von der deutschen Rechtsprechung dahingehend interpretiert, dass einstweiliger Rechtsschutzes in Deutschland vorrangig vor den staatlichen Gerichten zu suchen ist.[582] Es entsteht deshalb ein Nebeneinander zweier Zuständigkeiten, das

581 So bereits der Vorschlag des FN-Präsidiums, der von der DOSB-Kommission bestätigt wird, siehe Pressemitteilung der FN vom 22.09.2009 unter: http://www.pferd-aktuell.de/Doc-..80954/d.htm (Abruf 08.02.10).

582 OLG München, SpuRt 2001, 64, 65 = NJW-RR 2001, 711; vgl. auch OLG Köln GRUR-RR 2002, 309 f.

durch den Vorrang staatlicher Gerichtsbarkeit von vornherein vermieden werden soll.[583] § 1033 ZPO diene in erster Linie der Verwirklichung eines effektiven Rechtsschutzes, der in Eilfällen jedoch nicht immer möglich ist, da vorläufige oder sichernde Maßnahmen des Schiedsgerichts ohnehin der Zulassung der Vollziehung durch das staatliche Gericht bedürfen. Dies nehme weitere Zeit in Anspruch genommen, die die Effektivität des Rechtsschutzes mindert.[584] Aus diesem Grund stelle der Gesetzgeber zwingend den Rechtsschutz durch das staatliche Gericht zur Verfügung.[585]

Dagegen wenden sich Vertreter aus der Literatur, die die Vereinbarung über den Ausschluss staatlicher Gerichtsbarkeit auch im einstweiligen Rechtsschutz für wirksam halten, solange sich der Ausschluss klar und eindeutig aus der Schiedsvereinbarung ergebe.[586] Das OLG Frankfurt hielt den Ausschluss des staatsgerichtlichen einstweiligen Rechtsschutzes sogar dann für zulässig, wenn gar kein echtes Schiedsgericht vorgesehen ist, sondern nur die verbandsinterne Gerichtsbarkeit hinreichend einstweiligen Rechtsschutz gewährleistet.[587] Ferner existieren Stimmen in der Literatur, die eine generelle Subsidiarität des einstweiligen staatlichen Rechtsschutzes gegenüber dem schiedsgerichtlichen Eilrechtsschutz sehen. Insbesondere wenn das Schiedsgericht wie im Fall des Deutschen Sportschiedsgerichts bereites konstituiert ist, soll dieses ausschließlich zuständig sein.[588] Die Zuständigkeit des staatlichen Gerichts lebe nur dann wieder auf, wenn das Schiedsgericht zu einer Gewährung raschen und effektiven Rechtsschutzes nicht in der Lage ist.[589]

Insofern gilt es zu untersuchen, ob der Rechtsweg zulässigerweise auf einen Eilrechtsschutz unter Derogation der ordentlichen Gerichtsbarkeit vor den Sportschiedsgerichten beschränkt werden kann.

---

583 Musielak/*Voit*, ZPO, § 1033 Rn. 1.

584 Vgl. MüKo-ZPO/*Münch*, § 1033 Rn. 2.

585 Die die vorrangige Zuständigkeit des staatlichen Gerichts als zwingend erachten: *Scheef*, S. 151; *Wolf*, DB 1999, 1101, 1103; Stein/Jonas/*Schlosser* Rn. 1; in diese Richtung auch (letztlich offen lassend) OLG München, SpuRt 2001, 64, 65 = NJW-RR 2001, 711.

586 *Schwab/Walter*, Kap. 17 a Rn. 24; *Lindacher*, ZGR 1979, 201, 213 f, *Adolphsen*, Internationale Dopingstrafen, S. 580 f.; *Oschütz*, S. 398; so wohl auch OLG Frankfurt a.M. NJW-RR 2000, 1117, 1119; zum Schweizer Recht siehe Richteramt III Bern, SJZ 1988, 85, 88; BSK-IPRG/*Berti* vor, Art. 183 Rn. 5; vgl. auch OLG Köln GRUR-RR 2002, 309 f. (Schiedsklausel, die einstweiligen Rechtsschutz durch andere staatliche Gerichte als die am Schiedsort ausschließt, ist im Interesse des effektiven Rechtsschutzes für die Gewährung einstweiligen Rechtsschutzes durch deutsche Gerichte unbeachtlich); dagegen wenden sich: *Adolphsen* SpuRt 2000, 159; *Bandel*, S. 309 ff., 337; *Berninger/Theißen* SpuRt 2008, 185, 186 f.; *Schütze* BB 1998, 1650; *Schwab/Walter* Kap. 17 a Rn. 24; Zöller/*Geimer*, ZPO, § 1033 Rn. 6.

587 Siehe Urteil vom 11.3.1996 – Az.: 13 W 13/96, OLGR Frankfurt 1996, 128 f.

588 *Schlosser*, ZZP (1986) 241, 245.

589 *Nicklisch*, RIW/AWD 1978, 639.

1. Zulässige Alleinzuständigkeit des Schiedsgerichts unter Beteiligung von Monopolverbänden

Das Gebot des effektiven Rechtsschutzes erfordert es jedem Sportler, der sich in seinen Rechten verletzt sieht, die Möglichkeit zu offerieren, gegen Dopingsanktionen im Eilfall vorzugehen.[590] Wird künftig eine Schiedsvereinbarung mit einem Monopolverband wie der Deutschen Reiterlichen Vereinigung und einem Sportler zugunsten des einstweiligen Rechtsschutzes vor dem *Deutschen Sportschiedsgericht* geschlossen, muss zunächst sichergestellt sein, dass die Effektivität des schiedsgerichtlichen Eilrechtsschutzes nicht hinter der Effektivität des staatsgerichtlichen Eilrechtsschutzes zurückbleibt.[591] Sofern der Eilrechtsschutz vor dem *Deutschen Sportschiedsgericht* dem einstweiligen Rechtsschutz gleichwertig gegenüber steht, gilt es im Wege der Interessenabwägung herauszufinden, ob das Interesse des Sportlers, Rechtsschutz vor einem staatlichen Gericht zu erlangen oder das Interesse des Verbandes, Dopingsanktionen im Pferdesport mithilfe der Schiedsgerichtsbarkeit künftig einheitlicher und damit effektiver durchsetzen zu können, überwiegt.

2. Effektivität des Rechtsschutzes und Interessenabwägung

In vielen Verfahren ist die Verwirklichung des von der Rechtsordnung verliehenen Rechts für die Parteien ebenso wichtig wie dessen Feststellung. Vor allem im einstweiligen Rechtsschutz ist die sofortige Vollziehung der Maßnahmen in stärkerem Maße geboten als in einem normalen Prozess und es stellt sich die Frage, ob im Bereich des einstweiligen Rechtsschutzes die schiedsgerichtliche Entscheidung mit dem Willen der Parteien sowie dem Zweck des Eilverfahrens in Einklang steht.[592] Ist die Schiedsordnung wie die des Deutschen Sportschiedsgerichts jedoch dahin gehend ausgestaltet, dass sie einen permanent einsatzfähiger Spruchkörper vorsieht,[593] der schnell Rechtsschutz gewähren kann und es nicht erst der Bildung eines Schiedsgerichtes bedarf, so ist ein Mangel an Effizienz nicht ersichtlich.[594] In diesem Zusammenhang kann der Ansicht von *Stein/Jonas/Grunsky* gefolgt werden, die es schließlich den Parteien überlassen, ob sie die mit der Vereinbarung der Zuständigkeit schiedsgerichtlicher Entschei-

---

590 *Lindacher*, ZGR 1979, 202, 209; *Schlosser*, ZZP (1986) 241, 264; *Herdegen*, RIW/AWD 1981, 304; Schwab/*Walter*, Kap. 21 Rn. 12; *Adolphsen*, Internationale Dopingstrafe, S. 583.

591 *Oschütz*, S. 403.

592 *Joeng-Ha*, S. 98 f.

593 Siehe Vorwort zur DIS-SportSchO, abrufbar unter: http://www.dis-arb.de/sport/Material/DIS-SportSchO-2008.pdf (Abruf 20.09.10)

594 *Lindacher*, ZGR 1979, 202, 209, 210.

dungsbefugnis und den damit möglicherweise verbunden Schwierigkeiten im Bereich der Vollstreckbarkeitserklärung in Kauf nehmen wollen.

Die Probleme der Vollstreckbarkeitserklärung, die die herrschende Meinung angesichts der Zweistufigkeit des schiedsrichterlichen einstweiligen Rechtsschutzes mit Anordnungs- und Exequaturverfahren und der damit verbundenen Verzögerung sieht, kommt in dopingrechtlichen Streitigkeiten jedoch nicht zum Tragen. Zunächst handelt es sich bei der Verhängung einer Sperre oder der Aufrechterhaltung einer Suspendierung um gestaltende Maßnahmen, die als solche *self executing* sind und zur Entfaltung ihrer Wirkung keiner besonderen Vollstreckbarkeit bedürfen.[595] Aus diesem Grund können sämtliche Maßnahmen seitens der Sportverbände, die den Athleten in der Vergangenheit Anlass zum Ersuchen des einstweiligen Rechtsschutzes gaben, auch durch gestaltende Anordnung des Schiedsgerichts geregelt werden. Auch auf Seiten des Sportlers wird die Durchsetzbarkeit der schiedsgerichtlichen einstweiligen Maßnahmen kein Problem sein, weil der Verband dem Schiedsspruch freiwillig Folge leisten wird.[596] Obwohl die freiwillige Befolgung von Schiedssprüchen durch die Parteien vielfach bezweifelt worden ist, ist sie in sportrechtlichen Streitigkeiten zwischen einem Sportler und einem Verband nicht von der Hand zu weisen.[597] Zunächst stehen sich auch in dopingrechtlichen Streitigkeiten zwei Privatrechtssubjekte gegenüber. Allerdings kommt den Dachorganisationen des deutschen Sports aufgrund ihrer Monopolstellung eine besondere Bedeutung zu.[598] In diesem Zusammenhang wird das Verhältnis zwischen Monopolverbänden und ihren Sportlern mit dem staats- und verwaltungsrechtlichen Über- und Unterordnungsverhältnis verglichen.[599] Da die Sportverbände zunehmend auf die Zuständigkeit der Sportschiedsgerichtsbarkeit drängen und sich zur Begründung der schiedsgerichtlichen Zuständigkeit in der Regel Schiedsklauseln bedienen, die die Sportler zu akzeptieren haben, wenn sie am organisierten Sportbetrieb teilnehmen möchten, ist davon auszugehen, dass sich auch die Sportverbände an den Schiedsspruch des Sportgerichts halten und es einer zusätzlichen Vollstreckung des Schiedsurteils nicht bedarf. Der Verband hat das Sportschiedsgericht selbst als Entscheidungsinstanz gewählt und wird sich dementsprechend an die Entscheidungen des Schiedsrichters halten. Gerade im einstweiligen Rechtsschutz kann sich die bessere Sachkompetenz des Schiedsgerichts unter maßgeblicher Berücksichtigung sportspezifischer Wertungen positiv für beide Parteien auswirken und

595 *Adolphsen*, Internationale Dopingstrafen, S. 583.

596 *Nicklisch*, RIW/AWD 1978, 639; *Jagenburg*, FS Oppenhoff, S. 155.

597 *Joeng-Ha*, S. 98 f.

598 Zur Stellung eines Monopolverbandes vgl. BGH, Urteil vom 2. 12. 1974 – Az.: II ZR 78/72 = BGH NJW 1975, 771.

599 *Kern*, S. 26.

die Chancengleichheit im Sport auch auf der Rechtsfolgenseite fördern. So hat die Alleinzuständigkeit des Schiedsgerichts eine Rechtsprechungspraxis aufgrund einheitlich geltender Rechtsgrundsätze zur Folge gemäß des Gleichbehandlungsgrundsatzes einheitlichere und damit einzelfallgerechtere Entscheidungen möglich macht. Dieser Tatsache entsprechend reklamiert die deutsche Sportschiedsgerichtsbarkeit die Entscheidungshoheit auch im Eilverfahren im Sinne einer einheitlicheren Regelanwendung weitgehend für sich (vgl. § 20.1 DIS-SportSchO). Sobald sich das Schiedsgericht konstituiert hat, soll der einstweilige Rechtsschutz durch die staatlichen Gerichte ausgeschlossen sein. Insofern verlangt auch die Schiedsordnung des *Deutschen Sportschiedsgerichts* ein uneingeschränktes Bekenntnis zum Schiedsverfahren.[600]

Aus Sicht einer effektiven, am *Fair Play*-Prinzip orientierten *Sportsgerichtsbarkeit* ist ein Nebeneinander verschiedener (einstweiliger) Rechtsschutzwege nicht wünschenswert.[601] Diverse Fälle deutscher Sportler, die gegen eine Sanktion ihres Verbandes vorgegangen sind, haben gezeigt, dass im Sport durch den Erlass von Entscheidungen staatlicher Gerichte im Verfahren des einstweiligen Rechtsschutzes jedes Hauptverfahren – sei es das Schiedsverfahren oder das Verfahren vor dem staatlichen Gericht – „praktisch obsolet gemacht wird."[602] Wie die vorliegende Untersuchung gezeigt hat, steht die unabhängige Schiedsgerichtsbarkeit in Fällen sportrechtlicher Auseinandersetzungen zwischen einem Sportverband und seinen Athleten dem Rechtsschutz durch ein staatliches Gericht mindestens gleichwertig gegenüber, sodass der Sportler hinsichtlich der Effektivität des Rechtsschutzes keine nachteiligen zu befürchten hat. Aus diesem Grund stellt die Alleinzuständigkeit des Sportschiedsgerichts unter Ausschluss des staatlichen Eilrechtsschutzes nicht nur eine Alternative, sondern vielmehr eine zwingende Notwendigkeit dar.

3. Zwischenergebnis

Um in Zukunft eine einheitliche Durchsetzung der Sportregelwerke zu gewährleisten und mögliche Wettbewerbsverzerrungen zu vermeiden, die durch Leistungsverfügungen der staatlichen Gerichte in der Vergangenheit immer wie-

600 Weniger rigoros, aber mit der gleichen Wirkung, ist hingegen die Regelung in der Schiedsordnung des CAS formuliert, die für das Berufungsverfahren im Fall internationaler Verbandssanktionen eine Verzichtserklärung der Sportler hinsichtlich des Rechtsschutzes vor den staatlichen Gerichten fingiert, vgl. Art. R37 Abs. 2 S. 2 CAS-SchiedsO.

601 So die Stellungnahme der NADA, abrufbar unter http://www.nada-bonn.de/fileadmin/user_upload/nada/Recht/Rechtliche_Grundlagen/Verbandsgerichtsbarkeit_und_Sportschiedsgerichtsbarkeit.pdf (Abruf 01.09.2010).

602 *Haas*, ZEuP 1999, S. 355 ff.

der verursacht worden sind, kann nach hier vertretener Auffassung der Eilrechtsschutz im Sportbereich ohne Weiteres vor den Schiedsgerichten konzentriert werden. Möchte sich danach ein Reiter im Wege des einstweiligen Rechtsschutzes gegen eine nationale Dopingsanktion der FN zu Wehr setzen, um auf diese Weise eine Startgenehmigung für bevorstehende sportliche Ereignisse zu erstreiten, kann – eine wirksame Schiedsvereinbarung vorausgesetzt – die Zuständigkeit des *Deutschen Sportschiedsgerichts* zulässigerweise vereinbart und damit die Zuständigkeit staatlicher Gerichte ohne Verstoß gegen rechtsstaatliche Prinzipien ausgeschlossen werden.

C. Abschlussmodalitäten einer Schiedsvereinbarung zwischen Sportlern und Verband

Um Sportler und Sportverbände künftig auf den sportschiedsgerichtlichen Instanzenzug zu verweisen, bedarf es des Abschlusses einer Schiedsvereinbarung. Die Schiedsvereinbarung stellt als Abrede zwischen den Parteien, im Streitfall die Entscheidung eines privaten Gerichts herbeizuführen und sich dieser zu unterwerfen, das Fundament der Schiedsgerichtsbarkeit dar.[603] Da die Vereinbarung zum Ausschluss der staatlichen Gerichte führt und damit den verfassungsrechtlich sensiblen Bereich des gesetzlichen Richters sowie des (aus dem Rechtsstaatsprinzip[604] beziehungsweise aus Art. 6 EMRK[605] abzuleitenden) *Justizgewährungsanspruchs* berührt, kommt ihrer Wirksamkeit erhebliche Bedeutung zu. Aus diesem Grunde bedürfen Schiedsverträge nach sämtlichen Rechtsordnungen in aller Regel einer bestimmten Form.

603 BGHZ 65, 59, 61; BGHR ZPO § 1025 – Schiedsvereinbarung 1; BGHZ 24, 15, 19 = NJW 1957, 791; 1958, 950; BGH SchiedsVZ 2005, 95, 97; vgl. BT-Drucks. 13/5247 S. 44; zum alten Recht: BGHZ 50, 191, 193 ff. = NJW 1968, 1928; BGH NJW-RR 1987, 1194, 1195.; *Lachmann,* Rn. 692; Stein/Jonas/*Schlosser*, § 1032 Rn. 11. *Oschütz*, S. 258. Diese Vereinbarung ist – wie auch das Verfahren vor dem Schiedsgericht insgesamt – legitimiert durch die Privatautonomie der Parteien, vgl. Haas/*Hauptmann*, SchiedsVZ 2004, 175, 176 m. w. N.

604 Siehe BGH, Urteil vom 3. 4. 2000 – Az.: II ZR 373-98 = BGHZ 144, 146 = NJW 2000, 1713, NJW-RR 2000, 1161, NZG 2000, 897 mit Anmerkung, WM 2000, 957, BB 2000, 1059, DStR 2000, 937, 938.

605 Siehe hierzu bereits ausführlich *Heller*, S. 33 ff. und *Haas*, Internationale Sportschiedsgerichtsbarkeit und EMRK, SchiedsVZ 2009, 73.

I. Die Schiedsvereinbarung in der bisherigen Praxis der Pferdesportverbände

1. Ausgangslage

Da der einzelne Reiter lediglich Mitglied in einem der zahlreichen deutschen Reitvereine und damit nicht mitgliedschaftlich mit dem (inter-)nationalen Dachverband verbunden ist,[606] müssen FN und FEI mit den Reitern die Zuständigkeit der Schiedsgerichte gesondert vereinbaren. Hierzu haben die Verbände entweder die Möglichkeit, mit jedem einzelnen Sportler eine Schiedsvereinbarung zu treffen (wie dies nunmehr im nationalen Spitzensport praktiziert wird) oder alternativ eine *Schiedsklausel* in ihre Satzung oder Sportordnung aufzunehmen. Mangels mitgliedschaftlicher Bindung wäre die *Schiedsklausel* allein für die Athleten jedoch ohne rechtliche Wirkung. Aus diesem Grund machen sich viele Sportverbände die Unterwerfungsvereinbarung zu Nutze, mit der sich der Sportler verpflichtet, die Regeln des Verbands zu beachten. Dort nehmen sie auf die in der Satzung oder Nebenordnung enthaltene *Schiedsklausel* Bezug, sodass diese schließlich auch zum Bestandteil der Unterwerfungsvereinbarung wird.[607]

2. Praxis der Deutschen und Internationalen Reiterlichen Vereinigung

Bevor der WADA-Code ins Leben gerufen wurde, schloss der internationale Pferdesportverband mit den sanktionierten Reitern – so zum Beispiel im Fall *Gundel* – erst nach Abschluss des Verbandsverfahrens eine Schiedsvereinbarung ab.[608] In entsprechender Umsetzung des WADA-Codes führte die FEI eine Schiedsklausel zugunsten des CAS in ihre Satzungen und Sportordnungen ein.[609] Auf diese Schiedsklauseln wird jedoch weder im Rahmen der Unterwerfungsvereinbarung, die im internationalen Pferdesport gegenüber dem nationalen Verband abgegeben wird, noch in ähnlicher Form *ausdrücklich* Bezug genommen.[610]

So enthalten weder die Aktivenerklärung für die Nominierung zu einem FEI-Championat, beziehungsweise zu den Olympischen Spielen, noch die Rahmenvereinbarung zur Berufung in den Nationalkader einen Hinweis auf die Schiedsklausel im Regelwerk der FEI. Auch der Antrag, der bei der FN zur Registrierung bei der FEI zu unterschreiben ist, enthält keinen

606 S. o. S. 37 ff.

607 *Adolphsen*, Internationale Dopingstrafen, S. 539.

608 Siehe zum Fall *Gundel* die Entscheidung des Schweizer Bundesgerichts vom 15. März 1993 – Az.: 4P.217/1992, BGE 119 II 271 = ASA Bulletin 1993, S. 398.

609 Siehe Art. 12 *EADCMRs*, Art. 165.1.1.3 *GRs* und Art. 35 *FEI-Statutes*

610 Siehe unter: http://www.fei.org/Athletes_AND_Horses/Pages/FEI_Registration Lists.as px (Abruf 08.02.10).

Hinweis, weder auf die Geltung des FEI-Reglements noch auf die Schiedsklausel im Reglement. Lediglich auf der FEI-Homepage ist unter dem Link zur Registrierung der Pferde für die Teilnahmeberechtigung an internationalen Turnieren der FEI folgender Hinweis zu finden: „*FEI registered riders must abide by the FEI Code of Conduct and the world anti-doping code and comply with FEI Rules and Regulations. An administrative fee of CHF 10.00 (Swiss Francs) for each registration (rider and horse) will be charged to the NF. The FEI Registration is valid for one calendar year (from 1 January to 31 December).*" Lediglich im Merkblatt zum Formular zur FEI-Registrierung ist der Hinweis enthalten, dass sich der Antragsteller mit Abgabe der Registrierung dem Reglement der FEI unterwirft.[611]
Des Weiteren wird auf die Schiedsklauseln nur in den Ausschreibungen der Turnierveranstalter hingewiesen. So heißt es beispielsweise in der Ausschreibung zum Internationalen FEI-Turnier in Redefin/Mecklenburg-Vorpommern (30. April bis zum 3. Mai 2009): *„Das Schiedsgerichtsverfahren ist in den o. g. FEI-Statuten und dem General-Reglement festgelegt. Gemäß diesem Verfahren wird jeder Einspruch gegen eine Entscheidung der FEI oder ihrer offiziellen Vertreter ausschließlich durch den „Court of Arbitration for Sport" (CAS) in Lausanne, Schweiz, entschieden."*

Vor dem Hintergrund der strengen Formerfordernisse, die an die Wirksamkeit von Schiedsvereinbarungen gestellt werden, ist allerdings fraglich, ob die bisherige Praxis der FEI in Form einer sogenannten *Globalverweisung*, [612] also ohne ausdrücklichen Hinweis auf eine *Schiedsklausel* im Reglement, den entsprechenden Formerfordernissen genügt und auch im deutschen Pferdesport zur Unterwerfung sämtlicher FN-registrierten Reiter umsetzbar wäre. Insbesondere dann, wenn Amateursportler der Schiedsgerichtsbarkeit unterworfen werden sollen, könnte es geboten erscheinen, strengere Anforderungen an den Hinweis auf Schiedsklauseln im Regelwerk zu stellen.[613] Im folgenden Abschnitt ist daher zu klären, wie die Vereinbarung zwischen Athlet und Verband bei Bezugnahme auf eine *Schiedsklausel* im Verbandsregelwerk – insbesondere der *Hinweis auf die Schiedsklausel* – ausgestaltet sein muss, damit die Derogation staatlicher Gerichte wirksam erfolgen kann. Neben der grundlegenden Frage des anwendbaren Rechts interessieren hier insbesondere die Kriterien der formellen und materiellen Wirksamkeitsanforderungen, die an Bezugnahmen auf Schiedsklauseln in externen Dokumenten nach der einschlägigen Rechtsordnung – insbesondere unter Beteiligung von Verbrauchern – gestellt werden.

---

611 Siehe Merkblatt und Formular zu FEI-Registrierung, abrufbar unter: http://www.pferd-aktuell.de/Anlage52774/FormularzurFEI-Registrierung.pdf (Abruf 08.02.10).

612 Unter einer *Globalverweisung* ist ein allgemeiner Hinweis auf bestimmte Vertragsbedingungen zu verstehen, aus dem jedoch nicht deutlich wird, dass diese Bedingungen/Regelwerke auch eine *Schiedsklausel* enthalten.

613 Vgl. die Verbraucherschutzvorschrift des § 1031 Abs. 5 ZPO, ausführlich dazu S. 194 f.

II. Anforderungen an eine wirksame Schiedsvereinbarung

Die Frage der Wirksamkeit von Schiedsvereinbarungen tritt in erster Linie dann zutage, wenn sich ein deutsches staatliches Gericht, das von einem Sportler in Anspruch genommen wird, im Rahmen der *Schiedseinrede* des Verbandes mit der Wirksamkeit einer Schiedsvereinbarung zum Deutschen oder internationalen Sportschiedsgericht befassen muss (§ 1032 ZPO). Insofern wird der Fokus der folgenden Untersuchung auf die *Einredesituation* in einem Dopingrechtsstreit vor deutschen Gerichten liegen, die trotz einer im Verbandsregelwerk enthaltenen Schiedsklausel von einem Athleten zur Überprüfung einer Dopingsanktion angerufen werden.

1. Formelle Zulässigkeit von Bezugnahmen auf satzungsmäßige Schiedsklauseln

a. Anwendbare Rechtsvorschriften

Als zentrale Vorschrift regelt Art. II Abs. 2 des New Yorker UN-Übereinkommen über die Anerkennung und Vollstreckung ausländischer Schiedssprüche vom 10. Juni 1958[614] (UNÜ) die formelle Beurteilung von Schiedsvereinbarungen, die einen internationalen Bezug aufweisen. Dies geschieht unter Zugrundelegung eines international vereinheitlichten Sachrechts, das unabhängig von kollisionsrechtlichen Verweisungen und ohne Rücksicht auf das im Übrigen auf die Schiedsvereinbarung anwendbare nationale Recht vertragsautonom auszulegen ist.[615] Der Anwendungsbericht des UNÜ ist immer dann eröffnet und durch das angerufene staatliche Gericht zu prüfen, wenn die Schiedsvereinbarung aus Sicht des zuständigen Richters zu einem ausländischen Schiedsspruch führen könnte. Hierzu ist allein schon die Möglichkeit ausreichend.[616]

Dieses Kriterium ist bei der hier zu vereinbarenden Letztentscheidungsbefugnis des CAS in sämtlichen dopingrechtlichen Streitigkeiten zumindest im Spitzensport erfüllt. Legt eine Partei in einem nationalen Dopingverfahren Revision gegen das Urteil des nationalen Sportschiedsgerichts ein, kommt es zu einer

---

614 Die Bundesrepublik Deutschland hat die New Yorker Konvention von 1958 am 30. Juni 1961 mit Wirkung zum 28. September 1961 ratifiziert. Seitdem finden die Vorschriften der Konvention als unmittelbar geltendes Recht auf ausländische Schiedssprüche Anwendung; *Schwab/Walter*, Kap. 42 Rn. 11 ff. Das UNÜ ist das wichtigste Übereinkommen über die internationale Schiedsgerichtsbarkeit und gilt auch in dem Verhältnis von Deutschland zur Schweiz, siehe die aktuelle Liste unter: http//:www.uncitral.org (Abruf 08.02.10).

615 Vgl. statt vieler dazu aktuell *Kühn*, SchiedsVZ 2009, 53.

616 *Schwab/Walter*, Schiedsgerichtsbarkeit, Kap. 42 Rn. 10.

letztinstanzlichen Entscheidung durch den CAS in der Schweiz.[617] In internationalen Dopingrechtsfällen ist das CAS ebenfalls als Letztentscheidungsinstanz berufen (Art. 12.2.1 *EADCMRs*). Aus Sicht des deutschen Richters besteht somit bereits bei Abschluss der Schiedsvereinbarung zwischen einem deutschen Reiter und der FN – unabhängig vom jeweiligen Status des Sportlers als *National-* oder *International-Level-Athlete* – die Möglichkeit, dass das schiedsrichterliche Verfahren in einen ausländischen Schiedsspruch mündet. Infolgedessen ist der Anwendungsbereich des Art. II Abs. 2 UNÜ eröffnet.

b. Anforderungen der Formvorschrift nach Art. II Abs. 2 UNÜ

Die in Art. II Abs. 2 UNÜ niedergelegten Formvorschriften sind als vereinheitlichte Sachnormen *lex specialis* gegenüber den Formvorschriften des für die Schiedsvereinbarung gemäß Art. V Abs. 1 lit. a UNÜ zu ermittelnden staatlichen Rechts.[618]

Zur Einhaltung einer bestimmten Form der Schiedsvereinbarung regelt Art. II Abs. 2 UNÜ, dass die Vereinbarung entweder in einer von den Parteien unterzeichneten Vertragsurkunde enthalten sein oder aber aus einem Austausch von Briefen oder Telegrammen hervorgehen muss.[619] Inwieweit nun eine Schiedsvereinbarung formwirksam zustande kommt, wenn die Parteien in einem Vertrag auf ein externes Dokument allgemein oder ausdrücklich verweisen, regelt Art. II Abs. UNÜ jedoch nicht.[620] Hinsichtlich des Formerfordernisses besteht lediglich Einigkeit dahingehend, dass derlei Vereinbarungen formwirksam sind, wenn auf eine in einem externen Dokument enthaltene Schiedsklausel *ausdrücklich* Bezug genommen wird.[621] Strittig ist dagegen, ob eine *Globalverweisung* den Formanforderungen des Art. II Abs. 2 UNÜ genügt.[622]

---

617 Im Rahmen der Kaderschiedsvereinbarung zwischen der FN und den Reitern des deutschen Spitzensports ist das CAS ist als Berufungsinstanz gegen Urteile des Deutschen Sportschiedsgerichts vorgesehen.

618 Vgl. *van den Berg* S. 284 ff.; anders Corte di Cassazione v. 15.4.1979 – No. 2448, VI YCA (1981), 233, 234; hierzu *Kröll* ZZP 117 (2004), 453, 470.

619 *Schwab/Walter,* Kap. 44 Rn. 7 f.

620 Entsprechende Zweifel äußern Weigand/*Haas* S. 444 sowie *Gildeggen*, S. 62.

621 Zum Meinungsstand in der Schweiz (Art. 178 IPRG) siehe den Überblick bei *Holla*, S. 160 m. w. N.; zum UNÜ vgl. *Schwab/Walter*, Kap. 44 Rn. 7. § 178 IPRG stellt im Ergebnis geringere Anforderungen hinsichtlich der Form als Art. II Abs. 2 UNÜ, Urteil des BG vom 07.02.2001 = SpuRt 2002, 62.

622 *Haas*, Anerkennung, S. 169.

aa. Tendenzen der internationalen Rechtsprechung

Anders als im Anwendungsbereich vergleichbarer multilateraler Abkommen ist dem UNÜ eine zentrale Rechtsprechungsinstanz fremd. Somit ist die Auslegung von Art. II Abs. 2 UNÜ den staatlichen Gerichten überlassen. Insoweit ist eine international einheitliche Rechtsprechung, die zu den konkreten Formerfordernissen des Art. II Abs. 2 UNÜ Stellung nimmt, nicht ersichtlich. Eine umfangreiche Rechtsprechung zu Art. II Abs. 2 UNÜ existiert bislang nur im Hinblick auf die Bezugnahme von Schiedsklauseln in *Allgemeinen Geschäftsbedingungen*. Fraglich ist, ob diese Rechtsprechung auch auf die Bezugnahme von Schiedsklauseln und die Frage, ob ein gesonderter Hinweis auf eine solche erforderlich ist, auch bei Sportregelwerken herangezogen werden kann.

(1.) Internationale Rechtsprechung zur Bezugnahme auf Schiedsklauseln in AGB

Die Rechtsprechung der internationalen Gerichte zur Frage, ob ein *allgemeiner Hinweis* auf die AGB ausreichend ist oder ob es eines *besonderen Hinweises* auf dort enthaltene Schiedsklausel bedarf, fällt zunächst uneinheitlich aus. Während vielfach ein pauschaler Verweis auf die AGB für ausreichend gehalten wird, [623] verlangen andere Stimmen, darunter der BGH,[624] dass der Verwender den Vertragspartner auf die AGB aufmerksam macht oder ihm zumindest eine Kenntnisnahme von deren Inhalt ermöglicht.[625] Im Sinne der höchstrichterlichen Rechtsprechung des BGH vertrat das OLG München in einer Entscheidung aus dem Jahr 1995, dass die bloße Bezugnahme auf AGB ohne jede Inhaltsangabe nicht dem Schriftlichkeitserfordernis des Art. II des New Yorker Übereinkommens genüge.[626] Erforderlich sei, dass der Verwender die formularmäßige Schiedsklausel dem anderen Teil bei Vertragsschluss zur Kenntnis gebracht habe, was zu bejahen sei, wenn die AGB der beiderseits unterzeichneten Vertragsurkunde bei-

623 In der deutschen Literatur sprechen sich hierfür z.B. *Hanefeld,/Wittinghofer*, SchiedsVZ 2005, 217, 221 aus; in diesem Sinne ebenfalls das *Tribunal de grande instance de Strasbourg*, II YCA (1977), 244. Großzügiger dagegen Handelsgericht Zürich, Anmerkung *Schlosser* ZEuP 1994, 682, 685: Kein Hinweis erforderlich, wenn der Vertragspartner aufgrund von Handelsbräuchen oder anderen Umständen mit dem Vorhandensein einer Schiedsklausel in den AGB rechnen muss.

624 Vgl. BGH RIW 1976, 449, 450.

625 Spanischer Tribunal Supremo, X YCA (1985), 493 (494); Corte di Cassazione, XI YCA (1986), 5, 9. So auch *Bredow*, in: Bülow/Böckstiegel/Geimer/Schütze, Internationaler Rechtsverkehr, S. 16; *Weigand/Haas,* S. 445.

626 OLG München, Urteil vom 08. März 1995 – Az.: 7 U 5460/94 = NJW-RR 1996, 1532.

liegen.[627] In einer weiteren Entscheidung hob das bayerische Oberlandesgericht hervor, dass das Erfordernis einer „schriftlichen Vereinbarung“ i. S. v. Art. II New Yorker Übereinkommen erfüllt sei, wenn auf der von den Vertragsparteien unterschriebenen Vorderseite der Kaufvertragsurkunde die „umseitigen Vertragsbedingungen“ *ausdrücklich* zum Bestandteil des Vertrags erklärt werden, „also nicht auf ein gesondertes Papier Bezug genommen wird“.[628]

Allerdings stellt sich die Frage, ob der allgemeine Verweis auf Schiedsklauseln in Sportordnungen überhaupt mit der Rechtslage vergleichbar ist, die im Verhältnis zweier Vertragspartner bei der Verwendung allgemeiner Geschäftsbedingungen im synallagmatischen Geschäftsverkehr begründet wird. Der Geschäftsverkehr und die Verwendung von AGB aufgrund von Austauschverträgen zeichnen sich durch einen Interessengegensatz aus.[629] Das mitgliedschaftliche beziehungsweise mitgliedschaftsähnliche Rechtsverhältnis ist hingegen durch einen Gleichlauf der Interessen geprägt. Die Verfolgung eines gemeinsamen Zwecks – die Sportausübung in direktem Leistungsvergleich – lässt einen Vergleich der Rechtslage daher nicht zu.[630]

(2.) Rechtsprechung des Schweizer Bundesgerichts im Fall *Tjark Nagel*

Ohne die Frage der Zulässigkeit von Globalverweisungen auf Schiedsklauseln in *Satzungen* allgemein zu klären, stellte hingegen das Schweizer Bundesgericht in seinen bisher einschlägigen Entscheidungen – sowohl im Anwendungsbereich des UNÜ als auch im IPRG – auf den konkreten Einzelfall ab und machte die Wirksamkeit der Klauseln letzten Endes davon abhängig, inwieweit die Warn- und Schutzfunktion, die einer Formvorschrift nach ihrem Sinn und Zweck zukommen, (fehlerhaft) tangiert sind.[631] Im Fall des deutschen Springreiters *Tjark Nagel* dehnte das Schweizer Bundesgericht seine Rechtsprechung zugunsten der Formwirksamkeit von Schiedsklauseln in Sportordnungen scheinbar weiter aus.

627 Diese Mindestvoraussetzung hat auch das OLG Brandenburg in einer Entscheidung aus dem Jahr 2002 hervorgehoben, vgl. OLG Brandenburg, Beschluss vom 13. Juni 2002 – Az.: 8 Sch 2/01.

628 Vgl. BayObLG, NJW-RR 1999, 644, 645 = RIW 1998, 965, 966; zustimmend Musielak/*Voit*, ZPO, § 1031 Rn. 18.

629 *Adolphsen*, Internationale Dopingstrafen, S. 548 in Verweis auf EuGHE 1992, 1769, 1776 (Nr. 25).

630 In diesem Sinne äußerte sich auch bereits der EuGH in seiner Rechtsprechung zur Zulässigkeit von Bezugnahmen auf *Gerichtsstandsklauseln* in Satzungen. Hierzu führte das Gericht aus, dass zwischen der allgemeinen Bezugnahme auf Allgemeine Geschäftsbedingungen und eine Vereins- oder Verbandssatzung erhebliche qualitative Unterschiede bestehen. EuGHE 1992, 1769, 1776 sowie *Adolphsen*, Internationale Dopingstrafen, S. 548 ff.

631 Vgl. BGE 121 III 38, 43, 44; *Haas*, ZEuP 1999, 355, 370.

Im August 2003 nahm der für Deutschland startberechtigte Springreiter *Tjark Nagel* an einem FEI-Turnier in Monaco teil. Zuvor war dem Reiter anlässlich seiner Turniermeldung ein Programmheft zugesandt worden, in dem nochmals ausdrücklich auf die Geltung der FEI-Statuten hingewiesen wurde. Der Reiter hatte zwar eine Athletenvereinbarung mit der FN unterzeichnet, mit der er sich verpflichtete, während seiner Zugehörigkeit zum Nationalkader die Bestimmungen der FEI zu beachten. In der Unterwerfungsvereinbarung fehlte jedoch ein Hinweis auf die Schiedsklausel. Infolge einer positiven Dopingprobe seines Pferdes während des Turniers in Monaco wurde *Nagel* von der FEI mit einer Sperre und einem zusätzlichen Bußgeld belegt. Nagel erhob daraufhin Klage vor dem Schweizer *Tribunal Civil*. Das Gericht erklärte sich jedoch aufgrund der von der FEI erhobenen Schiedseinrede für nicht zuständig. Weitere Rechtsmittel *Nagels* blieben erfolglos.[632]

Im konkreten Fall stützte das Bundesgericht seine Entscheidung auf die anwendbare autonome Formvorschrift des Art. 178 Abs. 1 IPRG[633] und bejahte das Zustandekommen einer wirksamen Schiedsvereinbarung zwischen dem internationalen Verband und dem deutschen Reiter. In der Sache führte das Gericht aus, dass sich der Reiter trotz des nur *allgemeinen Hinweises* auf das Regelwerk – ohne besondere Hervorhebung der Schiedsklausel – nicht darauf berufen könne, dass er keine Kenntnis von der Schiedsklausel gehabt habe. Das Gericht vertrat die Meinung, dass in diesem Fall ein besonderer Hinweis auf eine in einem anderen Dokument enthaltene Schiedsklausel jedenfalls dann entbehrlich sei, wenn die Parteien *geschäftserfahren* und die in dem Dokument enthaltenen Bestimmungen *branchentypisch* sind.[634]

Die Entscheidung des Bundesgerichts kann aber nicht dahingehend ausgelegt werden, dass *allgemeine* Verweisungen im Sport mit der zwingenden Warnfunktion von Formvorschriften wie Art. II Abs. 2 UNÜ und Art. 178 Abs.1 IPRG vereinbar sind. Vielmehr gilt es hier weitere Umstände des Falles *Nagel./.*FEI zu berücksichtigen, die letztlich das Gericht zu dieser Rechtsprechung geführt haben. Das Bundesgericht stützte die Wirksamkeit der Schiedsvereinbarung durch allgemeinen Hinweis nämlich ferner auf die Kenntnis des Reiters, die er hinsichtlich der Schiedsklausel durch die Beteiligung an diversen anderen CAS-Verfahren bereits im Vorfeld erlangt hatte.

In einem Verfahren aus dem Bereich des internationalen Basketballs (*Reynolds./.*FIBA) führte das Bundesgericht jedoch noch weiter aus, dass eine Schiedsklausel auch dann in einem mitgliedschaftsähnlichen Rechtsverhältnis

632 Zum genauen Inhalt der Entscheidung *Nagel./.*FEI siehe die Entscheidung des Schweizer Bundesgerichts vom 31. Oktober 1996 – Az.: 4c 44/1996.

633 Die Anwendung des Schweizer IPRG im Fall *Nagel./.*FEI basierte auf der Tatsache, dass es sich aus Sicht des Schweizer Richters hinsichtlich des CAS-Urteils nicht um einen ausländischen Schiedsspruch handelte.

634 Vgl. BGE vom 31. Oktober 1996 – Az.: 4c 44/1996, siehe die Zusammenfassung des Urteils bei *Haas/Holla*, ZEuP 1999, 355, 357 f.

Geltung beanspruche, wenn sich der Verweis in einer Unterwerfungsvereinbarung *nicht ausdrücklich* auf die Schiedsklausel beziehe.[635] Inwieweit sich diese Rechtsprechung im internationalen Vergleich durchsetzen konnte, wird im Weiteren zu untersuchen sein.

(3.) Rechtsprechungswandel in Deutschland im Bereich des Sports?

Im Anschluss an die Entscheidungen des Schweizer Bundesgerichts scheint sich auch in der deutschen Rechtsprechung ein Wandel zugunsten der Verwendung von Schiedsklauseln in Sportregelwerken zu vollziehen. In einer aktuellen sportrechtlichen Entscheidung aus der Leichtathletik urteilte das Landgericht Köln, dass sportliche Regelwerke (auch) im Verhältnis zu Nichtmitgliedern des Regeln aufstellenden Verbandes gerade keine Allgemeinen Geschäftsbedingungen im Sinne des AGB-Gesetzes seien, bei denen eine bloße Bezugnahme auf vorformulierte Schiedsklauseln dem Schriftformerfordernis des Art. II UNÜ nicht genügen würde.[636] Vielmehr sei es allgemein üblich, dass die Regeln, denen sich die Teilnehmer sportlicher Wettkämpfe zu unterwerfen haben, in weitgehend standardisierten Wettkampfordnungen der für die betreffende Sportart zuständigen Spitzenverbände festgelegt sind. Diese gelten für sämtliche Teilnehmer gleichermaßen, sodass sich der Athlet grundsätzlich auch als Nichtmitglied mit der Unterschriftsleistung der Disziplinargewalt des (inter-) nationalen Verbandes beziehungsweise der *vorgesehenen Schiedsgerichtsbarkeit* unterwirft.[637]

Dies entspricht einer Weiterentwicklung der Rechtsprechung des BGH im bereits mehrfach erwähnten „Reiter-Urteil".[638] Danach setzt eine wirksame Unterwerfung unter das Regelwerk des (inter-)nationalen Verbandes nicht voraus, dass der Athlet dieses bis in seine Einzelheiten kennt, vielmehr genügt die Möglichkeit der Kenntnisnahme vom Inhalt des Regelwerks. Vor allem Spitzenathleten sei bekannt, dass der Sportbetrieb nach festgelegten Regeln ablaufe; Berufssportler sollten bereits im eigenen Interesse von diesen Regeln Kenntnis haben, um nicht wirtschaftliche oder rechtliche Nachteile zu erleiden.[639] Hierunter fällt dementsprechend auch die Kenntnis einer Schiedsklausel im Regelwerk.

635 Siehe Entscheidung des Bundesgerichts vom 7. Februar 2001, SpuRt 2002, 62, 63, dazu *Adolphsen*, Internationale Dopingstrafen, S. 549.

636 Vgl. Urteil des LG Köln vom 13.September 2006 – Az.: 28 O 38/05, abgedruckt in SpuRt 2007, 30.

637 Vgl. Urteilsbegründung LG Köln, SpuRt 2007, 30, 31

638 BGH Urteil vom 28.11.1995 = BGH NJW 1995, 583 ff. (Fn. 59).

639 Vgl. BGH NJW 1995, 583, 584.

(4.) Auswertung der Rechtsprechung

Die Rechtsprechungen der internationalen Gerichte zu *Globalverweisungen* auf Schiedsklauseln in Verbandssatzungen haben gemein, dass das Verbandsregelwerk grundsätzlich einheitliche Geltung gegenüber allen Mitgliedern oder mitgliedschaftsähnlich Unterworfenen beanspruchen muss. Würde man indes auf die individuelle Kenntnis der Schiedsklausel abstellen wollen, um von dieser auf den individuellen Willen des Beitretenden oder sich Unterwerfenden zu schließen, wäre die unabdingbare einheitliche Geltung der Verbandsregeln infrage gestellt. Die Schiedsklausel würde somit nur dasjenige Mitglied binden, das von ihr Kenntnis, sprich sie gelesen hat.[640]

Allen voran die Strukturen des Sports, der durch mitgliedschaftsähnliche Verhältnisse geprägt ist, rechtfertigen es jedoch, an die Wirksamkeit von Bezugnahmen auf Schiedsklauseln insgesamt geringere Anforderungen zu stellen. Anders als der Geschäftsverkehr und die Verwendung von Allgemeinen Geschäftsbedingungen, die im Zusammenhang mit Austauschverträgen stehen, zeichnet sich das mitgliedschaftliche oder mitgliedschaftsähnliche Rechtsverhältnis nicht durch einen Interessengegensatz aus, sondern ist durch einen Gleichlauf der Interessen geprägt, der der Verfolgung eines gemeinsamen Zwecks – der Sportausübung in direktem Leistungsvergleich – dient.[641] Darüber hinaus hat sich mit fortschreitender Globalisierung des Sportgeschehens auch die Verwendung von Schiedsklauseln vor allem zugunsten des CAS etabliert, die insofern heute – zumindest im Berufssport – nicht mehr als „unüblich" einzustufen sind. Fraglich ist jedoch, ob diese Rechtsprechung auch im Amateursport Geltung beanspruchen kann.

bb. Die Verbraucherformvorschrift des § 1031 Abs. 5 ZPO

Bei der Beteiligung von Verbrauchern stellt das deutsche Recht für die Wirksamkeit einer Schiedsvereinbarung besonders strenge Formerfordernisse auf. Sofern ein dem (inter-)nationalen Regelwerk unterworfener Reiter als Verbraucher anzusehen wäre, sieht § 1031 Abs. 5 ZPO vor, dass die Schiedsvereinbarung in einer von den Parteien eigenhändig unterzeichneten Urkunde enthalten sein muss, die zudem keine weiteren (nicht auf das Schiedsverfahren bezogene) Vereinbarungen neben der Schiedsabrede enthalten darf. Die Formvorschrift bein-

640 *Adolphsen*, Internationale Dopingstrafen, S. 457.

641 EuGHE 1992, 1769, 1776 (Nr. 25), *Adolphsen*, Internationale Dopingstrafen, S. 548.

haltet eine Warnfunktion, die den Verbraucher vor einer Überrumpelung schützen und die Tragweite des Rechtsgeschäfts bewusst machen soll.[642]

Die Verbrauchereigenschaft eines Reiters wird dann anzunehmen sein, wenn die Schiedsvereinbarung weder einer gewerblichen noch selbstständigen beruflichen Tätigkeit des Sportlers zugeordnet werden kann. So sind durchaus Konstellationen denkbar, in denen dieser die Verbrauchereigenschaft erfüllt und damit in personeller Hinsicht die Anforderungen an ein „Verbrauchergeschäft" i. S. d. § 1031 Abs. 5 ZPO gegeben sind. In kommerzialisierten Individualsportarten wie dem Reitsport wird allerdings die Grenze zum Unternehmer früh überschritten; denn – nach dem gesetzlichen Leitbild – kommt es auf den Umfang der Tätigkeit für den Unternehmerbegriff im Grundsatz nicht an.[643] Insofern sind in der Regel nur diejenigen Reiter als Verbraucher im Sinne des § 13 BGB einzustufen, die den Pferdesport nicht als zusätzliche Verdienstquelle nutzen.

Dagegen wird hinsichtlich des Formerfordernisses an eine Schiedsvereinbarung im Anwendungsbereich des UNÜ nicht zwischen Verbrauchern und gewerblich handelnden Personen differenziert.[644] Ein Verbraucher, der eine Schiedsvereinbarung abschließt, deren Wirksamkeit nach dem UNÜ zu beurteilen ist, wird nach dem Wortlaut des Übereinkommens damit nicht mehr und nicht weniger geschützt als ein Unternehmer.

Während der Spitzensportler in der Regel seinen Lebensunterhalt mit der Teilnahme an Turnieren bestreitet und von der Schiedsklausel im Regelwerk der FEI Kenntnis hat, stellt sich die Frage, ob es gerechtfertigt ist, im Sinne des weiten Anwendungsbereichs von Art. II Abs. 2 UNÜ auch bei lediglich ambitionierten Amateurreitern geringere Wirksamkeitsanforderungen an die Abschlussmodalitäten einer Schiedsvereinbarung zu stellen. Sollte die liberale staatsvertragliche Regelung der strengen nationalen Formvorschrift tatsächlich vorgehen, wäre die Wirksamkeit der Schiedsvereinbarung bei Beteiligung eines Verbrauchers allein an überstaatlichen und nicht auch an nationalen (strengeren) Formvorschriften zu messen. Damit liefe der dem Verbraucher seitens des deutschen Gesetzgebers zugedachte Schutz praktisch leer.

Nach allgemeiner Meinung legt Art. II Abs. 2 UNÜ jedoch Maximalanforderungen fest, die an den formwirksamen Abschluss einer Schiedsvereinbarung zu stellen sind. Insofern kommen etwaige Formvorschriften einzelner Rechtsordnungen, die strengere Anforderungen an den Abschluss einer Schiedsvereinba-

642 Musielak/*Voit*, ZPO, § 1031, Rn. 8; MüKo-ZPO/*Münch*, § 1031 Rn. 44.

643 *Haas/Hauptmann*, SchiedsVZ 2004, 175, 183.

644 Dazu eingehend *Weihe*, S. 147 ff.

rung stellen, im Geltungsbereich des UNÜ nicht zur Anwendung.[645] Ein Anwendungsbereich für das nationale Recht verbleibt damit nur insoweit, als dass der Anwendungsbereich des UNÜ nicht eröffnet ist oder es in der hier maßgeblichen Einredesituation um den Grundsatz der Meistbegünstigung geht, das heißt, wenn das deutsche Recht in § 1031 ZPO geringere Formerfordernisse aufstellt als das UNÜ.[646] Damit wird bei Klagen eines deutschen Reiters gegen die FEI § 1031 Abs. 5 ZPO von Art. II UNÜ verdrängt. Die Verbraucherformvorschrift entfaltet keine Wirkung.

c. Folgen für die praktische Umsetzung

Aufgrund der geschilderten Problematik zwischen Verbraucher- und Unternehmereigenschaften sowie der Tatsache, dass diese Begrifflichkeiten auch noch von Rechtsordnung zu Rechtsordnung divergieren können, empfiehlt der Leitfaden zur Schiedsgerichtsbarkeit des CAS die Unterzeichnung einer separaten Vereinbarung zwischen dem Sportler und dem Verband über die Zuständigkeit eines Schiedsgerichts.[647]

Sind in bestimmten Sportarten allerdings keine individuellen Schiedsvereinbarungen möglich, weil die Anzahl der Sporttreibenden zu groß ist, müssen die Verbände, vor allem die FN, nach praktikablen Lösungen suchen, um derartige Vereinbarungen möglichst einfach und praktikabel abschließen zu können. Da sich der Reitsport zur Unterwerfung der Sportler einem Lizenzsystem in Form von Reiterausweisen bedient, könnte die Schiedsvereinbarung künftig als separates Dokument in Form eines perforierten Anhangs an den Antrag auf (Erst-)Ausstellung des Reiterausweises angegliedert werden. Dabei könnte die FN als Stellvertreter für die FEI im Sinne des § 164 Abs. 1 BGB agieren. Allerdings erfordert dies seitens des Verbandes die anschließende Kontrolle, ob nicht nur die Regelunterwerfungserklärung, sondern auch die nationalen und internationale Schiedsvereinbarung vom Sportler unterzeichnet wurde. Insofern gilt es für die FN alljährlich mehr als 90.000 Unterschriften zu prüfen.

Wesentlich einfacher ließe sich mit einem ausdrücklichen Hinweis in den Antragsformularen oder den Nennungsschecks auf eine im Reglement enthaltene Schiedsklausel arbeiten. Wie die Prüfung gezeigt hat, besteht im Anwendungsbe-

645 Vgl. Stein/Jonas/*Schlosser* Anh. § 1061 Rn. 55; *van den Berg* S. 173 ff.; *Mallmann,* SchiedsVZ 2004, 152, 155, MüKo-ZPO/*Adolphsen*, Art. II UNÜ Rn. 17, Stein/Jonas/ *Schlosser*, Anhang § 1061 Rn. 159.

646 Informativ zur Diskussion um eine teleologische Reduktion des Art. II Abs. 2 UNÜ in ausgewählten Verbraucherfällen *Weihe*, S. 187 ff.

647 Siehe CAS-Guideline, abrufbar unter: http://www.tas-cas.org/en/arbitrage.asp/4-3-285-1021-4-1-1/5-0-1021-3-0-0/ (Abruf 12.05.09).

reich des Art. II Abs. 2 UNÜ Einigkeit dahingehend, dass Schiedsvereinbarungen auch mit Verbrauchern formwirksam zustande kommen, wenn auf eine in einem externen Dokument enthaltene Schiedsklausel *ausdrücklich* Bezug genommen wird. Durch den ausdrücklichen Hinweis in der Unterwerfungsvereinbarung zwischen Reiter und FN kann künftig ein angemessener Ausgleich zwischen dem weiten Anwendungsbereich des Art. II Abs. 2 UNÜ und der verbraucherfreundlichen nationalen Formvorschrift des § 1031 Abs. 5 ZPO geschaffen werden. Auf diese Weise wird dem gesteigerten Schutzbedürfnis der Amateursportler im Vergleich zu Berufssportlern Rechnung getragen.

d. Zwischenergebnis

Zusammenfassend ergibt sich daraus, dass eine Schiedsvereinbarung zwischen Reiter und Verband im Sinne des Art. II Abs. 2 UNÜ auch dann wirksam begründet werden kann, wenn sich der Sportler dem Verbandsregelwerk unterwirft, in dem eine Schiedsklausel enthalten ist. Ein besonderer Hinweis auf die Klausel ist im Anwendungsbereich des Art. II Abs. 2 UNÜ grundsätzlich nicht erforderlich. Es muss allenfalls die Möglichkeit einer zumutbaren Kenntnisnahme vom Inhalt des Verbandsreglements bestehen. In Anbetracht der Unterschiede zwischen (international) aktiven Berufssportlern und (internationalen) Amateurreitern, die im jeweiligen Einzelfall gegebenenfalls als Verbraucher eingestuft sein können, erscheint es geboten, mittels einer ausdrücklichen Bezugnahme, abgedruckt auf dem Antragsformular zur Ausstellung oder Fortschreibung des Reitausweises, auf die Schiedsklauseln in den Regelwerken des nationalen und internationalen Pferdesportverbands hinzuweisen.

2. Freiwilligkeit und der zulässige Schiedszwang

Weil die Entschließungsfreiheit hinsichtlich des Abschlusses einer Schiedsvereinbarung schützenswerte Rechtspositionen betrifft,[648] muss die schiedsgerichtliche Entscheidungszuständigkeit auf dem Willen der Parteien beruhen.[649] Bei der sogenannten *Freiwilligkeit* der Schiedsvereinbarung handelt es sich um ein international anerkannte Wirksamkeitsvoraussetzung in der Schiedsgerichtsbarkeit.[650]

Der Grundsatz der Freiwilligkeit erfährt jedoch gerade im organisierten Sport erhebliche Einschränkungen. So wird die Teilnahme des Sportlers am offiziellen

648 S. o. S. 182. ff

649 *Geimer*, IZPR, S. 1135 Rn. 3768.

650 Im deutschen Rechtssystem entspringt das Erfordernis der Freiwilligkeit der Verfassung, insbesondere dem daraus abzuleitenden Rechtsstaatsprinzip sowie Art. 101 Abs. 1 S. 2 GG, dazu ausführlicher *Weber,* in: FS Geimer (2002) S. 1445, 1446 f.

Wettkampfbetrieb vielfach von der Unterzeichnung einer Schiedsvereinbarung abhängig gemacht. Auf Grund der hierarchischen und monopolistischen Strukturen im Sport ist der Sportler in aller Regel gezwungen, diese Schiedsvereinbarung abzuschließen beziehungsweise die Schiedsklausel im Verbandsreglement anzuerkennen, um am organisierten Sportbetrieb teilnehmen zu können.[651] Er steht damit vor der Alternative, die aufgestellten Konditionen (samt Schiedsklausel) zu akzeptieren oder aber auf die Teilnahme am organisierten Wettkampfbetrieb insgesamt zu verzichten. Eine erhebliche Ungleichgewichtslage zwischen Sportler (Reiter) und den Regeln aufstellenden Sportorganisationen ist die Folge.[652] Besonders im Verhältnis zu jenen Sportlern, für die die Teilnahme am organisierten Sportbetrieb kein Zeitvertreib, sondern Lebensgrundlage darstellt, kann der Selbstbestimmungsanspruch der Sportverbände zu einer Zwangslage führen.[653] Damit stellt sich nunmehr die Frage, wie dieser „Zwang“ juristisch zu werten ist.

a. Autonome Missbrauchskontrolle nach dem UNÜ

Die Frage eines zulässigen Schiedszwangs richtet sich im Falle einer Letztzuständigkeit des CAS wiederum nach den rechtlichen Maßstäben der New Yorker Konvention. Nach Art. II Abs. 3 UNÜ hat der staatliche Richter die Parteien auf das schiedsgerichtliche Verfahren zu verweisen, wenn er nicht feststellen kann, dass die Schiedsvereinbarung *„hinfällig, unwirksam oder nicht erfüllbar ist“*. Streitig ist jedoch, ob die aufgezählten Unwirksamkeitsgründe einer autonomen Auslegung zugänglich sind, das heißt ein möglicher Schiedszwang einheitlich nach Art. II Abs. 3 UNÜ oder aber nach dem gemäß Art. V Abs. 1 lit. a UNÜ zu ermittelnden nationalen Recht zu bewerten ist.[654]

Während sich die herrschende Meinung im deutschen Recht gegen eine Qualifizierung von Art. II Abs. 3 UNÜ als autonome Sachnorm ausspricht und das nach Art. V Abs. 1 lit. a UNÜ zu ermittelnde nationale Recht maßgeblich sein soll,[655] fordern andere Stimmen, insbesondere die US-amerikanische Rechtsprechung, dass die Begriffe *„hinfällig, unwirksam, nicht erfüllbar“* durch eine auto-

651 *Haas*, SchiedsVZ 2009, 73, 79 ff.; ders.: ZEuP 1999, 355, 372; *Adolphsen*, Internationale Dopingstrafen, S. 551 ff.

652 *Haas/Hauptmann*, SchiedsVZ 2004, 175.

653 *Haas*, ZEuP 1999, 355, 372.

654 *Adolphsen*, Internationale Dopingstrafen, S. 553.

655 Weigand/*Haas*, UNÜ, Art. II Rn. 105 ; MüKo-ZPO/*Gottwald*, (2. Aufl.) UNÜ, Art. II Rn. 24; *van den Berg*, S. 123; zur Argumentation der h. M. siehe ebenda.

nome Auslegung einheitlich bestimmt werden sollen.[656] Eine auf *Schlosser* zurückgehende vermittelnde Ansicht spricht sich dafür aus, dass Unwirksamkeitsgründe des nationalen Rechts unbeachtlich sind, wenn sie *„international völlig aus dem Rahmen fallen"*. Danach ist dem staatlichen Richter in der Ausgestaltung der Unwirksamkeitsgründe nicht völlig freie Hand gegeben, sondern ein autonomer Rahmen der Begriffsbestimmung zu beachten.[657]

b. Rechtsvergleichender Überblick – Zulässigkeit des Schiedszwangs nach (inter-)nationalem Recht

aa. Rechtsprechung ausländischer Gerichte

Im Jahr 1997 äußerte sich der CAS zum Problem des Schiedszwangs im organisierten Sport. In der aus dem Reitsport stammenden Entscheidung *Kierkegaard v../.*FEI äußerte sich der CAS dahingehend, dass aus einer Monopolstellung der Verbände, die unabdingbare Voraussetzung für einen weltweit einheitlichen Sportbetrieb ist, nicht auf die Sittenwidrigkeit eines etwaigen Schiedszwangs geschlossen werden kann.[658]

Im Ergebnis ähnlich hat sich jüngst auch das Schweizer Bundesgericht ausgesprochen, das einen Schiedszwang im Sport ebenfalls als zulässig erachtet.[659] In der Sache *Canas./.*ATP führte das Bundesgericht aus, dass sich Sportler und Verband, anders als Vertragspartner im gewöhnlichen Geschäftsleben, nicht horizontal, sondern vertikal gegenüber stünden. Die Vereinbarung eines wirksamen Anfechtungsverzichts setze jedoch eine gewisse Entscheidungsfreiheit des Sportlers voraus, die vorliegen würde, wenn er auch ohne Unterzeichnung der Schiedsklausel am Sportbetrieb teilnehmen dürfe.[660] Nur dann könne von einer

---

656 So die amerikanische Rspr., vgl. *United States Court of Appeals*, 4th Cir., Entscheidung vom 9. Januar 1981 = auszugsweise YCA Vol. VII (1982), 379, 381; United States Court of Appeals, 1st Cir., Entscheidung vom 30. August 1982 = auszugsweise YCA Vol. IX (1984), 471, 472 f.; United States District Court, S. D. N. Y., Entscheidung vom 3. März 1985 = auszugsweise YCA Vol. XII (1987), 532, 533; ebenso *Born-Koepp*, in: FS Schlosser, 2005, S. 59, 68.

657 Vgl. Stein/Jonas/*Schlosser*, Anh. § 1061 Rn. 39. In diesem Sinne wohl auch Reithmann/ Martiny/*Hausmann*, Rn. 3298 und MüKo-ZPO/*Adolphsen*, Anh. § 1061, Art. II UNÜ, Rn. 29.

658 CAS Urteil vom 18.11.1997 – 96/166 („*Kierkegaard* v/FEI"), abgedruckt, in: *Reeb* (Hrsg.) Digest of CAS Awards I 1986–1998, 1998, S. 361, 368.

659 BGE vom 22. März 2007 – Az.: 4P.172/2006 BGE 133 III 235.

660 Das Bundesgericht erklärte sich im Fall *Canas./.ATP Tour* aus prozessualer Sicht trotz eines im Reglement der ATP vorgesehenen Ausschlusses des Rekurses gegen Schiedssprüche des CAS für zuständig, bzw. die Verzichtserklärung gestützt auf Art. 192 Abs. 1 IPRG als unwirksam und hob erstmals einen Schiedsspruch des CAS aufgrund der Verletzung des rechtlichen Gehörs des Klägers auf, vgl. CAS Entscheidung vom 18. November 1997 – 96/166, abgedruckt in:

freiwilligen Zustimmung zum Ausschluss des Rekurses gesprochen werden. Allerdings führe das Vorliegen einer Ungleichgewichtslage, die es dem Sportler faktisch unmöglich mache, eine freie Wahl zu treffen, ob er eine Schiedsvereinbarung abschließt oder nicht, nicht zur Unwirksamkeit derselben. Vielmehr würden für den Einsatz von Schiedsgerichten im organisierten Sport gute Gründe sprechen.[661] Letztlich rechtfertigt das Schweizerische Bundesgericht den „zwangsweisen" Einsatz des Schiedsgerichts damit, dass die Schiedsgerichtsbarkeit – unter der Prämisse von Unabhängigkeit und Unparteilichkeit – aufgrund der Eigenheiten des Lebenssachverhalts Sport (Internationalität, Schnelllebigkeit, Einheitlichkeit der Sportausübung) im wohlverstandenen Interesse beider Parteien liege. Die aufgrund der Ungleichgewichtslage eingeschränkte parteiautonome Legitimation der Schiedsgerichtsbarkeit wird dieser Rechtsprechung zur Folge durch eine richterliche Abwägung der Interessen beider Parteien kompensiert.[662]

Dieser Rechtsprechung folgt schließlich auch eine Entscheidung des englischen *High Court*. Nach Ansicht des *High Court* wird der Grundsatz der Freiwilligkeit im Schiedsverfahrensrecht durch die sporttypische (strukturelle) Ungleichgewichtslage zwischen den Parteien nicht tangiert. Vielmehr sei die zulässige Grenze erst dort überschritten, wo eine Partei durch „Betrug, Nötigung oder arglistige Täuschung" zum Abschluss der Schiedsvereinbarung bestimmt werde.[663] Diese Schwelle sei aber noch nicht überschritten, wenn der Betroffene für den Fall des Nichtabschlusses der Schiedsvereinbarung in seiner Berufsausübung behindert werde.[664]

Reeb (Hrsg.) Digest of CAS Awards I 1998, 361, 368; Zur Aufhebung des Schiedsurteils durch ein ordentliches Gericht siehe jüngst *Oschütz*, SpuRt 2007, 177.

661 Insoweit heißt es in der Entscheidung: „*... ce traitement différencié obéit à une logique qui consiste ... à favoriser la liquidation rapide des litiges, notamment en matière de sport, par des tribunaux arbitraux spécialisés présentant des garanties suffisantes d'indépendance et d'impartialité ...*", vgl. BG vom 22. März 2007 – Az.: 4P.172/2006 Rn. 4.3.2.3.

662 *Haas/Reiche*, SchiedsVZ 2007, 330, 335.

663 Stretford v. The Football Association Limited & Barry Bright [2006] EWHC 479 (Ch) Rn. 45, 48. So heißt es in der Entscheidung: „*True it is that Mr Stretford would be inhibited in carrying on his business of a players' agent if he had not concluded it. But such an inducement to contract does not vitiate the necessary consent.*"

664 Ähnlich entschied auch der australische *Court of Appeal* von New South Wales in einem vergleichbaren Fall, siehe Urteil des *Court of Appeal* von New South Wales vom 1. September 2000 („Raguz v. Sullivan"), Bull.ASA 2001, 335 ff.; *Adolphsen*, Internationale Dopingstrafen, S 630 (dort Fn. 697); eine Zusammenfassung des Sachverhalts und eine Stellungnahme zur Entscheidung finden sich bei *Kaufmann-Kohler*, in: *Blackshaw/Siekmann/ Soek* (Hrsg.), The Court of Arbitration for Sport 1984-2004, 2006, S. 105, 116 ff.

bb. Rechtslage in Deutschland – „Körbuch“ und „Schiedsfähigkeit II“

Dem zulässigen Schiedszwang ablehnend gegenüber äußerte sich zunächst die höchstrichterliche deutsche Rechtsprechung in der sogenannten „*Körbuch*-Entscheidung“ aus dem Jahr 2000. In der Entscheidung des BGH zur Maßgeblichkeit einer Schiedsklausel nach einer Satzungsänderung ging es um die Klage eines Mitglieds eines Hundezüchtervereins, das sich gegen eine Vereinsstrafe seines Vereins vor einem ordentlichen Gericht zu Wehr setzte, obwohl die Vereinssatzung eine Schiedsklausel enthielt, die nach Ansicht des beklagten Vereins den ordentlichen Rechtsweg ausschloss. Die Schiedsklausel, auf die sich der beklagte Verein berief und damit die Zuständigkeit des angerufenen Landgerichts rügte, wurde seinerzeit jedoch erst nach Beitritt des klagenden Mitglieds durch Satzungsänderung mehrheitlich und gegen die Stimme des Klägers in die Vereinssatzung eingeführt.[665]

In seiner Revisionsentscheidung hielt der BGH das erforderliche Kriterium der Freiwilligkeit, die einer Schiedsvereinbarung zu Grunde liegen muss, für nicht gegeben, da sich das klagende Mitglied mit seiner Stimme ausdrücklich gegen die Satzungsänderung und damit gegen die Einführung einer Schiedsklausel ausgesprochen habe. In einem solchen Fall sei die Entscheidung für die Unterwerfung unter eine private Schiedsgerichtsbarkeit nicht aus freien Stücken getroffen und damit ein eigenwilliger Verzicht auf den Zugang zu den staatlichen Gerichten und auf den gesetzlichen Richter nicht erklärt.[666] Der Verzicht werde dem jeweiligen Mitglied vielmehr gegen seinen Willen von der Mehrheit aufgezwungen. Ein freiwilliger Verzicht könnte allenfalls indirekt in der Aufrechterhaltung der Mitgliedschaft trotz Bestehens der Möglichkeit, der Unterwerfung durch Austritt aus dem Verein zu entgehen, gesehen werden. Von einer Freiwilligkeit der Unterwerfung könne schließlich nur in Bezug auf diejenigen Vereinsmitglieder ausgegangen werden, die der Satzungsänderung zugestimmt haben. [667] Der BGH zog zu seiner Rechtsprechung die Wertungen des § 1048 ZPO a.F. (heute § 1066 ZPO) heran.

Auch nach der jüngsten Rechtsprechung des BGH zur Schiedsfähigkeit von GmbH-Beschlussmängelstreitigkeiten, die sich mit der Frage des Zustimmungs-

665 Siehe BGH, Urteil vom 3.4.2000 – Az.: II ZR 373/98 (München), BGHZ 144, 146 = NJW 2000, 1713, BB 2000, 1059, DB 2000, 1166, DNotZ 2000, 690, DStR 2000, 937; JR 2001, 377, MDR 2000, 777, NJW-RR 2000, 1161, WM 2000 957.

666 Die Entscheidung des BGH ist zwar noch zum alten Schiedsverfahrensrecht ergangen. Aufgrund der „verfassungsrechtlichen Argumentation“ steht jedoch zu befürchten, dass diese Rechtsprechung Geltung auch unter dem „neuen“ Recht beansprucht; so auch die Ansicht von *Monheim*, S. 159 ff.

667 Zur weiteren Urteilsbegründung siehe BGH NJW 2000, 1713 ff.

erfordernisses aller Gesellschafter zur satzungsmäßigen Einführung von Schiedsklauseln jedoch nur am Rande befasst – Schiedsfähigkeit II, bedarf die Einführung einer Schiedsklausel der Zustimmung sämtlicher Gesellschafter.[668] Dagegen hob der BGH sein per-se Verbot zur Verwendung satzungsmäßiger Schiedsklauseln in gesellschaftsrechtlichen Satzungen zur Lösung von Beschlussmängelkonflikten auf und stärkte das Recht auf alternative privatautonome Streitbeilegung durch ein neutrales Schiedsgericht.[669]

Bisher vertrat der BGH die Ansicht, dass die Voraussetzungen für eine Schiedsfähigkeit von Beschlussmängelstreitigkeiten nicht im Wege richterlicher Rechtsfortbildung zu entwickeln sind, sondern einer Regelung durch den Gesetzgeber vorbehalten seien. Die *Inter-Omnes*-Wirkung von Urteilen im Rahmen einer Anfechtungs- oder Nichtigkeitsklage (§§ 248 Abs. 1 S. 1, 249 Abs. 1 S. 1 AktG) könne ohne gesetzliche Anordnung nicht für den Spruch privater Schiedsgerichte gelten (BGH, NJW 1996, 1753 – Schiedsfähigkeit I).

(1.) Kernbereich der Mitgliedschaft

Hinsichtlich des Zustimmungserfordernisses und möglicher Mehrheitsverhältnisse differenziert der BGH danach, ob die betroffenen Rechte der Mitglieder zum *Kernbereich* der Mitgliedschaft gehören.[670] Ist der Kernbereich der Mitgliedschaft betroffen, ist das jeweilige Recht der Dispositionsbefugnis durch die Mehrheit entzogen. In den unentziehbaren Kernbereich der Mitgliedschaft gehört nach Ansicht der Rechtsprechung allerdings auch die Vereinbarung einer Schiedsklausel, weil sie über den Rechtsweg bei Klagen gegen die Gesellschaft entscheidet und den verfassungsrechtlichen Justizgewährungsanspruch sowie das Recht des Gesellschafters auf effektiven Rechtsschutz berührt.[671] Nach h. M. müssen deshalb alle Gesellschafter der Einführung einer Schiedsklausel in den Gesellschaftervertrag zustimmen.[672] Der zum Teil erhobene Einwand, das Einstimmigkeitserfordernis sei im Hinblick auf die für Satzungsänderungen sonst grundsätzlich ausreichende Dreiviertelmehrheit (§ 53 II 1 GmbHG) zweifelhaft, greift nach Ansicht der herrschenden Meinung nicht durch.[673]

---

668 BGH, Urteil vom 6. 4. 2009 – Az.: II ZR 255/08 (OLG Köln) = NZG 2009, 620.

669 Dazu eingehend *Albrecht*, NZG 2010, 486; *Witte/Hafner*, DStR 2009, 2052.

670 Vgl. BGH Urteil vom 3. 4. 2000 – Az.: II ZR 373/98 = DStR 2000, 937, 938; *Böttcher/Helle*, NZG 2009, 700, 702; *K. Schmidt*, BB 2001, 1857, 1861.

671 *Reichert/Harbarth*, NZG 2003, 379, 381; *Boettcher/Helle*, NZG 2009, 700, 702.

672 Vgl. BGH Urteil vom 3. 4. 2000 – Az.: II ZR 373/98 = DStR 2000, 937, 938; *Böttcher/Helle*, NZG 2009, 700, 702; *K. Schmidt*, BB 2001, 1857, 1861; *Schneider*, GmbHR 2005, 86, 87.

673 Baumbach/Hueck/*Zoellner*, GmbHG, Anh § 47 Rn. 41 m.w.N, a.A. *Wolff*, NJW 2009, 2021, 2022.

(2.) OLG München

Grundlegend anders entschied dagegen das OLG München als Berufungsinstanz im Körbuch-Fall und ließ einen Mehrheitsbeschluss auch ohne die Zustimmung des betroffenen Vereinsmitgliedes zur Aufnahme einer Schiedsklausel in die Vereinssatzung ausreichen.[674] Nach Ansicht des OLG könne ein Verein einseitig durch Satzung im Sinne des § 1066 ZPO Schiedsgerichte einsetzen, die für Streitigkeiten mit oder unter Mitgliedern zuständig sind, ohne dass es einer gesonderten Schiedsabrede mit dem Mitglied in der Form des § 1027 ZPO a. F. bedürfe.[675] Mit Entstehung der juristischen Person als „eingetragener Verein" löse sich die Satzung von den Personen der Gründer und werde zu einer zumindest normativen Regelung, die abweichend vom Gründungsstadium Mehrheitsentscheidungen durch die Gesellschafter zulasse und nicht in der Einstimmigkeit solcher Beschlüsse verharre, wie sich nicht zuletzt aus der Regelung des § 33 BGB ergebe.[676] Bei einem Verein der Tausende von Mitgliedern hat, sei es vielmehr üblich, dass eine Schiedsgerichtsklausel in die Satzung enthalten sei und der Beitretende damit rechnen müsse, dass im Rahmen seiner Mitgliedschaft eine Schiedsgerichtsklausel entweder bereits Geltung habe oder aber in Zukunft Geltung erlangen werde. Dies folge aus der Zweckmäßigkeit einer solchen außerstaatlichen Gerichtsbarkeit.

cc. Stellungnahme

Sowohl in der Körbuch-Entscheidung als auch in seiner Rechtsprechung zur Schiedsfähigkeit von Beschlussmängeln hat der BGH eine Auseinandersetzung mit den einfach gesetzlichen Normen vermieden und das Kriterium der Freiwilligkeit direkt der in Art. 2 Abs. 1 GG normierten Handlungsfreiheit zugeordnet (Körbuch) bzw. den Kriterien der Wirksamkeit einer Schiedsklausel in Satzungen den allgemeinen Maßstab des § 138 Abs. 1 BGB zu Grunde gelegt (Beschlussmängelstreitigkeiten). Vor allem in seiner Entscheidung „Schiedsfähigkeit II" geht der BGH auf die Vorschrift des § 1066 ZPO, die eine Regelung für die Anordnung von Schiedsgerichten durch letztwillige oder andere nicht auf Vereinbarung beruhende Verfügungen (wie z.B. Verbandssatzungen) zum Inhalt hat, nicht ein.

---

674 Vgl. OLG München NZG 1999, 781, 782, grundlegend a.A. Zöller/*Geimer*, ZPO, 21. Aufl., 1999, § 1048 Rn. 2 [heute § 1066 ZPO].

675 So bereits *Schwab/Walter*, 5. Aufl., 1995, Kap. 32 Rn. 5, heute ebenfalls Kap. 32 Rn. 5 (7. Aufl. 2005)

676 OLG München, Urteil vom 9. 2. 1999 – 30 U 709/97 = NZG 1999, 781.

(a.) Bewertungsmaßstab

Nach § 1066 ZPO kommt es auf die Zustimmung jedes einzelnen Gesellschafters zur Schiedsklausel nicht an. Der statuarischen Schiedsklausel sind allerdings nur solche Rechtsverhältnisse unterworfen, die Gegenstand einer statuarischen Bindung sind.[677] Da Reiter und Pferdesportverbände jedoch lediglich auf vertraglicher Basis verbunden sind und gerade kein mitgliedschaftliches Verhältnis besteht, ist bei der der Verwendung sportrechtlicher Schiedsklauseln nicht § 1066 ZPO sondern § 1029 ZPO als Bewertungsmaßstab für ihre Wirksamkeit heranzuziehen.[678]

(b.) Gleichwertiger Rechtsschutz durch das Sportschiedsgericht

Allerdings kann der vertragliche Verzicht auf den staatlichen Richter im Ergebnis nicht anders beurteilt werden, als der Verzicht der infolge des Beitritts in eine Gesellschaft erfolgt. Das Mitglied verzichtet in einem Verein auf die unbedingte Durchsetzung seines eigenen Willens und ordnet sich von vornherein dem Willen der Mehrheit unter. Das vereinsrechtliche Mehrheitsprinzip ist Teil der verfassungsgemäßen Rechtsordnung in Deutschland.[679] Nach dem (dispositiven) § 33 Abs. 1 S. 1 BGB bedürfen Satzungsänderungen in einem Verein einer Mehrheit von ¾ der erschienenen Mitglieder. Damit ist im Vereinsrecht eine Bindung des Mitglieds an die geänderte Vereinsatzung (zunächst) auch gegen oder ohne dessen Willen möglich. Die Unterordnung des Einzelnen unter eine Mehrheitsentscheidung aller bezieht sich auf sämtliche Fragen, die in der Satzung geregelt werden, somit auch auf den Zugang zu den staatlichen oder den Schiedsgerichten, eben jenes Recht, das dem Kernbereich der Mitgliedschaft zugeordnet wird.

Den Bedenken hinsichtlich des Justizgewährungsanspruchs eines Athleten lässt sich im Bereich des Sports jedoch mit dem Einwand begegnen, dass der Gesetzgeber selbst das Schiedsverfahren für eine dem Verfahren vor den staatlichen Gerichten gleichwertige Rechtsschutzmöglichkeit hält.[680] Vor allem im Sport trägt die Schiedsgerichtsbarkeit dem Bedürfnis Rechnung, vereinsinterne Streitigkeiten möglichst schnell, unter Einschaltung besonders sachkundiger Schiedsrichter und „geräuschlos“, nämlich ohne das bei öffentlicher Verhandlung vor den staatlichen Gerichten u. U. eintretende Medieninteresse zu erledi-

677 *Saenger*, ZPO, § 1066 Rn. 6; MüKo-ZPO/*Münch*, 1066 Rdnr. 12.

678 *Haas*, SpuRt 2000, 139, 141. Zur Zuordnung von Schiedsabreden in Gesellschaftsverträgen zu § 1029 ZPO oder § 1066 ZPO siehe ausführlich *Haas*, SchiedsVZ 2007, 1.

679 BGH NJW 1989, 1724, 1726; *Beuthien*, BB 1987, 6.

680 Siehe § 1055 ZPO.

gen.[681] Dies gilt vor allem, wenn der Verband sich eine Disziplinarordnung gegeben hat, nach der gegen Vereinsmitglieder Strafen verhängt werden können, wie sie im Sport mit der Verhängung von Dopingsanktionen an der Tagesordnung sind. Will der Sport seinen globalen Charakter sowie den Grundsatz der Einheitlichkeit der Sportausübung bewahren, ist dies nur mithilfe einer Zuständigkeitskonzentration in Form der Schiedsgerichtsbarkeit möglich. Mithin lassen sich sehr wohl Gründe für einen Schiedszwang im sportrechtlichen Kontext finden.[682]

3. Fazit

Wie der Vergleich der Rechtsprechung zur Frage des Schiedszwangs zeigt, überwiegt insgesamt eine liberale Auffassung zugunsten der Verwendung von Schiedsklauseln in Verbandsregelwerken und die Sportschiedsgerichtsbarkeit erfährt auf diese Weise insgesamt ein positives Votum. Ob es insoweit eines Rückgriffs auf die autonome Begriffsbestimmung der in Art. II Abs. 3 UNÜ enthaltenen Worte *„hinfällig, unwirksam oder nicht erfüllbar“* bedarf, kann dahingestellt bleiben. Bislang führt das Ausfüllen dieser unbestimmten Rechtsbegriffe unter Zugrundelegung der eigenen staatlichen Rechtsordnung zu einer überwiegend einheitlichen Rechtsprechung, für die sich – entgegen der vielfach kritisierten „Körbuch-Entscheidung“ des BGH – nunmehr auch die deutsche höchstrichterliche Rechtsprechung ausgesprochen hat. Insofern kann dem vermittelnden Lösungsansatzes *Schlossers* gefolgt werden, dass dem nationalen Recht beziehungsweise dem Richter in der Ausgestaltung der Unwirksamkeitsgründe nicht völlig freie Hand zu geben, sondern ein autonomer Rahmen der Begriffsbestimmung zu beachten ist, der international Bestand hat. Mithin können Sportverbände wie die FEI und die FN auch nachträglich Schiedsklauseln in ihre Satzung aufnehmen und damit wirksam die Zuständigkeit des nationalen und internationalen Sportschiedsgerichts begründen.

D. Nebeneinander nationaler und internationaler Verbandsentscheidungen unter dem Aspekt des Doppelbestrafungsverbots – ne bis in idem

Neben der Frage des Rechtsschutzes eines Reiters gegen Dopingsanktionen der Pferdesportverbände ist die einzigartige Doppelregelung im deutsch-internatio-

681 *Goette*, DStR 2000, 937, 938.

682 *Adolphsen*, SchiedsVZ 2004, 169, 171; *Netzle*, ASA Bull 1998 Special Series No. 11 S. 45, 47.

nalen Reitsport von Bedeutung. Aufgrund des weltweiten Geltungsanspruchs der LPO, durch den deutsche Reiter bei internationalen Turnieren nicht nur den internationalen Regeln der FEI, sondern auch dem nationalen Reglement der FN unterworfen sind, findet eine sogenannte „Doppelunterwerfung" statt. So sieht sich ein deutscher Spitzensportler im deutsch-internationalen Pferdesport zwei Sanktionsgrundlagen gegenüber, die es dem nationalen und dem internationalen Pferdesportdachverband ermöglichen den Athleten aufgrund desselben Dopings- beziehungsweise Medikationsvorfalls auf Grundlage des jeweils eigenen Verbandsregelwerkes zu sanktionieren. Dementsprechend können divergierende Entscheidungen und Sanktionen die Folge sein.

In diesem Zusammenhang beispielhaft ist der Fall des deutschen Springreiters *René Tebbel*. Der des Dopings beschuldigte Reiter schloss mit dem internationalen Verband zur Entscheidung über die gegen ihn von der FEI verhängte Dopingsperre nach Abschluss des internationalen verbandsgerichtlichen Verfahrens eine Schiedsvereinbarung ab, in der sich die Parteien auf die Zuständigkeit des CAS einigten. An den Verhandlungen über den Abschluss der Schiedsvereinbarung war auch die FN maßgeblich beteiligt.[683] In dem darauf folgenden Schiedsurteil hob das CAS die Dopingsperre der FEI aus formalen Gründen auf. Die FN sah sich an den Schiedsspruch nicht gebunden und belegte *Tebbel* auf Grundlage der LPO mit einer (Geld-)Strafe.[684]

Kann ein Reiter/Sportler zunächst auf internationaler Ebene für den Verstoß gegen Anti-Dopingbestimmungen belangt oder von einem solchen Vorwurf freigesprochen werden und nimmt sich der nationale Verband, wie im Fall *Tebbel* erneut dem Sachverhalt an, liegt die Vermutung einer Doppelbestrafung nahe, die im Sinne des Art. 103 Abs. 3 GG verfassungsrechtlichen Bedenken ausgesetzt ist. Das Prozessgrundrecht des Art. 103 Abs. 3 GG verbürgt das Verbot der Mehrfachbestrafung *ne bis in idem* und schließt die mehrmalige sachliche Aburteilung einer Tat aus.[685]

Vor diesem Hintergrund ist im folgenden Abschnitt der Frage nachzugehen, ob es sich im verbandsrechtlichen Sanktionsverfahren überhaupt um ein Problem der Doppelbestrafung im Sinne des Art. 103 Abs. 3 GG handelt und dieses zumindest im Grundsatz Beachtung finden muss. Geht man davon aus bleibt zu klären, inwiefern ein mögliches Doppelbestrafungsverbot auch bei grenzüberschreitenden Sachverhalten wie internationalen Dopingstrafen Geltung beanspruchen kann.

683 Ob sie dies in der Funktion als Stellvertreter oder als Bote war, ist für den Fall nicht entscheidend. Maßgeblich ist, dass die FN zwischen den Parteien vermittelt hat.

684 Siehe Schiedsspruch des *Großen Schiedsgerichts* der FN vom 30.11.2000.

685 Siehe hierzu vertiefend v. Münch/Kunig,/*Kunig* GG, Art. 103 Rn. 35 ff.

I. Der *Ne bis in idem*-Grundsatz im verbandsgerichtlichen Verfahren

1. Das allgemeine Doppelbestrafungsverbot

Verfahrensrechtlich errichtet das Doppelbestrafungsverbot ein Prozesshindernis. Danach ist nicht nur die erneute Aburteilung, sondern bereits auch das erneute Einleiten eines Ermittlungsverfahrens verfassungswidrig.[686] Die einmalige Sanktionsbefugnis gilt im Sinne des sogenannten *Strafklageverbrauchs*, der sämtlichen kontinentaleuropäischen Rechtsordnungen bekannt ist,[687] als „verbraucht". Soweit ersichtlich, wird das Nebeneinander zweier Verbandsstrafen rechtlich jedoch nicht beanstandet. Nach bislang nahezu einhelliger Auffassung können sogar staatlich motivierte Kriminal- und Disziplinarstrafen nebeneinander Bestand haben.[688] Ein Verstoß gegen das verfassungsrechtliche Doppelbestrafungsverbot des Art. 103 Abs. 3 GG ist nach herrschender Meinung in diesen (Straf-)Konstellationen nicht gegeben, da das Prozessgrundrecht grundsätzlich nur bei einem Aufeinandertreffen zweier (echter) Kriminalstrafen maßgeblich sei, was im Fall einer Verbandsstrafe gerade nicht vorliege.[689]

Führt man sich die Situation der deutschen Reiter, die an internationalen Turnieren der FEI teilnehmen und gegebenenfalls zweifach sanktioniert werden, jedoch noch einmal vor Augen, so sehen sich die Sportler eben jener Situation ausgesetzt, die das deutsche Doppelbestrafungsverbot im Grundsatz gerade vermeiden will. Aus diesem Grund bleibt die Möglichkeit einer doppelten Aburteilung desselben (dopingrelevanten) Sachverhalts auch bei Verbandsstrafen fragwürdig.

2. Nationale und internationale Verbandsstrafen als wirkliche „Doppel"strafen

a. Sanktionsverhalten der Pferdesportverbände

Um auch im Verbandsverfahren zur Geltung zu kommen, muss es sich auch bei den Verbandssanktionen um echte „Doppel"strafen im Sinne des Doppelbestrafungsverbots handeln, auf die Art. 103 Abs. 3 GG zumindest sinngemäß anzuwenden ist. Dies ist nicht der Fall, wenn das Strafverhalten der Pferdesportver-

---

686 *Meyer-Goßner*, StPO, § 354 Rn. 6; Widmaier/*Dahs*, § 12 Rn 68.

687 Siehe beispielsweise Art. 54 Schengener Durchführungsübereinkommen (Schengen II).

688 Zu den Folgen eines Zusammentreffens von Kriminal- und Disziplinarstrafen, BVerfGE 21, 378 ff.

689 Als Vertreter der herrschenden Meinung siehe statt vieler *Meyer-Goßner*; StPO, § 354 Rn. 6, dagegen wendet sich *Reinhart*, SpuRt 2001, 45 ff.

bände als bloße Mehrfachsanktionierung – unter Umständen in Form einer Art *reformatio in peius* – innerhalb eines verbandsgerichtlichen Instanzenzugs zu werten ist. Als Resultat eines solchen Instanzenzugs verbliebe am Ende des Verfahrens nur eine einzige rechtskräftige Entscheidung der jeweils höchsten Instanz.[690] Demnach stellt sich die Frage, inwiefern die Deutsche Reiterliche Vereinigung als Nationalverband an die Entscheidung der FEI gebunden ist und/oder ihr eigene Entscheidungskompetenzen zustehen.

Um den Entscheidungen und verhängten Sanktionen durch das FEI-*Tribunal* die nötige Wirksamkeit und Durchsetzungskraft zu verleihen, normieren Art. 37.2 der FEI-Statuten sowie Art. 13.5 *EADCMRs* eine Anerkennungspflicht der Nationalverbände bezüglich der Tribunal-Entscheidungen sowie die Pflicht, die verhängten Dopingsanktionen innerhalb ihres verbandlichen Verantwortungsbereichs effektiv umzusetzen. Als Mitglied der FEI ist demnach auch die Deutsche Reiterliche Vereinigung zur Anerkennung und Umsetzung internationaler Dopingstrafen gegenüber einem deutschen Reiter verpflichtet. Während der Durchführung des internationalen Verfahrens bleiben die Entscheidungen der FEI in Kraft; ein Suspensiveffekt besteht nicht.[691]

Unabhängig davon leitet die FN auf nationaler Ebene ein eigenes Ermittlungsverfahren gegen den beschuldigten Reiter ein.[692] Anders als die Nationalverbände anderer Pferdesportnationen behält sich die FN durch §§ 1.4, 927.3 LPO indirekt die Überprüfung der internationalen Verbandsentscheidung vor.[693] Infolge dieser „Doppelunterwerfung" sieht sich ein deutscher Reiter zwei – womöglich divergierenden – Entscheidungen und Sanktionen aufgrund desselben Doping- beziehungsweise Medikationsvorfalls ausgesetzt.

Das Sanktionsverhalten zwischen nationalem und internationalem Verband im Pferdesport lässt sich daher nicht in einen solchen Instanzenzug einordnen. Vielmehr sind die Entscheidung der FEI und der FN als voneinander unabhängige und selbstständige Urteile über denselben (Doping- oder Medikations-)Fall zu werten, die nebeneinander Bestand haben. Dies spricht für die Einstufung als „echte" Doppelstrafen.

b. Strafzweck einer Dopingsanktion

Zudem lässt auch der eigentliche Strafzweck auf eine echte Doppelstrafe und damit auf eine unzulässige Doppelbestrafung im Sinne von Art. 103 Abs. 3 GG

690 *Lüer*, S. 173.

691 Vgl. Art. 12.1 EADMCRs.

692 Vgl. § 927.3 LPO (2008).

693 Anders dagegen § 1.2 Österreichische Turnierordnung (ÖTO); und § 1.2.1 Generalreglement des Schweizerischen Verbands für Pferdesport.

schließen. Eingangs ist bereits auf die rechtliche Zulässigkeit des Nebeneinanders von Kriminal- und Disziplinarstrafen Bezug genommen worden. Für die Bewertung der Zulässigkeit einer Sanktion aufgrund strafrechtlichen Delikts und der zusätzlichen Verhängung einer Disziplinarmaßnahme – oder auch im umgekehrten Fall – ist das Differenzierungsgebot des Straf- und Disziplinarrechts von besonderer praktischer Bedeutung.[694] Unterscheiden sich beide Bereiche nach Rechtsgrund und Zweckbestimmung, lässt sich eine „Doppelbestrafung" im Anwendungsbereich des Straf- und Disziplinarrechts aufgrund der unterschiedlichen Strafzwecke durchaus rechtfertigen.[695]

Im sportorganisatorischen Dopingverfahren ergibt sich allerdings ein anderes Bild: Unabhängig davon, auf welcher Verbandsebene eine Sanktion verhängt wird, verfolgt die Entscheidung darüber denselben Strafzweck, nämlich die Wahrung des Tierschutzes, die (Wieder-)Herstellung der Chancengleichheit aller Sportler sowie den Schutz des Ansehens des Pferdesports in der Öffentlichkeit.[696] Hat der nationale oder internationale Verband über das Dopingvergehen eine Entscheidung gefällt, ist hinsichtlich des Strafzwecks die Tat sachlich „abgeurteilt". Infolgedessen ist auch die Befugnis der FN zur Verhängung einer weiteren Sanktion erloschen.[697]

II. Die (sinngemäße) Geltung von Art. 103 Abs. 3 GG

1. Verfassungsrechtliche Aspekte

Mehrfach wurde bereits der für das Sportverbandswesen verbindliche verfassungsrechtliche Rahmen angesprochen, den das Grundgesetz im Wege mittelbarer Drittwirkung aufstellt und den es auch durch die Sportverbände zu beachten gilt.[698] Vor dem Hintergrund, dass sich auch im verbandsgerichtlichen Verfahren allgemeingültige und verfassungsrechtlich verankerte Verfahrensgrundsätze wiederfinden, erscheint jedoch nur schwer nachvollziehbar, warum dies nicht

694 Zum Vergleich der Sportstrafe mit anderen Disziplinar- und Sanktionsformen, siehe *Lüer*, S. 133 ff.

695 Vgl. BVerfG, Beschluss vom 02.05.1967 – 2 BvR 391/64 , 2 BvR 263/66 BVerfGE 21, 378 = NJW 1967, 1651; BVerfG, Beschluss vom 29.10.1969 – 2 BvR 545/68 BVerfGE 27, 180, 185 = NJW 1970, 507; eingehend zum Ganzen *Lambrecht*, S. 27 ff., v. Münch/Kunig/*Kunig* GG, Art. 103 Rn. 42.

696 S. o. S. 19 ff.

697 *Lüer*, S. 180.

698 Zur allgemeinen Drittwirkung von Grundrechten *Schmidt-Bleibtreu/Klein*, GG, Vorb. v. Art. 1 Rn. 6.

ebenfalls für das verfassungsrechtlich verankerte Doppelbestrafungsverbot des Art. 103 Abs. 3 GG gelten soll. Soweit ein Dopingverfahren mit einem rechtskräftigen Urteil – insbesondere durch einen Schiedsspruch des CAS – abgeschlossen ist, hat der betroffene Sportler nämlich ein gewichtiges Interesse an Rechtssicherheit, das heißt an der Gewähr, nicht noch einmal wegen derselben Angelegenheit zur Rechenschaft gezogen werden zu können.

Ungeachtet der Tatsache, dass die FN – im Interesse einer effektiven Dopingbekämpfung handelnd und in Anbetracht der fragwürdigen Qualität internationaler Verbandsentscheidungen des FEI-*Tribunals* – in der Vergangenheit gut daran getan hat, die internationalen Verbandsentscheidungen einer nochmaligen Überprüfung zu unterziehen,[699] darf das Entscheidungsdefizit innerhalb der FEI-Verbandsorgane und die damit verbundene Rechtsunsicherheit der Betroffenen, ob die Entscheidung auch von der FN akzeptiert wird, nicht gegen verfassungsrechtlichen Grundprinzipien des deutschen Rechtsordnung verstoßen. Vielmehr gilt es mögliche Entscheidungsdefizite innerhalb der zuständigen Gremien der FEI zu beseitigen und den verantwortlichen Spruchkörpern, insbesondere dem FEI-*Tribunal*, eine andere Besetzung zu verleihen. Insoweit sind jedoch die Nationalverbände gefordert, von ihrem Wahl- und Mitspracherecht in der Internationalen Reiterlichen Vereinigung in ihrem eigenen Interesse sowie im Interesse einer effektiven Dopingbekämpfung Gebrauch zu machen.[700] Die Grenze einer effektiven Dopingbekämpfung ist schließlich dort erreicht, wo verfassungsrechtlich gewährleistete Schutzgüter des einzelnen – hier kraft mittelbarer Drittwirkung – unverhältnismäßig eingeschränkt werden. Unter dem grundsätzlichen Rückgriff auf den Grundsatz *ne bis in idem* muss in Zukunft sichergestellt werden, dass keine Doppelstrafen im deutsch-internationalen Reitsport mehr möglich sind.[701] Solange die LPO jedoch weltweite Geltung beansprucht und der FN damit eine Sanktionsgrundlage für eine weitere Strafe bietet, besteht die Gefahr einer möglichen und im Ergebnis unzulässigen Doppelbestrafung aufgrund ein und desselben Lebenssachverhalts. Aus diesem Grund müssten §§ 1.4, 927.3 LPO entweder abgeschafft oder dahingehend geändert werden, dass eine Sanktion aufgrund eines Doping- oder Medikationsverstoßes während der Teilnahme auf einem internationalen Turnier der FEI auf Grundlage der LPO-Bestimmungen nur dann möglich ist, wenn die FEI – was in der Praxis eher selten vorkommen dürfte – auf die Eröffnung eines Verfahrens gegen den Reiter gänzlich verzichtet.

699 *Adolphsen*, Umsetzung des Welt-Anti-Doping-Code, S. 81, 95.

700 Zur Besetzung der Mitgliederversammlung und des FEI-*Tribunals* vgl. Art. 9.1 FEI-Satzung sowie im Allgemeinen Art. 64 Abs. 1 des Schweizerischen Zivilgesetzbuchs.

701 Eingehend zu einer möglichen Delegation der Sanktionsbefugnisse, S. 215 ff.

2. Das *Fair Play*-Prinzip auf Verbandsebene

Ist eine Beachtung des Doppelbestrafungsverbots schon aus verfassungsrechtlichen Gründen geboten, bedarf eines Rückgriffs auf das *Fair Play*-Prinzip nicht mehr. Deshalb sei an dieser Stelle nur der Vollständigkeit halber erwähnt, dass ein Nebeneinander zweier selbstständiger Verbandsstrafen wegen desselben Steitgegenstandes auch aus Sicht des *Fair Play*-Gebots nicht zulässig ist. Das *Fair Play*-Prinzip erschöpft sich nämlich nicht in der Wirkung der Sportler untereinander, um Chancengleichheit und die weltweit einheitliche Regelbindung aller Sportler zu gewährleisten, sondern bürdet auch den Verbänden ein faires Verhalten gegenüber den Sportlern auf.[702] Zudem findet sich das *Fair Play*-Gebot als oberste Sportmaxime in dem verfahrensrechtlichen Gebot des *Fair Trial* wieder, das den Sportlern ein am allgemeinen Gleichheitssatz orientiertes Verfahren garantieren soll.[703] Indem ein Sportler aufgrund ein und desselben Lebenssachverhalts von gleich zwei Verbänden bestraft werden kann und sich damit der Gefahr zweier unabhängiger Verbandsstrafen gegenüber sieht, wird auch da Gebot des *Fair Play* auch in sportverfahrensrechtlicher Hinsicht unrechtmäßig verletzt.

III. Der *Ne bis in idem* Grundsatz bei grenzüberschreitenden Sachverhalten

Die Untersuchung hat gezeigt, dass im Verhältnis zwischen nationaler und internationaler Verbandsgerichtsbarkeit „Doppelbestrafungen" möglich sind, welche gegen den Grundsatz *ne bis in idem* verstoßen können. Bislang unrevidiert steht in der Rechtsprechung des Bundesverfassungsgerichts der Satz, dass die Geltung des Grundsatzes *ne bis in idem* sich nicht auf „vorangegangene Strafverfahren in einem anderen Staat" erstreckt. Art. 103 Abs. 3 GG wird so in die nationalstaatlichen Grenzen verwiesen, was mit der Souveränität des nationalen Rechts gerechtfertigt wird.[704] Die Anwendbarkeit von Art. 103 Abs. 3 GG ist damit grundsätzlich auf das deutsche Hoheitsgebiet beschränkt, das heißt auf Urteile deutscher Gerichte und in entsprechender Anwendung auf Entscheidungen deutscher Verbandsgerichte.[705]

---

702 *Kern*, S. 17 ff.

703 Siehe dazu *Haug*, Doping, S. 56 ff.; sowie *Tettinger*, S. 39 ff., 46 ff; *Haas/Adolphsen*, NJW 1995, 2146, 2147; *Lindemann*, SpuRt 1994, 17, 18; *Hilpert*, BayVBl 1988, 163 f.

704 BVerfGE 75, S. 1, 24. Für einen Überblick über zahlreiche westliche Rechtsordnungen, *Mansdörfer*, Das Prinzip des ne bis in idem im europäischen Strafrecht, 2004, S. 57 ff.

705 Sachs/*Degenhart*, GG, Art. 103 Rn. 81 ff.

Allerdings wird im Hinblick auf die Internationalisierung verstärkt die Überwindung des „nationalstaatlichen Isolationismus“ gefordert.[706] Da die Ausdehnung eines transnationalen *ne bis in idem* Grundsatzes für die Autorität der Verfahrensabschlüsse eines Staates von erheblicher Bedeutung ist, ist die zwischenstaatliche Geltung des Doppelbestrafungsverbots vielfach in Literatur und Rechtsprechung behandelt worden.[707] Aufgrund der Tragweite eines grenzüberschreitenden Doppelbestrafungsverbots ist eine intensive Auseinandersetzung mit dieser Thematik im Rahmen der vorliegenden Bearbeitung nicht möglich. An dieser Stelle kann deshalb nur ein kurzer Überblick über die mögliche Existenz und die Anwendbarkeit des *ne bis in idem*-Prinzips auf sportrechtliche Entscheidungen gegeben werden.

So lässt sich durchaus aus dem Vorhandensein verschiedener Normen und Abkommen eine universelle Geltung des Doppelbestrafungsverbots auch auf zwischenstaatlicher Ebene herleiten.[708] Das Doppelbestrafungsverbot ist zum Beispiel in Art. 14 Abs. 7 des Internationalen Paktes über bürgerliche und politische Rechte und Art. 4 des 7. Zusatzprotokolls zur Europäischen Menschenrechtskonvention (EMRK) niedergelegt. Hiernach ist die Doppelverfolgung und -bestrafung innerhalb eines Staates untersagt: „Niemand darf wegen einer Straftat, wegen der er bereits nach dem Gesetz und dem Strafverfahrensrecht eines Staates rechtskräftig verurteilt oder freigesprochen worden ist, in einem Strafverfahren desselben Staates erneut verfolgt oder bestraft werden.“ Art. 50 der Grundrechte-Charta (Art. II-110 der noch nicht ratifizierten Verfassung der Europäischen Union), dehnt den Anwendungsbereich des *ne bis in idem*-Prinzips sogar noch weiter aus. Hiernach sind innerhalb der Union mehrfache Verfolgungen und Bestrafungen untersagt: „Niemand darf wegen einer Straftat, derentwegen er bereits in der Union nach dem Gesetz rechtskräftig verurteilt oder freigesprochen worden ist, in einem Strafverfahren erneut verfolgt oder bestraft werden.“ Art. 50 der Europäischen Grundrechte-Charta, die nach dem Inkrafttreten

---

706 *Jung*, FS für Schüler-Springorum (1993), S. 493, 495; *Schomburg*, NJW 2000, 1833, 1840; *Vogel/Norouzi*, JuS 2003, 1059, 1060. Ausdrücklich dagegen zuletzt BVerfG, 2 BvR 38/06, Urteil vom 4.12.2007.

707 Eine ablehnende Haltung vertreten *Hein*, Zuständigkeitskonflikte im internationalen Strafrecht: ein europäisches Lösungsmodell, 2002, S. 77, 84, 116; *Kniebühler*, Transnationales ‚ne bis in idem', 2005, S. 353, 356; *Lagodny*, Empfiehlt es sich, eine europäische Gerichtskompetenz für Strafgewaltskonflikte vorzusehen?, Gutachten im Auftrag des Bundesministeriums der Justiz, 2001, S. 58; *Mansdörfer*, Das Prinzip des ne bis in idem im europäischen Strafrecht, 2004, S. 22 f.; *Specht*, Die zwischenstaatliche Geltung des Grundsatzes ne bis in idem, 1999, S. 118; *Thomas*, Das Recht auf Einmaligkeit der Strafverfolgung, 2001, S. 344; vgl. auch Beschluss des Oberlandesgerichts Frankfurt am Main vom 19. Februar 1997 – 2 Ausl. I 44/96 –, NJW 1997, 1937; BVerfG, 2 BvR 38/06, Urteil vom 4.12.2007.

708 Siehe hierzu vertiefend die Ausführungen von *Lüer*, S. 182 ff.

des Vertrages von Lissabon ebenfalls verbindlich ist, verweist zudem auf Artikel 54 des Schengener Durchführungsübereinkommens (SDÜ) aus dem Jahr 1990.[709] Das Schengener Durchführungsübereinkommen hat die Regelungen des EG-*ne-bis-in-idem*-Übereinkommens in ihrem wesentlichen Wortlaut übernommen und in Art. 54 SDÜ ein Verbot des *ne bis in idem* mit Wirkung zwischen den Vertragsstaaten normiert. In den institutionellen Rahmen der Europäischen Union findet der in Art. 54 SDÜ gewährleistete Grundsatz mittlerweile im Wesentlichen auch zwischen allen Mitgliedstaaten der Europäischen Gemeinschaften Anwendung. Schließlich ist das Doppelbestrafungsverbot auch im Gemeinschaftsrecht in ständiger Rechtsprechung als ein tragender Grundsatz anerkannt und rechtssystematisch als allgemeiner Rechtsgrundsatz des Gemeinschaftsrechts angesehen.[710]

Aus diesem Grund wird eine universelle Geltung des *ne bis in idem* Grundsatzes befürwortet und auf die wachsende Mobilität der Individuen sowie die zunehmende Datenvernetzung (Informationsverbund) verwiesen.[711] Vor allem im Sport hat eine erhebliche Internationalisierung nicht nur der Sportausübung sondern auch ihrer rechtlichen Behandlung stattgefunden. Wie bereits erörtert, hat der Sportler nach Aburteilung des Tatvorwurfs ein erhebliches Bedürfnis an Rechtssicherheit und an Schutz vor einer weiteren Verfolgung, da die Dopingsanktionen des nationalen und internationalen Dachverbandes einen einheitlichen Strafzweck verfolgen und damit eine Wesensgleichheit in der Strafqualität besteht. Zudem gilt es die Besonderheiten eines verbandsrechtlichen Dopingverfahrens im Vergleich zu einem staatlichen Strafverfahren zu beachten. Obwohl die Sportdachverbände zwei voneinander unabhängige Rechtssubjekte sind, ist dies mit dem Nebeneinander der staatsrechtlichen Souveränitäten der Länder nicht zu vergleichen. Da die Sportverbände in die sportspezifische hierarchische Struktur unter Geltung des Ein-Platz-Prinzips eingegliedert sind,[712] kann in einem Dopingverfahren der Sportverbände nicht ausdrücklich von einem grenzüberschreitenden oder zwischenstaatlichen Verfahren im Sinne einer parallelen Strafbefugnis zweier Staaten gesprochen werden. Vielmehr handelt sich um eigenständige Sanktionsbefugnisse auf den verschiedenen Hierarchiestufen der Verbandspyramide. In Anbetracht der rechtlichen Auswirkungen zweier global divergierender Verbandsentscheidungen für den betroffenen Sportler und der Son-

---

709 Dazu ausführlich *Kniebühler*, S. 169 ff., 435.

710 EuGH, Slg. 1969, S. 1 Rdnr. 11 – Walt Wilhelm; EuG, Slg. 1999, II-931 Rdnr. 96 – Limburgse Vinyl Maatschappij u.a., bestätigt durch EuGH, Slg. 2002, I-8375 Rdnr. 59 – PVC II; EuG, Slg. 2003, II-2597 Leitsatz 5, Rdnrn. 85 ff. – Archer Daniels Midland; vgl. bereits EuGH, Slg. 1967, S. 80, 87.

711 *Kniebühler*, S. 433.

712 Zur Hierarchie im Sportverbandswesen siehe oben S. 41 ff.

derrolle, die der Sport auch in seiner rechtlichen Handhabung einnimmt, ist die Entwicklung eines allgemein gültigen Doppelbestrafungsgrundsatzes zumindest im internationalen Sportrecht zu fordern. Einen vernünftigen Lösungsansatz zur Vermeidung von verbandsrechtlicher Doppelstrafen bieten der WADA- und der NADA-Code, die einen klar definierten Instanzenzug zum Sportschiedsgericht unter einer möglichen Beteiligung sämtlicher Anti-Doping Organisationen als „Quasi-Beteiligte" vorsehen und damit auch in verfahrensrechtlicher Hinsicht das dem Sport innewohnende Einheits- und Gleichheitsprinzip fördern.

E. Ergebnis zum Rechtsschutz der Sportler

Mit der Kommerzialisierung und Globalisierung des Sports nahm die Quantität staatsgerichtlicher Entscheidungen in Dopingrechtsstreitigkeiten zwischen den Sportlern und Verbänden in den vergangenen Jahren erheblich zu. Um die Überprüfungsmöglichkeit der staatlichen Gerichte auszuschalten und die Qualität sportrechtsspezifischer Entscheidungen vor allem bei dopingrechtlichen Streitigkeiten mit internationalen Bezügen zu gewährleisten, hat die Sportschiedsgerichtsbarkeit national wie international erheblich an Bedeutung gewonnen. So ist auch die Deutsche Reiterliche Vereinigung dazu übergegangen, mit den kaderangehörigen Reitern eine Schiedsvereinbarung zugunsten des *Deutschen Sportschiedsgerichts* abzuschließen und im Fall von Dopingsanktionen, die auf Grundlage der LPO/ADMR verhängt werden, auf ein Verbandsverfahren vor dem *Großen Schiedsgericht* der FN zu verzichten.

Erhebliche Probleme im Rechtsschutzverfahren um nationale sowie internationale Dopingsanktionen bereiten jedoch die Parallelkompetenzen deutscher Gerichte in einstweiligen Rechtsschutzverfahren, die die Reiter anrufen, um sich entgegen der Dopingsperre eine Startgenehmigung für das nächste Turnier zu erstreiten. Sowohl Art. 183 IPRG als auch nach § 1033 ZPO lassen die Rechtsschutzoption der Sportler vor den ordentlichen Gerichten im Eilverfahren fortbestehen. Dies gilt ferner auch bei der Verhängung einer internationalen Dopingsanktion durch die FEI, die zwar eine Berufungsmöglichkeit ausschließlich zum CAS vorsieht, den einstweiligen Rechtsschutz in Deutschland jedoch ebenfalls nicht ausschließt. Zudem können die ordentlichen Gerichte – wahlweise auch im Hauptverfahren – von den Amateursportlern angerufen und nach Abschluss des Verbandsverfahrens zur Überprüfung der Sanktion herangezogen werden.

Zur Unterwerfung der Reiter bedient sich der internationale Verband einer Schiedsklausel, auf die im Rahmen einer Globalverweisung nicht explizit Bezug genommen wird. Im Bereich des Spitzensports lässt ein Streifzug durch die internationale Rechtsprechung erkennen, dass durch die Strukturen des Sports, der insgesamt durch mitgliedschaftsähnliche Verhältnisse geprägt ist, an die Wirksamkeit der vereinbarten Derogation geringere Anforderungen zu stellen sind, als dies bei anderen Rechtsinstituten wie beispielsweise Allgemeinen Geschäftsbedingungen der Fall ist. Ein besonderer Hinweis auf die Klausel ist grundsätzlich nicht erforderlich, die Möglichkeit einer zumutbaren Kenntnisnahme vom Inhalt des Verbandsreglements ist ausreichend. Da im nationalen wie internationalen Sportbetrieb jedoch auch Amateurreiter anzutreffen sind, die nach dem Willen des deutschen Gesetzgebers als Verbraucher besonders schutzwürdig sind, müssen auftretende Divergenzen durch internationale Bezüge des geltenden Rechts ausgeglichen werden. Eine adäquate Lösung bietet hier der *ausdrückliche* Verweis auf die Schiedsklausel im Regelwerk der Pferdesportverbände, der künftig auf dem Antragsformular auf Ausstellung oder Fortschreibung des Reiterausweises enthalten sein sollte.

Des Weiteren besteht aufgrund des weltweiten Geltungsanspruchs der LPO durch den die deutschen Reiter bei internationalen Turnieren nicht nur den internationalen Regeln der FEI, sondern auch dem nationalen Reglement der FN unterworfen sind, im deutsch-internationalen Reitsport die Gefahr einer doppelten Sanktionierung, die mit dem verfassungsrechtlichen Verfahrensgrundsatz *ne bis in idem* nicht in Einklang zu bringen ist. Vor allem im Sport hat eine erhebliche Internationalisierung nicht nur der Sportausübung sondern auch ihrer rechtlichen Behandlung stattgefunden. Da zwischen den Dopingsanktionen des nationalen und internationalen Dachverbandes eine Wesensgleichheit in der Strafqualität besteht, haben die Reiter ein erhebliches Bedürfnis an Rechtssicherheit und an einem Schutz vor einer weiteren Verfolgung. Aufgrund der Eingliederung der Sportverbände in sportspezifische hierarchische Strukturen unter Geltung des Ein-Platz-Prinzips, kann in einem Dopingverfahren der Sportverbände nicht ausdrücklich von einem grenzüberschreitenden oder zwischenstaatlichen Verfahren im Sinne einer parallelen Strafbefugnis gesprochen werden. Vielmehr handelt sich um eigenständige Sanktionsbefugnisse auf den verschiedenen Hierarchiestufen der Verbandspyramide, die die Anwendung eines transnationalen *ne bis in idem*-Prinzips zumindest innerhalb der Sportgerichtsbarkeit erforderlich machen. Insofern gilt es die Vorschriften der §§ 1.4, 927.3 LPO zu ändern und gegebenenfalls ganz abzuschaffen.

6. Kapitel: Revision der Sportgerichtsbarkeit im nationalen und internationalen Pferdesport

Die vorausgegangenen Darstellungen haben verdeutlicht, dass die Sportgerichtsbarkeit in Deutschland zunehmend an Bedeutung gewinnt, während die nationalen und internationalen Sanktionsinteressen der Pferdesportverbände innerhalb der Mitgliedsnationen sehr unterschiedlich ausgeprägt sein können. Dies gibt Anlass im letzten Teil dieser Arbeit der Frage nachzugehen, wie es unter Einsatz der Schiedsgerichtsbarkeit gelingen kann, die gegenläufigen Interessen von Sportlern und Verbänden sowie der Verbände untereinander – losgelöst von der staatlichen Gerichtsbarkeit – einem einheitlichen Rechtsschutzsystem zuzuführen, das der Dopingrelevanz in Spitzen- und Breitensport Rechnung trägt. Die folgende Untersuchung soll weitgehend unabhängig von verbandspolitischen Interessen unter rein juristisch-praktikablen Aspekten erfolgen und wird den Focus vordergründig auf die Verhängung internationaler Dopingsanktionen gegenüber deutschen Reitern richten, da vor allem in Streitfällen mit grenzüberschreitenden Bezügen die Gefahr divergierender Verbandsentscheidungen besteht.

A. Künftige Schiedsorganisation im deutsch-internationalen Spitzenpferdesport

Die aufgezeigte Problematik divergierender Verbands- und Gerichtsentscheidungen kann im Pferdesport nicht nur durch die weltweite Geltung der LPO zutage treten, sondern auch dadurch, dass die FN gegenüber der FEI verpflichtet ist, die internationale Sanktion der FEI im nationalen Pferdesport gegen den betroffenen Reiter durchzusetzen (Art. 13.4 *EADMCRs*). Der Reiter kann in diesem Fall ebenfalls gegen die FN gerichtlich vorgehen, weil sie die internationale Strafe für den nationalen Sportbetrieb umsetzt und dem Sportler den Start an einem Turnier verweigert.[713] Das angerufene Gericht hat im Verfahren gegen den nationalen Verband den Maßstab nationalen Rechts zu prüfen, das dem Verhältnis zwischen Reiter und nationalem Dachverband zu Grunde liegt. Nur wenn die internationale Sperre ohne Einfluss auf den nationalen Sportbetrieb wäre, besteht im

713 Ausführlicher *Adolphsen*, Internationale Dopingstrafen, S. 686 ff.

Grundsatz kein Anlass für den Sportler aufgrund einer internationalen Sanktion gegen seinen nationalen Verband vorzugehen. Einen entscheidenden Schritt zur Vereinheitlichung der Verfahren und der Sportrechtsprechung könnte die Schaffung eines *international übergreifenden Instanzensystems* innerhalb der Sportschiedsgerichtsbarkeit beitragen, wie es der WADA und NADA-Code bereits vorsehen. Dazu müsste es gelingen, nationale und internationale Verbände sowie die Profisportler gleichermaßen an gerichtliche Entscheidungen auf der Grundlage möglichst einheitlicher Verbandsregelwerke zu binden.

I. Ausgangslage

1. Ausgestaltung (inter-)nationaler Straftätigkeit unter Berücksichtigung der Verbandspolitik im Pferdesport

Die Dopinggeschichte im Pferdesport hat immer wieder gezeigt, dass hinsichtlich des Strebens nach Aufdeckung von Dopingfällen und einer entsprechenden Sanktionierung der Verantwortlichen erhebliche Unterschiede im Sanktionsbestreben der Verbände bestehen. Während es in anderen Sportarten üblich ist, dass der internationale Fachverband als Kontrollorgan über eine einheitliche Dopingbekämpfung in allen Mitgliedsnationen wacht,[714] stellt sich das Sanktionsverhalten der Verbände im Pferdesport – zumindest aus deutscher Sicht – grundlegend anders dar. Unter der Prämisse, dass Dopingvergehen nochmals einer Kontrolle auf Grundlage des eigenen deutschen Verbandsrechts zu unterziehen, behält sich die FN indirekt eine Überprüfung der Verbandsentscheidungen des FEI-*Tribunals* vor.[715] In Anbetracht der inkonsequenten Strafverfolgung von Dopingsündern seitens der FEI erwies sich die umstrittene Doppelregelung der FN – von ihrer Rechtswidrigkeit einmal abgesehen – daher nicht immer als nachteilig.[716] Aufgrund der deutschen Staatszielbestimmungen (Art. 20a GG) hatte die Deutsche Reiterliche Vereinigung in der Vergangenheit zumeist auch ein berechtigtes Interesse, die internationalen Verbandsentscheidungen des FEI-*Tribunals* einer nochmaligen Überprüfung zu unterziehen bzw. diese vom CAS im Wege ihres Beteiligungsrechtes nach Art. 12.2 EADMCRs überprüfen zu lassen.[717] Dies

---

714 Beispielsweise behält sich der internationale Leichtathletikverband vor, eine zunächst vom nationalen Verband verhängte Sanktion inhaltlich zu kontrollieren und gegebenenfalls nach seinen Vorstellungen zu korrigieren, vgl. Regel 60 IAAF Rules (2008).

715 Zur Unzulässigkeit der Doppelbestrafung, s. o. S. 206 ff.

716 *Adolphsen*, Umsetzung des Welt Anti-Doping Code, S. 83, 97.

717 Das Sanktionsverhalten der FEI erscheint ungewöhnlich, sollte der internationale Verband als Wächter über alle nationalen Verbandsentscheidungen ein gesteigertes Interesse an der Erhal-

hatte in der Vergangenheit zumeist härtere Strafen der beschuldigten Reiter zur Folge.[718]

2. Aufgabe der Schiedsgerichtsbarkeit

Vor diesem Hintergrund müsste es mit Hilfe der Schiedsgerichtsbarkeit gelingen, die Interessen aller am künftigen Schiedsverfahren Beteiligten beziehungsweise zu beteiligenden Akteure in Einklang zu bringen.[719] Im Reitsport wäre demgemäß ein Verfahrenssystem zu errichten, das in der Lage ist die Sanktionsinteressen des nationalen und des internationalen Pferdesportverbands, sowie die Rechtsschutzinteressen der betroffenen Reiter dergestalt zu berücksichtigen, dass sich einerseits die FN in Zukunft nicht mehr dazu berufen fühlt, die Sanktionsentscheidungen des übergeordneten internationalen Fachverbands einer weiteren Überprüfung entweder auf Grundlage des eigenen Regelwerks oder durch eine mögliche Berufung beim CAS – zu unterziehen und andererseits den Sportlern ein ausreichendes Maß an Rechtsschutz gewährleistet wird, ohne dass in Zukunft ein mehrfaches Vorgehen gegen Verbandsentscheidungen auf unterschiedlichen Rechtswegen erforderlich ist. Um dies zu gewährleisten, sieht der folgende Vorschlag innerhalb des internationalen Spitzensports die Errichtung eines dreistufigen schiedsgerichtlichen Instanzensystems unter Einbindung des *Deutschen Sportschiedsgerichts* und die Stärkung der nationalen Verbandskompetenzen vor.

II. Dreistufiger Instanzenzug innerhalb der Sport-Schiedsgerichtsbarkeit unter Berücksichtigung des WADA- und NADA-Code

1. Delegation der erstmaligen Sanktionsentscheidung auf den Nationalverband

Die Errichtung eines *dreistufigen Instanzensystems* setzt zunächst voraus, dass der nationale Fachsportverband für Dopingfälle mit internationalem Bezug zuständig ist. Dazu müsste dem nationalen Verband gegenüber dem Sportler ent-

---

tung eines dopingfreien (Pferde-)Sports haben und durch angemessene Verbandsentscheidungen im Rahmen der internationalen Verbandsgerichtsbarkeit den Takt in der Dopingbekämpfung vorgeben.

718 Siehe Fall *Ahlmann*, der von der FEI für vier Monate gesperrt und nach erfolgreicher Berufung durch die FN vom CAS mit einer achtmonatigen Sperre belegt wurde, Pressemitteleilung der FN 2. April 2009, abrufbar unter: http://www.pferd-aktuell.de/Doc-73187/d.htm (08.09.10).

719 *Kotzenberg*, S. 159.

weder eine eigene oder delegierte Sanktionsbefugnis zustehen.[720] Da die von der FN vorbehaltene Möglichkeit der Doppelsanktionierung, der eine eigene Sanktionskompetenz des nationalen Verbands zugrunde liegt, jedoch gesetzeswidrig ist,[721] müsste mit der Schaffung eines schiedsgerichtlichen Instanzensystems die Delegation der erstmaligen Sanktionierungsbefugnis einhergehen. So hätte die FEI künftig ihre Sanktionsbefugnis gegenüber einem *International-Level-Athlete*, der des Dopings verdächtig ist, auf den jeweiligen nationalen Verband des Sportlers (FN) zu delegieren, sich aber gleichzeitig eine Überprüfungsmöglichkeit der nationalen Verbandsentscheidung in der Funktion eines Kontrollorgans vorzubehalten. Die Gründe für den internationalen Verband sich seiner Kompetenzen zur erstmaligen Straffestsetzung zu entledigen sind vielfältig.

a. Argumente für eine Delegation

Ein Interesse des nationalen oder internationalen Verbands, eigene Kompetenzen – unter Umständen auf einen bestimmten Sachbereich begrenzt – zu delegieren, kann in der Regel immer dann angenommen werden, wenn dies der Ausführung, der Förderung und dem Erhalt der eigenen Sportart dienlich ist.

Dementsprechend spricht für eine Delegation der Sanktionierungsbefugnis im Bereich der Dopingbekämpfung vor allem das Interesse des internationalen Verbandes, den Erhalt „seiner“ Sportart und ihre weltweit einheitliche Ausübung unter der Geltung einheitlicher Regeln zu sichern. Dieser Aspekt ist schließlich auch für den nationalen Verband von entscheidender Bedeutung, der jedoch zusätzlich dafür Sorge trägt, einem Ansehensverlust der gesamten Nation durch das Auftreten häufiger Dopingfälle in „seiner“ Sportart entgegenzuwirken.[722]

> Dass sich Deutschland seit Jahrzehnten als erfolgreichste Pferdesportnation präsentiert und hierzulande strenge dopingrelevante Tierschutzbestimmungen (§ 3 Nr. 1 b TierSchG) gelten, hat zwangsläufig dazu geführt, dass sich die deutsche FN im internationalen Vergleich als aktiver Verfechter eines dopingfreien Pferdesports präsentieren muss.

---

720 In diesem Sinne z. B. Regel 38 IAAF Rules, der die Aufgabe zur Sanktionierung dem Nationalverband des betroffenen Athleten überträgt.

721 S. o. S. 206 ff.

722 Im internationalen Leistungsvergleich zählen gute Ergebnisse der Sportler regelmäßig für die gesamte Sportnation, die sich mit ihren erfolgreichen Sportlern identifiziert. In diesem Zusammenhang spielen vor allem gesellschaftspolitische Aspekte eine Rolle, die im Rahmen dieser Arbeit jedoch nicht weiter vertieft werden können, vgl. dazu z. B. *Levermore, Roger,* Sport and international developement, Chicago 2007; *Peiffer, Lorenz/Schulze-Marmeling, Dietrich*, Hakenkreuz und rundes Leder: Fußball im Nationalsozialismus, Göttingen 2008; *Xu, Guoqi*, Olympic dreams: China and sports, 1895–2008, Harvard Univ. Press, 2008; *Litz, Patrick*, Der Beitrag des Sports zur Entfaltung der sozialistischen Persönlichkeit in der DDR, Berlin 2007.

Unabhängig von eigenen Sanktionsinteressen gegenüber einheimischen Dopingsündern ist der nationale Verband mit den Sportlern und deren Umfeld besser vertraut als dies der internationale Verband jemals sein kann, der als übergeordnete Institution im Ausland sitzt. So werden im Bereich des Spitzensports die Reiter, die Deutschland im internationalen Wettbewerb vertreten, vom nationalen Verband in die jeweiligen Leistungskader berufen. Hierzu verschafft sich die zuständige Kommission des DOKR im Vorfeld eines jeden Turnierjahres einen Eindruck von den Sportlern (Pferd und Reiter) sowie ihren Trainingsbedingungen (Trainer, tierärztliche Versorgung). Wird ein Sportler schließlich in den Kader berufen, werden Trainer und Mannschaftstierärzte des Verbandes zur Verfügung gestellt sowie eigens Schulungen zum Thema Doping durchgeführt. Auf diese Weise pflegt der nationale Verband einen engeren Kontakt zu „seinen“ Spitzensportlern.

Doch auch im internationalen Amateurbereich scheint die Sachverhaltsermittlung bei positiven Doping- oder Medikationsbefunden durch den nationalen Fachverband effektiver durchführbar. Hintergründe zu Dopingfällen wie beispielsweise dem Doping zugewandte Tierärzte oder Trainer beziehungsweise sonstige Einflüsse im nationalen Bereich können weitaus effektiver untersucht werden („man kennt sich in der Reitsportszene“). Die örtliche Nähe und das Entfallen möglicher Kommunikationsbarrieren stellen einen weiteren positiven Faktor zur Verfolgung von Dopingstraftaten durch den sachnäheren nationalen Verband dar.

Aus den genannten Gründen scheint die Aufklärung von Dopingfällen durch den nationalen Verband – vorausgesetzt, ein wirkliches Interesse an der Aufklärung ist vorhanden – um vieles einfacher als eine Sachverhaltsermittlung durch die international agierende FEI. Die besseren Argumente sprechen damit für eine Delegation der Straffestsetzungskompetenz auf den nationalen Verband.

b. Prüfungsvorbehalt der FEI

Ein stringentes Vorgehen gegen eigene Dopingsünder, wie es die FN vor allem in jüngster Vergangenheit zumeist zu demonstrieren versuchte, ist in anderen Mitgliedsnationen der Internationalen Reiterlichen Vereinigung jedoch längst nicht gesichert.[723] Um zu gewährleisten, dass alle Nationalverbände gleichermaßen energisch gegen die eigenen Dopingsünder und Repräsentanten ihres Landes

723 So hat scheinbar selbst die FN in der Vergangenheit versucht, den vermeintlichen Dopingfall um *Marco Kutschers* Pferd „Cornet Obolensky“ während der Olympischen Spiele 2008, der erst einige Monate später an die Öffentlichkeit gelangt ist, zu vertuschen; siehe dazu „Es war die Pflegerin“, SZ vom 05.05.2009 (Fn. 46).

im Pferdesport vorgehen, um für eine Chancengleichheit auch bei der Verfolgung von Dopingstraftaten zu schaffen, müsste sich die Internationale Reiterliche Vereinigung oder die WADA ein alternatives Überprüfungsrecht der nationalen Sanktionsentscheidungen vorbehalten beziehungsweise über das Recht verfügen, ein eigenes Ermittlungsverfahren einleiten zu können, wenn der nationale Verband in einem vermeintlichen Doping- oder Medikationsfall gänzlich untätig bleibt. Auf diese Weise könnte die FEI die Verbandsentscheidungen sämtlicher nationaler Pferdesportverbände inhaltlich kontrollieren und gegebenenfalls nach ihren Vorstellungen korrigieren. Eine einheitliche Handhabung wäre damit zumindest im Grundsatz gewährleistet. Alternativ wäre denkbar der FEI oder der WADA „direkt" ein Berufungsrecht gegen die Entscheidungen der nationalen Fachverbände vor dem zuständigen Schiedsgericht einzuräumen. Das unabhängige Schiedsgericht übernimmt dann die Wächterrolle der FEI sowie der WADA.[724]

Folglich sollte die Kompetenz zur Festsetzung von Dopingstrafen im Bereich des Spitzensports künftig auf die Nationalverbände delegiert werden, die immer dann in Aktion treten, wenn einem Reiter ihres Heimatlandes auf einem internationalen FEI-Turnier ein Dopingvergehen zulasten seines Pferdes vorgeworfen wird. Die Delegation kann sich auf sämtliche Verstöße wegen unsportlichen Verhaltens beziehen; sie muss nicht auf Dopingvergehen beschränkt bleiben.

2. Einbindung des Deutschen Sportschiedsgericht als zweite Instanz

Sowohl der WADA- als auch der NADA-Code enthalten Bestimmungen, die das Bestreben der Anti-Doping-Organisationen erkennen lassen, Dopingrechtsstreitigkeiten im nationalen sowie internationalen Sport einem *vereinheitlichten* System der Schiedsgerichtsbarkeit zu unterstellen.[725] Strukturell betrachtet setzt die schiedsgerichtliche Konfliktlösung an der zweiten Stufe der herkömmlichen Sportgerichtsbarkeit an. Die Unterwerfung unter das schiedsgerichtliche Verfahren nimmt den Reitern die Möglichkeit, nach Abschluss des verbandsinternen Gerichtsverfahrens die staatliche Gerichtsbarkeit in Anspruch zu nehmen. Da mit dem *Deutschen Sportschiedsgericht* in Köln eine weitere Institution geschaffen wurde, mit der sämtliche Vorteile der Sportschiedsgerichtsbarkeit einhergehen und dies bereits im nationalen Spitzensport zum Einsatz kommt, drängt sich die Frage auf, ob diese nicht künftig auch in *internationalen Dopingfällen* zur Vermeidung divergierender Verbandsentscheidungen und zur Vereinfachung des

724 *Prokop*, Probleme der Dopingbekämpfung, S. 79, 92. Eingehend dazu S. 227 ff.
725 Siehe dazu bereits die Ausführungen auf S. 165 ff.

Rechtssystems als weitere Instanz sportgerichtlicher Entscheidungsfindung in Anspruch genommen werden kann.

Der hier verwendete Begriff eines *dreistufigen Instanzensystems* ist nicht mit dem Instanzenzug der ordentlichen Gerichtsbarkeit zu vergleichen; er wird nur sinngemäß auf das hier vorgeschlagene Verfahrensmodell übertragen, das die erstmalige Sanktionskompetenz beim Verband belässt, die alternativ jedoch auch an das *Deutsche Sportschiedsgericht* übertragen werden könnte. Da das die Strafe festsetzende Verbandsgericht kein echtes Schiedsgericht ist, wird das *Deutsche Sportschiedsgericht* nicht als zweite Instanz im eigentlichen Sinne tätig. Vielmehr käme mit seiner Einbindung eine (Überprüfungs-)Instanz auf zweiter Ebene hinzu.

a. Vorteile

Das nationale Sportschiedsgericht als erste Überprüfungsinstanz einzuschalten empfiehlt sich insbesondere dann, wenn die Parteien einen deutschen Rechtsrahmen bevorzugen und/oder durchweg schnelle Entscheidungen einer unabhängigen Institution wünschen. So hätte die Zuständigkeit des *Deutschen Sportschiedsgerichts* in internationalen Dopingfällen für die FN den Vorteil, dass sie die Dopingstreitigkeiten nicht „direkt" durch ein internationales Schiedsgericht kontrollieren lassen müsste. Für den nationalen Verband ist es einfacher und bequemer vor einem nationalen Schiedsgericht im Heimatland zu verhandeln.[726] Auch der sanktionierte Sportler wird aus organisatorischen und finanziellen Gründen zunächst lieber vor einem nationalen Schiedsgericht klagen, als direkt den Weg zum CAS nach Lausanne auf sich zu nehmen.[727]

Die hier vorgeschlagene Lösung würde schließlich in internationalen Dopingfällen deutscher Spitzensportler das internationale Verbandsverfahren vor dem FEI-Tribunal entbehrlich machen, da Rechtsschutz einfacher, schneller, effektiver und endgültiger durch eine unabhängige Institution wie das *Deutsche Sportschiedsgericht* erlangt werden kann. Der sanktionierte Sportler könnte sich – unter Ausschluss der staatlichen Gerichtsbarkeit – direkt an das nationale Sportschiedsgericht wenden. Neben allgemeinen Kostenersparnissen wäre eine beträchtliche Verfahrensbeschleunigung und eine Filterfunktion des nationalen Schiedsgerichts die Folge, die zu einer erheblichen Entlastung der Parteien und des CAS führen würde.

726 Der FN steht gegen Entscheidungen des FEI-*Tribunals* ein Berufungsrecht zum CAS zu, vgl. Art. 12.2.2 *EADCMRs*.

727 *Kotzenberg*, S. 164.

b. Rechtliche Umsetzbarkeit

Die Einbeziehung des *Deutschen Sportschiedsgerichts* als zweite Instanz oder sogenannte *erste Überprüfungsinstanz* müsste schließlich mit dem System des WADA-/NADA-Code vereinbar sein und auch mit den sonstigen Rechtsvorschriften der tangierten Rechtskreise im Einklang stehen. Allerdings könnte der Wortlaut des Art 13.2.1 WADC diesbezüglich Zweifel aufkommen lassen.

aa. Vereinbarkeit mit Art. 13.2.1 WADC

Art. 13.2.1 WADC normiert, dass in allen internationalen Dopingfällen, das heißt unter Beteiligung eines *International-Level-Athlete,* jeder *appeal* gegen eine Entscheidung des FEI-*Tribunals ausschließlich* durch den CAS entschieden werden darf; hingegen ist in Art. 13.2.1 NADC die Errichtung eines Drei-Instanzenzugs bereits im Wortlaut angelegt.[728] So sieht Art. 13.2.1 NADC vor, dass Verbandsentscheidungen zunächst vor einem nationalen Sportschiedsgericht angefochten und Rechtsbehelfe gegen Verbandsentscheidungen *ausschließlich* vor dem CAS eingelegt werden dürfen. Fraglich ist, wie diese Abweichung im Wortlaut der Vorschriften zu werten ist.

Hierzu bedarf es einer genaueren Betrachtung von Art. 13.2.1 WADC, der für den Einsatz eines nationalen Schiedsgerichts eine weitere Alternative bereithält. Nach Art. 13.2.1 WADC kann das Sportschiedsgericht anstelle des Verbandes durch die Übertragung der verbandlichen Sanktionskompetenzen gegenüber einem *International-Level-Athlete*auch zur *Verhängung* und *Festsetzung* der Strafe eingesetzt werden. In diesem Fall tritt der (inter-) nationale Verband seine Sanktionsbefugnis an das nationale Schiedsgericht – wie zum Beispiel das *Deutsche Sportschiedsgericht* – ab. Nach dem Wortlaut des WADA-Codes ist dies möglich, weil Art. 13.2.1 WADC lediglich den *appeal* beim CAS monopolisieren möchte, nicht jedoch jede schiedsrichterliche Tätigkeit wie beispielsweise die Verhängung der Sperre selbst, die zulässigerweise auch durch das Schiedsgericht festgesetzt werden kann.[729]

Lässt der WADA-Code die Übertragung der *Sanktionskompetenzen* auf ein nationales Schiedsgericht wie das *Deutsche Sportschiedsgericht* zu, so stellt sich die Frage, ob dieses nicht auch zur *Überprüfung* von (inter-)nationalen Ver-

---

728 Im Bezug auf Dopingvorwürfe unter Beteiligung eines *International-Level-Athlete* normiert Art. 13.2.1 NADC, dass „....Rechtsbehelfe gegen Verbandsentscheidungen letztinstanzlich ausschließlich vor dem CAS eingelegt werden dürfen“ (Hervorhebung durch die Verfasserin); darauf läuft auch der Wortlaut § 38.2 DIS-SportSchO hinaus.

729 Zur Zulässigkeit der Straffestsetzung durch Schiedsgerichte vgl. *Adolphsen*, Umsetzung des Welt Anti-Doping Code, S. 81, 87 ff.

bandsentscheidungen als Instanz vor dem CAS eingesetzt werden kann (Rom I VO). In diesem Sinne ist Art. 13.2.1 WADC schließlich dahingehend zu interpretieren, dass es Verbänden, die das Verfahren als *Signatories* des WADA-Codes selbst gestalten können, lediglich nicht erlaubt ist, den CAS – anders als in nationalen Fällen – als *straffestsetzende* Instanz einzusetzen, sondern *ausschließlich* als *strafüberprüfende* Instanz in Anspruch zu nehmen. [730] Diese Auslegung beruht auf dem Umstand, dass der WADA-Code – im Gegensatz zu seinem nationalen Pendant – eine Übertragung der Sanktionskompetenz seitens des internationalen Verbandes auf den CAS nicht zulässt. Dies ist in der Schiedsordnung des *Internationalen Sportgerichtshofs* – anders als in derjenigen des *Deutschen Sportschiedsgerichts* – ebenfalls nicht vorgesehen. Dementsprechend kann der CAS lediglich *strafüberprüfend* tätig werden, während dem nationalen Schiedsgericht auch anstelle des Verbandes die Befugnis eingeräumt werden kann, Sanktionen zu verhängen. Im Ergebnis steht Art. 13.2.1 WADC der Errichtung eines Drei-Instanzenzugs unter Einbeziehung des *Deutschen Sportschiedsgerichts* also nicht entgegen.

bb. Divergierende Verfahrensrechte

Die Zulässigkeit eines internationalen Instanzensystems scheitert ferner nicht an der Tatsache, dass sich das anzuwendende Schiedsverfahrensrecht innerhalb des Instanzenzugs ändern kann. Während in der ersten Rechtsmittelinstanz vor dem *Deutschen Sportschiedsgericht* die Vorschriften des 10. Buchs der ZPO (§§ 1025 ff. ZPO) Anwendung finden, richtet sich die zweite Rechtsmittelinstanz vor dem CAS nach den Regelungen über das internationale Schiedsverfahren des 12. Kapitel des Schweizer IPRG (Art 176 ff. IPRG).[731] Dementsprechend ist unter Beteiligung eines deutschen Reiters das Berufungsverfahren vor dem nationalen Schiedsgericht dem deutschen Recht zuzuordnen, während sich der Sportler in der Revisionsinstanz vor dem CAS den Einflüssen des Schweizer IPRG ausgesetzt sieht.

Die Geltung unterschiedlicher Verfahrensrechte innerhalb eines Verfahrens begründet aus deutscher Sicht allerdings keinen Verstoß gegen zivilprozessrechtliche Vorschriften (§ 1043 Abs. 1 S. 1 ZPO). Vielmehr respektiert der Gesetzgeber den Willen der Parteien, das Verfahren dem Einfluss eines bestimmten Verfahrensrechts auszusetzen, selbst wenn dies unterschiedlichen Ursprungs

730 *Adolphsen*, Umsetzung des Welt-Anti-Doping-Code, S. 81, 92.

731 Siehe CHK-*Schramm/Furrer/Girsberger*, Vor §§ 176 ff. IPRG Rn. 1 ff.

ist.[732] Sofern dies mit dem Wunsch der Parteien einhergeht, einen internationalen Instanzenzug zu beschreiten, bestehen keine rechtlichen Bedenken.[733]

cc. Rechtswahl durch Parteivereinbarung und ihre Grenzen

Um den Entscheidungseinklang in der internationalen Sportschiedsgerichtsbarkeit schließlich auch in materiellen Rechtsfragen zu sichern, müssten die Pferdesportverbände zusätzlich mit allen Sportlern die Anwendung einheitlichen Rechts in der Hauptsache vereinbaren.[734] Eine solche – im Übrigen zulässige – Rechtswahl ist bislang nur im Regelwerk der FEI enthalten, die als Bewertungsmaßstab für internationale Dopingstrafen das Schweizerische Recht vorsieht.[735]

Um einen möglichst einheitlichen Bewertungsmaßstab im gesamten internationalen Pferdesport zu erreichen, könnte auch bei künftiger Zuständigkeit des nationalen Sportgerichts die Anwendung des Schweizer Rechts vereinbart werden. So hat das Schweizer Recht den Ruf, weniger verbraucherfreundlich zu sein und größere Spielräume zu eröffnen als das deutsche Recht.[736] Davon könnten auch nationale Verbände wie die deutsche FN profitieren und mit dem Sportler die Anwendung des Schweizer Rechts vereinbaren.[737] Entscheiden sich die Parteien bei grenzüberschreitenden Sachverhalten (Teilnahme an einem internationalen Turnier) künftig für die Anwendung Schweizer Rechts, so hat das *Deutsche Sportschiedsgericht* daran sowohl die Rechtmäßigkeit der Rechtsgrundlage für Strafen (Verbandsregelwerk) als auch die Anwendung dieser Regeln im Einzelfall zu überprüfen. Dies entspricht dem Prüfungsauftrag des CAS. Alternativ könnten die Parteien auch die Geltung anationalen Sportrechts in Form der *Lex Sportiva* vereinbaren.[738]

Doch unabhängig von der Wahl eines staatlichen Rechts oder der *Lex Sportiva*, hat das *Deutsche Sportschiedsgericht* das zwingende Recht zu berücksichtigen, das sich gegen jede Rechtswahl behauptet und dementsprechend eine Nationalisierung internationaler Schiedsverfahren hervorrufen kann. Schiedsgerichtliche Entscheidungen, die diesen Anwendungsanspruch missachten, drohen in verschiedenen verfahrensrechtlichen Konstellationen die Nichtanerkennung oder Aufhebung durch die staatlichen Gerichte. Dies stellt zurzeit die größte Ge-

732 In diesem Sinne *Holla*, S. 299, *Lionnet*, S. 145 ff.

733 *Kotzenberg*, S. 170.

734 Ausführlich *Adolphsen*, Internationale Dopingstrafen, S. 597 ff.

735 Vgl. Art. 34.3 FEI Statutes.

736 *Mertens*, SpuRt 2008, 140, 144 mit Verweis auf *Ostendorf/Neumann/Ventsch* mit Blick auf internationale Lieferverträge in IHR 2006, 21, 23.

737 *Mertens*, SpuRt 2008, 140, 144.

738 Vertiefend hierzu *Adolphsen*, Internationale Dopingstrafen, S. 628 ff.

fahr für die weltweit einheitliche Durchsetzung internationaler Dopingstrafen dar.[739] Im Gegensatz zur staatlichen Gerichtsbarkeit, für die das Kollisionsrecht – zumindest für Teilbereiche – ausdrückliche Regelungen für die Beachtung von Eingriffsnormen bereithält, fehlen solche Vorschriften für Schiedsgerichte fast vollständig und werden kontrovers diskutiert.[740] Weil das global kommerzialisierte Sportgeschehen in erster Linie außerhalb des vereinbarten Rechtskreises stattfindet, kommt dem zwingenden Recht, das losgelöst von Parteivereinbarungen seine unbedingte Geltung beansprucht, eine zentrale Rolle zu. Entscheidend ist die Frage, inwieweit das Deutsche Sportschiedsgericht und der CAS bei der Entscheidungsfindung auch das international zwingende Recht von anderen – ebenfalls tangierten – staatlichen Rechtsordnungen mit einzubeziehen hat. In diesem Zusammenhang ist insbesondere das Kartellrecht aufgrund seines weltweiten Auswirkungsprinzips als zwingendes Recht anzusehen.[741] Kartellrechtliche Fragen sind schließlich immer wieder Gegenstand der Klagen von Sportlern gegen internationale Dopingsanktionen im Hochleistungssport.[742]

So besteht die einhellige Meinung, dass sich die Sportverbände auch bei Einsatz einer echten Sportschiedsgerichtsbarkeit dem zwingenden staatlichen Recht nicht entziehen können und vor der äußerst schwierigen Aufgabe stehen, ihre sportautonomen Regelwerke und Entscheidungen den zwingenden staatlichen Vorgaben sämtlicher betroffenen Rechtsordnungen anzupassen.[743] Erst wenn es der Sportwelt gelingt ein sportautonomes Gesetzeswerk zu schaffen, das seine Wurzeln in den nationalen und internationalen Verbandsstatuten hat und ohne Rückgriff auf das staatliche Recht ausgelegt und fortgebildet werden kann, wird eine umfassende Harmonierung sportrechtlicher Entscheidungen stattfinden können.[744] Bis dahin gilt es jedoch das zwingende staatliche Recht zu beachten.

3. Mitgliedsnationen ohne Sportschiedsgericht

Einige Mitgliedsnationen der FEI verfügen weder über eine nationalen Anti-Doping Organisation wie die NADA noch über ein Sportschiedsgericht, das in Dopingrechtsstreitigkeiten angerufen werden kann. Zudem schreiben weder der NADA-Code noch der WADA-Code die Errichtung eins nationalen Sport-

---

739 Hierzu *Adolphsen*, Internationale Dopingstrafen, S. 597 ff., 706.

740 *Tyrolt*, S. 40 ff.

741 Eingehend zur Problematik des zwingenden Rechts *Tyrolt*, S. 46 ff.

742 So auch im Fall *Deußer*, LG Dortmund, Urteil vom 22.01.2009 – Az.:13 O 2/09 Kart.

743 Dazu ausführlich *Tyrolt*, S. 1 ff. sowie im Ergebnis S. 252.

744 Zur viel diskutierten Geltung einer *Lex Sportiva*, die aus der bereits anerkannten *Lex Mercatoria* rekurriert wird, vgl. *Krieger*, S. 218 ff.; *Oschütz*, S. 354; *Adolphsen*, Internationale Dopingstrafen, S. 628 ff.; *Heß*, Rechtsfragen des Sports, S. 39 ff.

schiedsgerichtes vor. Allerdings lassen die Bestimmungen der Anti-Doping Organisationen insgesamt das Bestreben erkennen, Dopingrechtsstreitigkeiten im nationalen sowie internationalen Sport einem *vereinheitlichten* System der Schiedsgerichtsbarkeit zu unterstellen.[745]

Verfügt demnach eine Mitgliedsnation der FEI wie zum Beispiel Mexiko (noch) nicht über eine unabhängige Institution eines Sportschiedsgerichts, hat der Mitgliedsdachverband zunächst kraft Delegation der Sanktionsbefugnisse ein eigenes Dopingverfahren gegen den eigenen Spitzensportler vor seinem Verbandsgericht durchzuführen. Der FEI obliegt in diesem Fall ein Prüfungsrecht und die Möglichkeit, den Fall erneut vor dem eigenen Tribunal zu verhandeln, um gegebenenfalls die Sanktion zu mildern oder zu verschärfen. Gegen die Entscheidung des FEI-Tribunals ist schließlich der Rechtsweg zum CAS eröffnet, das als Letztentscheidungsinstanz über eine weltweit einheitliche Dopingrechtsprechung durch Verbände und Sportschiedsgerichte wacht.

4. Zusammenfassung zukünftiger Schiedsorganisation in Deutschland

Wegen der parallelen Ausgestaltungsmöglichkeit nationaler und internationaler Fälle empfiehlt es sich künftig *einheitlich* die Zuständigkeit eines nationalen Sportschiedsgerichts vorzusehen, sofern eine Mitgliedsnation über ein solches verfügt. Dieses kann eine bereits durch den zuständigen Fachverband erlassene Dopingstrafe überprüfen oder die Sanktion selbst verhängen. Im Rahmen eines dreistufigen Instanzensystems verbleibt zunächst der FN als nationalem Dachverband des Pferdesports die erste Sanktionsbefugnis, also die Befugnis, erforderliche Dopingstrafen gegenüber den für Deutschland startenden Reitern zu verhängen (1. Instanz). Fühlt sich der Sportler durch die Verbandssanktion unrechtmäßig behandelt, wird er diese in Zukunft durch ein nationales Schiedsgericht – das *Deutsche Sportschiedsgericht* in Köln – überprüfen lassen können (2. Instanz). Das Verbandsverfahren der FEI hat im deutsch-internationalen Spitzensport ausgedient und besteht nur noch in Fällen fort, in denen eine Mitgliedsnation noch ohne ein entsprechendes nationales Sportschiedsgericht ist. Gegen die Entscheidung des *Deutschen Sportschiedsgerichts* ist schließlich der Rechtsweg zum CAS eröffnet, vor dem der Reiter oder der Verband letztinstanzlich Rechtsschutz ersuchen kann (3. Instanz). Durch die Letztzuständigkeit des CAS ist eine einheitliche Rechtsprechung zumindest in den Fällen gewahrt, in denen die Parteien eine Überprüfung der Entscheidung begehren.[746]

---

745 Siehe dazu bereits die Ausführungen auf S. 165 ff.

746 *Adolphsen*, Umsetzung des Welt Anti-Doping Code, S. 81, 92.

Durch den Wegfall des internationalen Verbandsverfahrens liegt der Vorteil dieses Verfahrensmodells nicht nur in einer Verkürzung der Verfahrensdauer, sondern auch in einer erheblichen, für beide Seiten spürbaren Reduzierung der Verfahrenskosten. Zudem wäre eine nicht zu vernachlässigende Filterfunktion des nationalen Schiedsgerichts und im Ergebnis eine Entlastung des CAS die Folge.

III. Rechtsbehelfsbefugnisse der Beteiligten

Dem vereinheitlichten System der Sportschiedsgerichtsbarkeit müsste es gelingen, sämtliche beteiligten Akteure an die Entscheidungen der Schiedsgerichte zu binden. Die erforderliche Verbindlichkeit wird in erster Linie durch die Begründung einer direkten *Parteistellung* im Schiedsverfahren erreicht. So hat die Begründung einer Parteistellung nicht nur den Vorteil, dass für sämtliche Akteure (FN, Sportler und FEI) die Entscheidung des nationalen/internationalen Sportschiedsgerichts verbindlich ist, sondern den Parteien darüber hinaus – anders als in einem reinen Verbandsverfahren – Rechtsmittel zustehen, die es ihnen ermöglicht, die Sanktion einer nochmaligen Überprüfung durch die nächst höhere Instanz zu unterziehen.

Innerhalb des hier vorgeschlagenen *dreistufigen* Systems im sportgerichtlichen Schiedsverfahren im Bereich des Spitzensports müssen jedoch zwei unterschiedliche Ebenen betrachtet werden: Auf nationaler Ebene (1. Rechtsmittelinstanz) ist danach zu fragen, inwieweit den Verbänden und Anti-Doping-Organisationen ein Recht einzuräumen ist, die gegenüber einem Sportler ergangene nationale Verbandsentscheidung durch eine Klage beim nationalen Sportschiedsgericht kontrollieren zu lassen (dazu 1.). Auf internationaler Ebene (2. Rechtsmittelinstanz) ist zu prüfen, ob und inwieweit die verschiedenen Akteure zu einer Revision gegen die Entscheidung des nationalen Schiedsgerichts vor dem internationalen Schiedsgericht zu berechtigen sind. In diesem Zusammenhang gilt es insbesondere zu klären, ob und inwieweit der FEI als internationaler Fachverband die Möglichkeit einzuräumen ist, Rechtsmittel gegen die Entscheidung des *Deutschen Sportschiedsgerichts* einzulegen (dazu 2.).

1. Anrufung des nationalen Sportschiedsgerichts

a. Anrufung durch den Sportler und andere sanktionierte Personen

Der Reiter, der durch die Deutsche Reiterliche Vereinigung aufgrund eines Verstoßes gegen die nationalen oder internationalen Anti-Doping-Bestimmungen mit einer Dopingsanktion belangt wird, kann – eine wirksame Schiedsvereinbarung mit der FN unterstellt[747] – direkt Klage beim nationalen Sportschiedsgericht erheben. Vor dem Schiedsgericht macht er sodann ein eigenes Recht auf Kontrolle der nationalen oder internationalen Verbandssanktion geltend. In diesem Zusammenhang verfügen sanktionierte Personen in der Regel immer über die notwendige Prozessführungsbefugnis und die Aktivlegitimation.[748]

b. Anrufung durch die Deutsche Reiterliche Vereinigung

Die Anrufung des nationalen Sportschiedsgerichts durch die FN käme für den Fall in Betracht, dass das zur Verhängung von Sanktionen zuständige Gremium des Verbands mit der Festsetzung der Strafe eine Entscheidung trifft, die der (übrige) Verband nicht akzeptieren und einer weiteren Überprüfung durch eine unabhängige Kontrollinstitution unterziehen möchte.[749]

Basierend auf der Abgrenzung von unabhängigen „echten" Schiedsgerichten und den nicht unabhängigen Verbandsgerichten liegt mit der Festsetzung der Strafe gegenüber dem Reiter allerdings nicht die Entscheidung eines Dritten vor, der den staatlichen Richter ersetzen kann.[750] Das Verbandsgericht ist als verbandsinternes Gremium in die Organisationsstruktur und Verwaltungstätigkeit eines Verbands eingebunden.[751] Damit hat der Verband innerhalb des Verbandsverfahrens durch Festsetzung der Sanktion eine „eigene" rechtsförmige Entscheidung getroffen, die er sich als exekutives Handeln zurechnen lassen muss.[752] Aus diesem Grund fehlt es an dem zur Anrufung des Schiedsgerichts erforderlichen Rechtsschutzbedürfnis, d.h. an dem berechtigten Interesse zur Erreichung des begehrten Rechtsschutzes ein staatliches Gericht in Anspruch zu nehmen.[753] Das Rechtsschutzbedürfnis, das als Sachurteilsvoraussetzung auch in der Schiedsgerichtsbarkeit von Amts wegen zu prüfen ist, steht schließlich auch nicht zur Disposition der Parteien.[754] Deshalb kann dem Verband – selbst kraft Parteivereinbarung im Schiedsverfahren – keinesfalls das Recht eingeräumt werden, Klage ge-

747 Siehe dazu oben S. 182 ff.

748 Dazu ausführlicher *Schwab/Walter,* Kap. 16 Rn. 1 ff.

749 *Kotzenberg*, S. 173.

750 Vertiefend dazu *Kröll*, ZIP 2005, 13, 15.

751 *Reichert*, Handbuch des Vereinsrechts, S. 520 Rn. 3014 ff.

752 Dazu *Janßen*, S. 43, 54 f.

753 Zum Inhalt des Rechtsschutzbedürfnisses siehe, HK-ZPO/*Saenger*, Vor §§ 253 – 494a, Rn. 27; Jauernig/*Reichold*, Vorbem § 253 Rn. 26-28.

754 Schütze/Tscherning/*Wais*, Rn 377; zögerlicher *Schwab/Walter,* Kap. 16 Rn. 1 ff. (Rechtsschutzbedürfnis nicht wie im ordentlichen Prozess, wo es auch eine Schutzfunktion gegenüber der staatlichen Rechtspflege übernimmt).

gen die eigene Verbandsentscheidung beim Deutschen Sportschiedsgericht zu erheben.[755] Eine Anrufung durch die FN scheidet damit grundsätzlich aus.

Dem fehlenden Rechtsschutzbedürfnis könnte allenfalls Abhilfe geschaffen werden, wenn die FN keine abschließende Sanktionsentscheidung trifft, sondern lediglich eine vorläufige Suspendierung gegenüber dem Dopingsünder ausspricht und die endgültige Sanktionierung des Sportlers dem Schiedsgericht überlässt. In diesem Fall verhängt die FN gerade keine „eigene" Sanktion, sondern überträgt ihre Strafkompetenz auf das Sportschiedsgericht.[756] Das erforderliche Rechtsschutzinteresse an einer möglichen Überprüfung bleibt bestehen. Aufgrund der oben genannten verbandspolitischen Erwägungen ist jedoch nicht davon auszugehen, dass sich die FN dazu bereit erklären wird, Sanktionsbefugnisse (wieder) abzutreten.[757] Die (verbandspolitische) Entwicklung in diesem Zusammenhang bleibt abzuwarten.

c. Anrufung durch die Internationale Reiterliche Vereinigung

aa. Parteistellung des internationalen Verbandes

Für den Fall, dass ein Reiter von einer Klage vor dem nationalen Schiedsgericht absieht, weil er sich mit der Verbandsentscheidung der FN einverstanden erklärt, muss es der FEI und gegebenenfalls der WADA oder NADA möglich sein, eine Kontrolle der Entscheidung durch eine unabhängige Entscheidungsinstanz herbeizuführen und das nationale Sportschiedsgericht zur Kontrolle der nationalen Verbandsentscheidung anzurufen.[758] Dies gilt insbesondere dann, wenn die internationalen Akteure durch die Entscheidung des nationalen Fachverbandes die weltweit einheitliche Anwendung und Durchsetzung der Dopingregeln gefährdet sehen. Die Ergebnisse der Entscheidungsfindung durch das *Deutsche Sportschiedsgericht* müssten sodann nicht nur für den das Verfahren anstrengenden internationalen Reitsportverband, sondern auch für den nationalen Dachverband und den betroffenen Verantwortlichen verbindlich sein.

---

755 *Adolphsen*, Internationale Dopingstrafen, S. 698 f. Hierzu steht im Übrigen Art. 13.2.3.2 Abs. 1 lit. b NADC in Widerspruch, der dem Verband „als andere Partei des Verfahrens" ausdrücklich die Möglichkeit einräumt, beim Deutschen Sportschiedsgericht Rechtsmittel gegen die „Entscheidung" einzulegen, vgl. dazu *Kotzenberg*, S. 175.

756 Diese Konstellation liegt dem verbands- und schiedsgerichtlichen Verfahren des Deutschen Leichtathletikverbandes zugrunde. Umfassend *Haug*, SchiedsVZ 2004, 190 ff.

757 S. o. S. 214 ff.

758 Zum Berufungsrecht der WADA siehe Anmerkung von *Müller*, SpuRt 2008, 66, 68.

bb. Praktische Umsetzung der Verfahrensbeteiligung

Aufgrund der Vielzahl der „zu bindenden" Sportler und Athletenbetreuer im internationalen Pferdesport und der damit korrespondierenden Anzahl von notwendigerweise abzuschließenden Schiedsvereinbarungen muss eine praktikable und – insbesondere für die (Pferde-)Sportverbände – umsetzbare Lösung gefunden werden. Notwendig ist daher eine Verfahrensausgestaltung, die dem internationalen Verband einerseits das Recht einräumt, bei Bedarf Partei eines einzuleitenden Schiedsverfahrens zu sein, anderseits jedoch eine originäre Parteistellung nicht zwingend begründet.

(1.) Mehrparteienschiedsverfahren

Die Bindung sämtlicher Beteiligten könnte im Wege eines *Mehrparteienschiedsverfahrens* stattfinden.[759] Eine andere Form der Drittbeteiligung (Nebenintervention, §§ 66 ff. ZPO oder Streitverkündung, §§ 72 ff. ZPO), die nicht in einer Parteistellung mündet, kommt hinsichtlich der Anrufung des nationalen Sportschiedsgerichts nicht in Betracht, da die FEI in diesem Stadium das Verfahren vor dem nationalen Sportschiedsgericht überhaupt erstmals anstrengen möchte und andere Drittbeteiligungsformen ein bereits eingeleitetes beteiligungsfähiges Schiedsverfahren voraussetzen.[760] So stellen auch die Schiedsordnungen verschiedener Schiedsgerichte klar, dass eine Beteiligung Dritter nur als Partei erfolgen kann.[761]

Das *Mehrparteienschiedsverfahren* setzt allerdings die freiwillige Unterwerfung aller Beteiligten unter dasselbe Schiedsgericht im Wege der Parteivereinbarung voraus. Demnach müssten FEI und WADA sowohl mit sämtlichen – zur Sanktionierung befugten – Nationalverbänden als auch mit jedem der – mit Dopingvorwürfen konfrontierten – Sportler eine Schiedsvereinbarung abgeschlossen haben, um zur Anrufung des nationalen Schiedsgerichts berechtigt zu sein.[762] Da an die Wirksamkeit einer Schiedsvereinbarung strenge Voraussetzungen gestellt werden, erscheint die Durchführbarkeit eines *Mehrparteienschiedsverfah-*

759 *Oschütz*, S. 292.

760 *Bischof*, MDR 1999, 787. Dies gilt selbst dann, wenn man im Schiedsverfahren über die aus dem Zivilprozess bekannten Beteiligungsformen der Nebenintervention und der Streitverkündung hinausgehende Drittbeteiligungsformen zulassen möchte; in diesem Sinne *Schlosser*, FS Geimer (2002), S. 947, 948 f., der für die Drittbeteiligung in der Form eines „schlichten Nebenbeteiligten" plädiert.

761 *Oschütz*, S. 292 mit Verweis auf Art. 22.1 h LCIA-Rules (1998) – *London Court of International Arbitration*, eine in London ansässige Institution der internationalen Schiedsgerichtsbarkeit.

762 Dazu eingehend S. 182 ff.

ren jedoch zweifelhaft. Im Hinblick auf die Vielzahl der Athleten im Spitzensport und ihrer Nationalverbände (133 sind es derzeit allein im Reitsport) sowie der damit korrespondierenden Anzahl von Schiedsvereinbarungen, bietet das *Mehrparteienschiedsverfahren* keine praktikable Lösungsalternative. Obwohl es sich im Grundsatz um ein internationales Dopingverfahren handelt, muss es nicht immer dem Interesse der FEI entsprechen, auch als Partei an dem Dopingverfahren zwischen Sportler und Nationalverband beteiligt zu sein. Geht die Entscheidung des Nationalverbandes mit dem Verfolgungsinteresse der FEI konform, wird eine bloße Berichtspflicht des Nationalverbandes vom Ausgangsverfahren genügen. Mit Abschluss einer entsprechenden Schiedsvereinbarung erhält die FEI jedoch eine originäre Parteistellung, die einerseits das Recht zur Anrufung des Schiedsgerichts und andererseits auch die Pflichten einer Partei im Schiedsverfahren begründet. Eine nachträgliche parteierweiternde Schiedsvereinbarung auf Wunsch der FEI stellt ebenfalls keine Alternative dar, da der Sportler seine Unterschrift verweigern und damit eine weitere Kontrolle der Verbandsentscheidung vereiteln kann.[763] Die Überprüfungsmöglichkeit der Verbandssanktion hinge damit vom Willen des Sportlers ab, der seine Zustimmung immer dann verweigern wird, wenn die Entscheidung für ihn positiv ausgefallen ist.

(2.) Schiedsvereinbarung zugunsten Dritter

Eine geeignete Lösung, die sämtlichen Interessen gerecht wird, könnte jedoch das Institut der *Schiedsvereinbarung zugunsten Dritter* bieten.[764] Im Fall der *Schiedsvereinbarung zugunsten Dritter* müsste bei Abschluss der Schiedsvereinbarung zwischen FN und Sportler bereits die mögliche Teilnahme des internationalen Verbands am nationalen Schiedsverfahren vor dem nationalen Sportschiedsgericht vereinbart werden. Innerhalb „ihrer" Schiedsvereinbarung müssen sich die regelunterworfenen Reiter und die FN die gegenseitige Zustimmung zur Verfahrensbeteiligung der FEI versprechen.[765] Eine derartige Vereinbarung, deren Zulässigkeit nicht daran scheitert, dass dem Dritten mit dem *Institut des Vertrags zugunsten Dritter* nur Rechte und keine Pflichten auferlegt werden,[766] begründet die Möglichkeit des internationalen Verbandes, die Entscheidung des *Deutschen Sportschiedsgerichts* anzustrengen, wenn er mit der Entscheidung des

763 So auch *Kotzenberg*, S. 181.

764 Zöller/*Geimer*, ZPO, § 1031 Rn. 18; ähnlich auch *Schlosser*, in: FS *Geimer* (2002), S. 947, 954, allerdings ohne auf die Figur der *Schiedsvereinbarung zugunsten Dritter* abzustellen.

765 Stein/Jonas/*Schlosser*, § 1042 Rn. 20; zum Schweizer Recht, BSK-IPRG/*Wenger/Schrott*, Art. 186 Rn. 33.

766 Zum Institut des *Vertrags zugunsten Dritter* und dem Zweck der Drittbegünstigung, vgl. statt vieler MüKo-BGB/*Gottwald*, § 328 Rn. 10 ff.

Nationalverbands nicht einverstanden ist. Eine Pflicht überhaupt prozessieren zu müssen wird hingegen nicht begründet.

Weder die hier maßgebliche Formvorschrift des Art. II Abs. 2 UNÜ noch die nationale Formvorschrift des § 1031 ZPO stehen einer solchen Abrede entgegen. Auch das Schweizer Gesetz zum Internationalen Privatrecht erhebt mit Art. 186 IPRG keine Einwände gegen die Zulässigkeit einer *Schiedsvereinbarung zugunsten Dritter*.[767] Lediglich die Person oder Institution des Dritten muss im Vorhinein ausreichend bestimmt sein. Im Bereich der Dopingkonflikte besteht hieran jedoch kein Zweifel, wenn die FEI als begünstigter Dritter in der Schiedsvereinbarung zwischen der FN und den Reitern ausdrücklich benannt wird.[768]

2. Revisionsmöglichkeiten vor dem Internationalen Sportgerichtshof – CAS

a. Revision durch Reiter und Deutsche Reiterliche Vereinigung

Hat ein Reiter gegen „seine" Dopingsanktion beim nationalen Sportschiedsgericht Klage erhoben und fällt das Schiedsurteil nicht zu seinen Gunsten aus, kann er den vorgezeichneten schiedsgerichtlichen Instanzenzug beschreiten und Revision gegen das nationale Schiedsurteil beim Internationalen Sportgerichtshof in Lausanne einlegen. Daneben kann auch die Deutsche Reiterliche Vereinigung ihre aufgrund des Instanzenzugs bestehende Revisionsmöglichkeit wahrnehmen und die Entscheidung des *Deutschen Sportschiedsgerichts*, die gegebenenfalls nicht ihr Einverständnis findet, durch den CAS überprüfen lassen. Anders als im nationalen Schiedsverfahren ist hier ein Rechtsschutzinteresse seitens der FN als „andere Partei des Verfahrens" gegeben, da die ursprüngliche Verbandsentscheidung durch das Schiedsurteil des *Deutschen Sportschiedsgerichts* (in der Regel zulasten des Verbandes) abgeändert oder sogar aufgehoben worden ist.

b. Revision durch die Internationale Reiterliche Vereinigung

Bei der Frage, inwieweit die FEI berechtigt ist, Rechtsmittel gegen das Schiedsurteil des nationalen Sportschiedsgerichts einzulegen, sind zwei mögliche Verfahrenskonstellationen voneinander zu unterscheiden. Zum einen kann der internationale Verband durch eine wirksame *Schiedsabrede zugunsten Dritter* bereits

767 Stein/Jonas/*Schlosser*, § 1042 Rn. 20; zum Schweizer Recht, BSK-IPRG/*Wenger/Schrott*, Art. 186 Rn. 1 ff.

768 *Kotzenberg*, S. 182; zu Nominierungsentscheidungen im Sport ähnlich *Oschütz*, S. 295.

selbstständig Klage beim *Deutschen Sportschiedsgericht* erhoben haben, sodass ihm durch die Beteiligung im Berufungsverfahren eine Parteistellung zuteil geworden ist. Als Partei des Verfahrens kann die FEI ohne Weiteres von dem ihr zustehenden Recht Gebrauch machen, Rechtsmittel einzulegen. Bei dieser Konstellation wird das erstinstanzliche Mehrparteienverfahren lediglich in die nächste Instanz überführt.[769] Zum anderen ist die Konstellation in Betracht zu ziehen, dass der internationale Verband eine Überprüfung des nationalen Schiedsurteils durch den CAS begehrt, ohne dass er zuvor von seiner Kontrollbefugnis durch das nationale Sportschiedsgericht Gebrauch gemacht hat. In diesem Fall ist die FEI nicht Partei des nationalen Schiedsverfahrens zwischen Reiter und FN geworden. Da die Befugnis zur Einlegung von Rechtsmitteln grundsätzlich nur den Prozessparteien zusteht,[770] käme wiederum eine *Schiedsvereinbarung zugunsten Dritter* in Betracht, mit der ein Berufungsrecht der FEI begründet werden könnte. So müssten sich Sportler und FN im Rahmen ihrer (ursprünglichen) Schiedsvereinbarung darauf geeinigt haben, dass der FEI das Recht eingeräumt werden soll, gegen die Entscheidung – diesmal des nationalen Schiedsgerichts – Berufung beim CAS einlegen zu können.

Rechtliche Zulässigkeitsbedenken gegen eine solche Vereinbarung bestehen nicht. Im Schrifttum wird mit Recht darauf verwiesen, dass für die Einlegung des Rechtsmittels und das Verfahren in der oberen Instanz lediglich die Vorschriften innerhalb der Schiedsvereinbarung oder eines dahingehenden Ergänzungsvertrags maßgeblich sein sollen, soweit gesetzlich zwingende Vorschriften nicht entgegenstehen.[771] Da weder das deutsche Schiedsverfahrensrecht noch das UNÜ ausdrückliche Bestimmungen hinsichtlich der Beteiligung Dritter am laufenden Schiedsverfahren enthält, ist auf die allgemein im Schiedsverfahren geltenden Maximen abzustellen.[772] Entsprechen die Rechtsschutzmöglichkeiten des Sportlers vor dem Berufungsgericht den allgemeinen gesetzlichen Anforderungen eines ordentlichen Schiedsverfahrens, liegt auch kein Verstoß gegen den Grundsatz des *fair trial* vor.

Um den Sportlern jedoch ausreichende Rechtsschutzmöglichkeiten zu bieten und die Wirksamkeit einer *Schiedsvereinbarung zugunsten Dritter* (der FEI) auch für das Berufungsverfahren zu sichern, sollte darüber nachgedacht werden, einer mittellosen Partei – im Zweifel handelt es sich dabei um den Sportler – keine weiteren Verfahrenskosten aufzuerlegen oder aber ihr im Wege der Pro-

769 Zur Frage, wie in diesem Fall die notwendige Auswahl der Schiedsrichter zu treffen ist, vgl. *Kotzenberg*, S. 182 ff.

770 Allgemein HK-ZPO/*Kayser*, § 511 Rn. 9.

771 *Schwab/Walter*, Kap. 22 Rn. 1; *D. Weber*, FS Geimer (2002), S. 1445, 1456.

772 Vgl. *Holla*, S. 324 m.w.N. (dort Fn. 1681, 1682); *Massuras*, S. 341 ff.

zesskostenhilfe finanzielle Unterstützung zu gewähren.[773] Da für den Sportler im Revisionsverfahren, das durch den internationalen Verband angestrengt wird, ein faktischer Zwang zur Durchführung des Schiedsverfahrens in einer weiteren Instanz im Ausland aufgebürdet wird, könnte auch in Betracht gezogen werden, dass der Verband die außergerichtlichen Kosten zur Rechtsverfolgung eines finanziell schwachen Sportlers direkt im jeweiligen Verfahren oder anteilig durch die Finanzierung eines Prozesskostenhilfefonds übernimmt.[774]

3. Problem: Umsetzung der nationalen Verbandsentscheidung durch den internationalen Verband

Die Einhaltung des vorgeschlagenen Instanzenzugs hängt davon ab, obder sanktionierte Sportler seine Dopingstrafe durch das nationale Sportschiedsgericht überprüfen lässt. Aufgrund der dem Sportler offerierten Kontrollmöglichkeit des Verbandshandelns durch ein unabhängiges Kontrollorgan wie das *Deutsche Sportschiedsgericht* ist es wahrscheinlich, dass er sich auf diese Rechtsschutzmöglichkeit beschränkt.

Dennoch ist es einem gemaßregelten Reiter unbenommen, gegen die Sanktionsentscheidung der FN vor dem nationalen Schiedsgericht vorzugehen und gleichzeitig gegen die Umsetzung der ursprünglich international motivierten Sanktion durch die FEI, beispielsweise bei Verweigerung eines Startrechts auf einem internationalen Turnier, vor dem *Internationalen Sportgerichtshof* zu klagen. In diesem Fall müssten wiederum zwei voneinander unabhängige Schiedsverfahren eingeleitet werden, obwohl die Verfahren dem Grunde nach nur auf einer Sanktion basieren. Wenn der Sportler (auch) gegen die Umsetzung der Sanktionsentscheidung durch den internationalen Verband klagen könnte, wäre der Problematik divergierender Entscheidungen immer noch nicht abgeholfen.[775] Um in einem solchen Fall der Gefahr divergierender Schiedssprüche zu begegnen, ist dem nationalen Sportschiedsgericht das Recht einzuräumen, das Verfahren an das internationale Sportschiedsgericht zu verweisen, sobald der Sportler

773 Die Berufungskosten vor dem CAS belaufen sich auf CHF 500, die von der klagenden Partei einzuzahlen sind. Im Übrigen ist das Verfahren kostenfrei, vgl. Art. R65.1 Abs. 2 CAS-Code. Die Parteien sind jedoch verpflichtet, ihre außergerichtlichen Kosten selbst zu tragen, Art. R 65.3 S. 1 CAS-Code.

774 Besonders die Möglichkeit der Gewährung von Prozesskostenhilfe würde die Anziehungskraft des CAS-Verfahrens erheblich steigern. Die Errichtung eines Hilfefonds zur Gewährung von Prozesskostenhilfe ist in S6 Nr. 9 CAS-Code bereits vorgesehen.

775 Dazu ausführlich *Adolphsen*, Internationale Dopingstrafen, S. 692 f.

dort Klage erhoben hat. Die Verfahren können dann miteinander verbunden werden.[776]

Zur Vermeidung differierender Schiedssprüche bietet es sich ferner an, eine Parteivereinbarung abzuschließen, die die Schiedsgerichte bei internationalen Dopingfällen dazu ermächtigt, Rechtsbeziehungen des Sportlers mit dem nationalen und dem internationalem Verband auf Basis einer einheitlichen Tatsachenermittlung[777] und anhand einheitlicher Rechtsregeln[778] zu beurteilen. Im Rahmen einer entsprechenden Rechtswahl durch die Parteien kann auf die Regeln des WADA-Codes beziehungsweise der *EADCMRs* zurückgegriffen werden, die es einerseits den Sportschiedsgerichten erlauben, das Verfahren des Sportlers gegen die FN und die FEI anhand eines einheitlichen Sachrechts zu beurteilen und andererseits die Gefahr unterschiedlicher Schiedssprüche minimieren.[779]

IV. Ergebnis

Ein gerechter Ausgleich zwischen den Sanktionsinteressen der Verbände und Rechtsschutzinteressen der Sportler kann in internationalen Dopingfällen dadurch erreicht werden, dass der FN die (erstmalige) Sanktionsbefugnis zur Bestrafung von des Dopings verdächtigen deutschen Reitern übertragen und innerhalb der Sportschiedsgerichtsbarkeit ein internationaler Instanzenzug errichtet wird. Im Rahmen eines schiedsgerichtlichen Instanzensystems sind – mit Ausnahme der FN – der sanktionierte Reiter und der internationale Pferdesportverband zu einer Anrufung des nationalen Schiedsgerichts berechtigt. Die FEI wird durch Abschluss einer *Schiedsvereinbarung zugunsten Dritter* in die Lage versetzt, die Verbandsentscheidung der FN von dem nationalen Sportschiedsgericht überprüfen zu lassen. Dies gilt ferner – auch ohne vorherige Anrufung des *Deutschen Sportschiedsgerichts* – wenn sie eine Überprüfung des nationalen Schiedsurteils durch den *Internationalen Sportgerichtshof* begehrt. Die Interessen der Sportler als vermeintlich schwächste Partei werden in hinreichendem Maße gewahrt, indem ihnen die Konfliktbewältigung auf heimischem Boden garantiert und bei Fortgang des Verfahrens auf internationaler Ebene bei Bedarf ausreichende Unterstützung gewährt wird. Trotz der für ihn vorteilhaften Verfahrens-

---

776 *Schlosser*, Das Recht der internationalen privaten Schiedsgerichtsbarkeit, S. 444 Rn. 582 m.w.N; *Adolphsen*, Internationale Dopingstrafen, S. 696.

777 Dazu ausführlich *Adolphsen*, Internationale Dopingstrafen, S. 692 f.

778 Zur Geltung einer *Lex Sportiva*, die aus der bereits anerkannten *Lex Mercatoria* rekurriert wird, vgl. *Krieger*, S. 218 ff.; *Oschütz*, S. 354; *Adolphsen*, Internationale Dopingstrafen, S. 628 ff.; *Heß*, Rechtsfragen des Sports, S. 39 ff.

779 Siehe hierzu bereits in diesem Kapitel S. 222 f.

gestaltung ist der Sportler nicht gezwungen, sich allein auf den schiedsgerichtlichen Instanzenzug einzulassen. Entscheidet er sich, auf internationaler Ebene zusätzlich gegen die Umsetzung der nationalen Sanktion durch die FEI vorzugehen, ist dem nationalen Schiedsgericht das Recht einzuräumen, das nationale Verfahren an das internationale Schiedsgericht zu verweisen und die Verfahren zu verbinden.

B. Zuständigkeitskonzentration des Eilrechtsschutzes nationaler und internationaler Dopingfälle vor dem *Deutschen Sportschiedsgericht*

Da künftig auch das einstweilige Rechtsschutzverfahren vor den Sportschiedsgerichten zu konzentrieren ist, ist abschließend der Frage nachzugehen, welches Sportschiedsgericht für den begehrten „schnellen Rechtsschutz" im Zusammenhang mit internationalen Anti-Doping-Maßnahmen zuständig sein soll, da sowohl die Zuständigkeit des CAS als auch die Zuständigkeit des *Deutschen Sportschiedsgerichts* in Betracht zu ziehen ist (R37 CAS-Code und § 20 DIS-SportSchO).

Im Rahmen der Untersuchung zu den Reformbedürfnissen in der Sportgerichtsbarkeit ist die Übertragung der erstmaligen Sanktionskompetenz internationaler Regelverstöße auf den jeweiligen Nationalverband des Reiters und damit einhergehend die Zuständigkeit des *Deutschen Sportschiedsgerichts* als erste Überprüfungsinstanz vorgeschlagen worden.[780] Die Delegation von Sanktionskompetenzen gebietet es, schließlich auch die Zuständigkeit für Maßnahmen des einstweiligen Rechtsschutzes auf das *Deutsche Sportschiedsgerichts* (in nationalen sowie internationalen Dopingfällen) zu übertragen. Insofern ist der Eilrechtsschutz vor dem Gericht der Hauptsache als das sachnächste Gericht zu konzentrieren.[781] Diese dem staatlichen Eilrechtsschutz zuzuordnende Regelung kann entsprechend auf die Schiedsgerichtsbarkeit, bei der es den Parteien grundsätzlich frei steht, die Zuständigkeit eines Gerichts zu vereinbaren, übertragen werden.[782] Die organisatorischen und finanziellen Vorteile, die eine Zuständigkeit des *Deutschen Sportschiedsgerichts* für sämtliche Beteiligten mit sich bringt, sind bereits erörtert worden und gelten soweit ebenfalls.[783]

780 Siehe hierzu S. 215 ff.

781 Vgl. z. B. § 937 ZPO.

782 Siehe hierzu § 20.4 und 7 DIS-SportSchO.

783 Siehe dazu bereits S. 219 ff. und S. 233.

Schließlich stehen die Vorschriften der deutschen Sportschiedsgerichtsordnung zum einstweiligen Rechtsschutz den Regelungen des CAS in nichts nach. So haben die Verbände die Möglichkeit, mit der Deutschen Institution für Schiedsgerichtsbarkeit (DIS) eine Kooperationsvereinbarung zu schließen, in der die DIS im Gegenzug in einem Geschäftsverteilungsplan – insoweit vergleichbar mit der ordentlichen Gerichtsbarkeit – schon vorab festlegt, welcher Schiedsrichter über einen Antrag auf einstweiligen Rechtsschutz zu entscheiden hat.[784] Darüber hinaus bedürfen die Entscheidungen des *Deutschen Sportschiedsgerichts* in der Regel keiner besonderen Vollstreckung, da die gestaltenden einstweiligen Maßnahmen *self executing* sind und ihre Gestaltungswirkung dementsprechend unabhängig von ihrer Vollstreckbarkeitserklärung eintritt.[785] Die Zulassung zu einem Wettkampf, die Anordnung des Suspensiveffekts einer Sperre, ihre Aufhebung, Aussetzung etc. sind sämtlich gestaltende Maßnahmen, die die Vollstreckung durch ein staatliches Gericht nicht erforderlich machen.[786] An die Anordnungen des Schiedsgerichts sollten sich insbesondere die Verbände halten.[787] In Ausnahmefällen steht jedoch das Instrument der Vollstreckbarkeitserklärung durch die staatlichen Gerichte zur Verfügung.[788]

C. Ergebnis zur Revision der Sportgerichtsbarkeit im Pferdesport

Die Schaffung einheitlicher Standards zur Wahrung einer Chancengleichheit ist auch innerhalb der Sportgerichtsbarkeit dringend geboten. Um der Gefahr divergierender Verbands- und Gerichtsentscheidungen entgegenzuwirken, sollten die Sportler künftig nicht nur einem einheitlichen Regelwerk, sondern auch einem einheitlichen Rechtsschutzsystem unterworfen werden. Dabei gilt es die privaten Sanktionsinteressen der Pferdesportverbände und die verfassungsrechtlich garantierten Rechtsschutzinteressen aller betroffenen Reiter mithilfe der privaten Schiedsgerichtsbarkeit zu vereinen. Für den internationalen Spitzensport bietet die Errichtung eines internationalen Instanzenzugs innerhalb der nationalen und internationalen Sportschiedsgerichtsbarkeit eine geeignete Lösung.

784 *Mertens*, SpuRt 2008, 180, 182.

785 *Schlosser* ZZP 99 (1986), 241, 264, *Lindacher*, ZGR 1979, 202, 209, *Schwab/Walter,* Kap. 18 Rn. 12; *Bandel*, S. 46 ff.

786 *Adolphsen*, Internationale Dopingstrafen, S. 583.

787 Diesbezüglich wird häufig auf die freiwillige Erfüllung von Schiedssprüchen hingewiesen, vgl. hierzu *Holla*, S. 262 und *Bandel*, S. 135 m. w. N:

788 Vgl. *Lindacher*, ZGR 1979, 201, 209; *Bandel*, S. 197 ff.; *Krimpenfort*, S. 129 ff.

Im Rahmen des hier vorgeschlagenen Lösungsmodells ist in internationalen Dopingfällen auf der ersten Stufe dem nationalen Dachverband die Straffestsetzungskompetenz gegenüber „seinen" dopingverdächtigen Reitern zu übertragen. Auf der zweiten Stufe tritt das *Deutsche Sportschiedsgericht* hinzu, das sowohl in rechtlicher als auch in tatsächlicher Hinsicht über die dopingrechtliche Streitigkeit verhandeln kann. Dies bringt für Verband und Sportler gleichermaßen Vorteile mit sich. Auf der dritten Stufe stehend obliegt schließlich – wie bisher – dem *Internationalen Sportgerichtshof* in Lausanne die letztinstanzliche Entscheidungsbefugnis. Um einen möglichst einheitlichen Bewertungsmaßstab im gesamten internationalen Pferdesport zu erreichen, sollten die Pferdesportverbände sich künftig auf die Anwendung einer staatlichen Rechtordnung einigen und die Anwendung des verbandfreundlichen Schweizer Rechts vereinbaren. Allerdings können sich die Verbände dem zwingenden staatlichen Recht nicht entziehen und sehen sich der äußerst schwierigen Aufgabe gegenüber, ihre sportautonomen Regelwerke und Entscheidungen den zwingenden staatlichen Vorgaben sämtlicher betroffenen Rechtsordnungen anzupassen. Erst wenn es der Sportwelt gelingt ein sportautonomes Gesetzeswerk zu schaffen, das seine Wurzeln in den nationalen und internationalen Verbandsstatuten hat und ohne Rückgriff auf das staatliche Recht ausgelegt und fortgebildet werden kann, wird eine umfassende Harmonierung sportrechtlicher Entscheidungen stattfinden.

Um in Zukunft auf eine einheitlichere Durchsetzung der Sportregelwerke zu hinzuwirken und mögliche Wettbewerbsverzerrungen zu vermeiden, die durch Leistungsverfügungen der staatlichen Gerichte in der Vergangenheit immer wieder entstanden sind, ist auch im internationalen Spitzensport der Rechtsschutz gegen eine internationale Dopingsanktion vor den Schiedsgerichten zu konzentrieren und der Zugang zu den staatlichen Gerichten gänzlich auszuschließen. Nicht nur im einstweiligen Rechtsschutz kann sich die bessere Sachkompetenz des Schiedsgerichts unter maßgeblicher Berücksichtigung sportspezifischer Wertungen positiv auswirken und die Chancengleichheit unter den Sportlern fördern.

Schlussbemerkung

Kernpunkt der vorliegenden Arbeit waren die juristischen Aspekte der Dopingproblematik im nationalen und internationalen Pferdeport. In Anbetracht der erheblichen Zunahme internationaler Dopingfälle, unter stetiger Beteiligung deutscher Spitzensportler, musste sich der Reitsport materiell- und verfahrensrechtlich neu positionieren. Um die Einhaltung von Rechtsregeln dauerhaft zu gewährleisten, die nicht nur dem elementaren Tierschutzgedanken, sondern auch den Prinzipien der Chancengleichheit und des *Fair Play* im Pferdesport Rechnung tragen, waren die Dopingstrafen für Reiter und die sonstigen Verantwortlichen zwingend an die internationalen Standards des WADA-Codes anzugleichen. Die Leitlinien zur Verbannung von Doping aus dem Pferdesport gibt in Deutschland jedoch vor allem das Tierschutzgesetz vor, dem sich der nationale und internationale Leistungssport ohne Ausnahmen unterzuordnen hat.

Grundlage für mögliche Sanktionen muss daher ein umfassendes Dopingkontrollsystem sein, das auch fernab vom Leistungssport unter medialer Präsenz dem Tierschutzgedanken Rechnung trägt und mit der staatlichen Rechtsordnung der Mitgliedsnationen im Einklang steht. In diesem Zusammenhang sind die Einführung von Trainingskontrollen, das Führen eines Medikamentenbuchs und die Verhängung von Schutzsperren zugunsten der Pferde probate Mittel, um die Erfolge in der Dopingbekämpfung zu steigern und die Grundrechte der Betroffenen unter Geltung eines überwiegenden Verbandsinteresse an der Einhaltung verfassungsrechtlich garantierte Tierschutzinteressen nicht in unverhältnismäßigem Maße beeinträchtigen.

Die Einführung einheitlicher Standards war jedoch nicht nur im Bereich der materiellen Maßnahmenoptimierung geboten, sondern darüber hinaus auch auf verfahrensrechtlicher Ebene im Rechtsschutzsystem der Sportgerichtsbarkeit zu fordern. Den langen und kostenintensiven Dopingverfahren vor den staatlichen Gerichten gilt es ein Ende zu setzen und einen internationalen Entscheidungseinklang in der sportrechtlichen Anti-Doping Rechtsprechung mithilfe der Sportschiedsgerichtsbarkeit weiter zu fördern. Eine für die Spitzenreiter geeignete Lösung im nationalen und internationalen Pferdesport bietet die Errichtung eines internationalen sportschiedsgerichtlichen Instanzenzugs unter der Letztentscheidungsbefugnis des Internationalen Sportgerichtshof in Lausanne. Auf diese Weise können die privaten Sanktionsinteressen der Pferdesportverbände und die verfassungsrechtlich garantierten Rechtsschutzinteressen der betroffenen Reiter mithilfe der privaten Schiedsgerichtsbarkeit am besten vereint und einer „sach“gerechteren Lösung zugeführt werden.

Dreh- und Angelpunkt einer effektiven Kontrolle ist schließlich auch die Einbindung aller Verantwortlichen, die Einfluss und Zugang zum Sportler „Pferd“ haben. Verständlich erscheint daher die Forderung der reformierten Verbandsregelwerke *EADCMRs Regulations* und ADMR, alle Personen, die Pferde halten, sportlich einsetzen oder trainieren, durch ein besonderes Anerkenntnisverfahren zu lizenzieren, um sie den Vorschriften von nationalen und internationalen Sportordnungen zu unterwerfen. Die Einbeziehung der Tierärzte, die an ihren Berufsethos – notfalls mithilfe von Sanktionen – zu erinnern sind, ist dabei unabdingbare Voraussetzung.

Abschließend sei noch einmal auf den elementaren Aspekt hingewiesen, dass die naturwissenschaftlichen Erkenntnisse über Ursache und Wirkung der verbotenen Substanzen und Methoden nach wie vor unzureichend sind und für Unsicherheit bei den Sportlern sorgen. Zu einer gezielten Dopingbekämpfung wird deshalb die Intensivierung der naturwissenschaftlichen Erforschung von Dopingmitteln, -methoden und Wirkungsweisen vor allem im Pferdesport unumgänglich sein. In diesem Fall ist die Naturwissenschaft gefordert, da die Rechtswissenschaft hier nicht weiterhelfen kann.

Letzten Endes ist der Grundsatz *citius – altius – fortius* zugunsten des Fortbestehens des leistungsorientierten Pferdesports dringend zu überdenken und eine Rückbesinnung auf die Grenzen einer natürlichen Leistungsfähigkeit von Mensch und Tier unausweichlich. So ist der Pferdesport dank seiner Hauptakteure, den Pferden, einzigartig in seiner Art und Ausführung, was zu Gunsten der Tiere das Ergreifen besonderer Schutzmaßnahmen erforderlich macht. Bei allem Respekt um sportliche Erfolge darf nicht vergessen werden, dass das Pferd aufgrund seines mangelnden Mitspracherechts gerade nicht mit einem menschlichen Hochleistungssportler vergleichbar ist.

Insofern bleibt zu hoffen, dass sich so mancher Dopingsünder unter den deutschen Spitzenpferdesportlern seiner Verantwortung besinnt und die Gesundheit seines Sportpartners „Pferd“ an erster Stelle steht. Abschließend sei nicht nur der Deutschen und Internationalen Reiterlichen Vereinigung, sondern vor allem den betroffenen Pferden im Kampf um die Eindämmung der sportlichen Begleiterscheinung „Doping“ eine „erfolgreiche und gesunde Zukunft“ gewünscht.

Annex

Annex I: Dopingdefinition des WADA-Codes (2009)

Artikel 1: Definition des Begriffs Doping

Doping wird definiert als das Vorliegen eines oder mehrerer der nachfolgend in Artikel 2.1 bis Artikel 2.8 festgelegten Verstöße gegen Anti-Dopingbestimmungen.

Artikel 2: Verstöße gegen Anti-Dopingbestimmungen

2.1 Vorhandensein eines verbotenen Wirkstoffs, seiner Metaboliten oder Marker in der Probe eines Athleten.

Dabei wird ausdrücklich bestimmt, dass der Athlet die Pflicht hat, dafür zu sorgen, dass keine verbotenen Wirkstoffe in seinen Körper gelangen und er deshalb die Verantwortung trägt, wenn solche Stoffe oder deren Metaboliten bzw. Marker in seinem Köper gefunden werden; für die Begründung eines Regelverstoßes ist es ferner nicht erforderlich, dass ihm ein schuldhafter Verstoß nachgewiesen wird.

2.2 Anwendung oder der Versuch der Anwendung eines verbotenen Wirkstoffs oder einer verbotenen Methode seitens eines Athleten.

Angeknüpft wird zunächst an die Verantwortung im Sinne des Art. 2.1.1. WADC. Ferner ist nicht entscheidend, ob die Anwendung tatsächlich leistungssteigernd wirkte; vielmehr reicht es aus, dass der verbotene Wirkstoff bzw. die verbotene Methode angewandt wurde, um einen Verstoß gegen die Anti-Dopingbestimmungen zu begehen.

2.3 Die Weigerung oder das Unterlassen ohne zwingenden Grund, sich einer angekündigten Probenahme zu unterziehen, die gemäß anwendbaren Anti-Dopingbestimmungen zulässig ist, oder ein anderweitiger Versuch, sich der Probenahme zu entziehen.

2.4 Der Verstoß gegen anwendbare Vorschriften über die Verfügbarkeit des Athleten für Trainingskontrollen (Kontrollen außerhalb des Wettkampfs), einschließlich der Pflicht zur Angabe von Informationen zum Aufenthaltsort und zur Erreichbarkeit und zu versäumten Kontrollen.

Jede Kombination von drei versäumten Kontrollen und/oder Verstößen gegen die Meldepflicht, die innerhalb eines 18Monatszeitraums erfolgt, der von der für den Athleten zuständigen Anti-Doping Organisation festgelegt wird, stellt einen Verstoß gegen die Anti-Dopingbestimmungen dar.

2.5 Unzulässige Einflussnahme oder versuchte unzulässige Einflussnahme auf einen Teil des Dopingkontrollverfahrens

2.6 Besitz verbotener Wirkstoffe und verbotener Methoden.

Darunter fällt nach Art. 2.6.1 WADC der Besitz von im Training verbotenen Substanzen oder Methoden durch einen Athleten, es sei denn, der Athlet kann nachweisen, dass der Besitz durch eine medizinische Ausnahmegenehmigung oder anderweitig gerechtfertigt ist. Das Gleiche gilt im Sinne des Art. 2.6.2 WADC für Athletenbetreuer, wenn der Besitz in Zusammenhang mit einem Athleten, Wettkampf oder Training erfolgte.

2.7 Das Inverkehrbringen oder versuchte Inverkehrbringen von verbotenen Wirkstoffen oder verbotenen Methoden.

2.8 Die Verabreichung oder versuchte Verabreichung von bei Wettkämpfen verbotenen Methoden oder verbotenen Wirkstoffen bei Athleten oder, außerhalb von Wettkämpfen, die Verabreichung oder versuchte Verabreichung bei Athleten von Methoden oder Wirkstoffen, die bei Trainingskontrollen verboten sind, oder die Beihilfe, Unterstützung, Anleitung, Anstiftung, Verschleierung oder sonstige Tatbeteiligung bei einem Verstoß oder einem versuchten Verstoß gegen Anti-Dopingbestimmungen.

Annex II: Dopingdefinition und Medikationskontrollbegriff der ADMR

Artikel 1: Definition von Verstößen gegen Anti-Doping- und Medikamentenkontrollregeln

Ein Verstoß wird definiert als das Vorkommen einer oder mehrerer der nachfolgend in Artikel 2.1 bis Artikel 2.7 festgelegten Verstöße gegen Anti-Doping- und Medikamentenkontrollregeln.

Artikel 2: Verstöße gegen Anti-Doping- und Medikamentenkontrollregeln

Die Verbotslisten für den Pferdesport enthalten folgende verbotene Substanzen und Methoden:

- Dopingsubstanzen und verbotene Methoden gem. Liste Anhang I
- verbotene Substanzen gem. Liste Anhang II (unerlaubte Medikation)
- Liste ing verbotenen Dopingsubstanzen und verbotenen Methoden gem. Liste Anhang III

Ausnahmen

Die Anwendung verbotener Doping-Substanzen oder verbotener Methoden gem. Liste Anhang I und III werden als Verstöße gegen Anti-Dopingregeln bezeichnet; Die Anwendung verbotener Substanzen gem. Liste Anhang II werden als Verstöße gegen Medikamentenkontrollregeln bezeichnet (unerlaubte Medikation).

Verantwortlichen Personen (z.B. Reiter, Fahrer, Longenführer, Besitzer und Eigentümer) sind selbst dafür verantwortlich davon Kenntnis zu haben, was einen Verstoß gegen die Anti-Doping- und Medikamentenkontrollregeln darstellt und welche Substanzen und Methoden in den Verbotslisten enthalten sind.

2.1 Das Vorhandensein einer verbotenen Substanz, ihrer Metaboliten oder Marker in den Körpergewebs- oder Körperflüssigkeitsproben eines Pferdes

2.1.1 Es ist die persönliche Pflicht eines jeden Verantwortlichen (Reiter, Fahrer, Longenführer, Besitzer oder Eigentümer), dafür Sorge zu tragen, dass keine verbotenen Substanzen in den Organismus seines Pferdes gelangen. Die Verantwortlichen sind für jede verbotene Substanz oder ihrer Metaboliten oder Marker, die in den Körpergewebs- oder Körperflüssigkeitsproben des Pferdes durch eine Probe festgestellt werden, verantwortlich. Um einen Verstoß gegen Artikel 2.1 zu begründen, ist es nicht erforderlich, dass Vorsatz, Verschulden, Fahrlässigkeit oder wissentliche Anwendung durch oder seitens der Verantwortlichen nachgewiesen wird, um einen Verstoß gegen Art. 2.1 zu begründen.

2.1.2 Mit Ausnahme solcher Substanzen, für die in der Verbotsliste eigens quantitative Schwellenwerte aufgeführt sind, begründet das nachgewiesene Vorhandensein einer verbotenen Substanz – gleich in welcher Menge – in der genommenen Probe einen Regelverstoß.

2.1.3 Ein ausreichender Nachweis eines Verstoßes gemäß Art. 2.1 ist in den beiden nachfolgenden Fällen gegeben: das Vorhandensein einer verbotenen Substanz, ihrer Metaboliten oder Marker in der A-Probe eines Pferdes, wenn der Verantwortliche auf die Analyse der B-Probe verzichtet und die B-Probe nicht analysiert wird; oder, wenn die B-Probe des Pferdes analysiert wird und das Analyseergebnis das Vorhandensein der Verbotenen Substanz oder ihrer Metaboliten oder Marker in der A-Probe des Pferdes bestätigt.

2.2 Der Gebrauch oder der Versuch des Gebrauches einer verbotenen Substanz oder einer verbotenen Methode

2.2.1 Es ist die persönliche Pflicht eines jeden Verantwortlichen, dafür zu sorgen, dass keine Verbotene Substanz in den Körper des Pferdes gelangt. Demzufolge ist es nicht erforderlich, dass ein vorsätzlicher, schuldhafter, fahrlässiger oder bewusster Gebrauch des Verantwortlichen nachgewiesen wird, um einen Verstoß gegen Anti-Doping- und Medikationskontrollregeln wegen des Gebrauchs einer Verbotenen Substanz oder einer Verbotenen Methode zu begründen.

2.2.2 Der Erfolg oder der Misserfolg des Gebrauchs einer Verbotenen Substanz oder einer Verbotenen Methode ist nicht maßgeblich. Es ist ausreichend, dass die Verbotene Substanz oder die Verbotene Methode gebraucht oder ihr Gebrauch versucht wurde, um einen Verstoß gegen Anti-Doping- und Medikationskontrollregeln zu begehen.

2.3 Die Weigerung oder das Unterlassen ohne zwingenden Grund, das Pferd nach entsprechender Aufforderung einer zulässigen Probenahme zu unterziehen oder jede anderweitige Umgehung einer Probenahme.

2.4 Unzulässige Einflussnahme oder versuchte unzulässige Einflussnahme auf irgendeinen Teil des Doping- oder Medikamentenkontrollverfahrens.

2.5 Das unberechtigte Handeln mit verbotenen Substanzen oder verbotenen Methoden.

2.6 Jegliche Unterstützung, Aufforderung, Beihilfe, Anleitung, Anstiftung, Verschleierung oder sonstige Tatbeteiligung bei einem Verstoß gegen diese Anti-Doping- und Medikamentenkontrollregeln.

2.7 Verstöße gegen die im Rahmen des Trainingskontrollprogrammes übernommenen Verpflichtungen, der Benennung des Aufenthaltsortes eines Pferdes sowie der ordnungsgemäßen Führung des Stallbuches.

Annex III: Dopingdefinition der EAD Rules

Article 1: Definition of Doping

Doping is defined as the occurrence of one or more of the *EAD Rule* violations set forth in Article 2.1 through Article 2.7 of these *EAD Rules.*

Article 2: EAD Rule Violations

Persons Responsible and/or their *Support Personnel* shall be responsible for knowing what constitutes an *EAD Rule* violation and the substances and methods which have been included on the *Equine Prohibited Substances List* and identified as *Banned Substances.* Where *Banned Substances* or *Banned Methods* are involved, the following constitute *EAD Rule* violations:

2.1 The presence of a Banned Substance or its Metabolites or Markers in a Horses's Sample

2.1.1 It is each personal duty to ensure that no Banned Substance is present in the body. Persons Responsible are responsible for any Banned Substance found to be present in their Samples, even though their Support Personnel will be considered additionally responsible under Articles 2.2 – 2.7 below where the circumstances so warrant. It is not necessary that intent, fault, negligence or knowing Use be demonstrated in order to establish an EAD Rule violation under Article 2.1.

2.1.2 Sufficient proof of an EAD Rule violation under Article 2.1 is established by either of the following: (i) presence of a Banned Substance or its Metabolites or Markers in the A Sample where the Person Responsible waives analysis of the B Sample and the B Sample is not analysed; or, (ii) where the B Sample is analysed and the analysis of the B Sample confirms the presence of the Banned Substance or its Metabolites or Markers found in the A Sample. An Adverse Analytical Finding may be established by a positive blood or urine Sample.

2.2 Use or Attempted Use of a Banned Substance or a Banned Method

2.2.1 It is each personal duty, along with members of their Support Personnel, to ensure that no Banned Substance enters into the Horse. Accordingly, it is not necessary that intent, fault, negligence or knowing Use on the part of the Person Responsible, or member of his or her Support Personnel (where applicable), be demonstrated in order to establish an EAD Rule violation for Use of a Banned Substance or a Banned Method.

2.2.2 The success or failure of the Use or Attempted Use of a Banned Substance or a Banned Method is not material. It is sufficient that the Banned Substance or Banned Method was Used or Attempted to be Used for an EAD Rule violation to be committed.

2.3 Refusing or failing without compelling justification to submit to Sample collection after Notification as authorized in the EADCM Regulations or otherwise evading Sample collection.

2.4 Tampering, or Attempted Tampering with any part of Doping Control.

2.5 Possession of Banned Substances or Banned Methods

This bans the Persons Responsible and members of their Support Personnel from Possessing Banned Substances or Banned Methods, unless he or she demonstrates compelling justification for the Possession (This section should be read in conjunction with the definition of Possession set forth in Appendix 1).

2.6 Trafficking or Attempted Trafficking in any Banned Substance or Banned Method

2.7 Assisting, encouraging, aiding, abetting, covering up or any other type of complicity involving an EAD Rule violation or any Attempted EAD Rule violation.

Annex IV: Medikationskontrollbegriff der ECM Rules

Article 1: Definition of *Controlled Medication* Violation

A *Controlled Medication* violation is defined as the occurrence of one or more of the *ECM Rule* violations set forth in Article 2.1 through Article 2.7 of these *ECM Rules*.

Article 2: Controlled Medication Rule Violations

Persons Responsible and their *Support Personnel* shall be responsible for knowing what constitutes an *ECM Rule* violation and the substances and methods which have been included on the *Equine Prohibited Substances List and identified as Controlled Medication Substances.* Where *Controlled Medication Substances* or *Controlled Medication Methods* are involved, the following shall constitute *ECM Rule* violations:

2.1 The presence of a Controlled Medication Substance or its Metabolitesor Markers in a Horse Sample

2.1.1 It is each *Person Responsible* personal duty to ensure that no *Controlled Medication Substance* is present in the *Horse* body during an *Event*. *Persons Responsible* are responsible for any *Controlled Medication Substance* found to be present in their *Horse Samples*, even though their *Support Personnel* will be considered additionally responsible under Articles 2.2 – 2.7 *ECM Rules* where the circumstances so warrant. It is not necessary that intent, fault, negligence or knowing *Use* be demonstrated in order to establish a *Rule* violation under Article 2.1.

2.1.2 Sufficient proof of a *Rule* violation under Article 2.1 is established by either of the following: (i) presence of a *Controlled Medication Substance* or its *Metabolites* or *Markers* in the A *Sample* where the *Person Responsible* waives analysis of the B *Sample* and the B *Sample* is not analysed; (ii) or, where the B *Sample* is analysed and the analysis of the B *Sample* confirms the presence of the *Controlled Medication Substance* or its *Metabolites* or *Markers* found in the A *Sample* during an *Event*. An *Adverse Analytical Finding* may be established by a positive blood or urine *Sample*.

2.1.3 Excepting those substances for which a quantitative threshold or permitted limit is specifically identified in the *Equine Prohibited Substances List* or where a valid *ETUE* has been submitted, the presence of any quantity of a *Controlled*

Medication Substance or its *Metabolites or Markers* in a *Horse* during an *Event* shall constitute an *ECM Rule* violation.

2.1.4 As an exception to the general rule of Article 2.1, the *Equine Prohibited Substances List* or the *FEI Standard for Laboratories* may establish special criteria for the evaluation of *Controlled Medication Substances* that can also be produced endogenously or be ingested from the environment or as a result of contamination.

2.2 Use or Attempted Use of a Controlled Medication Substance or aControlled Medication Method

2.2.1 It is each personal duty, along with members of their *Support Personnel,* to ensure that no *Controlled Medication Substance* enters into the *Horse. In-Competition* without an *ETUE.* Accordingly, it is not necessary that intent, fault, negligence or knowing *Use* on the part of the *Person Responsible,* or member of his or her *Support Personnel* (where applicable), be demonstrated in order to establish a *Rule* violation for *Use* of a *Controlled Medication Substance* or a *Controlled Medication Method.*

2.2.2 The success or failure of the Use or Attempted Use of a Controlled Medication Substance or a Controlled Medication Method is not material. It is sufficient that the Controlled Medication Substance or Controlled Medication Method was Used or Attempted to be Used for an ECM Rule violation to be committed.

2.3 Refusing or failing without compelling justification to submit to *Sample* collection after *Notification* or otherwise evading *Sample* collection.

2.4 Tampering, or Attempted Tampering with any part of Medication Control.

2.5 Assisting, encouraging, aiding, abetting, covering up or any other type of complicity involving an *ECM Rule* violation or any *Attempted ECM Rule* violation.

Literaturverzeichnis

A

Adolphsen, Jens: Internationale Dopingstrafen, Tübingen 2003.

–: Verbandsmaßnahmen gegenüber Sportlern, NJW 1995, S. 2146.

–: Zuständigkeit und anwendbares Recht bei Verfahren gegen nationale und internationale Sportverbände, IPRax 2000, S. 81.

–: Anforderungen an Dopingstrafen nationaler Sportverbände – am Beispiel des Falles Dieter Baumann – SpuRt 2000, S. 97.

–: Umsetzung des Welt-Anti-Doping Code in Deutschland, in: Vieweg (Hrsg.), Perspektiven des Sportrechts, Berlin 2005, S. 81 (zit. Umsetzung des Welt-Anti-Doping Code).

Albrecht, Frauke: Offene Fragen zu Schiedsfähigkeit II, NZG 2010, S. 486.

B

Baddeley, Margareta: Dopingsperren als Verbandsanktion aus nationaler und internationaler Sicht, in: Fritzweiler, Jochen (Hrsg.), Doping – Sanktionen, Beweise, Ansprüche, Bern 2000, S. 9 ff. (zit. Dopingsperren).

–: Le sportif sujet ou objet?, Zeitschrift für Schweizerisches Recht (ZSR) 96 II, S. 135.

Baecker, Wolfgang: Zur Nachprüfbarkeit von Vereinsstrafen, NJW 1984, S. 906.

Bandel, Stefan: Einstweiliger Rechtsschutz im Schiedsverfahren: Zulässigkeit und Wirkungen schiedsrichterlicher und gerichtlicher einstweiliger Maßnahmen gemäß den Bestimmungen des SchiedsVfG, München 2000.

Baumbach, Adolf/Hueck, Alfred: GmbH-Gesetz: Gesetz betreffend die Gesellschaften mit beschränkter Haftung, 19. Aufl. 2010.

Baumgärtel, Gottfried: Die Auswirkungen von Parteivereinbarungen auf die Beweislast, in: Hans Holzhammer (Hrsg.) Festschrift für Hans W. Fasching zum 65. Geburtstag, Wien 1988.

–: Beweislastpraxis im Privatrecht: die Schwierigkeiten der Beweislastverteilung und die Möglichkeiten ihrer Überwindung, Köln 1996.

–: Grundlagen des Zivilprozessrechts, S. 563

Berg, Albert Jan van den: The New Yorker Arbitration Convention of 1958, Boston 1994.

Bergermann, Michael: Doping und Zivilrecht – Rechtmäßigkeit von Doping-Sanktionen sowie durch Doping begründete Schadensersatzansprüche, Frankfurt a.M. 2002.

Berninger, Anja/Theißen, Christian: Das Deutsche Sportschiedsgericht in Dopingstreitigkeiten, SpuRt 2008, S. 185.

Bette, Karl-Heinrich /Schimanek, Uwe: Doping im Hochleistungssport, 2. Auflage, Frankfurt a. M. 2006.

Beuthien, Volker: Mehrheitsprinzip und Minderheitenschutz im Vereinsrecht, BB 1987, S. 6.

Bischof, Hans Helmut: Praxisprobleme der Streitverkündung, MDR 1999, S. 787.

Bodmer, Hans: Vereinsstrafe und Verbandsgerichtsbarkeit, Bern, Stuttgart 1989.

Böttcher, Lars, Helle, Silvanne: Zur Schiedsfähigkeit von Beschlussmängelstreitigkeiten – Schiedsfähigkeit II NZG 2009, S. 700.

Born, Gary/Koepp, Johannes: Towards a Uniform Standard of Validity of International Arbitration Agreements Unter the New York Convention, in: Festschrift für Peter Schlosser, Tübingen 2005, S. 59.

Brinkmann, Andreas C.: Öffentlich-rechtliche Gestaltung im Sportgerichtsverfahren?, Baden-Baden 2007.

Buchberger, Markus: Die Überprüfbarkeit sportverbandsrechtlicher Entscheidungen durch die ordentliche Gerichtsbarkeit, Berlin 1999.

–: Das Verbandsstrafverfahren deutscher Sportverbände, SpuRt 1996, S. 122.

C

Caspar, Johannes: Die neuen Regelungen des Bundes und der Länder zum Schutz vor gefährlichen Hunden, DVBl 2000, 1580, 1588.

Cronau, Peter F. : Pferdesport wohin – ein kritischer Blick hinter die Kulissen, München 1995.

–: Doping im Pferdesport, in: Sambraus/Steiger (Hrsg.), Das Buch vom Tierschutz (BvT), S. 640, Stuttgart 1997.

D

Dauses, Manfred: Handbuch des EU-Wirtschaftsrechts, 24. Ergänzungslieferung, München 2009 (zit. Dauses/Bearbeiter).

Deschenaux, Henri/Steinauer, Paul-Henri: Personnes physiques et tutelle, 4. Aufl., Bern 2001.

Dicke, Klaus: Deutsche Gesellschaft für Völkerrecht – Tagung 2000, S. 491 ff.

Dietze, Jan/Schnichels, Dominik: Aktuelle Entwicklungen im Internationalen Zivilprozessrecht – Deutschland ratifiziert das EuGVÜ 1989 und das Lugano-Übereinkommen, NJW 1995, S. 2274.
Digel, Helmut/Dickhut, Hans-Hermann: Doping im Sport, Tübingen 2002.
Ditz, Walter: Doping im Pferderennsport – Eine kriminologisch-empirische Untersuchung zur Problematik der künstlichen Leistungsveränderung im Pferderennsport, Pfaffenweiler 1986.

E

Edenfeld, Stefan: Die Rechtsbeziehungen des bürgerlich-rechtlichen Vereins zu Nichtmitgliedern, Berlin 1996.
Ernst, Rolf: Die Ausübung der Vereinsgewalt, Köln 1969.
Eufe, Tillmann: Die Unschuldsvermutung im Dopingverfahren, Baden-Baden 2005.

F

Feiden, Karl/Blasius, Helga: Doping im Sport – Wer – Womit – Warum, Stuttgart 2002.
Fenn, Herbert: Erfassung der Sportler durch die Disziplinargewalt der Sportverbände, SpuRt 1997, S. 77.
Fuchs, Christoph: Rechtsfragen der Vereinsstrafe unter besonderer Berücksichtigung der Verhältnisse in Sportverbänden, Zürich 1999.

G

Geimer, Reinhold: Internationales Zivilprozessrecht, 6. Aufl., München 2009.
Geimer, Reinhold/Schütze, Rolf A.: Internationaler Rechtsverkehr in Zivil- und Handelssachen, Bd. III, München 2005.
Gildeggen, Rainer: Internationale Schieds- und Schiedsverfahrensvereinbarungen in Allgemeinen Geschäftsbedingungen vor deutschen Gerichten, Frankfurt a. M. 1991.
Goette, Wulf: Anmerkung zu BGHZ 144, 146 Verein: Zur nachträglichen Einführung einer Schiedsgerichtsklausel durch satzungsändernden Mehrheitsbeschluss DStR 2000, 937.
Grunewald, Barbara: Vereinsordnungen, ZHR 152, S. 242.

H

Haas, Ulrich /Adolphsen, Jens: Verbandsmaßnahmen gegenüber Sportlern, NJW 1995, S. 2146.

–: Sanktionen der Sportverbände vor ordentlichen Gerichten, NJW 1996, S. 2351.

Haas, Ulrich /Reiche, Stefanie: Aufhebung eines Urteil des CAS, SchiedsVZ 2007, S. 330.

Haas, Ulrich: Das Übereinkommen des Europarats gegen Doping, SpuRt 1996, S. 107

–: Die Sportgerichtsbarkeit des Tribunal Arbitral du Sport (TAS), ZEuP 1999, S. 355.

–: Zur Einführung von Schiedsklauseln durch Satzungsänderungen in Vereinen, ZGR 2001, S. 325.

–: Zur Vereinbarkeit des FIFA-Anti-Doping Regelwerks mit dem Welt-Anti-Doping-Code, CAS Awards 2005/C/976 & 986, SpuRt 2006, S. 231.

–: Internationale Sportschiedsgerichtsbarkeit und EMRK, SchiedsVZ 2009, S. 73.

–: Beruhen Schiedsabreden in Gesellschaftsverträgen nicht auf Vereinbarungen i.S. des § 1066 ZPO oder vielleicht doch? SchiedsVZ 2007, S. 1.

Haas, Ulrich/Gedeon, Bertold: Die Abgrenzung von Vereins- und Schiedsgerichten, SpuRt 2000, S. 228.

Haas, Ulrich/Haug, Tanja/Reschke, Eike: Handbuch des Sportrechts, Band 1, Neuwied 2004.

Haas, Ulrich/Hauptmann, Markus: Schiedsvereinbarungen in „Ungleichgewichtslagen" – am Beispiel der Sports, SchiedsVZ 2004, S. 175.

Haas, Ulrich/Holla, Matthias: Die Nationale Antidoping-Agentur und ein künftiges Schiedsgericht für Dopingstreitigkeiten, in: Schiedsgerichtsbarkeit im Sport, Reihe Sport und Recht, Stuttgart [u.a] 2004.

Haas, Ulrich/Prokop, Clemens: Die Autonomie der Sportverbände und die Rechtsstellung des Athleten, JR 1998, S. 45.

Hanefeld, Inka/Wittinghofer, Mathias: Schiedsklauseln in Allgemeinen Geschäftsbedingungen, SchiedsVZ 2005, S. 217.

Haug, Tanja: Doping – Dilemma des Leistungssports, Hamburg 2006.

Hauptmann, Markus: Abschlussbericht der Rechtskommission des Sports gegen Doping (ReSpoDo) – Zusammenfassung, SpuRt 2005, S. 198 (Teil 1) und SpuRt 2005, S. 239 (Teil 2).

Hausherr, Heinz/Aebi-Müller, Regina: Sanktionen gegen Sportler – Voraussetzungen und Rahmenbedingungen, ZBJV 2001, S. 346.

Heermann, Peter W.: Die Geltung von Verbandssatzungen gegenüber mittelbaren Mitgliedern und Nichtmitgliedern, NZG 1999, S. 325.
Heini, Anton: Die gerichtliche Überprüfung von Vereinsstrafen, in: Festschrift für Arthur Meier-Hayoz, Bern 1982, S. 230.
–: Kommentar zum Schweizerischen Privatrecht, Schweizerisches Zivilgesetzbuch I, Basel, Frankfurt a.M. 1996.
Heini, Anton/Portmann, Wolfgang: Das schweizerische Vereinsrecht, 3. Auflage. Basel 2005.
Heller, Kurt: Der verfassungsrechtliche Rahmen der internationalen Schiedsgerichtsbarkeit, Hollfeld 1996.
Heß, Burkhard: Mehr Instanzen und weniger Rechtsschutz? Zur aktuellen Situation in der internationalen Sportgerichtsbarkeit, in: Sportrecht damals und heute, Akademie des württembergischen Sports, 2002 S. 69 (zit. Sportrecht damals und heute).
Herdegen, Matthias: Einstweiliger Rechtsschutz durch Schiedsgerichte in rechtsvergleichender Betrachtung, RIW/AWD 27 (1981), S. 304.
Hilpert, Horst: Organisation und Tätigkeit von Verbandsgerichten, BayVBl 1988, S. 161 sowie S. 198.
–: Sportrecht und Sportrechtsprechung im In- und Ausland, Berlin 2007.
Hirt, Almut: Doping im Tierschutzrecht, Tierärztliche Praxis 1997, S. 244.
Hohl, Fabienne: Le degrè de la preuve, in: Ivo Schwander (Hrsg.) Festschrift für Oscar Vogel, Freiburg 1991, S. 146.
Hohl, Michael: Rechtliche Probleme bei der Nominierung von Leistungssportlern, Bayreuth 1992.
Holla, Matthias: Der Einsatz von Schiedsgerichten im organisierten Sport, Frankfurt a.M. 2006.
Hömig, Dieter: Kommentar zum Grundgesetz, Baden-Baden 2010.
Horst, Johannes/Jacobs, Constanze: Arbeits- und verbandsrechtliche Konsequenzen des Dopings, RdA 2003, S. 215.
Huber, Michael: Das Beweismaß im Zivilprozess, Köln 1988.

J

Jäckel, Holger: Beweisvereinbarungen im Zivilrecht, Köln 2007.
Jagenburg, Walter: Schiedsgerichtsbarkeit zwischen Wunsch und Wirklichkeit, in: Festschrift für Walter Oppenhoff zum 80. Geburtstag, S. 147, München 1985.
Jakob, Anne: Umsetzung des neuen WADA-Codes auf nationaler Ebene durch einen Fachverband aus der Praxis des DLV, SpuRt 2009, S. 51.

Janßen, Jan: Rechtsschutz gegen vereins- und verbandsrechtliche Sanktionen, Köln 2004.
Jarass, Hans, Pieroth, Klaus: Kommentar zum Grundgesetz, 10. Auflage 2009.
Jauernig, Othmar: Zivilprozessrecht, 29. Auflage, München 2007.
Jeong-Ha, Sunju: Einstweilige Maßnahmen in der Schiedsgerichtsbarkeit, Köln 1991.
Jung, Heike: Zur Internationalisierung des Grundsatzes „ne bis in idem", in: Festschrift für Horst Schüler-Springorum, Köln 1993, S. 493.

K

Katzenmeier, Christian: Beweismaßreduzierung und probabilistische Proportionalhaftung, ZZP 117, 2004, S. 187.
Kaufmann-Kohler, Gabrielle: Arbitration at the Sydney Olympic Games, in: Blackshaw/Siekmann/Soek (Hrsg.), The Court of Arbitration for Sport 1984-2004, Amsterdam [u.a.] 2006, S. 105.
Kern, Bastian: Internationale Dopingbekämpfung – Der World Anti-Doping Code der World Anti-Doping Agency, Hamburg 2007.
Kiethe, Kurt: Internationale Tatortzuständigkeit bei unerlaubter Handlung – die Problematik des Vermögensschadens, NJW 1994, S. 222.
Kietzmann, Manfred/Düe, Michael/Machnik, Marc: Dopingrelevanz des Arzneimitteleinsatzes beim Pferd, Nulllösung oder Grenzwert? Pharmakokinetische Überlegungen, Praktischer Tierarzt 2006, S. 698.
Kluge, Hans-Georg: Kommentar zum Tierschutzgesetz, 1. Auflage, Stuttgart 2002 (zit. Kluge/Bearbeiter).
Kniebühler, Roland Michael: Transnationales „ne bis in idem" Freiburg 2005.
Korff, Niklas: Meldepflichten des WADA-Codes und Persönlichkeitsrechte – Europäische Menschenrechtskonvention, sowie Gesetzeslage in Österreich, Italien, Spanien und Frankreich, SpuRt 2009, S. 94.
Kotzenberg, Jochen: Die Bindung des Sportlers an private Dopingregeln und private Schiedsgerichte, Baden-Baden 2007.
Krähe, Christian: Contra: Argumente gegen ein Anti-Doping-Gesetz, SpuRt 2006, S. 194.
Krimpenfort, Mark Tell: Sichernde und vorläufige Maßnahmen im schiedsrichterlichen Verfahren, Marburg 2001.
Kröll, Stefan: Die Schiedsvereinbarung im Verfahren zur Anerkennung und Vollstreckbarkeit ausländischer Schiedssprüche, ZZP 117 (2004), S 453.
–: Schiedsklauseln in Satzungen – zur Abgrenzung von Vereinsgericht und Schiedsgericht, ZIP 2005, S. 13.
Kropholler, Jan: Internationales Privatrecht, 6. Auflage, Tübingen 2006.

–: Europäisches Zivilprozessrecht, 6. Auflage, Heidelberg 1998 (zit. EZPR 6. Aufl.).
–: Europäisches Zivilprozessrecht, 8. Auflage, Heidelberg 2005 (zit. EZPR 8. Aufl.).
Kummer, Max: Spielregel und Rechtsregel, Bern 1973.

L

Lambrecht, Ute: Strafrecht und Disziplinarrecht: Abhängigkeiten und Überschneidungen. Frankfurt a. M. 1997.
Larenz, Karl/Wolf, Manfred: Allgemeiner Teil des Bürgerlichen Rechts, 9. Auflage, München 2004.
Leitzen, Mario: Die Anordnung vorläufiger oder sichernder Maßnahmen durch Schiedsgerichte nach § 1041 ZPO, Köln 2002.
Leipold, Dieter: Beweismaß und Beweislast im Zivilprozeß, Berlin 1985.
Lenz, Ralf: Die Verfassungsmäßigkeit der Anti-Dopingbestimmungen, Frankfurt a. M. 2000.
Lindacher, Walter F.: Schiedsgerichtliche Kompetenz zur vorläufigen Entziehung der Geschäftsführungs- und Vertretungsbefugnis bei Personengesellschaften, ZGR 1979, S. 201.
Lindemann, Hansjörg: Sportgerichtsbarkeit – Aufbau, Zugang, Verfahren, SpuRt 1994, S. 17.
Linke, Hartmut: Internationales Zivilprozessrecht, 4. Auflage, Köln 2006.
Lionnet, Klaus: Handbuch der internationalen und nationalen Schiedsgerichtsbarkeit, 3. Auflage, Stuttgart [u.a.] 2005.
Loeper, Hans-Heinrich v./Fassbender, Heinz: Rechtliche Frage des Dopings, S. 51, in: Schild, Wolfgang (Hrsg.) Recht und Sport, Rechtliche Fragen des Dopings, Heidelberg 1986, S. 51.
Lorz, Albert/Metzger, Ernst: Kommentar zum Tierschutzgesetz, 5. Auflage, München 1999.
Lüderitz, Alexander: Auslegung von Rechtsgeschäften: vergleichende Untersuchung anglo-amerikanischen und deutschen Rechts, Karlsruhe 1966.
Lüer, Christoph: Dopingstrafen im Sport und der Grundsatz „Ne bis in idem" – Unter besonderer Berücksichtigung des WADA-Code und des NADA Code, Baden-Baden 2006.
Lukes, Rudolf: Der Satzungsinhalt beim eingetragenen Verein und die Abgrenzung zu sonstigen Vereinsordnungen, NJW 1972, S. 121.
–: Erstreckung der Vereinsgealt auf Nichtmitglieder durch Rechtsgeschäft, in: Festschrift für Harry Westermann, Karlsruhe 1974, S. 325.

M

Mallmann, Robert: Die Bedeutung der Schiedsvereinbarung im Verfahren zur Anerkennung und Vollstreckbarerklärung ausländischer Schiedssprüche, SchiedsVZ 2004, S. 152.

Martens, Klaus-Peter: „Rechtsgeschäft und Drittinteressen", AcP 177 (1977), S.113.

Massuras, Konstadinos: Dogmatische Strukturen der Mehrparteienschiedsgerichtsbarkeit, Frankfurt a.M. [u.a.] 1998.

Maunz, Theodor/Dürig, Günter: Kommentar zum Grundgesetz, 53. Auflage, München 2009.

Meier, Isaak: Beweismaß – ein aktuelles Problem des Schweizerischen Zivilprozessrechts, BJM 1989, S. 57.

Meyer-Goßner, Lutz: Kommentar zur Strafprozessordnung, 50. Auflage, München 2007.

Meyer-Ladewig, Jens: Handkommentar zur Europäischen Menschenrechtskonvention, 2. Auflage, Baden-Baden 2006.

Mogk, Stefan: Der Vereinsverband und seine rechtliche Beziehungen zu Mitgliedern und Nichtmitgliedern, Tübingen 2002.

Monheim, Dirk: Sportlerrechte und Sportgerichte im Lichte des Rechtsstaatsprinzips, München 2006.

Müller, Jörg Paul: Allgemeine Bemerkungen zu den Grundrechten, in: Thürer/Aubert/Müller (Hrsg.), Verfassungsrecht der Schweiz, Zürich 2001.

Müller, Jörg Paul/Müller, Stefan: Grundrechte: Besonderer Teil, Bern 1985.

Müller, Paola: Berufungsrecht der WADA in Dopingfällen – Anmerkung, SpuRt 2008, S. 66.

Müller, Rudhard, Klaus: Doping – Methoden, Wirkungen, Kontrolle, München 2004 (zit. Müller, Doping).

Münch v., Ingo/Kunig, Philip: Kommentar zum Grundgesetz, Band 3 (Art. 70 – 146), 5. Auflage, München 2003 (zit. v. Münch/Kunig/*Bearbeiter*).

Münchener Kommentar zum Bürgerlichen Gesetzbuch, Bd. 1: Allgemeiner Teil: §§ 1 – 240, ProstG, 5. Aufl., München 2006; Bd. 2: Schuldrecht, Allgemeiner Teil: §§ 241 – 432, 5. Aufl. 2007; Bd. 3: Schuldrecht, Besonderer Teil: §§ 433 – 610, Finanzierungsleasing, HeizkostenV, BetriebskostenV, CISG, 5. Aufl. 2008; Bd. 4: Schuldrecht, Besonderer Teil II: §§ 611 – 704, EFZG, TzBfG, KSchG, 5. Aufl. 2009; Bd. 5: Schuldrecht, Besonderer Teil III: §§ 705 – 853, Partnerschaftsgesellschaftsgesetz, Produkthaftungsgesetz, 5. Aufl. 2009 (zit. MüKo-BGB/Bearbeiter).

Münchener Kommentar zur Zivilprozessordnung, Bd. 2: §§ 511 – 945, 3. Aufl., München 2007; Bd. 3: §§ 946 – 1086: EGZPO, GVG, EGGVG, UKlaG, In-

ternationales Zivilprozessrecht [IZPR], 3. Aufl., München 2008 (zit. MüKo-ZPO/Bearbeiter).
Musiol, Stephanie: Verschärfung der Meldepflichten im Dopingkontrollverfahren, SpuRt 2009, S. 90.

N

Nesemann, Tim: Vertragsstrafen in Sponsoringverträgen im Zusammenhang mit Doping NJW 2007, S. 2083.
Netzle, Stephan: Harmonisierung als wirksames Rezept gegen Doping, SpuRt 2003, S. 186.
–: Jurisdiction of arbitral tribunals in sports matters: arbitration agreements by reference to regulations of sports organisations/Arbitration of sports-related disputes. Association suisse de l'arbitrage, Basel 1998, S. 45.
Nicklisch, Fritz: Instrumente der Internationalen Handelsschiedsgerichtsbarkeit zur Konfliktregelung bei Langzeitverträgen, RIW/AWD (24) 1978, S. 633.
Niese, Lars Holger: Sport im Wandel – eine systemvergleichende Untersuchung des Sports in Ost- und Westdeutschland (vor und nach der Wiedervereinigung) unter besonderer Berücksichtigung der Dachverbände, Frankfurt a. M. 1997.
Niggli, Olivier/Sieveking, Julien: Éléments choisis de jurisprudence rendue en application du Code mondial antidopage, Jusletter 20. Februar 2006.
Nolte, Martin: Sport und Recht, Schorndorf 2004.
Nolte, Martin/Polzin, Carsten: Grundrechtskollisionen im Sport – Zur Grundrechtskonformität sportverbandlicher Satzungsbestimmungen NZG 2001, S. 838.

O

Oschütz, Frank: Sportgerichtsbarkeit – Die Schiedsverfahren des Tribunal Arbitral du Sport vor dem Hintergrund des schweizerischen und deutschen Schiedsverfahrensrechts, Berlin 2005.
Otte, Michael: Geschichte des Reitens: von der Antike bis zur Neuzeit, Warendorf 1994.

P

Paul, Christian: Grenzwerte im Doping: naturwissenschaftliche Grundlagen und rechtliche Bedeutung, Erlangen 2004.
Petri, Grischka: Die Dopingsanktion, Berlin 2004.

–: Die Unschuldsvermutung im Verbandsstrafverfahren in: Sportler, Arbeit und Statuten, in: Herbert Fenn zum 65. Geburtstag, Berlin 2000, S. 239.

–: Die Sanktionsregeln des World Anti-Doping-Codes, SpuRt 2003, S. 183.

Pfannkuchen-Heeb, Sylvia: Der Zivilprozess im Lichte von Art. 6 Ziff. 1 EMRK: unter besonderer Berücksichtigung des Rechts auf Justizgewährung und Beweis sowie der Waffengleichheit, in: 30 Jahre EMRK-Beitritt der Schweiz, Bern 2005, S. 219-244.

Pfister, Bernhard: Autonomie des Sports, sporttypisches Verhalten und staatliches Recht, in: Festschrift für Werner Lorenz, Tübingen 1991, S. 171.

–: Anmerkungen zum Reiter-Urteil v. 28.11.1994 – II ZR 11/94 (OLG Frankfurt), JZ 1995, S 464

Prokop, Clemens: Die Grenzen der Dopingverbote, Baden-Baden 2000 (zit. Dopingverbote).

–: Vorschläge zur Reform der Doping-Regelungen der IAAF, in: Fritzweiler, Jochen (Hrsg.), Doping – Sanktionen, Beweise, Ansprüche, Bern 2000, S. 99 (zit. Probleme der Dopinbekämpfung).

–: Probleme der aktuellen Dopingbekämpfung aus Sicht nationaler/internationaler Verbände, in: Fritzweiler, Jochen (Hrsg.), Doping – Sanktionen, Beweise, Ansprüche, Bern 2000, S. 79.

–: Anti-Doping Gesetz – Pro und Contra, SpuRt 2006, S. 192.

Prütting, Hanns: Grundprobleme des Beweisrechts, JA 1985, S. 313.

R

Rauscher, Thomas: Europäisches Zivilprozessrecht, 3. Auflage, Band I, Heidelberg 2009 (zit. Rauscher/Bearbeiter).

Reichert, Bernhard: Handbuch des Vereins- und Verbandsrecht, 11. Auflage, München 2007.

–: Zur Satzungsqualität von Spielordnungen und sonstigen Vereinsordnungen, SpuRt 2008, S. 7

Reichert, Jochem/Harbarth, Stephan: Statutarische Schiedsklauseln – Einführung, Aufhebung und umwandlungsrechtliche Behandlung NZG 2003, S. 379.

Reimann, Christoph: Lizenz- und Athletenvereinbarungen zwischen Sportverband und Sportlern, Frankfurt a. M. 2003.

Reithmann, Christoph/Martiny, Dieter: Internationales Vertragsrecht, 6. Auflage, Köln 2004 (zit. Reithmann/Martiny/Bearbeiter).

Reuter, Dieter: Die Verfassung des Vereins gem. § 25 BGB, ZHR 148 (1984), S. 523.

Rigozzi, Antonio: L'Arbitrage international en matière de sport, Basel 2005.

–: (Hrsg.); Einbindung des nationalen Sportrechts in internationale Bezüge (1987), S. 3.
Röhricht, Volker: Sportgerichtsbarkeit in: Recht und Sport, Röhricht (Hrsg.), Stuttgart 1997.
Rouiller, Claude: Protection contre l'àrbitraire et protection de la bonne foi, in: Thürer/Aubert/Müller (Hrsg.), Verfassungsrecht der Schweiz, Zürich 2001.
Röwekamp, Thomas/Bach, Thomas: Bekämpfung des Doping mittels eines Anti-Doping-Gesetzes?, ZRP 2006, S. 239.

S

Saenger, Ingo: Kommentar zur Zivilprozessordnung, Baden-Baden 2006 (zit. HK-ZPO/Bearbeiter).
Sambraus, Hans-Hinrich/Steiger, Andreas: Das Buch vom Tierschutz, Stuttgart 1997.
Schack, Heimo Internationales Zivilverfahrensrecht, 3. Auflage, München 2002.
Scheef, Hans-Claudius: Der einstweilige Rechtsschutz und die Stellung der Schiedsrichter bei dem Abschluss von Schiedsvergleichen nach dem deutschen und englischen Schiedsverfahrensrecht, Frankfurt a.M. 2000.
Schild, Wolfgang: Rechtliche Fragen des Dopings, Heidelberg 1986.
Schlosser, Peter F.: EU- Zivilprozessrecht, 2. Auflage, München 2003.
–: Vereins- und Verbandsgerichtsbarkeit, München 1972.
–: Schiedsklauseln in Allgemeinen Geschäftsbedingungen, ZEuP 1994, S. 682.
–: EMRK und Waffengleichheit im Zivilprozeß, NJW 1995, S. 1404.
–: Zum Einfluss des Grundsatzes der Waffengleichheit bei der Anwendung des § 448, NJW 1995, S. 1404.
–: Einstweiliger Rechtsschutz durch staatliche Gerichte im Dienste der Schiedsgerichtsbarkeit, ZZP 99 (1986), S. 241.
–: Schiedsrichterliches Verfahrensermessen und Beiladung von Nebenparteien, in: Rolf A. Schütze (Hrsg.) Festschrift für Reinhold Geimer, München 2002, S. 947.
–: Der einstweilige Rechtsschutz in Sportangelegenheiten vor und nach Bildung des Schiedsgerichts, SchiedsVZ 2009, S. 84.
–: Das Recht der internationalen privaten Schiedsgerichtsbarkeit, 2. Auflage, Tübingen 1989.
Schmidt, Karsten: Gesellschaftsrecht, 4. Auflage, Köln 2002.
–: Schiedsklauseln und Schiedsverfahren im Gesellschaftsrecht als prozessuales Legitimationsproblem – Ein Beitrag zur Verzahnung von Gesellschafts- und Prozessrech, BB 2001, S. 1857.

Schmidt-Bleibtreu, Bruno: Kommentar zum Grundgesetz, 11. Auflage, Köln 2008.

Schneider-Grohe, Christa B.: Doping, Eine kriminologische und kriminalistische Untersuchung zur Problematik der künstlichen Leistungssteigerung im Sport und der rechtlichen Handhabung dieser Fälle, Lübeck 1979.

Schoene, Claudia: Doping beim Pferd, Stuttgart 1996.

Schomburg, Wolfgang: Die Europäisierung des Verbots doppelter Strafverfolgung – Ein Zwischenbericht, NJW 2000, S. 1833.

Schubarth, Martin: Dopingbetrug, Recht 2006, Heft 6, S. 1.

Schulze, Ekkehard: Die zivilrechtliche Haftung des Tierarztes, Berlin 1992.

Schulze, Reiner: Bürgerliches Gesetzbuch, 6. Auflage, Köln 2009.

Schütze, Rolf. A: Einstweiliger Rechtsschutz im Schiedsverfahren – Praxisgerechte Neuregelung oder juristischer Papiertiger, BB 1998, S. 1650.

Schwab, Karl Heinz/Walter, Gerhard: Schiedsgerichtsbarkeit, 7. Auflage, München 2005.

Schweizer, Eva: Aktuelle Rechtsentwicklung der Dopingbekämpfung im Sport, Oliver Arter (Hrsg), Sport und Recht, Bern 2005.

Schweizer Kommentar zum Internationalen Privatrecht: Honsell, Heinrich/ Vogt, Nedim Peter/Schnyder, Anton/Berti v., Stephen (Hrsg.), 2. Auflage, Basel 2007 (zit. BSK – IPRG/Bearbeiter).

Schweizer Kommentar zum Privatrecht: Marc Amstutz, Peter Breitschmid, Andreas Furrer, Daniel Girsberger, Claire Huguenin, Markus Müller-Chen, Vito Roberto, Alexandra Rumo-Jungo, Anton K. Schnyder (Hrsg.), Zürich 2007 (zit. CHK/Bearbeiter).

Soergel, Hans Theodor/Wolf, Manfred/Siebert Wolfgang: Kommentar zum Bürgerlichen Gesetzbuch mit Einführungsgesetz und Nebengesetzen, Bd. 1: Allgemeiner Teil, §§ 1 – 103, 13. Auflage, Stuttgart 2000; Bd. 2: Allgemeiner Teil, §§ 104 – 240, Stuttgart 1999 (zit. Soergel/Bearbeiter).

Staudinger, Julius von: Kommentar zum Bürgerlichen Gesetzbuch, Einführungsgesetz zum Bürgerlichen Gesetzbuche/IPR, Art 38 – 42 EGBGB, Neubearb. 2001, Berlin 2001; Buch 1: Allgemeiner Teil, §§ 21 – 79, Neubearb. 2004; Buch 1: Allgemeiner Teil, §§ 90 – 133; §§ 1 – 54, 63 BeurkG, Neubearb. 2004; Buch 1: Allgemeiner Teil, §§ 134 -163, Neubearb. 2003; Buch 2: Recht der Schuldverhältnisse, §§ 328 – 359, Neubearb. 2004; (zit. Staudinger/Bearbeiter).

Staudinger, Julius von/Großfeld, Bernhard: Internationales Gesellschaftsrecht, 14. Auflage, Berlin 1998.

Stein, Friedrich/Jonas, Martin: Kommentar zur Zivilprozessordnung, Bd. 4: §§ 253 – 327, 22. Auflage, Tübingen 2008; Bd. 9: §§ 916 – 1068, EG ZPO, 22. Auflage, Tübingen 2002 (zit. Stein/Jonas/Bearbeiter).

Stein, Ursula: Lex mercatoria: Realität und Theorie, Frankfurt a. M. 1995 (zit. Lex mercatoria).
Steinbeck, Anja: Vereinsautonomie und Dritteinfluss, Berlin, New York 1999 (zit. Vereinsautonomie).
Steiner, Udo: Verfassungsfragen des Sports, NJW 1991, S. 2729.
–: Doping aus verfassungsrechtlicher Sicht, in: Volker Röhricht/Klaus Vieweg (Hrsg.), Dopingforum, 2000, S. 125.
Stommel, Sonja: Die Vereins- und Verbandsgerichtsbarkeit unter besonderer Berücksichtigung der Berufsverbände, Münster 2002.
Strathenwerth, Günter: Schweizerisches Strafrecht, Allgemeiner Teil I: Die Straftat, 3. Auflage, Bern 2005.
Stück, Volker Der Anscheinsbeweis, JuS 1996, S. 153.
Summerer, Thomas: Praxishandbuch Sportrecht, Jochen Fritzweiler, Bernhard Pfister, Thomas Summerer (Hrsg.), 2. Auflage, München 2007.
–: Internationales Sportrecht vor dem staatlichen Richter in der Bundesrepublik Deutschland, Schweiz, USA und England, München 1989 (zit. Internationales Sportrecht).
Sutter-Somm, Thomas: Schweizerisches Zivilprozessrecht, Zürich [u.a.] 2007.

T

Tettinger, Peter J.: „Fairneß als Rechtsbegriff im deutschen Recht“, in: Recht und Sport, Erika Scheffen (Hrsg.), Stuttgart 1998.
Tyrolt, Jochen: Sportschiedsgerichtsbarkeit und zwingendes staatliches Recht unter besonderer BeruVcksichtigung des europaVischen Kartellrechts und des US-amerikanischen RICO ACT, Baden-Baden 2007

U

Ungemach, Fitz R.: Doping im Pferdesport in: Sambraus/Steiger (Hrsg.), Das Buch vom Tierschutz, S. 870, Stuttgart 1997.

V

van Look, Frank: Vereinsstrafen als Vertragsstrafen, Berlin 1990.
–: Kurzkommentar zu BGH, Urteil vom 28.11.1994 BGHZ 128, 93, EWiR § 25 1/95, S. 222.
Vieweg, Klaus: Normsetzung und -anwendung deutscher und internationaler Verbände, Berlin 1989.
–: Zur Einführung: Sport und Recht, JuS 1983, S. 825.

–: Doping und Verbandsrecht, NJW 1991, S. 1511.
–: Fairness und Sportregeln – Zur Problematik sog. Tatsachenentscheidungen im Sport, in: Georg Crezelius/Heribert Hirte/Klaus Vieweg (Hrsg.), Festschrift für Volker Röhrig zum 65. Geburtstag, Köln 2005, S. 1255.
Vogel, Joachim/Norouzi, Ali B.: Europäisches „ne bis in idem" – EuGH, NJW 2003, 1173 in: JuS 2003, S. 1059.

W

Wagner, Gerhard: Prozessverträge: Privatautonomie im Verfahrensrecht, Tübingen 1998.
Walker, Dietrich: Beweisrechtliche und Arbeitsrechtliche Probleme des Dopings, in: Vieweg (Hrsg.), Doping: Realität und Recht; internationales Symposium am 4. und 5.7.1997 in Erlangen, Berlin, 1998, S. 135.
Weber, Christian: Die Sportschiedsgerichtsbarkeit nach dem World Anti-Doping Code und ihre Umsetzung in Deutschland, SchiedsVZ 2004, S 193.
Weber, Dolf: Für und wider einer Berufungsinstanz im Schiedsverfahren, in: Festschrift für Reinhold Geimer, München 2002, S. 1445.
Weigand, Frank-Bernd: Practitioner´s Handbook on International Arbitration, München 2002.
Weihe, Lars: Der Schutz der Verbraucher im Recht der Schiedsgerichtsbarkeit, Frankfurt a. M. 2005.
Weisemann, Ulrich/Spieker, Ulrich: Sport, Spiel und Recht, München 1997.
Westphalen, Friedrich Graf v. Produkthaftungshandbuch, Band 2, München 1999.
Widmaier, Gunter: Münchener Anwaltshandbuch Strafverteidigung, München 2006 (zit. Widmaier/Bearbeiter).
Witte, Jürgen Johannes/Hafner, Ralf: Schiedsfähigkeit von Beschlussmängelstreitigkeiten im Recht der GmbH am Maßstab der neuen BGH-Rechtsprechung und ihre Auswirkungen DStR 2009, S. 2052.
Wolf, Martin: Einstweiliger Rechtsschutz im Schiedsverfahrensrecht, DB 1999, S. 1101.
Wolff, Reinmar: Beschlussmängelstreitigkeiten im Schiedsverfahren NJW 2009, 2021.

Z

Zöller, Richard: Kommentar zur Zivilprozessordnung, 26. Auflage, Köln 2007 (zit. Zöller/Bearbeiter).

www.ingramcontent.com/pod-product-compliance
Ingram Content Group UK Ltd.
Pitfield, Milton Keynes, MK11 3LW, UK
UKHW021910290926
8980IPUK00015B/1172

9 783631 634066